비고츠키의
교육심리학

21세기 교육 혁신의 길잡이

비고츠키의
교육심리학

초판 1쇄 인쇄 2026년 1월 2일
초판 1쇄 발행 2026년 1월 11일

지은이 L. S. 비고츠키
옮긴이 배희철
펴낸이 김승희
펴낸곳 도서출판 살림터

기획 정광일
편집 송승호·조현주·이희연
북디자인 꼬리별

인쇄·제본 (주)신화프린팅
종이 (주)명동지류

주소 서울시 양천구 목동동로 293, 2215-1호
전화 02-3141-6553
팩스 02-3141-6555
출판등록 2008년 3월 18일 제313-1990-12호
이메일 gwang80@hanmail.net
블로그 http://blog.naver.com/dkffk1020
한국교육연구네트워크 www.kednetwork.or.kr

ISBN 979-11-5930-352-4 93370

Lev Semenovich Vygotsky

비고츠키의 교육심리학

21세기 교육 혁신의 길잡이

L. S. 비고츠키 지음 | 배희철 옮김

Educational Psychology

살림터

모스크바에 있는 '교육 일꾼' 출판사는 1926년 이 책을 세상에 내놓았습니다. 노란 표지에다 『교육심리학』이라는 제목 밑에 '단기 과정'이라는 용어를 담고 있습니다. 학기 중에 우편으로 보낸 각 장의 내용을 방학 중에 모이는 교사들을 위해 한 권으로 묶은 듯합니다. 이 책은 지금도 거래됩니다. 희귀본이라 약 25만 원입니다. 판매를 위한 초록을 소개합니다. 구글 번역에서 세 낱말만 손 봤습니다. 학습을 '교수학습обучение'으로, 성격을 '인격личность'으로, 교육을 '교사 노동труд'으로 고쳤습니다.

이 책은 러시아의 대표적인 심리학자 레프 세메노비치 비고츠키(1896~1934)의 심리학과 교육학의 관계, 그리고 아동의 주의력, 사고력, 정서 발달에 관한 근본적인 과학적 원리를 담고 있습니다. 학생들의 노동 교육 및 미적 교육과 관련된 심리적·교육학적 문제들을 살펴보고, 교수학습 및 교육 과정에서 학생들의 영재성과 개인적 특성에 대한 고찰을 다룹니다. 특히 학생들의 인격 연구와 교사 노동에서 심리적 지식의 역할에 중점을 두고 있습니다.

1991년 이후 출판된 책의 표지에는 '단기 과정'이라는 말이 사라졌습니다. 21세기에 출판된 책들에는 표지에 화려한 그림과 색채가 더

해졌습니다. 소비에트 연방의 해체라는 역사
적 사건의 영향으로 여러 나라에서 이 책을 출
판했기 때문입니다. 책에 담긴 내용도 점점 늘
었습니다. 다비도프의 안내 글이 담긴 영문판
은 그 시작일 뿐입니다. 참고 문헌과 인용문 출
처가 점점 늘었습니다. 21세기에는 그 안내 글
대신 책 뒤에 부록으로 비고츠키의 다른 글들
이 붙어 결국 배보다 배꼽이 더 큰 꼴이 되었

습니다. 제가 옮긴 이 번역본은 가장 간결한 1926년 판입니다. 심리학
이라는 낱말이 좀 더 크고 진한 게 눈에 띕니다.

이 책은 백 년 전 내용을 담고 있습니다. '고전'입니다. '고전'임에도
남북한 대치의 역사로 국내에 소개되지 않았습니다. 미국 번역판을
통해 20세기 말에 알음알음 국내에 알려졌습니다. 대학 도서관에서
수입된 그 책을 쉽게 마주할 수 있습니다.

이 책은 실천적 필요에 응하여 편하게 들고 다니며 가볍게 읽을 수
있도록 만들었습니다. 참고 문헌, 인용 출처, 심지어 각주와 저자의 강
조 표현도 버렸습니다. 본문에서는 '버렸습니다'를 '버렸다'로 고쳤습니
다. 독보적인 최고 학자의 고전에 어울리지 않는 형식을 취했습니다.
백 주년 기념 출판임에도 말입니다. 예비교사가 편하게 읽을 수 있도
록, 다양한 분야에서 교육심리학을 접하고 싶은 분들이 가볍게 읽을
수 있도록, 교사 공동체에서 차분하게 내용에 집중할 수 있도록 고민
한 결과입니다. 우크라이나를 포함한 과거 소비에트 연방이었던 지역
의 국가들에서 실제로 그런 용도로 사용하고 있습니다. 백 년이 지난
지금도 그 내용 그대로 해당 분야에서 교육심리학 개론서로 사용되는
전무후무한 책입니다.

비고츠키 저작 읽기에 좌절했던 분들이 용기를 낼 수 있게 객관적

인 진실을 전하겠습니다. 살림터 출판사에서 출판하고 있는 선집을 예로 들겠습니다. 『생각과 말』(1권), 『도구와 기호』(2권), 『역사와 발달』(3권과 4권), 『상상과 창조』(5권), 『정서학설』(13권과 14권), 『심리학 위기의 역사적 의미』(15권), 정도의 차이는 있겠지만 어렵습니다. 겨냥한 독자층이 학자이고, 행간에 놓인 의도가 처절한 '사상투쟁'이기 때문입니다. 비유컨대 『생각과 말』은 문화-역사적 이론 진영이 사회적 구성주의 진영과 전면전에 나서며 그 명분을 밝힌 출사표였습니다. 똑같은 현상과 데이터를 너무나 다르게 해석하고 정반대로 설명했습니다. 2026년 그 전쟁의 결과는 자명합니다. 한쪽은 아직도 주의, 이즘이고 다른 한쪽은 이론의 지위를 확보했습니다. 지구촌 이 분야 인용 지수를 보면, 15년 이상 압도적 1위인 학자가 비고츠키입니다. 최고 수준 학자들의 살벌한 진검승부의 초식을 교사가 제대로 이해하기란 정말 어렵습니다. 교사용 지도서를 쓰는 국내 학자들도 아직 제대로 이해하지 못하고 있습니다. 가장 먼저, 최고로 격렬하게 사회적 구성주의를 공격한 학자인 비고츠키가 사회적 구성주의의 창시자라고 소개하는 것은 2025년 지구촌 이 분야 현실과 너무 동떨어졌습니다.

다음으로, 그래도 제법 읽을 만한 것이 대학원 교재를 책으로 묶은 것입니다. 선집의 아동학 시리즈가 그것입니다. 『성장과 분화』(6권), 『연령과 위기』(7권), 『의식과 숙달』(8권), 『분열과 사랑』(9권), 『성애와 갈등』(10권), 『흥미와 개념』(11권), 『인격과 세계관』(12권) 그리고 이후 나올 선집입니다. 가칭 『손상과 보상』과 '예술심리학'이 이 분류에 속할 것입니다. 박사학위 논문이니 대학원생이 독자라고 봐도 무관할 것입니다.

마지막으로 우편 통신의 원격 교육 자료를 묶은 이 책이 있습니다. 이 책이 의도한 독자는 학자나 대학원생이 아닙니다. 제대로 언급하자면, 자격증 없는 교사, 대학에서 교육받지 못한 교사입니다. 1914년

1차 세계대전이 시작되었습니다. 1917년 10월 소비에트 사회주의 대혁명이 있었습니다. 1921년까지 내전을 겪었습니다. 비고츠키의 고향은 현재 위치로 보면 우크라이나 인접국 벨라루스입니다. 두 국가의 인접 지역입니다. 1917년부터 1924년까지 그는 벨라루스의 수도 민스크에 머물렀습니다. 이 지역에서의 내전은 1920년에야 끝났습니다.

세계 최초로 소비에트 연방에서 의무교육이 시작되었습니다. 전쟁과 혁명에 이어진 내전의 여파로 양성된 교사도 없었지만, 있었던 교사도 망명과 죽음을 피하기 쉽지 않았습니다. 이런 상황에서 대처할 방법이 정상적일 수 없었습니다. 초등학교를 졸업자를 임시 초등학교 교사로 임명하는 것입니다. 대학교를 졸업한 비고츠키는 임시 대학 교사로 임명되었습니다. 심각한 지역은 초등학교 중퇴자를 임시 초등학교 교사로 임용했습니다. 부족한 교사 문제로 그는 낮에는 문학 교사로 근무하고 밤에는 임시 교사들을 상대로 심리학을 강의했습니다. 4~5년의 강철 같은 생활의 결과물이 이 책입니다.

2025년에 새로운 내용이 추가되었을 가능성은 희박합니다. 2025년 '예술심리학'으로 박사학위를 받았습니다. 여름에는 영국에서 특수 교육 학술대회에 참가했습니다. 결핵이 재발하여 죽음의 문턱까지 다녀왔습니다. 『심리학 위기의 역사적 의미』가 1926년 초 이 책이 출판되기 전에 마무리되었습니다. 초등학교를 졸업한 '죄'로 초등학교 교사로 근무하는 분들이 읽었던 책입니다. 대학교를 졸업한 '죄'로 밤에 대학 교수로 근무해야 했던 비고츠키가 교육심리학 관련 책자를 읽으며 정리하며 하루하루 강의하던 자료들을 묶어가며 체계를 잡은 책입니다. 읽어보시면 알겠지만, 선집의 다른 책과는 사용하는 용어 자체가 다릅니다.

이 책은 이 분야에 입문한 초보자가 4~5년의 초년병 생활과 성과를 기록한 것입니다. 어두운 조명 아래 마주했던 현장 교사들의 고민이 행간에 산적합니다. 초등학교 졸업자도 읽을 수 있도록 쓴 쉬운 책입니다. 그래서 다양한 인접 분야를 공부하는 강사, 지도사, 지도자가 될 분이 지금도 읽고 있습니다.

100년이 지나서 그 내용 그대로 더 많이 사용되고 있는 근본적인 이유는 그의 놀라운 독서 능력, 특히나 논리적인 정리 능력에 기인합니다. 그 근간은 정통한 변증법적 유물론에 대한 이해입니다. AI처럼 잘 짜깁기한 국내 교육심리학 교재와는 확연히 구별됩니다. 역설적이게도 학문적 수준이 가장 낮은 이 책이 그가 '심리학의 모차르트' 혹은 '미래에서 온 학자'라고 명명되는 이유를 가장 잘 보여줍니다. 논리적인 정리를 학문적인 설명으로 깔끔하게 엮어내는 신기를 접할 수 있습니다. 그 많은 인용이 그의 주장을 뒷받침하는 체계에 자연스럽게 어울립니다. 확인해보십시오.

실천적 측면에서 이 책의 효용성을 강조하고자 뮌스터베르크의 『심리학과 교사』의 내용을 인용하겠습니다.

교사는 자신이 더 박식해졌다고 느낄지 모르지만, 더 현명해졌다고는 느낄 수 없습니다. 교사는 자기를 가르친 선생님이 꿈도 꾸지 못했던 많은 것을 알고 있습니다. 교사가 모르는 것은 하나뿐입니다. 그 모든 지식을 사용하는 방법이 무엇인지 모릅니다. 갑자기 넓은 바다가 그의 앞에 나타났지만, 배 위에 있는 교사는 자신에게 나침반이 없다고, 육지가 어느 방향에 있는지 혹은 다음 항구에 어떻게 도착할 수 있는지 아무도 그에게 말해주지 않았다고 느낍니다.

모두를 위한 교육, 학교 혁신을 위한 교육, 모든 학생의 지속 가능한 발달을 위한 교육, 삶을 위한 교육, '입시교육에서 발달교육'으로 나아가려는 교육자들의 실천을 위한 지침서, 나침반이 필요했습니다. 저는

2010년 민주·진보 교육감의 방향 제시 구호인 '경쟁에서 협력으로'를 창안했습니다. 지난 15년 동안 그 막연한 추상을 넘어 구체적인 대안을 찾았습니다. 정년 퇴임한 이제 구체적이고 과학적이며 체계적인 실천으로 옮길 수 있는 길이 있다고 단언합니다. 필요한 지식과 효율적인 방법을 넘어 과학적인 지혜를 만날 수 있습니다. 이 책을 가볍게 끝까지 읽고 나면, 아무리 초보자라도, 정교한 나침반을 얻지 못하더라도 손에 지남철은 쥘 수 있을 것입니다.

　동료와 함께 읽고, 집단적 실천 방안을 마련하고, 그 결과를 검증하는 주체적인 교사로 거듭나기를 희망합니다. 인사이동이 혁신학교 성과의 전면적 소멸이 아니라 급격한 확대의 계기가 되는 날을 꿈꿉니다. 오뚝이처럼 일어서서 다시 참교육을 꿈꾸고 실천하는 그대들이 희망입니다. 대한민국의 미래를 창조할 것입니다.

　전국교직원노동조합의 지원이 있었습니다.

　이 책은 전국교직원노동조합 교과 자료집 6권에 담았던 내용입니다. 2021년 〈비고츠키와 발달교육 6〉 봄호에 「교육심리학 1」로 시작하여 2023년 〈비고츠키와 발달교육 8〉 가을호에 「교육심리학 6」으로 마침표를 찍었습니다. 그 책자의 86~93쪽에 참고 문헌을 담았습니다. 발제하듯 제가 중요하게 생각한 내용을 정리한 자료는 2024년 〈비고츠키와 발달교육 9〉 봄호의 「심리학과 교사 1」 74~122쪽에 있습니다. 연구자나 좀 더 심도 있게 공부하려는 분은 전교조 본부나 전교조 조합원 교사를 통해 전자책이나 PDF 책자를 얻을 수 있습니다.

　부드러운 이야기 하나 하겠습니다. 2026년 참교육 실천대회를 기준으로 하겠습니다. 15년 전 참교육 실천대회에서 비고츠키 선집 1권이 세상에 얼굴을 드러냈습니다. 얼마 후, 한 중등 조합원 동지가 연수 경험을 전해 주셨습니다. 강연하신 분은 칭찬으로 시작했습니다. 전교조는 대한민국 교육에 많은 공헌을 했습니다. 그 역사적 결과물 중 하나가 교사 출신의 최초 교육감인 최교진 교육부 장관입니다. 강연자는 청중과 공감을 형성하는 것을 넘어 청중이 강연자에게 호감을 품게 하셨습니다. 첫인상은 중요합니다. 전교조의 많은 공헌 중에서 가장 중요한 것 하나를 꼽는다면 자신은 대한민국 교육에 전교조가 진짜 '비고츠키'를 소개한 것이라고 확신한다고 했습니다. 저는 아직도 그 성과를 느끼지 못합니다. 하지만 희망을 품습니다. 이 책으로 인해 15년 후에는 조합원이 아닌 교육자들도 허위와 기만을 넘어 진실을 전한 참교육의 대명사 전교조의 공을 인정하게 되기를 꿈꿉니다.

교과 자료집 〈비고츠키와 발달교육〉에서 낱말 하나하나 찾아보며 확인하고 검토하며 연구할 수 있도록 지원해주신 선국교직원노동조합 동지 여러분, 고맙습니다. 특히 조언과 비판을 해주신 여러 비고츠키 연구회 회원과 '전국 초등교육과정 연구모임' 회원 여러분, 감사합니다. 제가 정년 퇴임할 수 있도록 도와주신, 2021년부터 2025년까지 근무한 춘천 퇴계초등학교 임직원 여러분께, 특히 자료집을 읽고 토론해주신 동료 교사들께 고마움을 전합니다. 늘 환하게 웃으며 출판을 독려해주시는 살림터 출판사가 번창하기를 기원합니다.

2025년 11월 11일 국사봉을 바라보며
배희철

교육심리학

우리 반응의 발달이 우리 삶의 역사다.
현대 심리학이 교사에게 줄 수 있는
가장 중요한 진실을 표현해야 한다면,
그 표현은 바로 학생은 반응 장치라는 것이다.

G. 뮌스터베르크, 『심리학과 교사(Psychology and Teacher)』

서문

1. 무엇보다도 실천적 과제를 해결하려는 목적으로 이 책을 썼다. 심리학의 새로운 결과를 이 책에 반영했다. 이 책이 예비교사와 현직교사에게 길잡이가 되기를 희망하며, 교수가 펼쳐시는 과정을 과학적으로 이해하는 데 도움이 되기 바란다.

2. 심리학은 위기를 겪고 있다. 심리학의 가장 근본적이고 기본적인 입장을 수정하고 있다. 이와 연결되어 학교와 학계는 사고의 대혼란에 빠졌다. 옛 체계에 대한 신뢰는 땅에 떨어졌지만 새 체계는 응용과학을 추출할 만큼 기틀을 잡지 못했다.

3. 심리학의 위기는 필연적으로 교육심리학 체계 전반의 위기를 의미한다. 교육심리학을 처음부터 재구조화하는 작업을 시작해야 한다. 그렇지만 새로운 심리학은 자기 입장에 맞게 '결론을 도출'할 필요가 없다. 자료를 교육에 적용할 때 헤매지 않아도 된다. 바로 이런 까닭으로 새로운 심리학은 이전 심리학보다 운이 좋다.

4. 교수 문제를 해결하는 과제를 새로운 심리학의 중심에 놓아야 한다. 조건 반사 학설은 새로운 심리학이 세워져야 할 토대다. 생물학에서 사회학으로 나아가는 데 조건 반사가 도움이 되는 한, 조건 반사는 교육 과정에 담긴 본질과 성질을 명료하게 파악하는 데 사용할 기

제의 명칭이다.

5. 정직하게 표현하려면 이렇게 말해야 한다. 교육심리학은 오직 조건 반사를 발견했기 때문에 과학이 될 수 있었다. 그 이전까지 심리학은 이용하던 사실의 파편적인 정보들을 단일한 전체로 묶어내는 데 필수적인 기본 원리가 없었다.

6. 오늘날, 교육심리학의 경로에 놓인 중요한 과제는, 교육의 개별적 요소를 분석하고 교수 과정의 다양한 측면을 기술할 때, 이 과학적인 원리에 따른 통일을 견지하는 것이다. 교육은, 무엇을 다루든, 그리고 어떤 식으로 행하든, 최종 분석에서, 교육에서 채택한 조건 반사의 기제를 드러내야 한다. 조건 반사가 작동하는 방식을 과학적으로 정밀하게 입증하는 일은 결정적으로 중요하다.

7. 그렇지만, 조건 반사의 원리로 모든 것을 설명하고 거기서 모든 것에 적용되는 수단을, 새로운 심리학의 '열려라, 참깨' 같은 마법적 주문을 찾고자 한다면 이는 헛수고일 뿐이다. 사실 교육심리학은 그 과제의 본질상 개별적으로 고립된 반응이나 반사보다 더 복잡한 성질과 질서를 지닌 사실과 심리 범주를 다루며, 일반적으로 지금 과학자들이 인간의 고등한 신경 활동을 연구하는 일보다 더 복잡하다.

8. 교사는 유기체의 더 통합적인 반응을 수반하는 더 종합적인 행동 형태를 다뤄야 한다. 그러므로 조건 반사 학설만이, 너무도 당연하게도, 현재의 경로에 토대와 기반을 제공할 수 있다. 더 복잡한 행동 형태를 기술하고 분석할 때, 기존 심리학이 축적한 과학적으로 신뢰할 수 있는 모든 자료를 활용하고, 낡은 개념을 새로운 언어로 옮기는 것이 필요하다.

9. 이런 취지에 맞게, 저자는 복잡한 행동 형태에서 운동적, 반사적 성질을 발견하여 보여주려 노력했다. 나아가 이런 작업을 하며 이 주제의 주요 관점과 초기 관점을 연결하려 노력했다.

10. 뮌스터베르크Hugo Münsterberg, 1863~1916와 마찬가지로 필자도, "전체 운동 부분이 중요하지 않은 부속물로 취급되던, 그것 없이도 정신적 삶이 제 길을 취할 수 있던" 시절은 끝났다고 확신한다. "이제 모든 것이 뒤집혔다. 지금은 능동적인 태도와 행위가 중앙 처리 과정의 발달에 제공한 실질적 기회를 인정한다. 우리는 행위하고 있기에 생각한다."

11. 전문용어에 대해 언급하겠다. 필자는 기존 용어 사용에 조금도 주저하지 않는다. 그런 용어가 많은 현상을 기술하는 데 가장 편리하고, 이해할 수 있는, 경제적인 수단임을 알기 때문이다. 하지만 새로운 과학적 언어가 만들어질 때까지 일시적으로만 사용해야 한다. 필자가 새로운 낱말들과 명칭들을 창조하는 일은 잘못된 허세다. 현상을 기술할 때마다 모든 곳에서 기존 명칭과 기존 자료도 함께 사용해야 했기 때문이다. 그러므로 오래된 용어와 자료에서 실제 내용을 매번 해독하는 일이 더 편리하다고 판단했다.

12. 이런 연유로 이 책은 작업 당시 과학계의 파열과 위기의 흔적을 선명하게 담고 있다.

13. 동시에, 모든 체계적인 경로가 그렇듯이, 필자는 자주 다른 분의 견해를 제시하고 그의 관념을 그의 언어로 담아내는 번역자여야 했다. 그의 사고를 일관되게 표현하고 그의 견해와 나의 주장을 연결해야 했다. 이런 것 때문에, 이 책을 쓰는 과정이 교육 심리학 강좌에서 교육의 경로를 구축하는 새로운 경험, 즉 새로운 형태의 교과서를 창조하려는 시도라고 믿는다.

14. 여기서 책에 필요한 자료를 배열하여 체계를 잡는 선택 과정은 일종의 새로운, 아직은 구현되지 않은, 너무도 방대한 과학적 데이터와 사실을 종합하는 실험이었다.

15. 이 책의 형식을 보시면 아시겠지만, 저자가 익숙한 같은 주제를

다룬 어떤 입문서의 형식을 반복하지 않았다. 이런 이유로 저자는 이 책에 담긴 모든 사고의 결과에 의식적으로 책임져야 한다.

16. 저자는 이 종합이 얼마나 성공적인지 판단하는 일을 유능한 비평가들에게 맡긴다. 이 책은 일시적인 보조 도구다. 곧 이 책을 대체하는 좀 더 완전한 다른 책이 나오기를 바란다.

17. 저자의 모든 실수나 첫 시도의 불완전함은 제대로 준비하지 않고 명확하지 않은 영역을 구축해야 했기에 불가피하다. 저자가 이 책을 쓰며 품었던 유일한 목적은 교육 과정, 즉 인간 행동의 생물학적 형태를 사회적으로 재구조화하는 과정에 대한 기본 관점을 끝까지 적용하는 것이었다. 생물-사회적 토대에 근거하여 교육심리학의 교육 경로를 개척하는 게 저자의 주된 의도다.

18. 첫걸음의 불완전함에도 불구하고 이 책이 올바른 방향으로 나아갔다면, 즉 이 책이 객관적이며 엄격한 과학적 체계를 갖춘 교육심리학을 창조하는 길로 나아가는 첫걸음으로 판명된다면, 나의 일은 목표를 달성한 것이다.

| 1장 |

교육학과 심리학

가. 교육학

1. 교육학은 어린이의 교육을 다루는 학문이다. 그러면 교육은 무엇인가? 다른 방식으로 정의할 수도 있지만, 블론스키Блонский, 1884~1941의 정의를 사용하겠다. 그는 이렇게 단정했다. "교육은 개별 유기체의 발달을 위해 계획하고 조직한 장기적인 감화적 영향이다."

2. 교육을 다루는 학문답게 교육학은 이 감화적 영향을 어떻게 조직할지, 어떤 형식으로 취할 수 있는지, 어떤 기법을 사용할지 그리고 어디를 지향할지 정확하고 명료하게 대답해야 한다. 여기에 더해야 할 더 어려운 과제는 우리가 영향을 미치려는 유기체의 발달이 어떤 법칙에 복종하는지를 이해하는 일이다. 발달 법칙에 의존하려면, 교육학은 완전하게 개별적인 여러 지식 영역을 포괄해야 한다. 한편으로, 이 작업은 아동의 발달 문제이기에, 생물학, 즉 자연 과학의 범주를 포함한다. 다른 한편으로, 모든 교육은 자체에 어떤 이상, 목표 혹은 규범을 담기에, 철학 혹은 윤리학을 다뤄야 한다.

3. 이런 문제로 인해, 교육학의 철학적 측면과 생물학적 측면에 관한 끝나지 않는 논쟁이 펼쳐졌다. 학문의 방법론은 사실을 연구하는 학문과 규범을 확립하는 학문의 차이를 처음부터 끝까지 규명했다.

의심할 바 없이, 교육학은 두 학문의 경계에 있다.

4. 그렇지만 그 자체만으로는 교육에 관한 정확한 과학적 결론으로 우리를 이끌 수 없고, 규범도 사실에 의존하지 않고는 이상을 실현할 확약을 줄 수 없다. 블론스키에 따르면, "… 철학적 교육학은 교육 현장에 공상적 이상주의를 낳았다. 다른 한편, 과학적 교육학은 높은 이상, 규범, 법령을 확립하여 작동하는 것이 아니라, 교육받는 유기체의 실제 발달 그리고 유기체의 교육 환경과 유기체의 상호 교류에 관한 연구로부터 작동한다. 과학적 교육학은 추상적 사색이 아니라 관찰과 경험에서 얻은 데이터에 근거하며, 응용 철학이 아니라 너무나 독창적인 경험 과학이다."

5. 그러나, 아무리 독창적인 경험 과학이라 하더라도 교육학은 보조 학문에 의존할 수밖에 없다. 예를 들면, 교육의 일반적 목적과 목표를 특정하려면 사회 윤리학에 의존하고, 이런 목적을 달성할 수단을 특정하려면 생리학과 함께 심리학에 기대야 한다.

나. 심리학

1. 정확한 뜻을 보면 심리학은 영혼의 가르침 혹은 영혼의 학문이다. 최초에는 그랬다.

2. 인간의 최초 관점은, 인간의 본성을 이원적인 것으로 간주하면서, 육신과 그 안의 특별한 물질인 영혼을 구분했다. 이 관점은 원시 시대에 출현했다. 당시 인간은 잠, 죽음, 질병 따위의 현상을 관찰하여, 분신 혹은 어떤 심령이 자기 안에 살고 있다고 확신했다. 더 발달한 사고에서도, 이 믿음은 영혼을 개념화하는 데 특징이 되었다. 영혼은 연기나 수증기의 형식을 띤 감지하기 어려운 물질적인 물체에 더 가까워졌다. '영혼', 이 말은 '호흡하다'라는 뜻의 러시아어와 관련되어, 호흡하는 능력을 의미했다.

3. 여기서 심리학은 실제로 영혼의 과학이었다. 철학자들은 이 영혼의 성질과 속성을 연구하고, 그것이 필멸인지 불멸인지, 영혼과 육체의 연결이 무엇인지, 영적 물질의 본질과 증거가 무엇인지 등에 대해 질문했다.

4. 이런 경향은 오랫동안 심리학에 널리 퍼져 있었다. 우리는 공정하게도 이런 심리학을 형이상학적 심리학이라 명명할 수 있다. 항상 우리가 경험하여 접근할 수 없는 초감각적인 물질을 다루기 때문에 그렇게 명명해야 한다. 진짜 과학의 출현으로, 모든 지식이 여러 갈래로 나뉘어 서로 분리되는 일이 벌어졌다. 지식의 분해는 크게 보면, 형이상학적 지식과 실증적이고 확정적인 과학적 지식으로 나뉘었다. 형이상학적 지식은 신앙의 대상이며 초감각적 세계를 연구하여 얻었다. 과학적 지식은 의식적으로 경험한 경계선을 맞춰 지식의 크기를 제한했지만, 얻은 지식의 신뢰성을 확실하게 확보했다.

5. 18세기에 심리학은 이성적 심리학과 경험적 심리학으로 나뉘었다. 이성적 심리학은 계속 형이상학적 심리학으로 지칭되었다. 대상을 연구하는 주된 방법이 추측이기 때문이다. 이성적 심리학과 대비되는 경험적 심리학은 경험을 근거로 한 사실의 과학으로 깨어났다. 경험적 심리학은, 자연 과학이 연구 대상과 유지하는 관계를 연구 대상과 똑같이 견지하려 노력했다.

6. 그렇지만 이 경험적 심리학은, 형이상적 문제로 이성적 심리학을 혹독하게 비판하면서 태동했음에도, 오랫동안 계속 형이상학적 문제를 다루었다.

7. 로크, 흄, 칸트는 형이상적 심리학을 혹독하게 비판했다. 그들은 영혼은 그저 우리가 겪는 환상의 산물이라는 것을, 그리고 경험을 통해 우리가 매 순간 직면하는 것은 이런저런 지각일 뿐이며, 특별한 실체의 형식으로 영혼을 느끼는 일은 불가능함을 드러냈다.

8. 그래서, 심리학의 자리에, 영혼의 학문으로서, 영적인 사실을 다루는 새로운 학문이 생겨났다. 랑게Lange Nilolai, 1858~1921는 이 학문을 "영혼 없는 심리학"이라 명명했다. 여기에 대해 그는 이렇게 말했다. "에이, 심리학을 영혼의 가르침이라고 부를 수는 없지 않나? 공부할 대상이 있는지도 의심스러운데 그런 게 학문이라 할 수 있나? 거대하지만 제대로 제한되지 않은 현상의 무리에 맞는 전통적인 명칭이 있다. 이 명칭은 오늘날의 엄격한 과학적 요구를 알 수도 없던 시절부터 전해 내려왔다. 학문의 대상이 변했다고 이 명칭을 폐기해야 할까? 이는 너무나 융통성 없고 현실적이지 않다. 그렇다면, 영혼이 없는 심리학을 받아들이자. 이 이름은, 다른 학문에서 적절하게 다루지 않는 이 일을 우리가 담당하는 한, 여전히 유용하다."

9. 마찬가지로 경험적 심리학도 "영혼 없는 심리학" 혹은 "어떤 형이상학도 없는 심리학" 혹은 "경험에 근거한 심리학"이 되었다. 쟁점을 이렇게 해결하는 것은 흐지부지하게 양분된 타협적인 해결책을 제시한 것임을 알아채야 한다. 그렇게 함으로써 형이상학의 상당 부분을 폐기했지만, 심리학은 여전히 자연과학과 거리가 있었다. 심리학은 계속 영적인 현상 혹은 의식 현상을 다루는 학문으로 이해되었다. 두 정의 모두 과학적 비판을 견디어낼 수 없었다.

10. 이 심리학은, 영적인 현상은 결정적으로 그 성질이 세상의 다른 현상들과 다르다는 것, 영적인 현상은 비물질적이고 확장할 수 없고 객관적으로 경험할 수 없다는 것, 영적인 현상은 인과관계로 묶이지 않고도 신체에서 물질적 과정과 평행하게 펼쳐진다는 것을 가르쳐 주었다. 이처럼 비물질적, 인과 없는, 비공간적 현상의 존재를 인정하면서도, 이 심리학은 인간의 성질에 대한 원시적 생각과 종교적 생각의 특징인 이원적 관점(이원론)을 완벽하게 견지했다. 이 심리학이 관념론적 철학과 밀접하게 연결되어 있다는 것은 우연한 일이 아니다. 관념

비고츠키의 교육심리학

론적 철학은 정신은 물질과 다른 특별한 처음을 지닌다고, 의식은 개체라고, 즉 존재에 의존하지 않는 독립적인 실제라고 가르쳤다. 그렇게 보면, 이 심리학은 존재에서 벗어나 의식에 갇혀있었다. 이 심리학의 여정은 무미건조함으로 점철되었고, 실재에서 벗어나 인간 행동에 관한 너무나 절박한 쟁점에 무기력했다.

11. 우선, 의식은 우리의 심리적 경험 전체에서 사소한 일부다. 거기에는 전체에서 거대한 부분을 차지하는 무의식적인 세계가 있다. 다음으로, 의식은 이 경험의 오직 한 속성을 의미하거나 위장된 형식으로 영혼과 똑같은 개념을 다른 이름으로 선보일 뿐이다. 블론스키는 이에 대해 이렇게 언급했다. "심리학이 영적인 현상을 연구하고 주장하는 것 또한 옳지 않다. 그런 심리학은 영혼의 심리학에서 제대로 벗어날 수 없고, 절충의 온갖 결점 때문에 고통받을 수밖에 없다. 그런 심리학은 영혼 없는 심리학이라고 주장하면서도, 갑자기 영혼의 현상을 연구하기 시작했다. 정말, '영혼의 심리학'이라는 낱말로, 영적 현상들이 독특하다는 점에서, 즉 영적인 현상은 공간에 존재하지 않고, 공간의 어떤 부분도 차지하지 않고, 귀, 눈, 다른 감각 기관으로 인식할 수 없고, 그것을 경험한 사람만이 인식한다는 점에서, 물질적 현상 혹은 사물과 다른 독특한 현상의 무리로 그저 두드러지게 나타낸다는 사실을 변명거리로 제시했다. 그렇지만 나의 사고가 어떻게 나의 뇌라 지칭되는 공간의 특정 상소 밖에 존재할 수 있을까? 당신은 나의 기쁨을 볼 수 있고 나의 욕망을 들을 수 없지 않은가? 영적인 현상은 공간과 관련이 없고, 나를 제외한 누구도 직접적으로 지각할 수 없고, 볼 수도 없다고 주장하는 게 말이 되는가?"

12. 경험적 심리학의 가장 강력한 주창자가 제시한 바를 따르더라도, 경험적 심리학은 심리 과정 연구에서 운동적 측면을 중요한 것으로 내세웠다. 경험적 심리학은 가장 복합적인 중심적 과정의 발달이

움직임에서 시작됨을, 그리고 움직임이 영적인 삶의 "중요한 부속물"임을 강조했다. 그리고 심리의 모든 과정을 행위의 구성적 부분들로, 행위의 잠정적 요소들로 이해하기 시작했다. 뮌스터베르크는 "우리는 운동한다, 그러므로, 우리는 생각한다."라고 썼다. 또한, 이 이론을 가장 완벽하게 희화한 글은 내적 삶의 풍요로움은 움직임의 수에 의존하고 가장 부유한 삶은, 당연하게도, 운동선수나 서커스 곡예사의 삶이어야 한다는 잘못된 이해일 것이라고 그는 지적했다. 복잡한 행위에서, "운동 반응은 근육의 작용이 아니라, 바로 뇌에서 운동 경로의 새로운 확장 혹은 폐쇄로 이루어진다." 그렇지만, 운동 측면에 모든 주의를 기울였음에도, 이 가르침은 비물질적 성격과 특수한 영적인 현상을 계속 구별했다. 즉, 이 가르침은 계속해서 경험적 심리학의 이원론과 영성주의를 보존했다.

13. 그러므로, 영적 현상의 학문 대신 심리학은 미국 심리학자들이 생명체의 행동 과학으로 지칭한 새로운 과학의 형식을 취하기 시작했다. 이들 심리학자는 행동 개념으로 생명체가 행한 모든 내외 움직임의 총체를 뜻했다. 심리학은 의식의 어떤 상태도 어떤 움직임들과 묶인다는 오랫동안 확립한 사실을 근거로 제시했다. 신체에서 벌어진 모든 심리적 현상을 움직임 측면에서 연구할 수 있었다.

14. 심리학은 의식의 가장 복잡한 형태조차도 특정 움직임의 아주 미묘하고 눈에 띄지 않는 형태로 간주했다. 그렇게 심리학은 살아있는 유기체가 환경에 적응하는 가장 중요한 형태로 행동을 연구했기에, 생물학이 되었다. 심리학은 행동을 유기체와 환경이 서로 영향을 주고받는 상호작용 과정으로 간주했다. 따라서 이를 설명하는 원리는 심리의 생물적 유용성 원리가 되었다.

15. 그렇지만, 인간 행동은 사회적 환경이라는 복잡한 틀 안에서 발생한다. 인간은 오직 이 환경을 통해 그리고 이 환경에 의존하면서 자

연과 교류하기 시작했다. 이 사회적 환경이 인간 행동을 결정하고 확립하는 가장 중요한 요인이다. 심리학은 사회적인 인간의 행동과 이 행동 변화의 법칙을 연구해야 한다.

16. 과학의 대상뿐만 아니라 과학의 방법도 변한다. 경험적 심리학의 주된 방법이 내성법이었지만, 새로운 심리학은 이 방법을, 유일하고 심지어 주된 방법으로 받아들이지 않았다. 쟁점인 질문은, 사람은 누구나 관찰자인 동시에 관찰 대상이기에, 이 방법이 극단적 주관주의의 방법과 무엇이 다르냐는 것이었다. 자신을 들여다보려면, 주의를 둘로 나누어야 한다. 이 일은 결코 제대로 실행될 수 없다. 즉, 관찰의 영향으로 관찰한 현상의 맨 처음의 느낌 또는 이어지는 느낌이 사라지거나, 직접적·정서적 체험의 격렬함으로 우리가 움켜잡았던 가장 중요한 것을 놓칠 수도 있다. 블론스키도 이렇게 이야기했다. "자기가 겪는 공포를 관찰하려면, 두려워하지 않아야 한다. 자기가 겪는 분노를 관찰하는 일은 화를 삭이는 데 도움이 된다. 우리가 엄청난 공포나 분노에 사로잡힌다면, 내면을 관찰할 짬을 낼 수 없을 것이다."

17. 그러므로 내성법은 정신 현상이 우리의 의식에 기록되는 활동, 즉 의식의 수동적인 상태에서 벌어진 일이 아니라, 자신의 체험 과정을 인식하는 특별한 활동이다. 이 활동은 다른 행위에 좌절시키는 방식으로 영향을 줄 수 있고, 다른 활동으로 좌절될 수도 있다. 그런 까닭에, 심리적 지식의 유일한 원천으로 내성법을 인정하지 않으면서도, 과학은 여전히, 그의 행동의 다른 모든 사실처럼, 분석하고 해석할 필요가 있는, 그의 진술 혹은 구두 보고자의 품격에 좌우되는 이 방법을 사용하기를 거부하지 않았다. 그런 구두 진술은, 그렇지 않았다면, 우리의 관찰 영역 밖에 있을 수 있었던 억제된 혹은 감지하기 어려운 내부 움직임과 반응의 기록을 우리의 행동 연구에 포함하는 데 도움이 된다.

18. 그렇지만, 이 방법을 사용해 얻게 된 데이터는 객관적 결과들에 빗대어 가장 엄격한 통제와 검증을 받아야 한다. 늘 잘못되고 주관적으로 왜곡된 결과를 얻을 위험이 있기 때문이다. 그래서 과학에서 주된 방법은 여전히 객관적이고 실험적인 관찰이다. 실험은 단순한 관찰과 비교할 수 없는 장점이 있다. 실험을 통해 우리는 원하는 대로 필요한 사실들을 여러 번 얻을 수 있다. 즉, 사실을 분리하고, 결합하고, 다른 조건에 놓아 보고, 연구의 필요에 따라 수정할 수 있다.

19. 새로운 심리학은 네 지점에서 확연하게 구분된다. 첫째, 그것은 유물론이라는 지형에 놓여 있다. 모든 인간의 행동을 일련의 움직임과 반응으로 그리고 물질적 존재의 모든 속성을 지닌 것으로 보기 때문이다. 둘째, 그것은 객관주의에 기반한다. 새로운 심리학은 물질을 객관적으로 검사하는 일에 근거하는 것을 심리학 연구의 필수 불가결한 조건으로 삼기 때문이다. 셋째, 그것이 취한 변증법적 방법이 돋보인다. 변증법적 방법은, 심리 과정은 유기체의 모든 다른 과정과 떨어질 수 없는 연결 속에서 발달한다고, 자연의 다른 모든 것과 마찬가지로 똑같은 발달 법칙에 복종한다고 고백한다. 마지막으로, 그것은 생물-사회적 토대 위에 있다. 그 뜻을 이미 명확히 했다.

20. 과학적 심리학은 지금 위기를 겪고 있고, 새로운 과학은 과학적 심리학 구축의 초기에 있을 뿐이다. 그렇지만, 이 사실이 새로운 과학이 자신의 자료에만 의존해야 한다는 것을 의미하지는 않는다. 반대로, 새로운 과학은 때로 이전 심리학에 담긴 과학적으로 신뢰할 수 있는 모든 정확한 자료에 의존해야 한다. 과학에서 주제에 대한 관점이 크게 바뀌었기 때문에, 매 순간 당신은 오래된 자료를 새로운 방식으로 해석해야 하고, 오래된 개념들을 새로운 언어로 옮겨야 하고, 오래된 사실들과 법칙들을 새로운 관점의 안내를 받으며 이해하고 파악해야 한다. 그런 연유로, 오랫동안 심리학에서 필연적으로, 광범위한 일

반화에서 용어까지, 그 모두의 기원에서 일종의 이원성을 느낄 수밖에 없다. 우리가 겪는 이행적이고 전환적인 시기에는, 특히나 과학 자체가 그 근본부터 심각한 위기를 겪을 때는 이런 일을 피할 수 없다.

다. 교육심리학

1. 19세기 후반, 심리학에 결정적인 전환이 있었다. 심리학에 실험이 들어온 것이다. 실험이라는 신무기 때문에 모든 자연 과학은 놀랄 만한 대승을 거두었다. 실험은 물리학, 화학, 생리학을 창조했다. 의사, 생리학자, 화학자 그리고 천문학자가 처음으로 심리학에 실험의 가능성을 지적했다. 실험과 함께 가장 정확한 현상 연구에 대한 갈망이 쏟아져, 심리학은 정확한 과학이 되고자 노력하기 시작했다. 그리고 여기로부터, 자연스럽게, 여느 응용 분과에서 그랬듯이, 과학의 이론적 법칙을 실천에 응용하려는 갈망도 분출했다.

2. 블론스키에 따르면, "교육심리학은 이론 심리학의 결론을 취학전의 교육과 학교의 교수학습 과정에 적용하는 일을 다루는 응용 심리학의 한 분과다." 출현하던 순간 교육심리학은 큰 희망을 품게 했고, 모든 이에게, 교육심리학의 안내를 받으면 교육 과정이 기술처럼 정확하게 될 것 같았다. 그러나 이런 기대는 허망했고, 심리학에 보편적 실망이 너무 빨리 퍼졌다. 이런 일이 벌어진 데는 몇 가지 이유가 있다. 일부는 이론적 성질과 관련 있고, 이는 새로운 과학의 본질에서 유래했다. 또 다른 일부는 실천적 성질과 관련 있고, 이는 교육심리학의 역사적 발달에서 발생했다.

3. 첫 번째 이유는 과학은 결코 직접적으로 실천의 지도자가 될 수 없기 때문이다. 제임스James, 1842~1890는 어떤 프로그램, 계획 혹은 교수 방법을 심리학에서 꺼내 학교에서 적용할 수 있다고 생각한다면 심각한 오해라고 매우 정확하게 지적했다. "심리학은 과학이고, 학교에

서의 교수는 예술이다. 그러나 과학은 과학에서 직접 예술을 만들 수 없다. 논리학은 어떤 사람에게도 적절하게 사고하도록 가르칠 수 없다. 똑같이, 과학적 윤리학도 어떤 사람이 올바르게 행동하게 할 수 없다. 교육학과 심리학은 나란히 나아간다. 어찌해도 교육학을 심리학에서 끌어낼 수는 없다. 둘은 동등하고, 어느 쪽도 다른 쪽에 종속되지 않는다. 그리고, 바로 이렇게 학교에서의 교수와 심리학은 늘 서로 일치해야 한다. 그러나 이는 어떤 학교에서의 교수 방법이 이 방식에 일치하는 유일한 교수 방법임을 의미하는 것은 아니다. 많은 방법이 심리학의 법칙과 일치할 수 있기 때문이다. 그러므로 누가 심리학을 잘 안다 할지라도, 그가 당연히 훌륭한 교사가 될 수밖에 없다고 할 수는 없다."

4. 교육심리학에 실망한 두 번째 이유는 교육심리학의 대표자들이 교육심리학에 담아낸 편협한 특성 때문이다. 레이Lay는 모이만 Meumann이 교육심리학을 "단순한 수공예" 수준으로 끌어내렸다고 비난했다. 그리고 실제로 초기에 교육심리학은 "교육학보다는 위생학에 훨씬 가까웠다(게센)."

5. 이런 양상이라, 심리학은 직접적으로 어떤 교육학적 결론을 제공할 수 없었다. 그러나 교육의 과정은 심리가 펼쳐지는 과정이기에, 심리학의 일반적 토대에 대한 지식은, 당연하게도 이 일을 과학적으로 연출할 때 도움이 된다. 교육은, 끝까지 계산해 보면, 언제나 유전적 행동을 수정하고 새로운 형태의 반응을 접종하는 일이다. 따라서, 과학적 관점으로 이 과정을 살피려 한다면, 반응의 일반 법칙과 반응 형성의 조건에 대한 보고서를 적절히 참고하는 게 지혜롭다. 그렇게, 심리학과 교육학의 관계는 이론 분과와 응용과학의 관계와 아주 유사하다. 심리학은 실용적인 문제에, 예를 들어, 범죄 연구, 질병 치료, 노동, 경제적인 활동에 적용되기 시작했다. 뮌스터베르크는 이렇게 이야기

했다. "모든 것이 곧 우리가 진짜 응용 심리학을 얻게 될 것이라고 지적한다. 그리고 이런 종류의 응용 심리학은, 실용적인 목표를 달성하기 위해 사용될 수 있는 이론 심리학의 이런저런 파편들의 더미일 수 없다. 응용 심리학은, 공학이 물리학에서 독립했던 것과 똑같은 관계를 유지하며, 일반 심리학에서 자립할 것이다. 응용 심리학은 오직 하나의 질문에 전념할 것이다. 우리가 지정한 목표를 달성하는 데 심리학은 어떻게 도움을 줄 수 있을까? 이런 식으로, 지난 몇 년의 산물로 교육심리학은 의학 심리학, 법률 심리학, 경제 심리학, 미학 심리학, 산업 심리학과 함께 응용 심리학의 일부인 새로운 과학이 되었다. 교육심리학은 막 첫걸음을 내딛는 처지여서, 완성된 체계의 어떤 규칙이나 조언을 제공할 처지가 아니다. 교육심리학은 자신의 힘에 의존해야만 한다. 교육심리학이 쉽게 심리학으로부터 완제품을 빌려오는 것은 도움이 되지 않는다. 어찌 되었든 출발했다. 그렇지만, 의심할 바 없이, 이 소박한 맹아로부터 진정한 교육심리학이 곧 출현할 것이다."

6. 이런 이유로, 우리는 다음과 같은 블론스키의 주장에 동의할 수 없다. "한편으로, 교육심리학은 교사가 관심 가질 이론 심리학에서 몇몇 장을 가져와야 한다. 기억, 주의, 상상 따위가 그런 장들이다. 다른 한편으로, 정신 작동 법칙과 조응하냐는 입장에서 삶이 제기하는 교수학습의 요구 사항을 논해야 한다. 예를 들면, 아동 심리학과 가장 일치하도록 문해 교수학습 방법을 결정해야 한다."

7. 여기서는 모든 것이 잘못되었다. 첫째, 일반 심리학이 확정한 장의 내용을 전이하는 것은, 뮌스터베르크가 지적한 바와 같이, 다른 사람이 만든 자료와 문구를 옮기는 쓸모없는 일일 뿐이다. 둘째, 어떤 과학의 도움을 받지 않고 교수에 필요한 사항을 제안하는 일은 열매 맺는 게 불가능하다. 이런 일은 이론 교육학이 다뤄야 한다. 마지막으로, 심리학에 전문가의 역할만 할당하는 것은 가능하지 않다.

8. 과학적 능력을 개별 교육학 분과에 다음과 같이 분배한다면, 과학적 과제와 힘들의 올바른 상관관계를 확립할 수 있다. ① 교육 체계의 역사, ② 교육 사상의 역사, ③ 이론 교육학, ④ 실험 교육학. 실험 결과를 이용한 교육심리학과 실험 교육학이 같다는 결론은 성급하고 잘못된 일이다. 실험 교육학 앞에는, 개별적 교육 기법들을 실험으로 조사해야 하는 목표가 있지만, 이는 심리를 다루는 실험이 아니다. 마지막으로 ⑤ 교육심리학. 이는 고유한 개별 학문으로 존재해야 한다. 몇몇 저자가 교육학을 교육심리학으로 변형하자고 주장했는데, 이는 어불성설이다. 이런 표상은 개별 학문의 과제를 제대로 이해하지 못하고 모호하게 구분했기 때문에 생겨났다.

9. 블론스키가 지적한 것처럼, "교육학은 교육심리학에 의존해야만 한다. 이는 축산학이 실험 생물학에 기반을 두는 것과 같은 이치다."

10. 이도 하나의 주장이지만, "교육학은 실험 심리 공학이다"라는 주장은 아주 다른 것이다. 축산학이 실험 생물학에 의존하는 것과 축산학과 실험 생물학을 융합해야만 한다는 것이, 너무나 다른 문제인 것과 같은 이치다. 전자는 맞지만, 후자는 거짓이다.

11. 교육학은 교육의 목적과 목표를 논해야 한다. 이에 반해, 교육심리학은 그 실행 수단만 지정한다. "꽃집 주인은 튤립을 좋아하고 잡초를 싫어한다. 기술하고 설명하는 식물학자는 어떤 것도 사랑하거나 미워하지 않으며, 그의 관점에서 보면 그는 어떤 연구 대상을 더 좋아하거나 미워할 수 없다. 잡초는 그에게 가장 아름다운 꽃처럼 '진짜'며 그러므로 중요하다. … 식물학자가 꽃이나 잡초를 차별하지 않듯이, 인간을 연구하는 과학은 인간의 지혜나 어리석음을 차별하지 않는다. 모든 연구 대상은 냉정하고 공정하게 그것을 분석하고 설명해야 하는 자료일 뿐이다. 이 관점에서 보면, 가장 고귀한 행위나 가장 끔찍한 범죄, 가장 아름다운 감정이나 역겨운 저속함, 천재의 가장 심오한 사고

나 미친 사람의 옹알이, 이 모두는 중립적인 자료일 뿐이다. 이 자료는 인과적 사건들의 사슬에 있는 하나의 연결 고리로만 존재하는 단 하나의 주장을 지닐 뿐이다."

12. 너무나 똑같은 방식으로, 교육심리학은 어떤 교육 체제라도 지향할 수 있다. 이를 통해 알 수 있듯이, 노예와 자유민에게 교육이 뒤따라야 하는 것처럼, 직장인도 혁명가와 마찬가지로 교육받아야 한다. 우리는 이를 유럽의 학문에서 확실하게 확인할 수 있었다. 유럽의 학문은 창조 수단으로서 발명되었지만, 파괴 수단이기도 했다. 화학과 물리학은 전쟁과 문화에 똑같이 공헌했다. 그러므로, 각각의 교육 체제는 그에 합당한 독자적인 교육심리학 체계를 갖추어야 한다.

13. 그러한 학문의 부재는 심리학이 발달한 역사적 원인과 특이성으로만 설명할 수 있다. 블론스키가 현 교육심리학의 결점을 심령술의 흔적과 개인주의적 관점으로 설명하고, 생물-사회적 과학인 심리학만이 교육학에 유용하다고 했을 때, 그는 전적으로 옳았다.

14. 심리와 행동을 별개의 것으로 간주한 구심리학은 응용과학을 위한 실제 지반을 발견할 수 없었다. 오히려, 구심리학은 허구와 추상에 빠져, 생생한 삶과 단절했고, 그로 인해 구심리학에서 교육심리학을 추출하는데 무기력했다. 어떤 과학이라도 실천적 필요에서 생겨났고, 결국 실천을 지향한다. 마르크스는 이렇게 이야기했다. "철학자들은 세계를 여러 가지로 해석해왔을 뿐이지만, 중요한 것은 그것을 변혁하는 일이다." 그런 일을 할 때가 모든 과학에 찾아왔다. 그렇지만 철학자들은 영혼과 영적인 현상을 해석만 하고 있고, 변혁할 때가 왔지만, 체험 영역 밖에 머물러 있었기에, 심리학을 변혁할 방법을 생각할 수 없었다. 심리학은 행동을 연구하기 시작했다. 이제 자연스럽게 이 행동을 바꾸는 방법을 질문해야 한다. 교육심리학은 이렇게 인간 행동의 변화 법칙과 이 법칙을 습득하는 수단을 찾는 과학으로 시작

했다.

15. 이렇게 보면, 교육심리학은 응용 심리학의 개별 분과인 독립된 학문 분야다. 많은 저자(모이만, 블론스키, 다른 분들)가 인정했듯이, 교육심리학과 실험 교육학을 동일시하는 일은 잘못된 것으로 봐야 한다. 절대 그렇지 않다. 실험 교육학을 심리 공학(적성 측정 심리학)의 한 부분으로 간주한 뮌스터베르크가 설득력 있게 이를 입증했다. 게센은 이렇게 이야기했다. "그렇게 간주할 수 있다면, 심리 공학의 이런 분과는 자신을 교육학이라 칭할 권리를 지닐 수 있을까? 그러려면, 교육학에서 실천적으로 응용할 수 있는 기술적 수단을 찾는 일에 참여해야 한다. 그렇지만, 사법 분야에 사용된 이 심리 공학은 합법적일 수 없다. 똑같은 방식으로, 경제적 삶에 사용된 심리 공학은 결과적으로 정치 경제학의 한 분과가 될 수 없다. 명백하게도, 교육 영역에 적용된 심리 공학을 전체 교육학처럼 근대적이라는, 교육학의 한 분과로 간주하자는 주장을 할 근거가 없다. 실험 교육학은, 잘해야 교육학의 심리 공학이라 불릴 수 있을 것이다."

16. 실험 교육학과 교육학의 심리 공학을 정확하게 구분하면 다음과 같다. ① 실험 교육학은 (예를 들면, 비행 조정을 가르치는 전문기술학교에서) 실험을 통해 순수하게 교육적이고 교수법적인 문제를 해결한다. ② 교육학의 심리 공학은 심리 공학의 다른 분과와 비슷하게 교육에 적용한 심리를 연구한다.

17. 그러나 교육학의 심리 공학은 교육심리학의 한 부분일 뿐이다. "심리 공학은 응용 심리학과 완전히 다르고, 겨우 그것의 절반이기 때문이다." 그것의 다른 절반은 "문화 심리학"이다. 이 둘이 합쳐져야 진정한 교육심리학을 형성할 수 있고, 그러한 것의 창조는 가까운 미래에 벌어질 일이다.

18. 게센은 질문했다. "왜 실험 교육학이 여전히 그 결론의 정확성

을 확실할 수 없을까? 의사나 심리학자 대신 교육자와 철학자가 실험 교육학에 더 관여하고 있기 때문일까?"

| 2장 |

행동과 반응의 개념

가. 행동과 반응

1. 가장 단순한 형태에서 가장 복잡한 형태까지, 동물과 인간의 모든 행동을 구성하는 중요한 요소는 반응이다. 심리학에서, 관습적으로 반응은 어떤 안달이 촉발한 유기체의 대응적 행위를 말한다. 당신이 한 인간의 행동을 꼼꼼하게 살핀다면, 통상 모든 움직임과 몸짓은 어떤 충동, 충격 혹은 안달에 대응하여 발생함을 쉽게 알아챌 수 있다. 이를 이런저런 몸짓의 원인이라고 부른다.

2. 외적 사실, 사건의 형태로 또는 내적 욕망, 의향이나 사고의 형태로 발생하는 어떤 원인이 필연적으로 우리의 모든 행위에 선행한다. 이 모든 행위의 원인은 우리가 반응하게 하는 안달 요인이다. 따라서 유기체와 유기체를 둘러싼 환경이 맺는 상호관계로 반응을 이해해야 한다. 반응은 언제나 환경 변화에 대한 유기체의 대응이고, 생물에게 매우 귀중하고 유용한 적응 기제다.

3. 반응은 유기 생명체 발달의 가장 낮은 단계에서 발생했다. 예를 들어 박테리아는 칼륨염 10억분의 1mg 같은 사소한 자극에도 대응한다. 아메바, 섬모충류 같은 단순한 유기체인 원생생물도 너무도 명백하게 대응하는 능력이 있다. 식물도 예외는 아니다. 다윈Darwin,

비고츠키의 교육심리학

1809~1882은 끈끈이주걱의 선모는 겨우 밀리그램의 1/250,000 무게의 철 가루를 얹어도 자극을 받는다는 것을 발견했다.

4. 반응은 모든 행동의 초기적이며 기본적인 형태를 나타낸다. 반응의 가장 단순한 형태는 어떤 것에서 벗어나는 움직임과 어떤 것으로 향하는 움직임이다. 이는 불편한 자극을 회피하려는, 자기 몸을 비트는, 위험에서 벗어나려는 그리고 반대로 우호적인 자극에 접근하려는, 자기 몸을 늘어뜨리는, 무엇을 잡으려는 동물의 갈망을 표현한다. 행동의 이런 가장 단순한 형태에서 오랜 진화 과정을 거쳐 가장 다양한 인간 행동 형태가 펼쳐졌다.

나. 반응의 세 가지 계기

1. 가장 단순한 유기체의 가장 원시적인 형태에서 혹은 인간 의식 작용의 가장 복잡한 형태에서 취하든, 모든 반응은 언제나 세 가지 주요 계기를 필연적으로 거치게 된다. 첫째 계기에서는 외부 환경이 보낸 어떤 안달을 신체가 지각한다. 이 계기는 관습적으로 통상 감각이라 한다. 그 후, 활동하려고 날카롭게 흥분하여, 신체 내부 과정에서 이 안달을 처리하는 둘째 계기가 이어진다. 마지막으로, 셋째 계기는 유기체의 대응 행위다. 이는 주로 내적 처리 과정의 결과인 운동의 형태로 나타난다. 이런 셋째 계기를 운동이라 한다. 고등 동물이나 인간의 경우 중추 신경계의 작업과 연결되는 두 번째 계기는 중추라 칭할 수 있다. 감각적, 중추적, 운동적 계기 혹은 안달을 지각하고, 안달을 처리하고, 안달에 대응하는 행위, 이들 세 가지 계기는 필연으로 모든 반응 동작에 등장한다.

2. 구체적인 사례를 들기 위해 몇몇 가장 단순한 유형의 반응을 잠깐 짚고 넘어가겠다. 식물이 태양을 향해 자신의 줄기를 뻗어간다면 (굴광성), 혹은 나방이 촛불을 향해 날아간다면, 혹은 개가 입에 넣은

고기에 대응하여 침을 흘린다면, 혹은 사람이 정문에서 벨 소리를 듣고 가서 문을 연다면, 이 모든 경우, 위에서 진술한 세 가지 계기를 발견하는 일은 쉽다.

3. 햇빛이 식물에, 촛불이 나방에게, 고기가 개에게, 종소리가 사람에게 한 행위는 각각의 반응을 촉발하는 안달이다. 광선의 영향으로 나방의 몸에서 그리고 식물에서 발생한 내적 화학 과정, 개의 혀에서 그리고 인간의 귀에서 중추 신경계로 전송된 신경 흥분, 이 모두가 대응하는 반응의 두 번째 계기다. 마지막으로, 줄기의 굽힘, 나방의 비행, 개의 침 분비, 사람의 걸음과 문 여는 동작은 반응의 세 번째, 최종 계기다.

4. 그렇지만 위에서 제시한 사례처럼 세 가지 계기가 늘 분명한 것은 아니다. 때로 신체의 보이지 않는 내부 과정이 안달로 등장한다. 예를 들면, 혈액 순환의 변화, 내부 기관의 호흡, 선의 분비, 기타 등등이 안달로 기능한다. 이 모든 경우, 반응의 첫 번째 계기를 맨눈으로 확인하기 어렵다.

5. 때로 관찰하기 가장 어렵고, 가장 적게 연구된 내부 과정은 현재의 심리학 수준으로는 고려할 수 없는 난제다. 아니라면, 정반대의 경우로, 내부 과정이 매우 빠르게 진행되어 이를 철저하게 없는 것으로 취급한다. 그렇게 되면, 우리가 보기에는, 반응에서 셋째 계기가 곧장 첫째 계기에 이어진다. 즉, 유기체의 움직임이, 재채기나 반사적 울음 따위처럼, 수용된 안달에 곧장 이어져 발생한다.

6. 심지어 더 자주 반응의 셋째 계기가, 유기체의 많은 대응 행위가 은폐된 형태로 펼쳐진다. 예를 들면, 우리가 정신에서 이런저런 말을 할 때, 우리가 만드는 말의 최초 움직임처럼, 눈에는 무의미하고 지각하기 어려운 움직임으로 표현될 수 있다. 이는 내부 기관의 움직임들로 표현될 수 있고, 그런 경우에는 눈으로 확인할 수 없다.

7. 마지막으로, 반응은 서로 너무나 복잡한 관계로 들어갈 수 있어, 단순한 관찰로는 행동을 개별 반응들로 분해하는 것이, 그리고 반응들 각각에서 세 가지 계기 모두를 지적하는 것이 불가능한 것으로 밝혀졌다. 대응 행위가 안달 행위보다 지연되거나 지체될 때 똑같은 일이 일어난다. 이 경우, 반응의 서로 다른 세 과정을 완전하게 재구축하는 일은 늘 어렵다.

8. 일반적으로, 이 세 가지 계기는 가장 간단한 반응에서 가장 명확하게 나타난다는 것을 기억해야 한다. 인간 행동의 더 복잡한 형태에서, 그것들은 더욱더 은폐된, 암묵적 형태를 취하여, 반응의 성질을 발견하기 위해서는 종종 매우 복잡한 분석이 필요하다. 가장 복잡한 형태지만, 인간 행동도 식물이나 단세포 생물에서 볼 수 있는 가장 단순한 형태에서와 너무나 똑같은 반응 유형과 모델에 따라 구축되었다.

다. 반응과 반사

1. 신경계가 있는 동물에서, 반응은 소위 반사라는 형태를 취한다. 생리학에서는 신경계의 이런저런 외적 안달이 촉발한 유기체의 어떤 동작을 반사로 이해하는 것이 관습적이다. 이는 구심 신경을 따라 뇌로 전달되고 거기서부터 원심 신경을 따라 자동으로 작동 기관의 움직임 혹은 분비를 촉발한다. ① 구심 신경, ② 척수의 구심성 뉴런과 원심성 뉴런, ③ 원심 신경, 이 세 가지로 구성되는 일반적인 반사 경로를 반사 호로 호칭한다. 이는 어떤 신경 행위의 가장 일반적인 도식이다. 최근 일부 과학자는 모든 결정적인 인간의 반응을 반사라고 칭하고, 인간과 동물의 반응을 다루는 과학은 반사학이라 칭한다.

2. 그렇지만 그렇게 용어를 대체하는 것은 적절하지 않은 듯하다. 그런 서술에서 쉽게 이해할 수 있듯이, 반사는 그저 반응의, 신경계 반응의 특별한 사례일 뿐이다. 그렇게 반사는 편협한 생리학의 개념인

반면, 반응은 광범위한 생물학의 개념이다. 식물 혹은 신경계가 없는 동물에는 반사가 없다. 따라서 반사가 없는 곳에서 반응을 이야기하는 것은 아주 적절하다. 이처럼 반응 개념은 인간 행동을 가장 낮은 단계에서 가장 높은 단계까지 일련의 모든 유기체의 오랜 생물적 적응 움직임으로 파악하는 데 도움이 된다. 인간의 행동을 지구의 유기체 생명의 토대와 연결하여 설정하는 데도, 유기체 진화를 연구하는 무한한 전망을 열었다는 데도, 인간 행동을 가장 광범위한 생물적 측면에서 고려하는 데도 반응 개념은 도움이 된다. 이에 반해, 반사 개념은 신경계의 생리 현상이라는 상대적으로 협소한 범위에 우리를 가두어, 관찰할 수 있는 현상의 범위를 제한했다.

3. 여기에, 인간 신체에서 반사 호와 관련이 없지만 중추 신경계의 화학적 자극으로 즉시 발생하는 반응이 있느냐 없느냐가 해결되지 않고 논쟁 중이라는 사실을 추가하겠다. 그래서, 학술원 회원 라자레프 Лазарев, Lazarev, 1878~1942는, 신경의 이온 흥분 이론에서, 뇌수 물질에서 칼륨염의 분해 때문에 발생하는, 신경계의 자생적이고 독단적인 흥분이 이론적으로 가능하고, 인정할 만함을 설득력 있게 진술했다. 여기서 발생하는 움직임은 완벽하게 전형적인 반응 형식이다. 필요한 구성물인 세 가지 계기(염 해체에서 흥분, 중앙 처리 과정, 대응 행위) 모두가 명확하게 드러나기 때문이다. 그렇지만 무릎을 펴는 것과 달라서, 그런 작용을 반사라 부를 수는 없다. 반사라 하기에는, 그런 작용에는 말초 자극을 뇌로 옮기는 구심 신경의 참여가, 즉 반사 호의 첫 부분이 없다.

4. 이 모든 이유로, 이제부터는 제시할 때, 인간 행동의 기본 형태를 지칭하고자 "반응"이라는 명칭을 사용하겠다. 게다가 이 용어는 진지한 과학적 전통에 닿아 있다. 주로 실험 심리학에, 즉 심리학의 가장 엄격한 부분에 이어진다. 거기서 이 낱말은 인간 행동의 기초적인 동

작을 나타낸다.

라. 반응을 유전적 반응과 획득적 반응으로 구분하기

1. 동물 혹은 인간 행동을 아무리 단순하게 관찰해도, 거기에 다른 다양한 기원을 지닌 반응이 담겨 있음을 쉽게 알 수 있다.

2. 일부 반응들은 유전적이거나 선천적이며, 탄생의 거의 첫 순간에 아이가 할 수 있거나 훈련받지 않고 외부 영향 없이도 성장 과정에서 발생한다. 예를 들면, 울음 반사, 삼키기 반사, 빨기 반사가 있다. 이들은 태어난 첫 시간부터 아이에게서 관찰할 수 있고, 일반적으로 이후 삶에서 변화하지도 않는다. 행동의 이런 유전적 반응 형태는 쉽게 두 부류로, 반사와 본능으로 나눌 수 있다.

3. 다른 반응들은 이와 달리 매우 다른 시기에 개인이 경험하는 과정에서 발생하고, 그 기원을 유전 조직이 아니라 개인 경험에 기인한 개별적 특성에 두고 있다. 태생적 반응과 획득적 반응의 주된 차이는 태생적 반응이 종 전체를 위한 유용한 적응 움직임으로 완벽하게 균일한 일종의 유전적 자본이라는 데 있다. 이에 반하여, 획득적 반응은 극히 다양하고, 너무도 쉽게 변화하고 일정하지 않다는 특징이 있다. 호주인과 에스키모인, 프랑스인과 흑인, 노동자와 억만장자, 어린이와 노인, 고대인과 현대인은 거의 비슷하게 기침하고 공포를 표현한다. 유전적 형태의 행동에는 동물과 인간 사이에 많은 유사점이 있다. 반면 획득적 반응은 역사적, 지리적, 성적, 계급적, 개인별 특성에 따라 너무도 다르다.

마. 유전적 반사 혹은 무조건 반사

1. 신생아의 주된 반응 무리를 유전적 반사 혹은 무조건 반사 무리로 간주해야 한다. 신생아는 비명을 지르고, 팔다리를 움직이고, 기침

하고, 음식을 먹는다. 태어난 지 몇 분도 지나지 않아 작동하는 잘 확립된 신경-반사적 기제 때문에 이 모든 것을 하게 된다.

2. 반사의 두드러진 자질로 첫째, 그 어떤 안달에 대응하는 행위임을, 둘째, 기계 같고, 비자발적이고, 무의식적임을, 그래서 사람이 이런저런 반사를 억제하려 해도 자주 이를 억제할 수 없다. 셋째, 많은 경우 생물적으로 유용함을 인정해야 한다. 예를 들어, 인간 아이가 반사적으로 기침하는 방법을 모른다면, 음식을 먹을 때 쉽게 질식해 죽게 된다. 하지만, 존재하는 반사는, 그에게 위해가 되는 기도 입구에 들어온 음식 조각을 제거하기 위해, 밀어내고 뱉어내는 동작을 그에게 강제한다. 눈을 향한 불쾌한 기계적 안달에 대한 반응으로 눈꺼풀을 닫는 반사도 유용하다. 이 반사는 눈과 같이 매우 중요하고 섬세한 기관을 기계적 고장으로부터 보호한다.

3. 이미 이것만으로도 우리는 신생아가, 주된 양상으로, 유전적 형태의 행동력 때문에 생존한다는 사실을 알 수 있다. 먹고, 호흡하고, 신체 기관을 움직일 수 있다면, 이 모든 것은 반사 때문이다. 반사는 환경의 이런저런 요소와 그에 대응하는 유기체의 적응 움직임 사이에 존재하는 가장 단순한 연결일 뿐이다.

바. 본능

1. 관행상 본능은 더 복잡한 형태의 유전적 행동이라 한다. 최근 본능이 복잡한 반사 혹은 연쇄적 반사라는 주장이 대두했다. 한 반사의 대응 부분이 다음 반사를 촉발하는 자극제처럼 기능할 때, 본능을 여러 반사들의 결합으로 이해한다. 그러면, 사소한 충동이나 여러 외부 안달 중 하나의 결과로, 복잡한 일련의 행위와 몸짓이 이런 방식으로 발생할 수 있고, 각각의 행위가 자동으로 다음 행위를 불러오는 방식으로 서로 연결된다.

2. 아이에게서 볼 수 있는 섭취 본능을 예로 들어보자. 이 관점에 따르면, 실행은 다음과 같이 상상할 수 있다. 최초의 안달은 아이가 입, 눈, 머리로 지향하는 일련의 움직임을 반사적으로 행하게 유도하는 내부 과정이다. 이런 움직임에 응답하여 엄마가 아기 입술에 유방을 더 가까이 가져가면, 새로운 안달과 입술로 젖꼭지를 덮는 새로운 반사가 일어난다. 이 움직임은 차례로 새로운 빨기 반사를 촉발하고 그 결과 우유가 아기 입에 부어진다. 이 새로운 안달은 삼키기 반사 따위를 유발한다.

3. 이렇게 이해하면, 본능은 고리들처럼 서로 연결된 연속적인 반사들의 사슬일 뿐이다. 조건적으로 그리고 도식적으로, 본능을 공식처럼 제시할 수 있다. 보통의 반사를 ab로 표현하면, a는 안달을, b는 반사를 지칭하게 된다. 그렇게 보면 본능은 다음과 같은 공식으로 표현할 수 있다. ab-bc-cd-de, 기타 등등.

4. 그러나 이렇게 본능을 이해하면 많은 반대가 따르게 된다. 우선, 본능이 반사보다 환경 요소들과 훨씬 덜 제한적으로 덜 엄격하게 연결된다는 이해다. 반사는 모호하지 않고, 엄격하게 정의되는 결정적 연결이다. 이에 반하여 본능은 훨씬 덜 제한되는 더 자유로운 것처럼 보인다.

5. 관찰자들에 따르면, 태어날 때부터 어미와 헤어지고 인간의 방에서 키워져, 땅과 숲을 보지도 못하고 인간에게서 음식을 받아온 어린 다람쥐가 가을에는 겨울을 위한 식량을 모으는 본능을 보인다. 그런 다람쥐는 견과류를 카펫과 소파 또는 방구석에 모으기 시작한다. 이런 조건에서는 학습 가능성이 완전히 배제되고, 통상 이 본능의 발현에 동반하는 환경의 모든 요소가 제거된다. 그러므로 여기서 환경과 본능적 반응의 연결이 반사의 연결보다 훨씬 신축적이고 유연하다고 보는 것이 타당하다.

6. 게다가, 반사를 이루는 움직임 체계는 엄격하게 정의되고, 너무도 정확한 형태로 미리 제공된다. 이에 반하여, 본능적인 움직임은 예측하기 어려우며 끝까지 펼쳐질 움직임을 고려할 수 없고, 정확한 형판을 나타낼 수도 없고, 심지어 수시로 달라진다.

7. 마지막으로, 본능의 세 번째 특징은 본능이 생성한 움직임이 너무 복잡하다는 것이다. 반사에서는 통상 한 기관이 작용하지만, 본능에서는 여러 기관이 조화롭게 참여한 일련의 움직임이 일어난다.

8. 여기에 본능과 반사의 해부학적 차이와 생리학적 차이를 추가해야 한다. 본능의 형성에는 호르몬 체계 혹은 내분비계뿐만 아니라 식물성 혹은 자율 신경계가 매우 중요한 역할을 한다.

9. 이 모든 것에 근거하여, 본능을 유전적 행동의 특별한 형태로 구분해야 한다. 이렇게 할당하는 토대는, "반사는 한 기관의 반응이지만 본능은 유기체 전체가 참여하는 행동 반응"이라는 판정에 놓여야 한다. 이런 판정은 바그너Vagner, 1849~1934 교수가 제시했다.

10. 이 구분을 이해하는 가장 쉬운 방법은 바그너 교수가 제공한 거세된 파리의 짝짓기 사례를 참고하는 것이다. 거세된 파리는 짝짓기할 수 있지만, 이는 거세된 한 마리와 정상인 표본 한 마리 사이에서만 발생한다. 이런 경우, 삽입 행위 전에 행하는 모든 움직임을 정확하게 고려하고 예측할 수 없으며, 다른 기관들이 관여하는 모든 움직임을 정상적인 파리만이 행한다. 그 짝짓기 행위 때문에, 정상적인 파리도 거세될 수 있다. 이 사례에서, 우리는 실험적으로 행동을 본능적 형태와 반사적 형태로 나눴다. 성관계에 선행하는 전체 유기체의 모든 행동 반응은 뇌 중심 영역의 작업과 연결된 본능적 행동에 기인한다. 성교 바로 그 행위는 뇌 영역의 참여가 필요 없는, 하위 영역에 국지화된 단순한 반사로 밝혀졌다.

사. 유전적 반응의 기원

1. 기원 문제는 과학적으로 규명하기에 가장 어려운 과제다. 여기서 수천 년 동안 존재했지만 오래전에 사라진 사실을 다루고, 현재에 근거해 과거를 판단해야 한다. 유전적 행동 형태의 기원이라는 질문도 이와 마찬가지다. 현재의 과학적 지식 상태를 고려하면, 여러 가지 본능 혹은 반사의 기원이라는 문제에 대략 답하는 것도 요원하다.

2. 그렇지만, 다윈은 자연 선택 개념으로 그들 기원의 일반 원칙을 명확하게 확립했다. 이런 뜻에서 보면, 유용한 유전적 형태와 관련된 동물 조직의 기원과 동물 행동의 기원에는 근본적으로 차이가 없다.

3. 종교 시대에, 기적 같은 방안이 있다는 발상이, 이에 따라 동물과 식물 유기체가 배열되고, 유기체와 그 존재 조건이 일치하게 한다는 발상이 도처에 널리 퍼졌다. 과학 이전의 생각 방식을 따르는 사람은, 여기서 새에게 날개를, 물고기에 지느러미를, 인간에게 이성을 부여한 합리적이고 훌륭한 섭리의 분명한 증거를 보았다. 그렇지 않았다면, 즉 신이라는 관념의 도움이 없었다면, 인간은 모든 살아있는 것이 삶에 그렇게 특별하게 잘 적응하게 되었는지를 설명할 수 없었다. 즉, 신의 섭리가 없었다면, 자신과의 유추로 모든 것을 판단할, 자연을 의인화할, 이성적이고 의식적인 원리를 도입할, 세계를 설명하는 토대에 목표 관념을 설정할 수 없었다.

4. 다윈의 종의 기원 연구에서 가장 완전한 형태를 취한 과학적 사고의 가장 큰 업적은 그런 식으로 세계를 이해하는 관행을 끝냈다는 것이다. 이 연구를 통해, 지적인 창조자라는 개념을 과학 분야에서 영원히 제거했으며, 처음으로 자연의 발생 원리 또는 생물의 진화 원리를, 세계와 인간의 기원을 설명하는 자연스러운 원리로 제시했다.

5. 누구나 알듯이, 다윈은 순진한 합목적성의 관점이 아니라 과학으로 이해한 인과성의 관점에서 유기체와 환경의 조화로운 대응을 보

았다. 동시에 그는 진화의 주된 추동 기제로 식물과 동물의 세계에서 생존을 위한 투쟁을 가장 주목해야 할 사항으로 제시했다. 삶에 그럭저럭 적응하거나 아니면 소멸해야 한다는 이 원리 때문에 생존한 모든 사람은 궁지에 몰렸다. 이 투쟁에서 부적합한 사람들은 소멸하여 사라졌다. 이 투쟁에서 어떤 이유로든 다른 유기체보다 생존에 더 잘 적응한 유기체가 살아남았다.

6. 이 살아남은 유기체 사이에서, 똑같은 투쟁 과정이 반복해서 발생하며, 그 과정에서 매번 더 잘 적응하여 생존이 가능한 종의 표본을 선택한다. 그리고 투쟁 과정이 잠시도 멈추지 않는 것처럼, 종을 개선하는 과정과 가장 유력한 종의 생존도 마찬가지다. 게다가 살아남은 유기체는 모든 적응 능력의 적극적인 발달과 함께 지속해서 모든 힘을 발휘해야만 생명권을 유지할 수 있다. 이렇게 해서, 그들은 필요하고 유용한 기관을 계속 사용하고, 개선하여 완벽하게 했다. 동시에 어떤 기관은 불필요하고 쓸모없는 활동을 하지 않은 결과로 점차 기능을 잃었다.

7. 마지막으로, 여기에 배우자 선택 행위를 추가해야 한다. 생존과 같은 선택 방향으로 나아간 배우자 선택 행위는 가장 잘 생존할 수 있는 표본만이 자손을 남기고, 이들 자손은 유전을 통해 그들 조상의 생물적 특성을 받아 공고하게 한다는 사실로 귀결된다.

8. 오직 생명의 기본 법칙을 구성하는 비극적인 투쟁의 법칙 때문에 유기체의 진화가 단세포 섬모에서 인간으로 확장할 수 있었다. 최근 다윈의 이 학설은 소위 돌연변이 이론의 영향으로 상당한 수정을 받았다. 이 수정안의 가장 본질적인 의미를 이렇게 압축할 수 있다. 발달 과정에서 새로운 종의 출현은 진화뿐만 아니라, 즉 중요하지 않은 변화의 느리고 점진적인 축적뿐만 아니라 갑작스러운 도약으로도 일어난다.

비고츠키의 교육심리학

9. 본능과 단순 반사의 기원은 진화의 이런 원리들과 돌연변이 이론으로 완전히 설명되며, 현명하고 편리하게 확립된 합리적인 의지가 아니라 생존 투쟁 과정에서 많은 사람의 죽음으로 쟁취한 끔찍하지만 유익한 경험으로 이해해야 한다. 그리고 본능과 반사, 즉 유전적 형태의 행동은 생물이 적용하는 유형 중 하나이기 때문에, 가장 중요하고 기본적인 특징에서 본능과 반사의 기원이 동물에서 신체와 기관 구조의 기원과 정확히 똑같다는 것은 의심의 여지가 없다. 생존 투쟁에서 위험에 직면하여 더 빠르고 능숙하게 보호 반사를 일으켜 치명적인 물림이나 찔림에서 다리를 떼어 낸 사람들이 살아남았음을 쉽게 이해할 수 있다.

10. 모든 본능의 놀라운 편의성은 그러한 복잡하고 완벽한 형태의 적응을 해낼 수 없던 동물들이 소멸했다는 사실에 의해서만 설명된다는 것도 명백하다. 성전에 와서, 난파되었지만 기도로 구원받은 사람들을 묘사하는 감사 석판을 살펴보고 신께 제물로 바쳐진 그리스인 이야기가 있다. 무신론자는 이렇게 말했다. "기도에도 불구하고 죽어야만 했던 사람들 사진을 보여주세요. 그렇지 않으면 신의 전능함을 믿지 않을 겁니다." 인생도 마찬가지다. 적용한 자는 생존자다. 하지만 적응은 유기체의 삶을 구성하는 기본 법칙이 아니다. 거기에는 훨씬 많은 적합하지 않은 생명체가 있었지만, 우리는 그들이 죽었기 때문에 알아보지 못할 뿐이나.

11. 자연 선택의 일반 법칙에 따라, 생물에게 유용한 적응 작업이 동물 신체 구조와 동물 행동에 똑같이 일어났다는 것은 누가 봐도 명백하다. 사람이 기침 반사를, 혹은 토끼가 공포 본능을, 또는 새가 나는 본능을 만들었다는 사실은 궁극적으로 기침을 할 수 없었던 사람이, 혹은 겁에 질릴 수 없었던 토끼가, 또는 추운 날씨가 되었을 때 날아갈 수 없었던 새가 죽었다는 사실로 설명된다.

아. 조건 반사의 가르침

1. 아주 최근까지도 비유전적 반응의 기원이라는 질문은 과학적으로 불분명하고 모호한 채로 남아 있었다. 오랫동안 교육자들은 갓 태어난 아기가 교육자가 원하는 것은 무엇이든 쓸 수 있는 빈 서판이라 믿는 경향이 있었다. 다양하고 복잡한 형태의 유전적 행동을 간략하게 기술해도, 그런 견해가 얼마나 불공평한지 쉽게 결론 내릴 수 있다.

2. 아이는 빈 종이가 아니라, 생물에게 유용한 조상들이 남긴 경험의 흔적으로 철저하게 채색된 종이로 밝혀졌다. 그렇지만, 새로 획득한 반응의 출현 기제가 무엇인지를 정확히 특정하는 일은 매우 어렵다. 그리고 최근 수십 년 동안 바로 러시아의 생리학적 사고의 성공 덕분에 그 기제를 해명하는 데 더 가까워질 수 있었다. 학술원 회원 파블로프И.П.Павлов, 1849~1936가 중심이 되어, 진전한 조건 반사 연구는 실험을 통해 자연 과학다운 절대적 정확함으로 이 기제에서 법칙을 드러냈다.

3. 조건 반사로 나아간, 고전적 실험 사례를 통해 이 연구의 본질을 쉽게 설명할 수 있다. 실험은 고기, 러스크 분말 또는 염산 등을 개의 입안에 넣었다는 사실과 연결된다. 이런 자극에 반응하여, 개는 엄격하게 정의된 양과 너무나 명확한 품질의 타액을, 자극의 성질에 따라 분비하기 시작했다. 예를 들어, 개는 염산에 과도한 타액 분비로 반응하지만, 이 경우 반사의 목적은 불쾌한 자극을 씻어내는 것이기 때문에 타액의 구성은 극도로 물이 많은 희석된 액체 상태였다. 건조하고 매운 음식일 경우에는, 훨씬 적은 양이지만, 매우 점성이 높고 걸쭉하며 미끄러운 액체 상태였다. 이 타액이 건조한 부분이나 골질을 감싸, 내부의 섬세한 점막을 손상으로부터 보호했다. 이런 양상에서, 우리는 반사의 세 가지 주요 지점 모두를 드러냈을 뿐 아니라 반사의 전

형적인 특징인 합리성, 자동성 등을 포함한 완벽한 반사를 확인할 수 있다.

4. 매번 개에게 고기나 산이 작용하는 것과 동시에, 또는 더 정확하게는 그보다 몇 초 전에, 방의 파란 불을 켜고, 종을 울리거나, 뇌졸중을 일으키거나, 개를 긁거나 찌른다면, 특정 횟수의 실험 후 개는 외부 안달과 무관심한 자극(푸른 빛, 종 등)에 새로운 연결을, 새로운 타액 반사를 확립하거나 닫는다. 이제 개에게 고기를 주지 않고 방에 푸른 빛을 비추는 것으로 충분했다. 그러면 개는 고기를 줄 때와 같은 질의 타액을 같은 양으로 흘리게 된다. 이 새로운 타액 반사가 특정 조건에서만, 정확히 새로운 외부 안달과 이전의 주된 자극(푸른 빛 + 고기)이 일치하거나 연합하는 조건에서만 발생하기 때문에, 이 새로운 타액 반사를 조건 반사라 명명해야 한다. 따라서 이 반사를 달리 '연합 반사'라 명명할 수 있다.

5. 이 조건 반사와 유전적 반사 혹은 무조건 반사를 구분해야 하고, 마찬가지로 새로운 안달 혹은 조건 자극과 이전 안달 혹은 무조건 자극을 구분해야 한다. 조건 반사와 무조건 반사의 차이는 무엇인가? 첫째, 기원이 다르다. 조건 반사는 유전적 경험이 아닌 개인적 경험의 과정에서 발생한다. 둘째, 개체에서 드러나는 표현 양상이 다르다. 같은 종의 다른 표본에서 똑같지 않고 개별적이다. 셋째, 지속하는 성도도 나르다. 조건 반사는 훨씬 일시적이고 불안정한 형태다. 무조건 자극으로 반복적으로 강화하지 않으면 쉽게 사라지거나 파괴된다.

6. 이런 특성으로만 보아도 유전되지 않는 조건 반사는 획득한 반응의 모든 자질을 지니고 있다는 것, 개별적 속성이라는 것, 개인의 경험 범위가 틀 짓는 것임은 분명하다. 이 단순하고 독창적인 발견으로 동물 행동의 매우 중요한 측면이 드러났다. 동물이 적응할 때, 동물의 행동이 매우 유연하게, 다양하게, 빠르게 만들어지는 기제를 드러냈다.

조건 반사 형성 법칙은, 가장 일반적인 형태에서 다음과 같이 표현될 수 있다. 환경과 유기체 사이에 존재하는 유전적 연결에 추가하여, 자기 삶을 통해 유기체는 환경의 개별 요소와 그에 대한 반응 사이에 새로운 연결을 세우고 확립한다. 이런 새로운 연결의 다양성은 무궁무진하다. 이 법칙에 따르면, 환경의 어떤 요소와 동물의 어떤 반응이 어우러지는 상황에서는 새로운 연결이 폐쇄될 수 있다. 그래서 외부 세계의 어떤 사건, 사실 혹은 현상은 동물의 어떤 반응을 초래하는 원인이 될 수 있다. 이를 위해서는 이전 자극제가 작용하는 때와 이런 현상이 펼쳐지는 시간이 일치하면 충분하다.

7. 그런 반사들이 얼마나 중요한 생물적 의의가 있는지를, 그런 반사들이 환경의 요구에 얼마나 근접하게 동물의 행동을 적용하게 했는지를 확인하는 일은 쉽다. 이런 반사들을 통해, 동물은 이제 막 출현한 자극에 적용하는 반응을 생성하고, 현재 자극의 영향뿐만 아니라 미래 자극을 예상하면서 아주 먼 곳의 경고에 반응하여 자기 행동을 지시할 수 있다.

8. 조건 반사 형성 법칙은 획득한 반응이 태생적 반응과 비교해 본질에서 새로운 것이 없으며, 원리에서 서로 다른 것이 없음을 보여주었다. 오히려 이 법칙은 개인 경험은 유전의 토대 위에서만 발생함을, 그리고 모든 획득한 반응도 유전의 토대 위에서 생존의 다른 조건에 따라 약간 수정된 것임을 명확하게 했다. 조건 반사들을 만드는 과정은 종 특유의 유전적 경험을 개별 조건에 적용하는 과정일 뿐이다.

9. 그렇지만, 개인적 경험을 이렇게 확립하는 데 결정적 요인이 주위 환경이라는 사실을 잊지 않는 것은 너무나 중요하다. 모든 개인의 행동 제조가 궁극적으로 의존하는 조건들을 창조하여 미리 결정하는 것은 주위 환경의 구조다.

10. 이렇게도 말할 수 있다. 파블로프 실험실이 실험용 개에게 행했

던 바를 환경이 우리 각자에게 행한다고도 할 수 있다. 곰곰이 생각해 보라. 궁극적으로 개의 이런저런 조건 반사 형성을 결정하는 것은 무엇인가? 무엇 때문에 개는 처음에는 푸른 빛에, 다음에는 메트로놈 소리에, 세 번째는 솔질에 침 흘림으로 대응하는 방법을 배우게 되었을까?

11. 누구에게나 명확하듯이, 이 경우 개가 배우게 된 까닭은 실험실에서 새로운 환경을 조직했기 때문이다. 산을 주입하면서 푸른 빛을 동반하면, 빛에 대한 반사가 형성된다. 다른 반사도 이런 방식으로 형성된다. 똑같은 일이 실제 환경에서도 벌어진다. 거기서 주위 환경 구조의 어떤 특수성 때문에, 특정 무리의 자극이 획득한 반응의 성격과 형태와 어울리고, 획득한 반응의 성격과 형태를 미리 결정한다. 이렇듯, 조건 반사의 가르침은 획득한 반응이 환경의 결정적 영향을 받으며, 타고난 것의 기반 위에 출현하고 수립됨을 확정했다.

12. 타고난 반응들이 만들어진 것이고 궁극적으로 주위 환경의 영향을 받으며 발생한 것임을 고려한다면, 조건 반사를 "그 자체가 환경의 산물인 환경으로도" 정의할 수 있다. 누구라도 영아 때 요람에서 지닐 수 없었던 그런 반응은 단 하나도 없다. 인간은 모두, 스펙트럼 분석 방법의 발견으로, 나폴레옹의 군사행동이나 아메리카 대륙의 발견으로 이끌 모든 복잡한 형태의 행동에 있는 요소들을 지니고 있다. 새로운 어떤 반응도 개인직 경험 과징에서 생기지 않는다. 모든 새로운 반응은 오직 혼란스럽고, 조율되지 않고, 조직되지 않은 더미로 어린이에게 제공된 이런 요소들에서 생겨난다. 어른의 행동과 어린이의 행동을 분리하는 전체 성장 과정은 세계와 유기체 반응의 새로운 연결을 건설하는 것 그리고 그 둘을 조화하는 것에 달려 있다.

13. 당대의 어떤 심리학자는 이렇게 말할지 모르겠다. 나에게 신생아의 모든 하나하나의 반응과 주변 환경 구조에서 일어난 모든 하나

하나의 교차하는 영향을 제공한다면, 미래 어느 시점에서의 어른 행동을 수학적 정확성으로 예측할 수 있다.

14. 이런 방식으로, 주변 환경에 무한하게 복잡하고 미묘한 적응이라는 뜻에서, 우리는 엄청나게 유연하고 다양하게 표현된 행동을 얻었다.

자. 초-반사

1. 똑같은 실험 결과로 다음과 같은 결론을 내릴 수 있다. 새로운 조건부 연결이 태생적 혹은 무조건 반사의 토대에서뿐만 아니라 조건 반사의 토대에서도 형성될 수 있다. 예를 들어보겠다. 푸른 빛에 대한 개의 타액 조건 반사를 강화하려 한다면, 식사 때마다 방에 푸른 빛을 계속 비추기만 하면 개는 푸른 빛에 타액을 분비한다. 새로운 외부 안달과 예를 들면 메트로놈 박자의 강음과 함께 푸른 빛을 켜면, 여러 번의 실험 후, 개에게 새로운 조건 반사가 형성된다. 이제는 푸른 빛을 켜지 않아도 메트로놈 한 박자의 강음에도 개는 타액을 분비한다.

2. 이 새로운 반사가 조건 반사의 토대 위에 생성되어 형성했기 때문에, 이 새로운 반사를 이차 혹은 두 번째 조건 반사라 명명하는 것은 타당하다. 이 경우, 고차적 조건 반사 혹은 초-반사를 형성하는 기제는 일차 반사를 형성하는 것과 본질에서 다른 게 없다. 초-반사도, 생성하려면, 이전에 확립된 연결 그리고 이전 자극과 새로운 안달의 동시적 발생이 필요하다.

3. 개를 대상으로 한 실험에서, 삼차 이하의 조건 반사를 형성하는 것이 가능했는데, 이는 연구가 아주 최근에 있었기 때문이다. 연구는 개의 원시적 신경 기관을 다루고, 그 생물적 기능에서 초-반사, 즉 최고 차 반사, 발달을 위한 우호적인 토대가 될 수 없는, 하나의 반사를 가지고 실험했다.

4. 그렇지만, 인간의 그리고 일부 동물의 더 완벽한 신경 기관에서, 태생적인 그들의 최초의 무조건 연결로부터 아주 멀리 나아간, 극도로 높은 차원의 조건 반사의 출현 가능성을 상상하는 것은 어려운 일이 아니다.

5. 인간의 방대한 행동 형태를 고려하면, 인간 행동이 극도로 높은 차원의 초-반사로 이루어졌다고 믿는 것은 합리적이다.

6. 동시에 개인 경험에서 출현한 각각의 조건부 연결이 새로운 연결의 시작으로 기능할 수 있다는 것은, 그리고 조건부 반응의 형성은, 이론적으로 말하면, 차원에 제한이 없고 한계도 없다는 것은 매우 중요한 사실이다. 이런 사실에 근거해, 조건 반사와 초-반사 때문에 인간 행동은 엄청난 생물적 가치를 획득했음을 한 번 더 강조하겠다.

차. 복잡한 형태의 조건 반사

1. 연구가 보여준 바와 같이, 매우 복잡한 형태의 조건 반사가 가능하다. 조건화된 안달 행위(푸른 빛을 켜는 행위)를 시작과 동시가 아니라 약간 뒤(예를 들면, 몇 초 후)에, 무조건 자극의 행위(예를 들면, 고기를 제공하는 행위)를 시작하면, 일련의 실험 결과처럼, 개에게서 늦춰진 혹은 지연된 조건 반사가 수립된다. 불이 켜진 후 즉시가 아니라 3초 후 개는 침을 흘린다. 이런 형태의 반사를 통해, 안달이 시작된 후 약간의 시간이 흐른 뒤 나타나는 행위를, 그런 반응을 이해할 수 있게 되었다.

2. 다른 형태의 복잡한 반사로 흔적 반사가 있다. 이는 조건 자극의 작용이 끝난 후 무조건 자극의 작용이 시작될 때 발생한다. 예를 들어, 방에 푸른 빛을 켜고 빛이 꺼질 때만 개에게 고기를 주면, 여러 실험의 결과처럼, 푸른 빛을 끄면 개는 침을 흘린다. 이것은 사실상 자극 자체가 작용을 멈추었는데 자극의 흔적으로 이루어진 반사다. 이

런 유형의 반사를 통해 우리는 복잡한 형태의 환경 구조에서 복잡한 형태의 조건부 반응이 어떻게 발생하는지 이해할 수 있다.

3. 파블로프는 모든 형태의 인간과 동물의 행동이, 가장 초보적인 행동 형태부터 가장 높은 수준의 행동 형태까지, 무한한 적응의 단일 사슬로 연결되어 있으며, 이것이 지구상의 생명을 연결하고 결합하여 단일한 하나를 만들어냈다고 보았다. "빛을 향한 식물의 움직임과 수학적 분석을 통한 진리 탐색은, 적응이라는 본질에서 보면 같은 현상이다. 둘 다 생명의 세계에서 실행된 적응, 그 무한한 적응의 사슬에 연결된 마지막 고리들이다."

| 3장 |

인간의 고등 신경 활동(행동)에서 가장 중요한 법칙

가. 억제 법칙과 탈억제 법칙

1. 동물 행동의 다양함과 조건 반사의 복잡한 형태들은 반사 억제 법칙을 고려할 때만 이해할 수 있다. 다음 내용도 쉽게 이해할 수 있다. 행동의 본질적 조건이 때로 반응을 제어하거나 억압할 수 있다. 반응이 행동을 생성하는 것만큼이나 행동을 포기하게 하는 것도 종종 행동에 꼭 필요하다.

2. 동물이 지금 공격하려는, 적에게 달려드는 경우를 가정해보자. 이 경우 공포와 도피 같은 방어 반응을 제어하거나 억제하고 공격 반응의 정상적인 흐름을 방해하지 않는 것은 매우 중요하다. 어떤 경우에는 울음 반사에 복종하는 것만큼 울음 반사를 억제하는 것이 생물에게는 필요하다. 이처럼, 일부 반응의 억제와 억입은 다른 반응의 정상적인 흐름에 필요조건이다.

3. 억제에서 가장 단순한 형태는 단순한 외부 억제라고 불리는 경우다. 조건 반사가 펼쳐지는 동안 어떤 외부 안달이 충분한 힘으로 개에게 행사된다면, 그 반사 작용은 멈추거나 억제된다. 새로운 안달은 그 반사를 억제하도록 작용한다. 그런 예를 들어보자. 푸른 빛의 영향으로 침을 흘리고 있는데, 그때 문 두드리는 큰 소리가 들리면 타액

반사는 억제된다. 이런 식으로, 갑작스럽게 총소리나 비명 따위가 들리면 사람의 모든 반응은 억제되거나 중단된다.

4. 다른 형태의 억제는 소위 조건 억제로 출현한다. 외부 억제가 연속해서 여러 번 작동하면, 외부 억제는 반사를 지연하는 효과를 상실하게 된다. 이런 예를 들어보자. 매번 푸른 빛과 연결된 타액 반사에 문 두드리는 소리를 동반하면, 문 두드리는 소리는 반사를 억제하는 역할을 점차 멈추고, 타액 분비가 완전히 정상적으로 진행된다. 억제하는 힘을 잃었거나 억제하는 힘이 충분하지 못한 자극을 취해 다음과 같은 실험을 하면, 즉 푸른 빛이 단독으로 작용할 때, 고기를 주는 일을 동반하고, 바꾸어 말하면, 무조건 반사로 조건 반사를 강화하고, 문 두드리는 소리와 같은 새로운 안달과 함께한 푸른 빛을 문 두드리는 소리 없이 제공하는 실험을 하면, 약간의 시간이 흐른 후 문 두드리는 소리는 타액 반사의 조건 억제가 된다. 매번 푸른 빛의 작용에 결합했기에, 문 두드리는 소리는 반사를 억누른다. 조건 억제가 조건 반사와 같은 방식으로 환경의 복잡한 구조에 노출되는 과정에서 발생하고 같은 조건의 영향을 받아 형성된다는 점에서, 조건 억제는 단순한 외부 억제와 다르다.

5. 외부 억제와 함께하는 내부 억제도 있다. 내부 억제는 어떤 외부 안달의 영향이 아니라, 신경 체계의 내적 과정과 연결된다. 가장 단순한 형태의 내부 억제는 조건 반사의 소멸로 자신을 드러낸다. 무조건 자극으로 잘 형성한 조건 반사를 강화하지 않은 채, 오랜 기간 개의 잘 형성한 조건 반사를 자극하면, 잘 형성한 조건 반사는 점차 약화하고, 감소하고, 희미해지고, 사라져가고 마침내 완전히 멈추게 된다. 이 경우 우리는 반사의 억제를 확인하지만, 이것이 완전히 사라지지는 않는다. 개에게 휴식을 주거나 다음 날 다시 실험을 하면, 그 반사는 재개된다.

비고츠키의 교육심리학

6. 내부 억제가 동물이 에너지를 무익하고 쓸모없이 낭비하지 않도록, 그리고 경제적이며 신중하게 에너지를 사용하도록 돕는다는 사실에 주의를 기울이면, 이런 내부 억제가 생물에게 유용함은 너무나 자명하다. 내부 억제는 잘못되고 우연한 조건적 연결의 고정화로부터 동물을 보호한다. 잠을 일반적인 반응의 내부 억제의 확장된 형태라고 생각하는 것은 타당한 이유가 있다.

7. 반응의 분화 과정에서 반응 억제는 매우 중요하다. 동물이 어떤 자극에 조건 반사를 형성한다면, 그 조건 반사가 유사한 모든 자극에 반응한다. 예를 들어보자. 조건 반사가 분당 100박자 속도에 반응하게 형성하면, 동물은 분당 50박자와 200박자에도 반응한다. 그러나 100박자 속도가 매번 무조건 자극으로 강화되고, 다른 것은 강화되지 않는다면, 동물에서 분화가 확립된다. 즉, 매우 정확하게 자극을 구별하고 필요한 자극에만 반응하게 되지만, 내부 억제는 다른 자극을 억제하게 된다. 이 분화 기제 때문에 유기체는 세밀한 특수화, 연결의 명료화, 환경 요소들의 섬세한 변별, 필요한 영향과 반응의 상호관계를 이룬다.

8. 바로 내부 억제의 이 기제가 흔적 반사와 지연 반사의 토대가 된다. 이를 다음과 같은 방식으로 확인할 수 있다. 알려진 바와 같이 억제에는 되돌리는 힘이 있다. 즉, 억제를 적용하면, 억제는 반사를 천천히 억제하거나 탈억제한다. 푸른 빛에 대해 조건화된 지연 반사나 흔적 반사를 형성하면, 개는 푸른 빛이 켜진 뒤 즉시 침을 분비하지 않는다. 반사가 잠시 억제된다. 그러나 이때 개가 문 두드리는 소리와 같은 충분한 힘을 지닌 외부 안달에 노출되면, 반사가 즉시 드러난다. 언제나 조건 반사에 억제로 작용했던 문 두드리는 소리가 억제된 반사에 적용되면, 억제를 억제하고 반사를 탈억제한다. 파블로프의 실험을 통해, 억제와 반사의 다른 조합에 의해 행동이 얼마나 다양한 형태를

취할 수 있는지 확인할 수 있다. 개에게 빛으로 조건 반사를 형성했다. 개는 10방울의 침을 분비한다. 이 반사가 작용하는 동안 피아노 소리를 내면, 반사는 완벽하게 억제된다. 메트로놈 소리를 내면서 문 두드리는 소리를 강화하면, 반사 작용이 재개되지만 개는 겨우 4방울의 침을 분비한다. 이 현상을 설명하기 위해 우리는 이 세 가지 자극의 다양한 결합(하나만, 둘로, 셋 다)을 만들었다. 표 형식으로 실험 결과를 적는 것이 가장 편리하다. 표에 있는 첫 글자는 세 가지 자극을 나타내고, 더하기 기호는 자극들을 결합했다는 뜻이다.

빛 = 10방울
피 = 0방울
메 = 0방울
빛 + 피 = 0방울
빛 + 피 + 메 = 4방울
빛 + 메 = 6방울
피 + 메 = 0방울

9. 이 표는 빛만으로 10방울의 침을 분비한다는 것을 보여준다. 피아노의 음색과 메트로놈의 박자는 침 분비를 억제하고 홀로 그리고 합쳐서도 침 분비를 조금도 자극하지 못했다. 피아노의 음색은 반사를 완전하게 억제하고 침 분비를 0으로 줄인다. 같은 소리이지만 이차적이고 약한 자극인, 메트로놈의 박자는 약간 반사를 억제할 뿐이라 6방울의 침을 분비하게 한다. 함께 작용했을 때, 세 자극 모두는 4방울의 침을 분비하게 하고, 이 결과는 세 자극의 복잡하게 얽힌 작용으로 산출된다. 빛은 10방울의 침을 분비하게 하고, 피아노의 음색은 10방울의 침을 조금도 분비하지 않게 하며, 메트로놈의 박자는 억제를 억제하고, 빛과 함께 침 분비를 4방울로 탈억제한다.

10. 이 사례를 통해, 우리가 그저 세 가지 요소(빛, 피아노의 음색,

메트로놈의 박자)를 고려했음에도, 동물의 행동은 세 요소의 조합과 구조에 따라 너무나 복잡하고 다양한 형태를 띨 수 있음을 쉽게 확인할 수 있다. 환경의 복잡한 구조를 형성하고 오랜 세월 동안 신체에 영향을 미친 여러 요소의 영향으로 동물의 행동이 엄청난 복잡성에 이르렀음을 쉽게 상상할 수 있다.

나. 심리와 반응

1. 조건 반사 연구를 통해 우리는 인간의 모든 행동을, 유전적 반응의 토대 위에 건설한 획득한 반응의 체계로 간주하게 되었다. 신중한 분석을 거치며, 가장 복잡하고 미묘한 형태의 심리도 거기에 담긴 반사적 성질을 드러냈으며, 우리는 심리를 특히나 복잡한 형태의 행동으로 간주할 수 있게 되었다.

2. 이전 심리학자들은 심리 현상은 고립된 것이고, 독특한 성질을 지닌 것이고, 물리 세계와 비슷한 것이 없어서 물리 세계와 근본부터 다른 것이라고 주장했다. 동시에, 심리학자들은 통상 심리 현상이 연장하여 펼쳐질 수 없고, 외부인이 관찰로 심리 현상에 접근할 수 없으며, 심리 현상이 인격과 밀접하게 연결되어 있음을 지적했다. 이 모두에서 심리학자들은 심리적인 것과 물리적인 것의 근본적 차이를 봤다.

3. 과학적으로 분석하며, 가장 미묘한 형태의 심리마저도 늘 어떤 운동 반응을 동반한다는 것을 쉽게 발견했다. 우리는 물체를 지각할 때마다 대상 기관의 움직임이 없다면 어떤 지각도 발생하지 않는다는 것을 알게 되었다. 보는 동안 우리는 매우 복잡한 눈의 반응을 만든다. 생각하는 일조차도 이런저런 억압된 움직임을, 대부분은 내적인 말 운동의 반응들, 즉 낱말의 시초 발음을 동반한다. 구절을 크게 말하거나 속으로 생각하는 경우, 둘 사이의 모든 차이는, 두 번째 경우에는 모든 움직임을 억제해 약해지고 눈으로 엿볼 수 없다는 사실로,

그리고 본질만 보면 생각하기와 크게 말하기가 같은 말 운동 반응이며 정도와 힘에서만 차이가 있을 뿐이라는 사실로 압축할 수 있다.

4. 이에 힘 받아, 심리 반사 연구의 토대를 마련한 생리학자 세체노프Sechenov, 1829~1905는 사고를 심리 반사의 3분의 2에서 끊어진 반사라고 혹은 심리 반사의 첫 3분의 2라고 이야기할 수 있었다.

5. 모든 감정에 반사 운동과 같은 성질이 있음을 보여주는 일은 훨씬 쉽다. 당신도 아는 것처럼, 사람 얼굴이나 신체 움직임에서 특정 감정을 읽어 낼 수 있다. 두려움과 분노 둘 다, 특정 유형의 사람에게서는 그가 두려워하는지 혹은 분노하는지를 틀림없이 결정하게 하는 알아챌 수 있는 신체적 변화를 동반한다. 이 모든 신체적 변화는 근육의 운동 반응(얼굴의 표정과 몸짓), 분비 반응(눈물, 입의 거품), 호흡과 혈액 순환 반응(창백, 혈떨임)으로 환원된다.

6. 마지막으로, 심리의 세 번째 영역, 소위 의지는 늘 어떤 행위를 다루며, 전통 심리학의 연구도 의지에서 운동적 성질을 드러냈다. 의지를 추동하는 원천인 욕망과 동기 학설을 내적인 안달 체계 학설로 이해해야 한다.

7. 이 모든 경우에서 너무나 똑같은 신체적 현상, 똑같은 반응을 보게 되지만, 이는 무한히 복잡한 형태로 출현한다. 이런 이유로, 심리는 특히 복잡한 형태의 행동 구조로 이해해야 한다.

다. 동물 행동과 인간 행동

1. 동시대 자연 과학에서 인간과 동물의 성질과 기원의 공통성은 의문의 대상이 아니다. 과학적 견지에서 보면, 인간은 동물의 최종 혈통에서 가장 높고 멀리 떨어져 있을 뿐이다. 같은 방식으로, 동물과 인간 행동에는 많은 공통점이 있다. 인간 행동은 동물 행동의 근원에서 자라난 것이고 종종 "직립 자세를 취한 동물의 행동"일 뿐이라고

비고츠키의 교육심리학

할 수 있다.

2. 특히 본능과 감정, 즉 유전적 형태의 행동은 인간과 동물에서 너무 가까워 의심할 바 없이 공통의 출처에서 본능과 감정이 기원했다고 판단할 수밖에 없다. 일부 자연과학자는 인간 행동과 동물 행동을 근본에서 구분하지 않으며, 두 행동의 모든 차이를 신경 기관의 복잡성과 미묘함의 다른 정도로 환원한다. 이 견해를 지지하는 사람들은 생물학의 시각으로만 인간 행동을 설명할 수 있다고 제안한다.

3. 그들의 제안에도 불구하고, 그 제안이 잘못되었음을 쉽게 확인할 수 있다. 동물의 행동과 인간의 행동에는 근본적인 차이가 있다. 그 내용은 이렇다. 동물의 전체 경험, 그 행동의 모든 것은, 조건 반사 학설의 관점에서 보면, 유전적 반응들과 조건 반사들로 환원될 수 있다. 동물의 모든 행동은 다음과 같은 공식으로, 즉 ① 유선적 반응들 + ② 유전적 반응들 × 개체의 경험(조건 반사들)으로 표현할 수 있다.

4. 동물의 행동은 이런 유전적 반응들에 개체의 경험에서 획득한 새로운 연결의 수와 유전적 반응을 곱한 값을 더한 만큼의 반응들로 이루어진다. 그렇지만 이 공식은 결코 인간의 행동을 포괄할 수 없다.

5. 무엇보다 먼저, 동물의 행동과 비교해보면, 인간의 행동에서, 우리는 과거 세대의 경험까지도 확장해서 사용한다는 사실을 확인한다. 인간은 신체적 유전에 고정되어 전달된 범위에 제한되지 않고 이전 세대의 경험을 활용한다. 우리는 과학에서, 문화에서, 실제 삶에서, 신체적 유산으로 전달되지 않은, 이전 세대가 누적한 엄청난 경험을 이용한다. 바꾸어 말하면, 동물과 대조적으로 인간은 역사를, 그 역사적 경험을 지니고 있다. 즉, 신체적 유전이 아니라 사회적 유전으로 우리는 동물과 구별된다.

6. 우리 공식의 새로운 두 번째 부분은 집단적인 사회적 경험이라 명명할 수 있을 것이다. 이는 인간에게서 출현한 새로운 현상이다. 인

간은 동물의 경우와 마찬가지로 개인적 경험에서 확립해온 조건화된 반응들뿐만 아니라 다른 사람과의 사회적 경험에서 확립해 온 다양한 조건화된 연결도 사용한다. 개가 빛에 대한 반사를 확립하기 위해서는, 개의 개별적 경험에서 빛과 고기의 영향이 교차해야 한다. 인간은, 자신의 일상적 삶에서, 타인의 경험에서 유래한 반응들도 사용한다. 나는 고향을 벗어난 적이 없지만 사하라 사막에 대해 또는 망원경으로 보지도 못한 화성에 대해 많은 것을 알 수 있다. 사하라 사막이나 화성에 대한 지식이 표현된, 이런 사고나 말의 조건화된 반응은 나의 경험이 아니라 실제로 아프리카를 방문하고 망원경으로 화성을 관찰한 사람의 경험에서 유래한다.

7. 마지막으로, 인간 행동을 동물 행동과 구별하는 가장 본질적인 특징은, 우리가 인간 사이에서 처음으로 접한, 새로운 형태의 적응이다.

8. 동물은 수동적으로 적응한다. 환경에서의 변화에 자신의 기관과 신체 구조를 변형하여 대응한다. 동물은 생존 조건에 적응하기 위해 자신을 변형한다. 이와 달리 인간은 능동적으로 자연을 자신에게 적응시킨다. 인간은 기관을 변형하는 대신, 자연의 물체를 변형하여 그것들을 인간을 위한 도구로 사용한다. 인간은 추위에 직면하여 신체를 보호할 털을 키우는 방식이 아니라 주거지나 의복을 만드는 식으로, 환경에 능동적으로 적응하여, 즉 자연을 인간에게 적응하게 하여 추위에 대응한다.

9. 한 연구자의 단정에 따르면, 인간과 동물의 총체적 차이는 '인간은 도구를 만드는 동물'이라는 사실로 압축된다. 노동이라는 낱말로 인간이 뜻하는 바와 같이, 노동이 가능해진 이래, 즉 인간과 자연 사이에서 펼쳐진 삶의 과정을 규제하고 통제하기 위하여, 자연의 과정에 인간의 계획적이고 합목적적 간섭이 시작된 이래, 바로 그 순간부터

인류는 새로운 단계의 생물로 올라서게 되었고, 동물 조상과 친척에게 는 생소한 새로운 것들이 인간의 경험이 되었다.

10. 실제로 우리는 심지어 동물에서도 새의 둥지 만들기, 비버의 거 주지 만들기 따위와 같은 능동적 적응의 초기 형태를 확인했다. 이 모 두는 인간의 노동 활동과 유사하지만 그런 활동이 동물 경험에서는 아주 작은 부분을 차지한다는 차이가 있기에, 동물의 적응은 수동적 적응이라는 기본 성격을 굳이 바꿀 필요는 없다. 지적해야 할 가장 중 요한 것은, 명백한 외적 유사성에도 불구하고, 동물 노동과 인간 노동 은 가장 결정적이고 단정적인 형태에서 다르다는 사실이다. 마르크스 는 이런 차이를 너무나 설득력 있게 표현했다.

11. "거미는 직포공이 하는 일과 비슷한 일을 하고, 벌집을 만든 벌 은 건축가를 부끄럽게 만든다. 그런데 너무나 솜씨 좋은 벌의 노동과 가장 솜씨 나쁜 건축가의 노동을 구분하게 하는 게 있다. 벌집을 만들 기 전에, 인간은 그것을 머리로 만들어본다. 노동 과정이 끝나고 얻게 된 결과는, 이 과정이 시작되기도 전에 관념으로, 즉 노동자의 정신에, 존재했다."

12. 실제로, 거미가 거미집을 짜는 것이나 꿀벌이 벌집의 육각형 방 을 만드는 것은, 다른 수동적 반응처럼 둘 다 똑같이 수동적, 본능적, 유전적 형태의 행동일 뿐이다. 가장 솜씨 없는 직포공이나 건축가의 노동은 능동적 형태의 적응이다. 그들이 사각하고 있었기 때문이다.

13. 스스로 인간 행동을 자각하는 것이 무엇인지 그리고 의식의 심 리적 성질이 무엇인지, 이런 질문은 모든 심리학에서 답하기 가장 어 려운 질문이지만 나중에 이를 다루겠다. 그러나 뒤에서 다루기에 앞 서, 하나는 미리 명확히 하고자 한다. 의식을 우리가 조직한 행동의 가장 복잡한 형태로 이해해야 한다. 특히, 마르크스가 확립한 바와 같 이, 이중 경험으로 이해해야 한다. 이중 경험 때문에 노동의 결과를

예견할 수 있고 이 결과를 얻기 위해 우리의 반응을 규제할 수 있다. 이 이중 경험이, 난해한 인간 행동을 분명하게 구별 짓는 세 번째이자 마지막 특징이다.

14. 따라서, 동물 행동의 공식에 기초를 둔 인간 행동의 전체 공식은 새로운 내용으로 보충되어야 하며, 그 내용은 다음과 같다. ① 유전적 반응 + ② 유전적 반응 × 개인적 경험(조건 반사) + ③ 역사적 경험 + ④ 사회적 경험 + ⑤ 이중의 경험(의식).

15. 따라서, 인간 행동에서 결정적인 요소는 생물적 요소뿐만 아니라, 생물적 요소를 활용하며 인간 행동에 완전히 새로운 계기를 가져온 사회적 요소다. 인간의 경험은 수직적 위치의 맨 위로 추정되는 동물의 행동이 아니라, 인류와 그 개별 집단의 전체 사회 경험의 복잡한 함수다.

라. 행동으로 반응들 합성하기

1. 반사 또는 반응의 개념은, 본질을 규명하면, 추상적이고 조건적인 개념이다. 사실상 우리는 순수한 형태의 반사를 마주하기 어렵다. 실제로는 다소 복잡한 반사 집단이 있을 뿐이다. 진짜 현실에는 반사 집단만 존재하고, 개별적 반응은 존재하지 않는다.

2. 고립된 반응 또는 반사는, 살아있는 사람이 아니라, 실험실에서 개구리의 조직 표본에서나 얻을 수 있다. 살아있는 사람에서는, 끊임없이 해체될 수 없이 각각의 반사가 연결되어 있다. 그리고 증명된 바와 같이, 각 집단의 성질과 구조에 따라, 반사의 성질은 그 자체도 변화할 수 있다. 그래서 입증된 바와 같이, 반사는 그 값이, 제시된 후 영원토록 지속하는 상수가 아니라, 특정 찰나에 펼쳐지는 행동의 일반적 성질과 무관하지 않고 그에 의존하며 시시각각 그 값이 달라지는 변수다.

비고츠키의 교육심리학

3. 그러므로 반사를 특정 기관의 지속하는 속성이 아니라 특정 상태에서 행한 유기체의 기능으로 정의해야 한다.

4. 반사들이 서로 영향을 미치는 가장 간단한 사례를 반응의 억제와 탈억제에서 이미 발견했다. 거기서 우리는 반사들이 서로를 약하거나 강하게 할 수 있고, 각각의 활동을 억제하거나 자극할 수 있음을 보았다.

5. 파블로프의 실험에서 '두 반사가 충돌하는 더 복잡한 사례'를 마주하게 되었다. 실험들이 이어지는 와중에 일부 실험용 개들에서, 실험자와 관련하여 소위 경비 반응, 즉 방에 들어온 낯선 사람에게 위협적으로 짖는 개의 격렬한 공격적 반응이 만들어졌다. 잘 만들어진 경비 반응은 매 순간 이미 형성한 침 분비 반사 작용을 중지시켰고, 이는 연구자의 흥미를 끌게 되었으며, 독립적인 연구의 수제가 되었다.

6. 실험자 중 한 명에게 경비 반응을 형성한 경비견 중 한 마리가 다른 실험자에게 조건 반사 형태의 음식과 관련된 반응을 보였다. 이 반응은 그가 소리치는 "소시지"라는 낱말에, 그리고 소시지를 꺼내 개에게 주던 유리 접시에 조건 반사를 만들었다. 두 반응이 동시에 발생할 때, 즉 두 번째 실험자가 첫 번째 실험자와 함께 있는 동안 방에 들어왔을 때, 두 반응이 격렬하게 다투는 생생한 장면을 관찰할 수 있었다. 그때, 우리는 음식과 관련된 반응에 자극이 더해지면, 경비 반응이 점차 약해지는 것을 볼 수 있었다. 사람이 방에 막 들어오면 개는 격렬하게 짖으며 그에게 달려들지만, 들어온 사람이 조건화된 낱말을 외치면, 짖는 게 잦아들었다. 이렇게 두 반응은, 말하자면, 서로 균형을 맞추게 되었다. 개는 새로 들어온 사람에게 달려들지 않지만, 그에게 다가가지도 않았다. 최종적으로는 유리 접시를 보았을 때, 개는 명백한 음식과 관련된 반응을 격렬하게 보인다. "두 반사는, 파블로프가 언급한 것처럼, 글자 그대로 천칭 양팔 저울의 두 접시 같았다." 원

쪽 접시에 영향력을 강화할 필요가 있다면, 어떻게 왼쪽 접시를 더 무겁게 할까? 마찬가지로 오른쪽 접시에 영향력을 강화할 가치가 있다면, 어떻게 오른쪽 접시를 더 무겁게 만들까? 파블로프가 이야기한 것처럼, 모든 반사가 다른 반사, 즉 동시에 작용한 외적 반사뿐만 아니라 화학적·열적 자극 따위의 다양한 내적 자극으로 제한되고 규제되는 것을, 그리고 이 모든 반사가 계속 상호작용하는 것을 모두 고려할 수 있다면, 인간 행동의 복잡함을 너무나 쉽게 이해할 수 있다.

7. 반사들의 조정이 성취되는 기제를 이해하려면, 영국의 생리학자 셰링턴Sherrington, 1857~1952이 확립한 일반 운동의 장에서의 투쟁 원리를 알아야 한다. 그의 사고에 따르면, 합목적적 행동은 개별 반사들의 상호 규제에 의해서만 실현될 수 있다. 그렇지 않다면, 사람은 단일한 행동 체계를 지닌 통합적 유기체가 아니라, 완전히 쪼개진 개별 반사를 지닌 개별 기관들의 잡다한 덩어리일 뿐이다. 생리학자들은 오랫동안 반사 과정을 억제하고 조절하는 신경계에서 특정한 중심 영역이 있다고 가정해왔다. 그렇지만 후속 연구는 이 가정을 확인하지 못했고, 유기체의 전반적 행동으로 반사를 조정하고 통합하는 기제는 완전히 다름을 발견했다.

8. 쟁점이 되는 사실은, 인간 신경계에서 수용(전달) 섬유, 즉 수용체의 수와 운동(운반) 섬유의 수가 같지 않다는 것이다. 계산에 따르면, 관련된 신경 세포의 수보다 수용체가 다섯 배나 많다. 이런 식이라면, 각각의 운동 신경 세포는 하나의 수용체가 아니라 많은 수용체, 아마도 모든 수용체와도 연결되어 있다. 이 연결은 견고함과 강력함이 다양하다. 각각의 운동 기관이 서로 다른, 아마도 모든 수용체 집단과 연결되기 때문에, 몸속에 하나의 고립되고 독립적인 반사는 존재할 수 없다.

9. 이로부터, 일반 운동의 장에서 펼쳐진 극도로 복잡한 투쟁이 다

비고츠키의 교육심리학

른 수용체 집단 사이에서 발생할 수 있음을, 그리고 이 투쟁의 결과는 많은 극히 복합적인 조건에 달려 있음을 이해할 수 있다.

10. 일반 운동의 장에서 펼쳐진 투쟁 기제는 반사들을 조정하는 기제다. 그것이 인격의 통일과 가장 중요한 주의 행위의 토대가 된다. 그것은 레일을 따라 우리의 반응 행위를 이끌어가는 전철 운전원이라 할 수 있다. 동물의 지시행위는, 셰링턴이 지적한 것처럼, 운동의 장에서 한 수용체 집단에서 다른 집단으로 연속적으로 전환되는 일련의 과정이다.

11. "수용 체계는 깔때기의 넓은 상부 개구부에서 유출 개구부로 이어지는 반출 경로 체계와 관련된다. 그러나 각각의 수용체는 하나가 아니라 여러 개, 아마도 모든 원심성 섬유와 연결된다. 물론, 이 연결의 강도는 변한다. 그러므로, 우리가 깔때기 비유를 계속 사용하기 위해 언급해야 할 것이 있다. 모든 신경조직 체계의 외양은 그 상층부가 하층부보다 다섯 배나 넓은 하나의 깔때기로 볼 수 있다. 이 깔때기 내부에는 수용체가 있고, 수용체도 깔때기 일부다. 그 넓은 개구부는 같은 깔때기 끝에 있는 출구로 향하고, 완전히 그것을 덮는다. 이 비유는 중추 신경계에서 공동 영역의 다양함과 풍부함을 상상할 수 있는 통찰력을 제공한다.

12. 이미 확인했듯이, 스트리크닌 중독의 사례라면, 어떤 수용성 신경이라도, 신체의 어떤 근육이라도 반사를 얻을 수 있다. 바꾸어 말하면, 모든 최종 일반 장은 전체 유기체의 모든 수용체와 연결된다. 스트리크닌 중독의 경우 신경을 가져오는 모든 신체 근육에 대한 반사를 얻을 수 있다는 것이 확인되었다. 다시 말해, 모든 유한한 일반 장은 전체 유기체의 모든 수용체와 연결되어 있다."

13. 이 원리를 따라, 매 순간 행위의 통일이 창조되고, 이는 인격 개념을 위한 토대가 된다. 따라서 인격의 통일을 창조하는 것은 신경계

의 과업이다. 이질적인 반사들의 간섭과 동질적인 반사들의 협력은, 명백히, 주의라는 근본적인 심리 과정의 토대다.

14. 파블로프는 우리의 중추 신경계가 하는 일을, 인간과 세상사로 더 많은 새로운 연결이 만들어지는 전화국의 일에 비유했다. 이런 비유도 적절하다. 신경계를, 공포에 질린 수천 군중이 달려가는 대형 건물이나 극장의 좁은 출입문으로 비유할 수도 있다. 그 출입문을 통과한 사람은 죽지 않은 일부다. 그 문을 통과하려는 다툼은 일반 운동의 장에서 펼쳐진 투쟁과 너무나 닮았다. 이 투쟁은 인체에서 끊임없이 진행되고, 인간과 세계의, 인간 내에 있는 세상의 다양한 요소들의 끊임없는 투쟁의 비극적이고 변증법적 성격을 인간 행동에 부여한다.

15. 이 투쟁이 펼쳐지는 동안 힘의 균형은 시시각각 변하고, 결과적으로 행동의 전체 그림이 변한다. 투쟁에서 모든 것은 유동적이고 변화한다. 매 순간 이전 순간을 부정하고, 모든 반응은 대립적인 반응으로 전환하며, 전체로서의 모든 행동은 잠시도 멈추지 않는 힘들의 투쟁과 비슷하다.

마. 행동에서의 우성 원리

1. 반응이 행하는 이 투쟁에서 결정적인 사실은 일반 운동의 장을 장악하려는 투쟁과 신경계에 있는 개별 중심들 사이의 복잡한 관계다. 실험 연구에 따르면, 흥분의 강력한 초점이 신경계를 지배하게 되면, 그때 신경계에서 생성된 다른 흥분을 끌어당겨 그것을 증폭시키는 속성을 지니게 된다.

2. 예를 들어보자. 포옹 반사 시기에, 즉 성적 각성이 증폭하는 시기에, 개구리를 잡아, 어떤 외적 자극(산, 전류)을 가하면, 포옹 반사는 약해지지 않고 심지어 강해진다. 새로운 자극에 통상의 방어 반응이 소멸한다. 마찬가지로 말의 삼키거나 배변하는 행위는 외부 자극으로

강화된다. 발정기에 수컷과 격리된 고양이는 가장 외부적인 안달이 가해져도, 예를 들면, 통상 고양이에게 음식을 떠올리던 포크와 접시의 달가닥하는 소리에도 그 근본적인 반사를 강화한다.

3. 개구리 실험에서 중추 신경계에서 지배적인 흥분은 다른 모든 흥분을 억제하거나 반사를 거부하여, 완전히 새로운 방향을 제시할 수 있음을 발견할 수 있었다. 모든 다른 역할을 예속시키는 강력한 흥분이 행한 지배적인 역할 때문에 그 지배적인 흥분을 우성, 다른 모든 흥분은 열성이라 명명하게 되었다.

4. 또한, 실험에 따르면, 개구리에게 인위적인 우성 감각을 유도하면, 매우 다양한 모든 자극에 독이 있는 발을 문지르며 대응한다. 즉, 모든 반사가 우성 감각 중심과 연결된 피부 영역으로 향한다. 그렇듯이, 개구리가 스트리크닌으로 오른발 감각 중심을 흥분하게 만들면, 왼발 모든 감각 중심을 건드리는 보호 반사를 얻게 되지만, 보호 반사는 늘 오른쪽 뒷다리로 향한다. 산으로 피부의 다른 부분을 건드려도 마찬가지였다. 이처럼, 우성 감각은 다른 반사를 중단하지 않지만, 완전히 새로운 방향으로 향하게 한다.

5. 같은 개구리에서 같은 다리 운동 중심에 열성이 호출되면, 그 효과는 완전히 다르다. 이제, 산으로 피부의 다양한 영역에 안달이 나게 하면, 닦기 반사는 늘 안달이 난 바로 그곳을 향한다. 그러나 운동 중심이 흥분된 그쪽 다리가 늘 먼저 대응한다. 이처럼, 우성 운동은 반응할 기관의 선택을 미리 결정하고, 다른 모든 기관의 지연을 예정한다.

6. 우흐톰스키Ухтомский, Ukhtomsky, 1875~1942 교수가 도입한 우성 원리는 신경계의 기본 원리로 판명되었다. 우성 원리에 따르면, 다양한 기관이 행한 다른 모든 반사는 우성 반사에 굴복하고, 우성 반사는 다른 모든 반사의 활동을 한 방향으로 조정한다.

7. 위에서 인간 행동이 몇 안 되는 가능성 중 실현된 하나일 뿐임을 보았다. 이제 우리는 승리한 우성 반사와 그에 봉사하기로 동의한 열성 반사들로 행동을 정의할 수 있다. 이 원리를 통해 인간 행동의 전체성과 통일성이 어디서 유래했는지 이해할 수 있게 되었다.

바. 인간의 행동과 연결된 인체 구조

1. 행동의 유전 법칙을 따르는 인간 유기체의 구조는 행동에서 첫 번째 생물적 요인이다. 행동의 관점에서 보면, 인체 구조에서, 반응의 세 가지 계기에 따라 ① 지각 기관, ② 중추 기관, ③ 대응 기관을 구별해야 한다.

2. 인간 유기체에서 지각 기관은 특수 감각 기관 전 체계에 복무한다. 눈, 귀, 입, 코, 피부(외부 감각 장)는 외부 안달을 지각하고 분석하여 그 결과를 중추로 전송하도록 특별히 고안된 기관이다. 이 기관에는 구심 신경이 있고, 담당하는 일은 흥분을 중추로 전송하는 것이다. 이 신경은 추가 분석을 담당할 뇌에 있는 특별한 말단 기관까지 이어진다. 말초 기관에서 시작하여 감각 신경 말단 기관에서 끝나는 이 모든 기관을 총체적으로 올바르게 파블로프의 분석기라 한다. 왜냐하면, 이 기관은 근본에서 분석하고, 세상을 가장 정밀하고 작은 요소로 분해하고, 환경에서의 미미하고 사소한 변화에 따라 인간 반응을 조정하는 일만 하기 때문이다.

3. 신체가 세상과 가장 복잡하고 섬세한 관계를 맺을 수 있게 하는 이 분석 작업은 대뇌 피질의 가장 중요한 기능 중 하나다. 대뇌 피질 활동의 기본 법칙은 신경 흥분의 방사와 집중이다. 처음에는, 조건 반사를 형성하면 유기체는 유사한 안달 모두에 대응한다. 흥분이 퍼지고, 이웃 지역으로 넘쳐 들어가고, 방사한다. 점차 흥분의 집중이 발생한다. 즉, 점점 한정된 좁은 부분으로, 결국 한 지점으로 흥분의 수집

을 제한한다. 방사를 통해 어떻게 유사한 안달에 같은 움직임으로 반응하는지를 이해하고 우리 경험을 일반화할 수 있다면, 우리는 집중을 통해 어떻게 이를 전문화하고 세분하는지를, 특정 자극에 완전한 정확성으로 이를 조정하는지를 설명할 수 있다.

4. 그런 조직체는 내부 지각 기관 혹은 내부 수용 장을 지닌다. 그것은 내부 안달을 지각하는 데 적합하고, 안쪽으로 싸여 있고, 우리 장기 내부 공간을 덮고 있는 내막에 위치한다. 그것은 신체 피부 내부의 화학적, 열적, 따위의 내부 안달을 지각하는 데도 적합하다.

5. 첫 번째 기관을 통해 외부 세계를 지각할 수 있었다면, 내부 기관은 몸 안에서, 즉, 위장, 내장, 심장, 혈관, 그리고 유기체의 가장 중요한 내부 기능과 연결된 다른 장기 내에서 벌어지는 가장 중요한 유기적 과정을 지각하는 데 적합하다.

6. 마지막으로, 세 번째 지각 기관은 고유 수용 장을 이룬다. 이것은 작동하는 기관에서, 즉 근육, 관절, 힘줄 따위에서, 이 과정에서 생기는 지엽적인 자극 때문에 똑같은 방식으로 신체의 자체 반응을 지각한다.

7. 자기 반응 결과가 외부 수용 장 혹은 내부 수용 장을 통해 그에게 다시 영향을 미치는 때, 유기체는 첫 두 기관을 통해 본래의 자기 반응을 알 수 있다. 예를 들어, 타액 반사는 모든 외부 안달과 같은 방식으로 지각 기관을 통해 영향을 미친다. 마찬가지로 반사는, 그 결과로 내부 장기에 다른 변화가 발생하면, 내부 수용 장을 통해 영향을 미칠 수 있다. 이런 경우에는 외부 세계 또는 장기의 본래 과정과 마찬가지로 반응을 인식한다. 그러나 신체 모든 집행 기관에 침투하는 첫 두 기관과 구조가 완전히 유사한 특수 기관도 있으며, 그 유일한 목적은 개별 반응에 수반되는 지엽적인 변화를 지각하는 것이다.

8. 눈을 감고 있는 사람이 일정한 방식으로 손과 손가락을 접으면,

고유 수용 장의 내부 운동의 감각 또는 근육의 감각 덕분에, 접힌 위치를 항상 설명할 수 있다.

9. 심리를 더 잘 이해하기 위하여, 세 가지 사정을 주시하고 기억하는 것이 매우 중요하다. 첫째, 고유 수용 장은 나머지 장들과 똑같은 구조다. 다시 말해서, 사람은 외부 세계를 지각하는 바로 그 기제를 사용해 자기 움직임을 알아챈다.

10. 둘째, 고유 수용 장은 오직 이차적으로 외부로부터 오는 영향에 의해, 즉 자신의 반응으로 흥분될 수 있다. 바꾸어 말하면, 자신의 반응으로 돌아가는 순환적 반응이 가능하다. 순환적 반응은 통상 세 요소 반응과 달리 여섯 가지 계기로 이루어진다. ① 외부 자극, ② 중추 처리, ③ 반응, ④ 고유 수용 자극, ⑤ 그것의 처리, ⑥ 첫 번째 반응을 강화 또는 지연.

11. 이런 식으로, 각각의 반응이 그 이유를 설명하기 때문에, 유기체에 유리하도록 이런 반응의 흐름을 규제하고 통제할 가능성이 나타난다.

12. 셋째, 고유 수용 장의 반사들은 다른 모든 반사와 똑같은 관계가 될 수 있다. 그들은 다른 반사들에 똑같은 정도로 약화하고 강화하는, 거절하고 안내하는 작용을 할 수 있다.

13. 인체 구조에서 처리 기관은 신경계의 중심부를 이루며 척수와 뇌의 덩어리로 되어 있다. 척수는 발생적 관계를 보면 더 이른 기원의 산물이다. 그러므로 유기체의 삶에서 더 원시적이고 낮은 기능들이 척수에 결박되었다. 특히, 척수와 피질하 중심에 모든 유전적 반사가 한정되고 모든 운동 중심이 위치한다. 대뇌 피질은 사실상 중추 신경계의 상부 구조이고, 실체로 피질하 중심이나 신체 말단과 독립적으로 연결되지 않는다. 대뇌 피질은 사실상 모든 조건 반사의 일터이고 저장소다.

비고츠키의 교육심리학

14. 척수를 유전적 경험과 유전적 반응에 한정되는 장소, 즉 종이 행한 경험에 머무는 연결 장소라 간주할 수 있다면, 대뇌 피질을 개체의 개인적 경험을 담당하는 기관, 조건 반응을 처리하는 신체 부분으로 간주해야 한다. 따라서, 자체 운동 기능이 없는 대뇌 피질은 오직 지체하고 복잡하게 하는 기능을 수행하고, 새로운 경로를 개설하고, 새로운 조건화된 연결을 이어간다.

15. 이에 의존하며, 대뇌 피질은 전체 지각 기관과 밀접하게 연결되고, 신체 말단의 해당 지점이 흥분하면, 흥분하게 되는 이 기관과 함께 예상하는 일을 섬세하게 한다. 이 첫 번째 기능에 이어지는 게 분석기 기능이다. 왜냐하면, 유기체와 환경의 가장 섬세한 연결을 확립하기 위해, 세계를 그 구성 요소들로 가장 섬세하게 해체하는 일을 하기 때문이다.

16. 이 장치의 덜 중요하지 않은 또 다른 기능은, 조건 반사의 형태로 새로운 연결을 확립하고 이어주는 뇌 피질의 합성 활동 또는 접속 활동이다. 이 두 활동이 처리 기관의 활동을 크게 고갈시킨다.

17. 파블로프가 제안한 전화 교환의 비유는 적절하다. 모든 종류의 새로운 연결은 일시적으로 닫히고 열리며 매 순간 유연하고 탄력적이고, 따라서 무궁무진하게 풍부하고 다양한 행동 형태를, 많은 다른 요소들이 최대로 풍부하고 무한하게 계속되는 연결을 보여준다. 바로 이 때문에, 인간의 행동은 고정 관념에 사로잡힌 어떤 주이긴 형태에 영원히 국한되지 않는, 사전에 전혀 고려할 수 없는, 완전하게 예상할 수 없는 가능성의 덩어리다.

18. 이 처리 기관에서 일반 운동의 장을 차지하려는 바로 그 투쟁이 발생한다는 점에 유의하는 것이 중요하다. 위에서 보았듯이, 이는 모든 행동의 주요 규제자다. 여기서도 하나의 공통된 행동 시스템으로 흥분을 융합하는 일이 발생한다. 따라서, 행동 체계에서 반사를 조정

하는 기능도 여기에 있다.

19. 조건 반사를 폐쇄하는 바로 그 일은 이들 과정에 직접 의존하게 된다.

20. 그러한 폐쇄가 지배적인 과정의 개별적 경우일 뿐이라는 점은 주목할 만큼 흥미롭다. 당신이 조건 반사 기제를 자세히 살펴보면, 그것이 두 자극의 충돌, 예를 들어 우리의 사례에서 고기와 빛의 충돌이라는 것을 쉽게 알 수 있다. 예를 들어 빛과 소리 두 조건 자극이 다 눈과 머리 방향을 정하고 자세를 정하는 반응, 눈동자 반사처럼 자체의 고유 반응을 유발한다는 점을 간과해서는 안 된다. 질문이 생긴다. 왜 조건 반사가 고기에서 빛으로 닫히고, 그 반대로는 닫히지 않을까? 즉, 왜 고기와 빛의 결합 작용의 결과로 개가 빛에 침을 흘리기 시작하고, 고기에 대한 눈과 눈동자의 반사를 일으키지 않을까?

21. 여기서 두 반사의 충돌을 보게 된다. 게다가 더 강한 것이, 이 경우에는 음식을 보고 타액을 분비하는 것이, 더 약한 자극을 분산시키고 지연시키는 우성 능력을 지닌다.

22. 인체 구조에서 대응 기관을 살피는 일만 남았다. 이 대응 기관은, 운동 반응을 위한 근육과 힘줄, 신체 반응을 위한 심장과 혈관, 그리고 분비 반응을 위한 내분비선과 외분비선, 즉 신체에서 결정적으로 작동하는 모든 장기의 체계다. 이 모든 것을 종합하면, 이 대응 기관은 유기체의 작업 기관, 집행 작동체 그것이다. 이 반사 기관 각각의 부분에 대해, 각각의 근육에 대해 말해야 하는 것을 똑같이 말해야 한다. 모든 근육이 수용체의 전체 그룹과 소통하는 것처럼, 운동 기관, 순환기관 또는 분비 기관, 모든 작동체는 지각 세포의 모든 무리에서 인계받을 수 있다. 달리 말하면, 각각의 기관은 어떤 자극에도 대응할 수 있으며, 근육 하나처럼, 셰링턴의 말에 따르면 "은행이 발행한 수표"다.

23. 이 기관에서 내분비선 활동에 특별한 주의를 기울여야 한다. 인간과 동물의 몸에서, 전체 구조에서 타액 선과 같이 일반 선과 완전히 유사하지만, 외부 배설 도관이 없다는 점에서만 후자와 다른 특별한 선을 지닌 신체의 존재가 오래전에 확인되었다. 외부 배설 도관이 없었기에 최근까지도 그것을 분리하여 그 비밀을 연구하지 못했다.

24. 오랫동안 이 선의 목적은 신비한 것으로, 이해할 수 없는 것으로 남아 있었지만, 최근 수십 년 사이에 과학 지식이 인간의 구조에서 가장 복잡한 쟁점을 해결할 방법에 접근하기 시작했다. 어떤 또는 다른 선의 부재 또는 비대가 특정 변화나 기능 상실로 이어진 병리학 사례 연구 덕분에, 이 선을 약물로 치료하여 이런 기능을 회복한 의료 행위를 연구한 덕분에, 마지막으로, 인간과 동물에서 이 선의 실험적 제거와 이식 덕분에, 이 선이 분비물을 혈액으로 직접 분비함을 확인할 수 있었다. 따라서 이 선을 보통 혈액 선 또는 내분비선으로 명명해야 한다.

25. 이 외에도, 이중 지향 선이 있다. 이 선은 동시에 외분비와 내분비를 한다. 이런 선에는, 예를 들어, 생식선 또는 위하선이 포함된다. 이들 선의 비밀은 아직 정확하게 밝혀지지 않았으며, 혈액으로 방출되는 산물은 관행으로 호르몬이라고 한다.(그리스어 "hormao"의 의미, '이동하다', '흥분하다'.)

26. 이 이름만으로도 내부 분비가 전제 유기체의 활동에 필수적임을 보여준다. 따라서 다른 모든 면에서 완전히 정상이지만 갑상선이 없는 상태로 태어난 사람들은 크레틴병을 앓고 있다는 것이 확인되었다. 하지만 건강을 회복하기 시작할 때, 그러한 사람에게 갑상선을 접종하는 것은 가치가 있다. 갑상선이 출생 직후 동물에게서 제거되면, 동물에서도 같은 일이 발생한다. 외래 갑상선을 먹이면 질병이 점차 사라진다. 이와 반대로, 특정 질환에서 발생하는 갑상선의 과발

달은 신진대사가 과도하게 가속되어 신체의 급격한 산화와 고갈을 초래한다. 부갑상선을 제거하면 치명적인 경련이 발생한다. 게다가, 다른 선, 뇌하수체나 부고환을 제거하면, 뼈의 성장과 크기와 모양에 상당한 영향을 미친다. 따라서 뇌하수체의 증가는 거대증, 즉 한 기관의 비정상적으로 거대한 성장과 비정상적인 증식을 수반한다. 반대로, 뇌하수체 제거는 왜소 성장과 관련이 있다.

27. 거세는, 생식선 제거는 신체의 전체 조성에 즉시 영향을 미친다. 남성의 경우 목소리가 가늘어지고 여성의 목소리에 가까워지며, 수염이 사라지고, 전신이 여성스러워지기 시작한다. 최근 스타이나흐, 보로노프, 자바도프스키 등의 실험 덕분에 내분비에 관한 두 가지 놀라운 사실을 실험적으로 확립할 수 있었다. 첫째, 인체의 모든 결정적인 성적 특성이 내분비 생식선에 의존한다는 사실이다. 실험은 암탉의 생식선을 거세한 수탉에 접붙이거나 그 반대로 하는 식으로 진행되었고, 그 결과 실험에서 성전환을 성공적으로 해냈다. 그러한 수탉은 목소리, 볏, 꼬리, 박차 및 기질 자체의 모든 (이차적) 성적 특성을 잃고, 모든 것이 암탉처럼 되었다. 비슷한 방식으로, 암탉은 수탉으로 변했다. 따라서 한편으로는 동물 몸의 전체 조성과 그 특성 그리고 다른 한편으로는 내분비 생식선 사이에 결정적인 직접적 관계를 확립할 수 있었다. 이처럼, 신체의 조성과 특성에서 그리고 심리에서 우리가 여성적이고 남성적이라고 부르는 모든 것이 궁극적으로 다름 아닌 생식선의 내분비에 의해 조건화된다.

28. 둘째, 덜 놀랍지 않고 관련 있는 사실은 생식선 분비와 보통 노년이라고 불리는, 육체와 정신 모두를 포함한 유기체의 이런저런 다양한 모든 변화 사이의 직접적인 관계를 볼 수 있다는 것이다. 사람의 나이와 성은 말 그대로 각각의 발달 과정에서 서로 평행선을 이룬다는 사실이 오래전부터 밝혀져 왔지만, 최근에 와서야 노년이 궁극적으

로 혈액으로 성호르몬 유출이 멈추는 데서 결정된다는 사실이 밝혀졌다. 슈타이나흐의 유명한 실험은 나이 들어 노쇠한 동물이 어린 동물로부터 몸의 어느 부위에 이식을 받고, 그 생식선이 혈액으로 분비를 시작하면 매 순간, 빠르고 명확한 회춘 효과가 일어남을 확인했다. 동물은 힘을 되찾고, 노년의 노쇠함은 사라지고, 털이 다시 자라기 시작하고, 칙칙한 눈에 시력이 살아나고, 사실상 제2의 청춘을 경험하기 시작했다. 회춘 효과는 인간에게도 똑같이 성취되었지만, 수술은, 내분비를 증가시킨다는 뜻에서, 생식선의 일을 조절한 것이다.

29. 이 검토에서 우리는 확인했다. 신체의 성장과 조성, 기관의 크기와 모양, 신체와 정신의 성적인 특성, 어리석음과 각성, 신체적 측면과 정신적 측면에 똑같이 영향을 미치는 나이에 따른 모든 특성, 이 모든 현상이, 최종 설명에서는 내분비에 의존하는 것으로 밝혀졌다. 이 의존성의 성질과 실체는 완전히 밝혀지지 않았지만, 현재의 과학적 지식 상태에도 불구하고 혈액의 화학적 성질이 여기서 결정적인 역할을 한다는 것은 의심의 여지가 없다. 특정 호르몬의 배출로 혈액의 화학적 성질에 변화가 일어나고, 이를 따라 신경계를 포함한 신체의 모든 결정적인 과정이, 가장 본질적 방식에서 변한다. 그러므로 이렇게 결론 내릴 수 있다. 유기체의 모든 중요한 과정은 혈액의 화학적 성질 구성에 직접적으로 의존한다. 내분비선은 이 혈액의 화학적 성질 구성을, 첫 번째 단계에서 주된 방식으로 조절한다.

30. 이것은 매우 간단하고 설득력 있는 방식으로 설명될 수 있다. 독이 유기체에 어떤 이상하고 기이한 영향을 미치는지 모두 알고 있다. 이를 확인하기 위해 소량의 알코올 섭취면 충분하다. 소량의 술로도 의식, 심장 박동, 호흡, 세계에 대한 지각, 기분, 느낌들 그리고 의지가 완전히 바뀌기 때문이다. 이렇기에, 인위적으로 신체에 다른 변화를 일으키는 수법으로 독성 물질을 사용하는 일은 도처에서 언제나

있었다. 모르핀과 아편, 코카인과 에테르, 이 모두는 의식을 다른 방식으로 바꾸고, 비록 신체에 파괴적인 영향을 미치지만, 즉 사람을 마법과 같은 환상적인 세계에 몰입하게 하고, 느낌, 기분과 지각, 너무나 세속적인 경험을 바꾸는 동화 같은 능력을 보이지만, 명백하게도, 이런 것이 세상 모든 옛날이야기의 원천으로 쓰였다. 독으로 유기체를 중독시키는 모든 경우 무슨 일이 벌어질까? 누구나 쉽게 볼 수 있듯이, 혈액에 약간의 새로운 물질이, 독이 들어갈 뿐이다. 들어가서 독은 먼저 혈액의 화학적 성질 구성을 근본적으로 변화시키고, 그런 다음 모든 과정의 성질을, 첫 번째로 우리의 모든 행동이 의존하는 신경 과정의 성질을 근본적으로 변화시킨다.

31. 비슷한 일이 내분비선에서도 발생한다. 혈액의 화학적 성질 구성에 작용하여 신경 과정의 진행을 조절하고, 심리에서의 중요한 변화를 돕는다. 분비 체계에, 사람은 다양한 종류의 호르몬으로 신체를 흥분하고 중독시키는 항구적인 약국이 있다. 이 경우, 내분비선은 흩어져있는, 서로 독립해 있는 어떤 것이 아니다.

32. 반대로, 그것들은 조화로운 체계로 결합하는데, 그 존재는 확립되었지만, 아직 완전히 이해되지는 않았다. 선이 혈액을 통해 서로 영향을 미친다는 것은 의심의 여지가 없다. 혈액은 몸 전체에 호르몬을 운반하므로 신체에서 가장 좋은 전달자다. 한 선에서 분비된 호르몬은 다른 선을 자극하거나 억제하며, 길고 힘든 투쟁 끝에, 매번 주어진 순간 동안 다양한 호르몬의 존재에 의존하며, 내분비의 균형과 상호작용을 위한 특화된 체계가 신체에 확립된다.

33. 차례로, 호르몬 또는 분비 체계는 신체의 다른 통합 체계(즉, 순환계와 신경계)와 가장 친숙한 관계를 맺고 가장 가깝게 연결된다. 혈류와의 연결은 매우 분명하다. 그 기제가 몸 전체에 호르몬을 운반하고 신체의 가장 먼 지점에도 영향을 주기 때문이다. 달리 말하면, 호

비고츠키의 교육심리학

르몬 체계는 순환계를 통해 영향을 미치므로, 우리는 혈액을 영혼과 생명의 진정한 자리로 보는 고대의 견해로 돌아가게 된다. 고대인은 피가 영혼이라고 믿었다. 현대 과학은 행동을 결정하는 게 피의 화학적 성질이라고 생각하기 시작했다. 여기서 호르몬과 신경계 사이에 존재하는 또 다른 연결에 주목할 필요가 있다. 웨일weil은 "신경계가 신체의 다른 모든 기관과 내분비선을 모두 지배하며, 반대로 내분비물이 말초 신경 종말과 중추에 영향을 줄 수 있다."라고 말한다. 이 선은, 다른 근육과 마찬가지로, 중추에 안달을 전달하고 실행 충동을 수신할 수 있다. 이런 측면에서 보면, 신경계 반응 기관의 한 부분처럼 참여해서, 교육의 모든 법칙과 조건 반사의 확증에 복종한다. 실험에 따르면, 어떤 행동이 내부의 화학적 물질에 대한 응답으로 진행되더라도, 조건 반사의 지속에 도움이 될 수 있다. 예를 들어보자. 세 부분으로 나뉜 유리 상자에 쥐를 넣고 가장 먼 부분에 쥐와 먹이를 놓으면, 먹이와 쥐의 달리기가, 소위 배고픈 피에, 즉 화학적 성질 구성에서의 변화에 매번 조절된다. 실험에 벨이 매번 동반된다면, 일련의 실험 결과로, 몇 분 전에 먹이를 먹어, 배고픈 피의 자극이 없는 조건에서, 벨 소리에만 의존하는 법을 배우게 된다. 따라서, 내부의 화학적 성질이 촉발하는 안달은 외부 세계와 격리되지 않고 한 부분으로, 신경계의 전반적 일에 참여함을 확인하게 되었다.

34. 그러나 신경계가 호르몬 체계에 영향을 끼친다면, 거꾸로 호르몬이 뇌에 미치는 영향도 마찬가지로 분명하다. 하나 또는 다른 선이 분비되면 신경계와 행동에서 어떤 심각한 변화가 발생하는지 위에서 언급했다. 뇌는 호르몬 체계에 영향을 끼치고, 이를 통해 다시 자신에게 영향을 미친다. 그것이 미국 과학자의 의견이 너무도 옳은 까닭이다. "사람은 뇌의 도움으로 생각할 뿐만 아니라, 모든 내분비선과 함께하는 자기 두개골 내용물의 조정되고 엄격하게 확정된 활동을 통해

생각한다."

35. 마지막이다. 심리학자에게 매우 유익한 결론이다. 내분비를 통해 얻게 된 최종 결과는, 육체적인 것과 심리적인 것, 정신과 물질, 신체의 구성과 성격은, 본질에서 보면, 너무나 똑같은 한 과정이고, 밀접하게 얽히기에 서로를 분리한다는 게 정당화될 수 없다는 것이다. 이와 반대로, 심리학의 기본 전제는, 유기체 과정에서 일어나는 모든 것의 통일성, 정신과 육체의 동일성, 그리고 이 둘을 구별하는 것의 거짓됨과 불가능함을 가정한다. 내분비의 가르침으로, 이런 통일성을 실현하는 심리-물리적 기제 중 하나의 개요를 그렸다. 분비 체계가 행동의 응답 기관의 일부를 형성하고 그에 의존한다면, 성장, 성 활동, 신체부위의 모양 및 크기와 같은 유기체 기능들이, 심리 측면에서는, 신경계에 의존함이 명백하다. 반대로 심리는 내분비 활동에 의존한다. 심리와 육체의 통일성을 내분비의 가르침보다 더 명확하게 보여주는 것은 불가능하다.

| 4장 |

교육에서 생물적 요인과 사회적 요인

1. 3장에서 이야기한 것에서 교육 과정의 성질과 실체에 대해 매우 중요한 심리학적 결론을 도출할 수 있다. 우리는 인간 행동이, 그가 성장하는 동안 겪는 생물적·사회적 특성과 조건으로 구성되어 있음을 보았다. 생물적 요인은 선천적 반응의 기반, 토대, 뼈대를 결정한다. 유기체는 생물적 요인의 한계를 벗어날 수 없고, 획득한 반응 체계는 그 위에 구축된다.

2. 동시에 이 새로운 반응 체계를, 유기체가 성장하고 발달하는 환경 구조가 전적으로 결정한다는 사실은 너무나 명백하다. 그러므로, 원하든 원하지 않든, 모든 교육은 필연적으로 사회적 성격을 담고 있다.

3. 우리는, 유기체에서 새로운 반응을 형성할 수 있는 유일한 교육자가 유기체 자신의 경험임을 보았다. 그의 개인적 경험이 제공한, 그 연결만이 그에게 유효하다. 이런 까닭으로 학생의 경험이 교수 작업의 주요 근거지가 된다. 엄밀히 말하면, 즉 과학적 관점에서 말하면, 당신은 다른 사람을 교육할 수 없다. 외부 유기체에 영향을 행사하여 변화를 일으키는 것은 불가능하다. 자신을 교육할 수 있을 뿐이다. 즉, 자신의 경험을 통해 선천적 반응을 변경할 수 있을 뿐이다.

4. "우리 움직임이 우리 교사의 진수다." 아이는 결국 스스로 자기를 교육한다. 다른 곳이 아닌 자신의 유기체에서, 다양한 영향의 결정적인 전투가 발생하여 수년 동안 그의 행동을 결정한다. 이런 취지에서 보면, 모든 나라, 모든 시대의 교육은 그 이데올로기가 아무리 반사회적이라 할지라도 언제나 사회적이었다. 그리스, 중세, 동양의 학교에서와 마찬가지로 신학교, 오래된 문법 학교, 생도 학교, 귀족 처녀 기숙사에서도 항상 교사와 멘토가 아니라 각 개인에 맞게 설정된 학교의 사회적 환경이 학생을 교육했다.

5. 그러므로 학생의 수동성은, 즉 학생 개인의 경험을 과소평가하는 것은, 이는 교사가 전부이고 학생이 아무것도 아니라는 잘못된 규칙을 근거로 삼기에, 과학적 관점에서 보면 가장 큰 과실이다. 이와 반대로, 심리학적 관점에서는 교육 과정에서 학생의 경험이 전부라는 인식이 필요하다. 교육을, 학생이 교육받는 방식이 아니라 학생이 자신을 교육하는 방식으로 조직해야 한다.

6. 따라서 교육 과정과 교수학습 과정을 학생이 교사의 설계도와 강의를 수동적으로 인식하는 과정으로 축소해온 전통적인 유럽의 학교 제도는 심리적 부조리의 극치다. 교육 과정의 기반에 학생의 개인적 활동을 놓아야 하며, 교육자의 전체 기술은 학생의 활동을 지시하거나 규제하는 기술로 축소해야 한다. 교육 과정에서 교사는 객차가 자신이 움직일 방향만 따르며, 자유롭고 독립적으로 움직이는 궤도이어야 한다. 과학적인 학교는 레이Lay, 1862~1926의 표현처럼 틀림없이 '행위의 학교'다.

7. 동시에, 학생이 할 교육 행위는 전체 반응 과정을, 세 가지 계기 (자극의 지각, 자극의 처리, 대응 행위) 모두를 포함한 과정을, 기반으로 해야 한다. 이전의 교육학은 지각하는 첫 번째 계기를 지나치게 강화하고 과장해서, 학생을 탐욕스럽게 목적을 달성하는, 다른 사람들의

비고츠키의 교육심리학

지식을 많이 흡수하는 스펀지로 만들었다. 그렇게 얻은, 개인의 경험을 동반하지 않은 지식은 결코 지식이 아니다. 심리학은 학생들이 지각하는 것뿐만 아니라 대응하는 방법도 공부하기를 요구한다. 교육한다는 것은 무엇보다도 새로운 반응을 확립하고, 새로운 형태의 행동을 만드는 일이다.

8. 학생의 개인적인 경험에 이처럼 예외적인 가치를 부여함으로써 우리는 교사의 역할을 바닥까지 낮출 수 있다. 우리는 "교사가 중요하고 학생은 중요하지 않다"라는 예전 공식을 "학생은 중요하고 교사는 중요하지 않다"라는 새 공식으로 대체할 수 있다. 하지만 어떤 경우에도 다 틀렸다. 과학적 입장에서 교사에게서 직접적으로 교육적인 영향을 미치는 능력, 직접적으로 "다른 사람의 영혼을 빚는" 신비한 능력을 부정해야 한다면, 그것은 우리가 교사를 측량할 수 없을 정도로 더 중요한 가치를 지닌 존재로 인식하기 때문이다.

9. 우리는 앞에서 사회적 환경이 의문의 여지 없이 학생의 경험을, 즉 조건 반사의 확립을 결정함을 보았다. 환경이 변하자마자 즉시 인간의 행동도 변한다. 우리는 앞서 이미, 파블로프의 실험실이 실험용 개와 관계했던 것처럼, 환경이 우리 각자와의 관계에서도 똑같은 역할을 한다고 했다. 거기서 실험실 조건이 개의 조건 반사를 결정했다면, 여기서 사회적 환경이 행동을 결정한다. 교사는, 심리적 관점에서 보면, 교육할 사회적 환경의 조직자이며, 학생과의 상호 교류의 규제자이며 통제자다.

10. 그리고 교사가 학생에게 직접 영향을 미치는 데 무기력함이 입증되었다면, 교사가 사회적 환경을 통해 학생에게 평범한 영향을 행사해도 전능한 교사가 될 수 있음도 입증되었다. 사회적 환경은 교육 과정의 진정한 지렛대이며, 교사의 전체 역할은 이 지렛대를 관리하는 것으로 압축된다. 정원사가 땅에서 식물을 뽑아내서 식물의 성장에

영향을 미치려 한다면 그가 미친 사람인 것처럼, 교사가 직접적으로 아이에게 영향을 미치려 한다면, 그는 교육의 성질을 거역하는 사람이다. 그러나 정원사는 온도를 높이고, 습도를 조절하고, 이웃한 식물의 배열을 조절하고, 토양과 비료를 골라서 혼합함으로써, 즉 환경의 적절한 변화를 통해 간접적으로 꽃의 발아에 영향을 미친다. 같은 방식으로, 교사는 환경을 변화시켜 아이를 교육한다.

11. 교육 과정에서 교사는 이중의 역할을 한다는 점을 명심해야 하며, 이런 관계를 고려하면 교사의 노동은 어떤 다른 유형의 인간 노동과 비교해도 예외가 아니다. 모든 인간 노동은 이중적 성질을 띤다. 인간 노동의 가장 원시적 형태와 가장 복잡한 형태에서, 일하는 자는 이중의 역할을 한다. 생산의 조직자이자 관리자로서, 그리고 그가 다루는 기계의 한 부분으로서다. 예를 들어보자. 도시 곳곳으로 승객을 실어 나르는 일본 인력거꾼의 노동과 전차 운전사의 노동을 비교할 수 있다. 우리는 인력거꾼이 육체적 힘과 견인력의 단순한 원천이며, 근육과 신경의 힘으로 말, 증기 또는 전기의 힘을 대체한다는 것을 안다. 그러나 인력거꾼은 말, 증기 또는 전기가 대체할 수 없는 역할을 한다. 그는 인력거의 한 부분이며 인력거의 사령관이다. 자신이 행하는 단순한 생산 과정의 안내인, 규제자, 조직자다. 그는 수레의 채를 올리고, 달리다가 적절한 순간 수레를 멈추고, 장애물을 피하고, 회전하며 올바른 방향을 선택한다.

12. 전차 운전사의 노동에서 똑같은 점 두 개를 찾을 수 있다. 그는 근육의 힘으로 브레이크 레버나 모터를 이리저리 움직이고, 발로 눌러 기계적 힘으로 신호를 보낸다. 그러므로 그는 여전히 그의 전차의 단순한 일부, 즉 다른 부분들의 배열을 바꾸는 일부에 불과하다. 훨씬 더 눈에 띄는 것은 전차 운전사의 두 번째 역할이다. 여기서 그는 엔진, 브레이크, 신호의 복잡한 시스템 전체의 조직자이자 관리자 역할

비고츠키의 교육심리학

을 한다.

13. 이렇게 비교해보니 명확하다. 노동의 두 계기가 전철 운전사와 인력거꾼에서 똑같지만, 두 계기가 놓이는 지점은 뒤바뀐다. 인력거꾼의 경우, 기계를 조작하고 관리하는 노동은 육체적 노동과 비교하면 하찮고 눈에 띄지 않는 역할을 한다. 인력거꾼이 낮 동안 뭔가로 지친다면, 기계를 관리했기 때문이 아니라 수레의 채를 잡고 달렸기 때문이다. 이와 반대로, 전차 운전사의 경우, 육체노동은 0에 가깝고 정신노동의 중요성은 엄청나게 증가한다. 기술 개선 덕분에, 노동의 발달은, 조건부로 인력거꾼에서 전차 운전사로 지시할 수 있는 방향으로 나아간다. 현대 산업의 노동자는 점점 더 생산 과정의 조직자, 기계의 관리자가 된다.

14. 같은 방식으로, 교사는 한편으로는 사회적 교육 환경의 소식사이자 관리자이며, 다른 한편으로는 같은 환경의 한 부분이다. 책, 지도, 사전, 친구를 대체하는 곳에서 그는 말을 대체한 인력거꾼처럼 행동한다. 교사가 인력거꾼처럼 교육 기계의 한 부분으로 출연하는 곳에서는, 과학적인 관점에서 보면, 교육자로서 역할을 하지 못한다. 자신을 제거하면서, 환경의 강력한 힘을 불러내, 그 힘을 통제하여 교육에 봉사하도록 강제할 수 있어야만 교사는 교육자로서 제 역할을 한다.

15. 이렇게 해서 우리는 교육 과정에 관한 다음과 같은 공식에 다다랐다. 교육은 전적으로 환경에 의해 설정되는 학생 자신의 경험을 통해 실현되며, 교사의 역할은 환경을 조직하고 규제하는 일로 압축된다.

16. 이 역할을 철저하게 규명하기 위해, 교육 환경의 개념을 좀 더 자세히 살펴볼 필요가 있다. 언뜻 보기에도 특별한 교육 환경이 필요 없고, 어떤 환경에서도 교육이 이루어질 수 있으며, 특히 최고의 교육자는 학생의 미래 활동을 위한 장소로 의도된 환경이라는 것이 쉽게

보이는 듯하다. 인위적으로 만들어진 모든 사회적 환경은 늘 실제 현실과 다른 연결을 포함하고, 따라서 삶과 일정한 차이를 유지한다. 이것으로부터, 인위적인 교육 환경을 조성하지 말자는 결론에 이르는 것은 아주 쉽다. 즉, 학교보다 삶에서 받은 것을 더 잘 교육받을 수 있고, 아이는 시끄러운 삶의 흐름에 완전히 빠져들기에, 당신은 이런 식의 교육이 삶을 즐기는 생활력 있는 사람을 키워내리라고 예단할 수 있다.

17. 그렇지만 이 신념은 틀렸다. 여기서 고려해야 할 두 장면이 있다. 첫째, 교육은 늘 이미 존재하는 환경에 적응하는 것이 아니라, 즉 실제로 살아가면서 해낼 수 있는 적응이 아니라, 자신의 환경 너머를 응시할 수 있는 사람을 목표로 한다는 사실이다. 혁명 첫해에 많은 사람은 교육의 과제를 학교를 파괴하는 과제로 이해했다. '혁명의 거리가 최고의 교육자', '우리 아이를 거리의 아이로 만들어야 한다.', '삶의 이름으로 학교를 파괴해야 한다.' 이런 것이 구호였다. 이런 견해에는 건전한 정념이 많았고, 만리장성처럼 삶을 에워싼 울타리인 학교를 적대하는 올바른 반동이었고, 혁명이 펼쳐지는 격동의 시대에는 교육의 폐지가 가장 확실한 교육 방법일 것이다. 그러나 이는 더 차분한 시대와 냉정한 과학적 사고에 비추어 볼 때 전혀 그렇지 않다. 올바르게도, 우리는 최종 심판관인 삶을 위해 교육하고, 우리의 궁극적인 목표는 특별한 학교 덕목을 주입하는 것이 아니라, "… 삶의 기술과 능력"을 교류하는 것이다. 그러나, 삶에는 매우 다른 기술이 있으며, 이에 친숙해지는 것은 너무나 다른 이야기가 될 수 있다. 우리는 모든 요소를 무관심하고 평등하게 다룰 수 없고, 단지 삶에 있는 것이기에 그 모든 것을 다루자는 데 결정적으로 찬성이라고 할 수는 없다. 결과적으로 우리는 교육 과정에서 삶의 요소가 권력을 장악하는데 동의할 수 없다. 학생에게 우세해야 할 삶의 요소를 우리는 미리 앞서서 가늠할 수

없다. 마찬가지로 학생이 부정적이고 가치 없는 삶의 요소를 계속 받아들여 모으지 않도록, 즉 삶의 풍자만화를 얻지 않게 우리는 앞서서 조치할 수도 없다.

18. 우리 거리에는 아름답고 숭고한 것 옆에 진흙과 흙이 너무 많아서, 아이의 운동장을 위한 투쟁의 결과를 안달이 난 자유 놀이에 맡기는 일은, 미국에 가고 싶어 바다에 몸을 던지는, 파도의 자유 놀이에 투항하는 미친 짓이다.

19. 둘째, 환경 요소가 때로 어린 유기체에 해롭고 파괴적인 영향을 미칠 수 있다는 점을 고려해야 한다. 우리는 환경의 기존 구성원을 다루는 것이 아니라, 성장하고 변화하는 연약한 유기체를 다루고 있다는 것, 그래서 성인이 쉽게 받아들일 수 있지만, 많은 것이 어린이에게는 치명적일 수 있다는 것을 잊지 말아야 한다.

20. 이 두 가지 고려 사항에 근거하여, 우리는 삶을 위한 교육—그런 의견에 이렇게 반대한다. 즉 아동에 대한 성인 환경의 부적절함과 환경적 영향의 극도의 복잡함과 다양함에 따라, 우리는 교육 과정에서 자연발생적인 출발을 포기하고, 합리적으로 환경을 조직하여, 자연발생적인 과정에 의식적으로 저항하고 이 과정을 체계적으로 관리해야 한다.

21. 이것이 모든 과학적 지식의 성질이다. 모든 이론적 지위는 실천을 통해 확인되거나 검증되며, 그 진리는 그것에 기반을 둔 실천이 정당화될 때에만 확립된다. 인간이 자연의 법칙을 발견하는 것은 자연의 전능에 무력하게 자신을 맡기고 자신의 의지를 포기하기 위해서가 아니다. 자연의 법칙에도 불구하고 어리석고 맹목적으로 일하기 위해서도 아니다. 도리어 인간은 합리적으로 자연의 법칙에 굴복하고 그에 결합하여 그것을 정복한다. 인간은 자연이 자신의 법칙에 따라 인간을 섬기게 만든다. 사회적 교육도 이와 마찬가지다. 교사의 의지와 관

계없이, 사회적 교육의 참된 법칙을 깨달으면 우리는 교육 과정 앞에서 무력하지 않고, 교육 과정에 간섭하여, 모든 교육을 환경의 자발적인 힘에 맡기지 않을 것이다.

22. 반대로, 지식의 모든 확대와 마찬가지로, 이는 교육 과정에 대한 우리 힘의 증가, 즉 이 과정에 우리가 적극적으로 개입할 가능성이 커짐을 의미한다. 교육의 참된 성질을 담은 지식은 우리가 온전히 그것을 소유하는 방법을 우리에게 보여준다. 따라서, 사회적 교육의 심리학 이론은 교육에 굴복하지 않고, 교육 과정의 흐름을 점유할 수 있는 가장 높은 지점을 표시한다.

23. 마찬가지로 교육심리학은 매우 효과적인 실용 과학이 되고 있다. 교육의 성질을 이해하고 설명하고, 그 법칙을 발견하고 공식화하는 일은 이론적인 과제로 국한되지 않는다. 교육심리학은 우리에게, 교육의 법칙에 의존하며 이 교육을 점유할 방법을 가르쳐야 한다. 위에서 지적한 관념도 분명해진다. 문제에 대한 이 새로운 이해를 지닌 교사는 교육 과정에서 전보다 덜 중요하지 않고, 오히려 측량할 수 없을 정도로 더 중요하다. 그리고 외적 활동에서, 교사가 덜 가르치고 덜 교육하지만, 교사의 역할은 내적 활동에서 늘었다. 그렇기에 교육 과정에서 교사의 영향력은, 전차 운전사가 인력거꾼보다 노동 과정에 대한 통제력이 훨씬 강했듯이, 이전의 교사보다 몇 배나 더 크다.

가. 교육 과정의 능동성과 그 참여자들

1. 무엇보다 교육 과정을 일면적으로 능동적인 것으로 상상하고, 학생 자신과 교사의, 교육과 접하는 모든 것의 활동을 부정하며, 모든 활동을 환경의 활동으로 돌리는 것은 결코 해서는 안 되는 일이다. 이와 반대로 교육에는 수동적이거나 비활동적인 것이 없다. 심지어 죽은 것들도 교육의 영역에 참여하면, 교육적 역할을 맡으면 활동하게 되

고, 교육 과정에 효과적으로 참여하게 된다.

2. 피상적으로 보기만 해도, 조건 반사의 가르침에서, 인간의 행동과 교육이 전적으로 기계적으로 이해되고, 유기체는 환경 자극에 기계와 같은 정확성으로 대응하는 자동 기계와 닮았다는 결론을 끌어내는 일은 너무나 쉽다. 우리는 이 견해가 틀렸다는 것을 지적했다. 조건 반사 형성 바로 그 과정은, 우리가 보여준 바와 같이, 유기체의 똑같은 이 법칙에 따라 유기체에서 충돌하고, 교차하고, 단절하는, 성질에서 서로 완전히 독립적인 두 요소의 충돌과 투쟁에서 발생한다.

3. "인간은 자연의 힘으로 자연에 저항한다." 유기체는, 능동적으로 투쟁하는 생명체답게 세계에 저항한다. 유기체는 환경의 영향으로 물려받은 경험을 전달한다. 환경은, 말하자면, 망치로 이 경험을 평평하게 펴고 불려서 이 경험을 변형한다. 유기체는 스스로 확인을 위해 싸운다. 행동은 세계, 개인, 개인 내부의 변증법적인 복잡한 투쟁 과정이며, 이 투쟁의 결과에서 유기체 자체의 힘, 유전 구조의 조건은 환경의 영향을 공격하는 것만큼의 역할을 한다.

4. 따라서, 우리 경험의 절대적인 "사회적 만연함"을 인식하는 것이 사람을 자동 기계로 인식하는 것을, 사람 배후의 어떤 가치를 부정하는 것을 의미하지는 않는다. 그러므로, 위 공식은, 인간 행동을 예측하고 유기체의 유전적 반응과 환경의 모든 영향으로부터 인간의 행동을 계산하기 위해 수학적 정확노도 취한 이 공식은, 한 가지 본질적인 지점에서 잘못되었다. 즉, 인간의 행동을 계산하여 예측하는 일을 허용하지 않는 유기체 내부에서 전개된 투쟁의 끝없는 복잡성을 고려하지 않았다. 인간의 행동은 늘 이 투쟁의 결과이기에 그 일은 불가능하다. 환경은 절대적으로 인간 외부에 있는 것이 아니다. 환경의 영향이 끝나는 곳과 자기 몸의 영향이 시작되는 곳을 구분할 수도 없다.

5. 따라서 신체 자체는, 내부 수용 장과 고유 수용 장에서 발생하므

로, 그 자체로 사회적 환경의 일부다. 후천적 반응을, 조건 반사를 확립하는 과정은 유기체가 환경의 영향에 노출되는 과정일 뿐만 아니라 각각의 반응이 알려진 방식으로 환경에 영향을 미치고 이를 통해 자신에게 영향을 미치는 양방향의 능동적 과정이다. 이 양방향 과정에서, 반사는 준비된 반응으로 유기체에 속하고, 환경은 새로운 반응의 출현 조건에 속한다. 똑같은 반응의 확립은 매번 유기체와 환경의 싸움 결과에 의존한다.

6. 그러나 환경은 얼어붙은, 불굴의, 불변하는 것이 아니다. 이와 반대로 실제 현실에는 유일한 그런 환경은 존재하지 않는다. 환경은 다소 독립적이고 고립된 일련의 조각들로 쪼개지고, 이 조각들은 다른 어떤 것과도 비교할 수 없을 정도로 사람의 이성적 영향의 대상이 될 수 있다. 사람에게 환경은, 최종 분석에서는 사회적 환경이다. 환경이 자연환경으로 작용하는 곳에서도 사람과의 관계에서는 항상 사회적 계기를 확정해야 하기 때문이다. 사람은 환경과의 관계에서 언제나 사회적 경험을 활용한다. 숲, 강, 나무를 보고 그것들이 숲, 강, 나무라는 것을 깨닫고 그것들의 이름을 짓는다면, 이름만으로 우리는 그 이름이 의미하는 바를 이해하게 된다. 그러므로 우리는 사회적 경험의 복잡한 조작을 거치며 그것들에 접근한다. 숨 쉬고, 자라고, 죽는 것, 즉 이어져서 간단없이 발생하는 이 모든 변화를 알아차리지 못하는 것처럼, 우리는 같은 이치로 이 복잡한 조작을 알아차리지 못한다.

7. 그러므로 협소하고, 제한되고, 조건적인 뜻으로만 사회적 환경을 자연환경에 대립시키는 일이 가능하다. 사회적 환경을 관행처럼 인간관계의 총체로 이해할 수 있다면, 교육의 가장 유연한 수단이 될, 사회적 환경의 예외적 유연성을 쉽게 이해할 수 있다. 환경 요소들은, 그 자체로 구속되고 움직이지 않는 상태에 있지 않고, 형태와 윤곽을 쉽게 변화시키는 변화 가능한 상태에 있다. 알고 있는 방식으로 이런 요

소를 결합함으로써 사람은 매번 새롭고 새로운 형태의 사회 환경을 창출할 수 있다.

8. 이런 이유로, 교사는 교육 과정에서 능동적인 역할을 한다. 환경 요소를 조각하고, 마름질하고, 갈고, 잘라서 환경 요소를 다양한 방법으로 결합하여 필요한 임무를 해낸다. 따라서, 교육 과정은 이미 세 측면에서 능동적이다. 즉, 학생이 능동적이고, 교사가 능동적이고, 그들 사이의 환경도 능동적이다. 그러므로 교육 과정은 안주할 정도로 평화롭고 순조로운 과정으로 이해할 수 없다. 교육 과정의 심리적 성질은 이와 반대다. 교육 과정은 수천의 가장 복잡하고 다양한 힘들이 각축하는 매우 복잡한 투쟁이다. 교육 과정은 느린 진화적인 성장의 과정이 아니라, 인간과 세계 사이에 펼쳐진 끊임없는 전투처럼 격변하는 혁명 과정을 닮은 역동적이고 능동적이며 변증법적인 과정이다.

나. 심리학적 관점에서 본 교육 목표

1. 어떤 범위에서도 교육 목표라는 문제는 교육심리학의 주제와 관련이 없다. 교육심리학은, 목표와 상관없이 모든 교육 과정의 형식적인 측면을 드러내야 하며, 행위가 향할 방향과 무관하게, 이를 지배하는 법칙을 설명한다. 교육의 목표를 제시하고 개괄하는 것은 사회 윤리학의 과제, 일반교육학의 과제다.

2. 교육 과정의 심리적 성질은, 파시스트를 교육하든 프롤레타리아를 교육하든, 곡예사를 준비시키든 훌륭한 관리를 준비시키든, 정확히 똑같다. 새로운 반응이 성취할 혜택과 무관하게 우리는 새로운 반응을 확립하는 바로 그 기제에 관심을 집중해야 한다.

3. 그렇지만, 이 문제에는 심리적인 관점에서만 고려할 수 있는 형식적인 측면이 있다. 심리학에서 이 문제는 교육의 특정 목표가 무엇이냐가 아니라, 일반적으로 과학적 관점에서, 교육 과정에 목표를 설정

할 수 있느냐는 것이다. 목표를 달성하게 할 조건을 살피다 보면, 교육 과정에서 우리의 목표는 단면으로 잘리게 된다. 교육의 심리학 이론은 이 문제를 해결할 수 있다. 유일한 해결책이다.

4. 앞서 살핀 모든 것에서 교육 과정이 철저하게 구체적임을 확인했다. 교육 과정은 새로운 연결을 확립하는 과정일 뿐이며, 이 연결은 언제나 완벽하게 물질적이고 구체적이다. 이것만으로도 목표를 교육 과정에 구체적인 것으로만 설정할 수 있음은 명확하다. 과학적 관점에서 우리는 파시스트나 혁명가, 곡예사 또는 관료의 교육에 대해 동등하게 이야기할 수 있다. 왜냐하면, 이 모든 경우, 우리가 이들 반응의 완벽하게 확정적인 특성을, 그 행동의 완벽하고 명료한 체계를, 그들이 수행하기를 원하는 활동의 바로 그 이상형을 갖기 때문이다.

5. 그러나 과학적 관점에서, 완전하고 조화로운 인격으로의 혹은 교양 있고 문명화된 시민으로의 발달 같은, 교육의 추상적 이상을 말하는 것은 의미가 없다. 이런 것은 교육 과정에서 우리가 사용해야 할 연결을 선택하는 데 쓸모가 없다. 따라서 교육의 목표를 과학적으로 공식화한다는 것은 매우 구체적이고 정확한 방식으로 학생에게 구현하고자 하는 행동 체계를 설계하는 일이다.

6. 실제로 교육의 목표가 늘 완전히 구체적이고 생생했음과 시대의 이상, 당대 전체 역사를 결정했던 사회의 경제적·사회적 구조를 충족했음을 확인하기 위해, 역사적 발달에서 교육 체계를 자세히 살펴봐야 한다. 이런 이상들이 낱말의 배열에서 항상 다르게 공식화된다면, 그것은 사상가의 과학적 무력감 아니면 그 시대의 계급 위선 때문이다.

7. 순종하고 불평하지 않는 농노의 교육에만 관심이 있던 봉건제는, 물론, 그것을 공개적으로 말할 수 없었고, 영혼 구원이라는 종교적 교리 뒤에 숨어야 했다. 착취하는 지배계급이 교육을 명령하지만, 교육

비고츠키의 교육심리학

의 진정한 목표를 추상적인 말로 가린 것은 어떤 시대나 마찬가지였다. 이제 계급 모순이 드러남에 따라 우리는 그러한 위선을 떨 필요가 없다. 우리 시대 인민은 교육의 생생한 목표를 구체적이고 정확하게 공식화하는 경향이 있다.

8. 교육은, 옹호자나 사도가 인식하든 못 하든, 항상 그리고 어디서나 계급적 성격을 지님을 명심해야 한다. 사실상 교육은 항상 지배계급의 이익을 지향하는, 명확한 사회적 기능이다. 그리고 큰 사회 환경에서 작은 인위적 교육 환경의 자유와 독립은, 본질에서, 어떤 좁은 한계와 경계에서의 매우 상대적이고 조건적인 자유와 독립일 뿐이다.

9. 크고 작은 사회 환경 사이에는 영향의 특정한 상호작용과 연결이 있는데, 교육의 심리적 문제의 복잡성은 이런 독립의 진정한 경계를 설정하는 것이다. 모든 교육 체계에서 계급적 성질과 내용을 발견하여 보여주는 것은 어렵지 않다. 러시아 황제 시대에 만들어진 학교들의 교육 체계를, 귀족을 위한 남자 귀족학교와 여자 기숙학교, 도시 부르주아를 위한 실용 학교, 가난한 사람들을 위한 쉼터와 직업 학교를 떠올리면 충분하다.

10. 그러므로, 심리학적 관점에서 보면, 일반적으로 모든 교육에 해당하는 어떤 추상적·일반적 목표를 이야기하는 것은 의미가 없다. 각각의 교육은 고유한 목표가 있으며, 각각의 교육 기간에도 고유한 목표가 있을 수 있으며, 그것이 어떤 방식으로 표현되든, 항상 교육이 삶에서 구현하길 원하는 행동의 특정 측면과 특성을 목표로 공식화할 것이다. 그러한 교육 목표들만이 교육 과정의 방향과 선택에서 실제로 중요할 수 있다. 그것들만이 필요한 교육적 영향의 선택과 조화로운 교육 체계로의 올바른 결합을 위한 규칙을 제공할 수 있기 때문이다.

다. 교육, 사회적 선택

1. 살펴본 모든 자료에 기초하여, 우리는 교육 과정의 심리적 성질을 최종적으로 공식화하는 데 매우 근접했다. 그렇지만 한 구절로 공식화하는 것은 너무도 어렵다. 프랑스 속담도 지적했듯이, 모든 정의는 하나의 한계다. 즉, 정의는 주제에 부분적이고 일면적으로 접근할 수밖에 없다. 그러므로, 우리는 몇 가지 중요한 측면에서 교육의 주제를 보려고 노력할 것이다.

2. 첫째, 대략적인 교육 정의는, 교육 과정이, 본질을 짚으면, 타고난 반응에 기초한 조건 반응의 확립과 축적 그리고 사회적 환경에 적응하는 데 유용한 행동 형태의 발달로 압축된다고 조언한다. 바꾸어 말하면, 교육은 유전적 경험을 가지고 직면한 사회 환경에 적응하는 일로 정의할 수 있다.

3. 그러나 그러한 정의가 너무 광범위하다는 것을 알아차리는 것은 어렵지 않다. 왜냐하면, 이 경우, 새로운 조건화된 반응은 교육의 개념에 적합하고, 새로운 조건화된 반응의 확립과 교육을 구별하는 모든 기준을 잃기 때문이다. 우리가 새로운 지인에게 인사하고, 새로운 외국어를 이해하고, 새로운 이벤트에 대응할 때 매일 새로운 조건화된 반응으로 이어진다. 이런 관점에서, 교육과 일상생활을 구별할 필요가 있다.

4. 삶에서 그런 새로운 반응의 확립은, 본질을 보면, 자기가 자신에게 심리적 영향을 미치는 일, 스스로 자기를 교육하는 과정이라는 데 의심의 여지가 없다. 이는 우리가 반응을 고립해서 우발적으로 확립하는 것이 아니라, 성인의 완전히 새로운 행동 체계를 발달시키는 계획적이고 합목적적이며 장기적인 과정을 만나는 곳에서 특히 두드러진다. 예를 들어, 군인의 훈련을 다룰 때, 새로운 게임의 교수를 다룰 때, 속기 또는 타자의 몇몇 과정을 다룰 때, 우리는 의심의 여지 없이

교육적 성질의 심리 과정을 접하게 된다. 이 모든 경우에 우리는 온전하게 행동의 새로운 형태, 반응의 새로운 체계 발달과 확립을 이야기하기 때문이다.

5. 그러나 여기서는 사정의 명료함과 정확함을 위해 교육이라기보다는 그 말의 넓은 뜻으로 쓰인 재교육으로 말하는 것이 더 적절하다. 교육과 재교육, 두 낱말의 차이는 일반적인 의미와 다소 다르다. 일반적인 언어에서, 재교육은 일반적으로 이미 존재하는 반응 체계의 급진적 재편성, 재구성을 의미한다. 그래서 범죄자, 정신병자 따위의 재교육을 언급하는 게 관례다. 아무도 타자나 속기 과정의 재교육을 일상의 말에서 언급하지 않는다. 일반적인 관점에서 보면, 우리는 여기서 아무것도 재교육하지 않고, 말 그대로 새로운 기술을 알려주고 익힌다. 그렇지만, 과학적 관점에서 볼 때, 이 모든 경우 재교육이라 하는 것이 옳을 것이다. 심리적으로 우리는 여기 있는 모든 곳에서 이미 세워진 행동 체계에 새로운 연결을 확립하기 때문이다.

6. 우리는 불확실성의, 유동성의, 성장의, 유기체의 독립적인 변화의 계기를 교육의 본질적 징후로 간주해야 한다. 따라서, 청결한 얼굴의 교육 개념은, 어린이, 즉 성장하고 스스로 변화하는 유기체에만 적용된다. 이는 유기체의 다른 모든 물리적 과정과 흡사하다. 신체 변화는 일생 끊임없이 발생한다. 그렇지만 일반적으로 성장이라는 변화는 완전히 다른 생물적 복석을 지닌다. 성상의 사녕과 과녁은 어린 생명체에게 복잡하고 다양한 생활 활동을 준비시키는 것이다. "교육"이라는 낱말은 오직 성장에만 적용된다.

7. 따라서, 교육은 유기체의 자연스러운 성장 과정에 계획되고, 의도적이며, 신중하고, 의식적인 영향을 주며 개입하는 것으로 정의할 수 있다. 결과적으로, 새로운 반응의 확립은 성장 과정에 개입하고 어느 정도 방향을 제시하는 경우에만 교육적 성격을 지닌다. 결과적으

로, 어린이에게 이어진 모든 새로운 연결이 교육적 행위가 되는 것은 아니다.

8. 집을 나설 때 아이가 사용할 열쇠를 아이에게 맡기기로 한다면, 이것으로 나는 의심할 바 없이 아이와 새로운 연결을 만들었다. 그러나 이 반응이 아이가 열쇠를 찾게 돕는 것 외에 다른 목적이 없다면, 심리학적 관점에서 우리는 이를 교육이라고 할 수 없다. 그러므로, 우리가 아이와 한 모든 것이, 그 낱말의 과학적 의미에서 교육은 아니다.

9. 이에서 알 수 있듯이, 교육은 아동 심리학의 주제이고 문제다. 교육 과정이 뜻하는 바는 도대체 무엇일까? 그것을 가장 잘 정의하면, 사회적 선택 과정이다. 반응이, 적응으로 결정되는, 세계와 인간을 연결하는 복잡한 과정이라는 것을 우리는 기억한다. 행동은 환경에 가장 높은 형태로 적응한 것이다. 그러나 아이는 많은 사회적 능력을 지닌다. 이런 사회적 능력으로 다양한 인격이 만들어진다. 프랭크가 지적했듯이, "자신을 강도, 군인 또는 말로 상상한 채, 이들처럼 자세를 취한 어린이가, 그에게서 유치한, 작고, 무력한 생명체만 보는, 부모나 과학적 심리학자보다 사실상 더 실제에 가깝다. 이런 외관 아래에는, 바깥의 객관적 삶의 현실과 맞지 않는, 힘과 실제의 잠재적 예비군이 숨어 있기 때문이다. 강도, 군인, 심지어 말의 힘과 열망이 실제로 이 작은 생명체 안에 있다. 그것은 외부 관찰자에게 보이는 것보다 측량할 수 없을 정도로 더 큰 것이다." 어린이는 많은 미래의 인격을 잠재적으로 포함하며, 그는 이런 인격과 저런 인격을 가질 수 있고, 또 다른 인격도 가질 수 있다. 교육은 사회에서 표면상의 인격을 선택하게 만든다. 생물형 인간으로부터 선택하여 사회형 인간을 형성한다.

| 5장 |

교육의 주제, 기제, 수단인 본능

   1. 동물과 인간의 본능적 활동은 관찰자에게 늘 신비하고 불가사의한 것처럼 보였다. 지금까지도 그것은 동물·인간 심리학에서 가장 어둡고 모호한 것으로 남아 있다. 질문이 이렇게 모호하고 깜깜한 이유는 무엇보다도 본능적 활동 자체가 깜깜하기 때문이다.

   2. 우리는 삶의 가장 낮은 단계뿐만 아니라 가장 높은 단계에서 본능을 마주한다. 게다가, 사실임에도 신기하게도, 그들의 발달과 진보를 눈치채지 못할 뿐만 아니라, 이와 반대로 순전히 본능적인 행동이 고등 동물보다 하등 동물에서 헤아릴 수 없이 더 완벽하다고 확신한다. 인간의 본능은 거의 순수한 형태로 나타나지 않고, 항상 더 복잡한 전체의 한 요소로 나타나고, 항상 더 숨겨진 채, 마치 행동의 명확한 기제 뒤에 있는 비밀의 용수철처럼 작동한다.

   3. 지금까지도 과학은 본능들의 성질과 분류 문제를 해결하지 못했다. 일부 연구자들은, 본능 그 자체가 특수한 형태의 행동이 아니라는 견해를 오랫동안 강력히 지지한다. 다른 연구자들은, 이와 반대로, 본능에서 다른 어떤 것으로 환원할 수 없는 특별한 것, 인간과 동물의 몇몇 특별한 종류의 반응을 본다.

   4. 한 연구자는 우리가 이해하지 못하는 모든 것을 본능이라 명명

한다고 매우 올바르게 지적했다. 실제로, 일반적인 사용법에서 '본능'이라는 낱말은, 우리의 행실에 대해 참되고 밀접한 이유를 제시할 수 없는 모든 경우에 따라다닌다.

5. 본능의 성질은, 본능을 보통의 반사와 비교하면, 찾기 쉽다. 본능은 복합적이거나 연쇄적인 반사일 뿐이라는 견해가 있다. 그렇지만, 위에서 보았듯이, 본능과 반사에는 많은 차이점이 있다. 학술원 회원 베흐테레프Bekhterev, 1857~1927는 본능을 복잡한 유기체의 반사라고 부르고 단순 반사이며 무조건 반사인 특별한 종류로 구분할 것을 제안한다. 이는, 본질에서, 본능을 독립적인 성질을 지닌 특별한 종류의 반응으로 인식하는 것이다.

6. 무엇보다 먼저, 그는 특별한 종류의 반응들에서, 그것들의 해부학적·생리학적 상관(물)관계에서 본능들을 떼어 분리한다. 현대 과학은 전체 신경계를 두 신경계로, 즉 동물 또는 척추동물 신경계와 식물 생장 또는 식물성 신경계로 나눈다. 전자의 신경계는 모든 동물적·신체적 기능을 관리하고, 무엇보다도 운동 반응을 관리하여 신체와 외부 세계의 연결을 확립한다. 후자의 신경계는, 내부 장기들, 강, 조직 등에서 작용하는 신체의 식물적 기능을 관리한다. 모든 데이터에 따르면, 다른 반응과 달리 본능은 신경계의 이 친밀하고 식물 생장 부분에 연결되어 있다. 혈관을 둘러싸는 모든 조직에 침투한, 신체의 선들과 내부 강들을 관통하는 신경은, 유기체 내 자극이 중추 신경계의 본능 영역에 연결되는 주요 경로다.

7. 본능적 활동은 신체의 복잡한 식물성-화학적 과정, 유기체가 만족을 추구하게 하는 신체의 모호한 충동에 뿌리를 둔다. 그것은 세상에 대한 신체의 가장 친밀한 요청의 결과일 것이다.

8. 게다가, 생리학적 관점에서 보면, 본능들의 자극도 내적임을, 매우 친밀한 내분비 과정임을 인정하는 일은 매우 쉽다. 성적 본능이 흥

비고츠키의 교육심리학

분하게 되는 핵심적인 두 경로는 확실하게 밝혀졌다. 하나는 식물 생장 체계의 신경 마디이고, 다른 하나는 뇌 신경 중추의 직접적인 호르몬 자극이다. 이 두 번째 경우 본능적 반응은, 서로 연결되는 반사 호가 없고, 뇌 중추에 직접 가해지는 자극으로 발생한다는 점에서 반사와 다르다. 반사의 대응적 성격과 달리, 본능적 반응은 일종의 자기 주도적이고 자율적인 성격을 띤다.

9. 그런 다음 반사와 본능의 생물적 차이를 염두에 두어야 한다. 생물적 차이는 일반적으로, 본능이 반사와 같은 유전적 반응이지만 나이, 주기성 등과 같은 명백한 특징과 관련된다는 사실로 압축된다. 바꾸어 말하면, 반사는 살아가는 동안 변하지 않는 일정한 반응이지만, 본능적 반응은 변할 수 있다. 나이, 생리적, 자연적 시기 등에 따라 본능적 반응은 나타나고 사라질 수 있다.

10. 마지막으로, 심리적 관점에서 보면, 본능은 어느 정도 일탈이 있어, 반사의 단순한 합이나 나열로 환원되는 것을 허용하지 않는다. 이는 무엇보다도, 자극과 반응에 엄격하게 의존하지 않는다. 이것이 본능을 특징짓는다. 자연주의자들은 본능이 맹목적임을 이야기해 왔다. 본능은 맹목적이다. 무엇보다도 이것은 완전히 다른 환경에 전이되기 때문에, 당신이 자극의 부재를 눈치채지 못한 채 행위할 수 있다는 것을 의미한다. 더 나아가, 그들은 본능적 반응에 포함된 반사들의 구성 자체가 느슨하게 결정된다고 지석했다. 본능적 반응의 일부인 반사들의 움직임과 순서를 미리 계산하고 결정할 수는 없다. 통상 이와 반대로, 반사는 기계처럼 정확하게 일한다. 그리고 본능적 반응이 복잡하고 복합적인 전체지만, 이 전체는 다른 개별 근육이 관여하는 복합반사에서 형성되기에, 어떻게 이어져 이런저런 차례로 일할지 정확하게 예측할 수 있다.

11. 위에서 언급한 본능과 반사의 차이는 거세한 파리의 짝짓기 실

험을 관찰한 바그너 교수의 결론에 근거했다. 이 실험은 본능이 반사들의 특히나 복잡한 조합으로 발생할 수 있음을 가장 잘 보여주지만, 여전히 반사와 다른 것이 있다. 본능에서 반응의 연결과 통일, 바로 그 성질이 본질적 측면에서 다르기 때문이다.

12. 이 모든 것은 심리학자가 특별한 분류에서 본능적 행동을 추릴 수 있는 충분한 근거를 제공했고, 바그너 교수는, 본능이 유기체 행동 전체가 참여한 반응이지만, 반사는 개별 기관들이 실행한 반응임을 인식했다.

13. 반사와 비교함으로써, 누구나 본능에서, 반사의 유전적으로 미리 확립된 통합, 미리 결정된 지배적 과정, 일반 운동의 장場을 차지하려는 투쟁의 미리 결정된 결과, 그리고 행동의 통합적 성격을 쉽게 볼 수 있다.

가. 본능의 기원

1. 본능의 성질뿐만 아니라 본능의 기원에도 이견이 있다.

2. 사람들은 본능적 반응이 최초 한 번에 의식적이고 지능적인 유형이 되었고, 이로부터 동물은 무작위적인 이성으로 또는 '시행착오로' 유용한 반응을 선택하고, 통합하고, 유전한다고 믿었다. 이 견해의 지지자들은, 사람이 자주, 단조롭게, 같은 순서로 반복한다면, 사람의 이성적이고 의식적인 행위가 성취하는, 자동화에서 이 견해의 옳음을 확신한다.

3. 실제로, 우리 행동의 10분의 9는 의식과 무관하게 자동으로, 즉 기계처럼 진행된다. 이런 움직임을 제어하는 신경 중추는 자율적인 것처럼 보인다. 우리는 해야 할 행위를 매번 생각하지 않고, 자동적으로 호흡하고, 걷고, 쓰고, 말하고, 피아노를 치고, 읽고, 옷을 입는다. 다리는, 말 그대로, 노련한 피아니스트의 손가락이, 모든 사람의 발성 장치

비고츠키의 교육심리학

가 독립적으로 일하듯이, 우리의 의지적인 충동을, 발을 들어 올리고 내딛는 결정을 요구하지 않고 우리를 운반한다.

4. 심리의 무의식적 행위의 힘이 얼마나 대단한지 이해하기 위해, 처음으로 외국어를 배우거나 피아노를 치는 사람이 자유롭고 편하게 하려고 들이는 노력, 긴장의 정도, 주의의 소모를, 나중에 똑같은 움직임을 할 때 들이는 노력, 긴장의 정도, 주의의 소모와 비교하는 것은 매우 유용하다. 이제 막 걷기 시작하는 아이를 자세히 살펴보자. 그의 얼굴 전체가 극도로 긴장된 상태를 나타내며, 그는 가장 어려운 사색적인 작업을 하고 있다. 다리를 들어 올리고 이어서 다리를 내려놓아야 할 적절한 지점을 찾을 때마다 그는, 말 그대로, 가장 어려운 문제를 해결하는 것이다. 2년 뒤, 다리를 편하게 사용하여 달리는 아이를 그와 비교한다면, 무의식적 행위가 인간의 반응에 만든 중요한 차이를 분명히 느낄 것이다.

5. 무의식적인 행위가, 이성적 형태의 의식적 반응과 비교하며, 인간 반응의 성격을 얕잡아보고, 그것을 더 낮은 형태로 국한하고, 기계화하고, 일반적으로 한 걸음 처지고 아래 있는 것처럼 보일 수 있다. 그러나 이는 결코 사실이 아니다. 움직임의 무의식적 행위가 더 높은 유형의 활동이 출현하는 데 필수적인 심리적 조건임을 보이는 일은 매우 쉽다.

6. 첫째, 자동화된 행위만이 가장 완벽한 형태의 반응이다. 피아니스트의 연주, 웅변가의 연설, 발레리나의 춤, 움직임에 극도의 미묘함과 정밀함을 요구하는 모든 것은, 필요한 움직임을 통제하는 중심이, 말하자면, 신경계의 다른 모든 영향에서 벗어나 자동화된, 모든 성질에서, 인간 신경만이 근접할 수 있는 최대의 우아함과 박자로 일할 때, 완벽과 완전에 도달한다.

7. 둘째, 움직임의 자동화 때문에 중추 신경계는 계속 이어지는 생

소한 일에서 부담을 줄이게 된다. 이는, 말하자면, 신경 중추들의 분업이며, 이어지는 전체 형태의 낮고 습관적인 작업에서 상위 중심을 해방하는 일이다. 걷기가 자동으로 일어나지 않고 매 순간 의식적으로 움직임을 파악하는 일이 필요하다면, 이는 엄청난 양의 신경 에너지를 사용해서 다른 행위를 할 여지를 남기지 않을 것이다. 웅변가는, 발음하는 바로 그 과정이 저절로 일어나는 것처럼 주의나 생각이 필요하지 않기에, 연설을 이어가면서 연설의 의미를 스스로 구성할 수 있다. 발음이 아직 충분히 자동화되지 않은 약간 친숙한 언어를 말하기가 그렇게 어려운 까닭이다.

8. 따라서, 움직임의 자동화는 활동의 보편 법칙이며, 매우 중요한 심리적 가치가 있다. 이 법칙의 기초는 신경 물질의 특별한 가소성에 뿌리를 둔다. 거기서, 신경 경로를 밟아서 길을 내고, 전에 경험한 흥분의 흔적이 보존되고, 반복적인 것에 대한 경향이 형성된다.

9. 한 장의 종이를 접고 접힌 곳에서 접는 부분을 만든다. 즉, 움직임의 흔적이 알려진 세포 분포의 변형과 치환을 한다. 종이는 이제 정확히 그 지점에서는 접기 편하다. 가장 가벼운 호흡으로도 접는 게 충분하다. 이 비유를 문자 그대로 받아들여서는 안 되고, 신경 흥분의 흔적을 종이 접힌 곳으로 상상해서도 안 되지만, 신경계에서도 비슷한 일이 발생한다.

10. 자동화 과정을 통해 의식적인 반응에서 본능적 반응이 출현하는 과정을 이해할 수 있다. 이 견해의 지지자들은, 피아노 연주를 배울 때 의식적인 움직임이 나중에 자동으로 되는 것과 거의 같은 방식으로, 의식적이고 자발적인 행위들에서 선택을 통해 본능적 반응이 발생한다고 주장한다. 따라서 이런 심리학자들은 본능을 기계화된 지능적 행위로 이해하며, 이를 통해 지금은 본능적이고 기계적인 모든 것이 한때는 창조적이고 이성적이었다고 단정한다. "본능은 몰락한 이

비고츠키의 교육심리학

성이다." 이런 관점을 지지한 격언이다. 이런 의견의 관점에서 보면, 반응 발달의 도식은 이렇게 묘사된다. 이성 - 본능 - 반사.

11. 그러나 이런 소신을, 비록 인간 움직임의 자동화라는 눈부신 유추로 지지받지만, 매우 가능성 있는 것으로 볼 수는 없다. 무의식적 행위는 일련의 반복 후 무작위 행위가 어떻게 정확하고 기계적인 행위가 되는지를 설명할 뿐, 이것이 이런 행위 모두가 최초에는 이성적이었음을 의미하는 게 아니다. 이는 지적인 행위가 자동화될 수 있다고 말할 뿐, 이 능력이 그들에게 선천적인 것이 된다는 것을 의미하지는 않는다. 반대로, 모든 고려 사항은, 위에서 언급한 바와 같이, 대뇌 피질의 직접적인 참여로 발생하는 이성적 유형의 활동이 유전적 반응에 기초하고 세워짐을, 그리고 진화 과정에서 본능보다 나중 지점에 속함을 보여준다.

12. 이렇게 보면, 본능이 이성적 행위보다 기원에서 앞선다는 다른 의견이 훨씬 그럴듯하다고 결론을 도출할 수 있다. 이런 관점에서 보면, 이성은 의식적이고, 즉 이성은 개개인의 본능적 경험으로 개설된다. 이 견해에 따르면, 반응 발달의 도식은 반사 - 본능 - 이성으로 묘사된다. 따라서 행동의 가장 원시적인 형태인 반사는 모든 형태의 인간 활동의 토대이자 기초로 인식된다.

13. 그러나 이것은, 본능이 반사로 국한된다는 것을 의미하지는 않다. 진화 과정에서 반사에 기초하여, 본능은, 유전적으로 반사와 관련 있지만, 완전히 다른 형태의 행동으로 발생할 수 있다. 바그너 교수는 말한다. "집의 토대만 보고 그 위에 무엇이, 즉 식료품점, 화학 실험실 또는 공중인 사무실이, 세워질지 판단할 수 없다. 파충류는 조류와 포유류 모두의 기초를 구성한다. 그러나 비둘기의 부리에서 도마뱀의 이빨을, 새의 부척에서 악어의 발톱을 찾는 것은 하찮은 일이다."

14. 그러나 이 두 번째 도식도 완전히 만족스럽지 않다. '이성적인'

형태의 행동이 반사에서 직접 발생하고, 본능의 형태라는 중간 고리가 전혀 필요하지 않다는 것을 우리는 알고 있기 때문이다. 마찬가지로, 유기체의 모든 일련의 본능에서 가장 완벽한 본능조차도, 그 본능의 발달에서 이성적인 반응의 형성과 제조를 끄집어낼 수 없다. 이 모든 것을 참작하면, 바그너 교수가 제안한 도식을 받아들이는 것이 본능의 기원 문제에 대한 답으로 더 정확하다. 그 도식에 따르면, 본능과 이성은 반사를 공통 기반으로 하면서도, 병렬적이고 독립적으로 특수하고 독자적인 형태의 행동으로 발달한다.

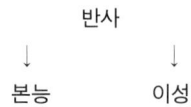

나. 본능, 반사, 이성의 상호관계

1. 동물원 심리학에서 발견되고, 명백하게 인간에게서 확인된, 본능, 반사, 이성 사이에 존재하는 연결은 교사에게 매우 흥미롭다.

2. 이 연결은, 본능에 반사를 지연하는 영향이 있다는 사실에 있다. 이어지는 실험에서 이를 알 수 있다. 알려진 방향으로 똑바로 나아가는, 목 잘린 곤충을 핀셋으로 치면, 왼쪽으로 오른쪽으로 반사적으로 회전하는 움직임을 보이게 된다. 이는 위험을 피하기 위한 방어적 반사가 될 것이다. 이 경우에는 단순한 피로와 신경계의 고갈로 끝날 때까지 진동이 계속된다. 이는 순전히 반사적인 형태의 행동이다. 본능적인 반응을 잃지 않은 정상적인 곤충은, 같은 안달에 다른 방식으로 대응한다. 반사적으로 옆으로 치우치지만, 좀 더 반사적 움직임을 한 후, 자기 보존 본능으로 억제하고 정지한다. 자기 보존 본능으로 곤충은 위험을 피하려고 더 복잡한 움직임을 하게 된다.

3. 똑같은 방식으로, 반사를 지연하는 작용이 의식에도 나타난다.

비고츠키의 교육심리학

잘 알려진 사례가 있다. 다윈이 12명의 젊은이와 가장 강한 담배 냄새를 맡은 뒤 재채기하지 않기 내기를 했다. 실제로, 비록 이전과 이후 계속 그 담배가 재채기를 강하게 유도했지만, 내기하는 동안 누구도 재채기하지 않았다. 결과적으로 거액이 걸린 내기에서 이기려는 강한 욕망, 이 행위에 집중된 주의, 지는 것에 대한 두려움, 그 외 의식적인 과정이 반사를 마비시키고 중단시켰다.

4. 여기서 간단하게나마, 이 법칙에서 도출해야 하는 흥미로운 교육학적 결론을 지적하지 않을 수 없다. 욕망과 두려움에 연결된 강한 정서가 행동에 그런 해체적 영향을 미치고 더 낮은 반응의 경로도 혼란스럽게 한다면, 시험 따위의 모든 교육적 방법이 얼마나 심리학의 원칙에 반하는지 쉽게 이해할 수 있다. 이는 다윈이 한 내기에서 했듯이 학생을 곤란하게 하고, 대체로 가장 강력한 방식으로, 반응의 재언과 정상적인 경로를 왜곡한다.

5. 일반적이고 확실한 심리 규칙이다. 시험과 이와 유사한 모든 기법은 늘 행동에 대해 잘못되고 왜곡된 그림을 제공하며, 반응을 재생하는 체계에 하향식으로 실망스럽게 작용한다. 물론, 시험의 흥분이 비정상적으로 예리한 기억을 자극하고 재치 있는 답을 하는 경우라면, 모두가 잘 알고 있듯이 그 반대의 경우도 가능하지만, 심리적 관점에서 보면 이마저도 비정상인 것 같다.

6. 같은 방식으로, 본능이 반사를 시언시키고 진압하는 효과가 있는 것처럼, 이성적인 반응도 반사에 같은 효과가 있다고 추정할 충분한 이유가 있다.

다. 본능과 생물 발생 법칙

1. 자연과학자들은 유기체의 개체 발생과 계통 발생 사이에—구체적으로 속의 발달과 개인의 발달 사이에— 존재하는 몇 가지 이상한

의존관계를 오랫동안 관찰했다. 예를 들어, 인간 배아의 특정 단계에서 아가미 틈새, 꼬리, 체모 같은 특징을 관찰할 수 있는데, 이 특징들은 인간 조상이 물에 살았고 꼬리가 있었던 진화의 오래전 단계들과 유사하다.

2. 모든 일련의 사실은 생식 세포에서 시작된 유기체 발달의 역사와 전체 속 발달의 일치를 가리킨다. 이런 정세는 헤켈Haeckel, 1834~1919에게 다음과 같은 형태로 생물 발생 법칙을 공식화할 이유를 주었다. 개체의 역사는 그 안에 생략되고 압축한 역사를 선보인다. 유기체의 진화는 속의 진화를 반복하고, 태아와 유아는, 그들의 발달에서, 속의 발달이 거쳤던 모든 단계를 거친다. 따라서 태아는 전체 진화 경로를 단축하고 가속해서 통과한다.

3. 많은 사색가가 이 법칙을 심리학으로 옮겨 왔고, 여전히 많은 체계에서, 아동 심리 발달의 기본적인 원리로 그리고 교육심리학의 기본적인 규범 원리로 이 법칙을 내세운다. 동시에, 발달 중인 아이는, 인류가 지구에 출현한 순간부터 경험한 모든 주요 단계를 단축한, 수정된 형태로 반복한다고 가정한다. 삶의 첫 단계에서 아이는 물건을 단순히 움켜쥔다. 그는 모든 것을 자신에게 끌고, 모든 것을 입으로 가져온다. 이것은 원시인이, 일을 모르는 동물과 같이, 준비된 것을 끌어다 먹던 시대에 해당한다. 이후 거기서 도망치기, 오르기, 주변의 모든 것을 탐구하기 같은 방랑 본능이 나타난다. 이는 인류가 유목의 생활 방식으로 넘어간, 역사 발달의 두 번째 단계에 해당한다. 특정 단계에서, 가축에 대한 어린이의 관심은 원시 시대 소 사육과 관련이 있다. 아이들의 완고함과 싸움 본능은 고대 인류의 피비린내 나는 불화의 여파로 여긴다. 마지막으로, 대상에 대한 아이들의 일반적인 영감, 환상적인 모든 것에 대한 사랑, 동화에 대한 집착, 그림과 언어의 원시적 형태는 야만인의 정령숭배, 원시적인 종교적 신념, 신화에서 비슷한 것

을 찾을 수 있다.

4. 이 모든 것을 종합하면, 아이가 짧은 몇 년 동안 인류가 경험한 수천 년을 실제로 경험한다고 주장할 수 있다. 이런 주장으로부터, 어린 시절의 이 모든 원시 현상을 합법적인 것으로 받아들여야 한다는, 어린아이를 작은 야만인으로 인지해야 한다는, 이런 모든 현상과 싸우지 말고, 아이가 야만인의 원시적 본능과 성향을 자유롭게 제거하게 해야 한다는 교육학적 결론에 이른다. 이렇게 해서, 환상적인 동화에 대한 과도한 관심, 어린이에게 세계 현상에 대한 통상의 물활론적 설명, 동화 속 생물에 대한 믿음, 사물의 생생한 본성에 대한 믿음 따위는 일반적인 교육학적 기법으로, 가장 진보적이고 과학적으로 생각하는 교사조차도 피할 수 없는 형판으로 고착되었다.

5. 이렇지만, 무엇보다도 이런 주장의 적절함을 판단할 수 있는 인간 발달의 역사에 대한 충분한 데이터가 없기에, 최종 형태로 이를 받아들일 수 없다. 우리가 알고 있는 것은 개별적이고, 단편적이며, 종종 극도로 애매한 유추에 불과하다. 이를 근거로, 아동 발달의 일반적인 경로에서 아동의 전체 발달이 인간 발달의 전체 역사를 반복한다고 결코 말할 수 없다. 과학적 신뢰를 담보하려면, 어린이 발달의 개별 순간이 인류 역사의 개별 순간과 때로는 더 가깝고 때로는 더 멀리 연결될 수 있다고 할 수 있다. 우리는, 마샬Marshall, 1852~1927을 따라, 개인의 역사가 속의 역사를 반복한다면, 이 반복에서 모든 기대한 장들이 완전히 생략되고, 다른 것들은 인식할 수 없을 정도로 왜곡되며, 또 다른 것들은 다음과 같은 순서로 재배열된다는 것을 인정해야 한다. 이 반복은 전체적으로 재연으로 인식될 수 없고 오히려 왜곡이며, 아동 발달에 대한 설명적 원리가 아닐 뿐만 아니라 오히려 그 자체가 설명되어야 한다.

6. 이런 의미의 제한으로 이 법칙은 매력을 상실하고, 보편적인 설

명에서 문제가 되었다. 코르닐로프 교수가 지적했다. "인간 발달로 아동 발달을 설명하는 것은, 어떤 미지의 것을 다른 미지의 것으로 설명하는 것과 똑같이 어리석은 일이다."

7. 본능의 심리학에 이용한다면, 여기서도 우리는 아동의 본능 중 일부 형태를 야만인의 활동과 유사한 형태로 비교하는 것에 제한해야 하며, 본능의 발달에서 우리가 이미 경험한 역사를 단순히 반복하는 바로 그 불활성의 기제가 있음을 인정해서는 안 된다. 그러한 인식은, 위에서 기본 원리로 설정한, 심리의 역동적인 사회적 필연성과 근본적으로 모순된다. 인간의 행동과 본능의 체계에, 관성의 힘에 의해서만 움직이는, 얼어붙은, 움직이지 않는 것이 없음을 보여주는 일은 매우 쉽다. 진짜 행동 체계에서 본능은, 마치 적응하고 수정하듯, 사회적으로 조건화되어 있으며, 다른 모든 반응과 마찬가지로 새로운 농장으로 이동할 수 있다. 따라서, 교육학에 가장 필요한 것은, 본능 발달의 평행주의 원리가 아니라, 행동의 일반적 연결망에서 사회적으로 본능이 적응하고 본능을 포함하는 기제다.

라. 본능에 대한 두 극단적 시선

1. 본능에 대한 고정된 시각에는 본능에 대한 심리학과 교육학의 평가에 두 극단이 있었다. 어떤 이들은 본능에서 동물이 인간에게 남긴 유산, 가장 억제되지 않은 거친 열정의 목소리, 인류가 경험하고 남겨둔 원시적이고 거친 시대의 짐의 잔재를 보았다. 그들에게 본능은 흔적 기관, 즉 유기체 진화의 하위 단계에 해당하는 특정 시기에 생물적 의미와 목적을 지닌 기관처럼 보였다. 더 높은 수준으로 이행함에 따라 이런 기관은 불필요해지고 점진적인 위축과 소멸의 운명을 맞게 된다. 이렇게, 본능적 능력에 대한 매우 낮은 심리학의 평가, 본능의 교육적 가치를 부인하는 교육학의 구호, 본능 발달에 대한 완전한 관심

부족, 때로는 어린이의 본능과 투쟁하여, 억압하고 재갈을 물리라는 요구가 이어졌다. 교육학의 전체 체계는 본능과의 투쟁이라는 기치 아래 교육을 수행했다.

2. 정반대의 다른 견해는 본능에 대한 찬양을 요구하고 본능을 교육 체계의 최전선에 두기를 원했다. 본능에서 이 심리학자들은 본성 그 자체의 현명한 목소리, 오류 없고 정확한 행동의 가장 완벽한 기제를 보고, 본능적인 것을 이상적이고 완전한 활동의 모델로 간주하고, 이것으로부터, 교육 문제에서 현명한 소년단 지도원의 중요성을 인식하자는 교육학적 결론에 이르렀다. 첫째 체계가 본능과 싸우기를 요구했다면, 둘째 체계는 본능이 펼치는 자연스러운 과정을 가능한 한 고통 없이 따르는 것에서 교육의 모든 목적을 보았다.

3. 두 견해 중 어떤 것도 옳다고 인정될 수 없음을, 그들 각각이 어느 정도의 진실과 거짓을 포함하고 있음을 이해하는 것은 쉬운 일이다. 본능에 대한 과학적 견해는 본능의 부정적 측면과 긍정적 측면 모두에 대한 인식을 포함하며, 본능이 똑같이 해롭고 유용할 수 있는 엄청난 교육적 힘이라는 교육 과정에 대한 일반적인 견해와 일치하여, 아동의 자연발생적 성장을 점유하는 과정이라고 단정한다. 번개의 전기는 사람을 죽이지만, 사람에 종속되어 기차를 움직이고, 도시를 밝히고, 지구의 한쪽 끝에서 다른 쪽 끝까지 사람의 말을 전한다. 마찬가지로 심리학자는, 본능은 그 자체로 해로운 만큼 똑같이 유용할 수 있다는 사실을 잊지 말고, 본능을 엄청난 자연적·기본적 힘으로 인식하며 접근할 것이다. 즉, 본능이 자신을 섬기게 해야 한다. "본능은 신사처럼 끔찍하고 하인처럼 아름답다"라고 미국 심리학자는 말한다. 그러므로 본능과 싸울 것이냐 추종할 것이냐가 아니라, 본능의 진정한 심리적 성질이 무엇인지를 물어야 한다. 거기서 나온 지식만이 우리가 이 교육적 힘을 점유할 수 있게 한다.

마. 교육의 기제로서의 본능

1. 심리학적 관점에서 보면, 본능은 가장 복잡한 유기체의 필요에 연결된 강력한 동기로 나타나며, 때로는 완전히 저항할 수 없는 힘에 도달하기도 한다. 본능은 활동하게 하는 가장 강력한 충동이자 자극이다. 이것으로부터, 교육에서 이 엄청난 자연적 충동의 힘을 최대한 사용해야 함은 절대적으로 분명하다. 위에서 정의한 바와 같이, 단번에 확립된 고정된 형태로 나타내지 않는다는 사실 때문에 본능적 행동은 다양한 형태의 활동에서 여러 가지 색채를 띨 수 있고, 엔진처럼 매우 다양한 반응을 진행하게 할 수 있다.

2. 본능을 억누르거나 짓누르는 것은 절대 불가능하다. 이것은 무익하게 아이의 본성과 싸우는 것을 의미하고, 이 투쟁이 성공한다면, 이는 아이의 본성을 얕보고 억압하여 가장 소중하고 중요한 특성을 박탈한다는 것을 의미하기 때문이다. 본능 억제를 우선시한 이전의 양육으로 인해, 무색하고 둔하고 쓸모없고 겨우 살아가는 사람들이 무엇을 생산했는지 상기할 가치가 있다. 인간 창조성의 모든 힘, 천재의 가장 높은 개화는 본능을 죽이는 무혈의 창백한 토양에서가 아니라, 본능의 가장 높은 개화와 충만한 삶의 긴장이라는 토대에서 가능했다. 미국 심리학자 손다이크는 본능에 대해 이렇게 말한다. "나이아가라강을 이리 호수로 되돌려 그곳에 머물게 할 수는 없지만, 배수로를 건설하여 물에 새로운 방향을 제시하고, 각종 공장의 바퀴를 돌려, 우리에게 봉사하게 할 수는 있다."

3. 본능도 마찬가지 경우다. 그것은 엄청난 본성의 힘이며, 유기체의 선천적 필요의 표현이자 목소리다. 그러나 이것이 본능이 끔찍하고 파괴적인 힘이어야 한다는 것을 의미하지는 않는다. 다른 모든 형태의 행동과 마찬가지로 본능은 환경에 대한 적응에서 비롯되지만, 매우 오래된 적응 형태이기에, 환경 변화와 함께 이런 형태의 적응이 변화된

비고츠키의 교육심리학

환경에 적합하지 않은 것으로 판명되는 것은 당연하다. 따라서, 본능과 환경 사이에는 약간의 불일치와 부조화가 있다.

4. 그런 부조화의 예로, 방어적 형태와 공격적 형태로 오늘날까지 살아남은 자기 보존 본능의 형태를 들 수 있다. 두려움과 위험으로부터의 도피 본능은 의심할 여지 없이 동물의 왕국에서 가장 유익한 생물의 성취 중 하나다. "두려움이 인류의 수호자"인 것은 사실이다. 두려움이 없었다면 생명체는 최고 형태로 발달하지 못했을 것이다. 위험에 직면했을 때, 동물이 본능적으로 달아나는 것은 매우 유익하다. 그러나 최근 수 세기 동안 삶의 조건이 변화하여, 위험에 직면했을 때 위험에서 본능적으로 도피하는 것이 사람에게는 전혀 유익한 반응이 아니다. 살짝 두드리는 소리에도 귀를 올리고 온몸을 떠는 토끼에게 유용하다. 이것이 사냥꾼과 포식자로부터 토끼를 보호하지만, 위험에 직면했을 때 창백해지고 떨기 시작하고 목소리를 죽이는 것이 사람에게 늘 유용한 것은 아니다. 환경 조건이 너무 많이 바뀌었기 때문에 사람은 완전히 다른 방식으로 위험에 대처해야 한다. 분노의 경우도 마찬가지다. 육식 동물의 경우 적을 만나면 반사적으로 이빨이 드러나고, 피가 머리로 쏟아지고, 발은 공격하기 위해 조이는 것이 매우 유용하지만, 화가 나서 광대뼈를 조이고 턱과 주먹을 꽉 쥐는 것이 사람에게는 유용할 게 없다. 다시 말해서, 특정 조건에서 발달한 적응의 한 형태인 본능은 그런 조건들에서만 유용할 수 있다. 변화된 조건으로 인해, 그들은 환경과 모순되는 자신을 발견할 수 있으며, 교육의 과제는 이런 부조화를 없애고 본능을 환경 조건과 다시 일치시키는 것이다. 인간 자신과 그의 행동에 관한 인간의 모든 문화는 본능이 환경에 적응한 것에 불과하다.

바. 승화 개념

1. 이전의 심리학은 인간의 심리가 의식적 경험의 좁은 범위에 제한된다고 가정했다. 그러므로, 이전의 심리학에서는, 자신이 인식하지 못하지만 행동 영역에서 계속 강력하게 자신의 존재를 선언하는, 모든 정신 현상이 이해할 수 없고 신비한 것으로 남았다. 행동을 결정하는 이 반응 영역을, 심리학자들은 잠재의식의 영역으로 명명하자고 제안하거나 의식의 문턱 너머에, 잠재의식에 우리의 행동을 결정하는 이 반응 영역을 위치시켰다.

2. 연구에 따르면, 잠재의식 영역은 특정 열망에, 어떤 이유에서인지 만족을 얻지 못하고, 다른 정신적 힘과 갈등에 빠져 잠재의식 영역으로 밀려난 본능적 충동에 토대를 둔다. 이로써 그들은 행동에 미치는 영향력을 제거당했지만, 그들은 절대로 파괴되지 않는다. 거기로 밀려났음에도 그들은 계속 존재했고 반응이 펼쳐지는 과정에 그들의 행위가 등장한다. 게다가 이 행위는 갈등의 결과에 따라 이중적 성격을 띨 수 있다. 갈등이 장기적인 형태를 취하면, 억압된 열망과 욕망이 반응의 펼침에 방해되고 좌절시키는 효과를 미칠 것이고, 모든 기회를 이용해 의식에 다시 진입하고, 그 과정에 침입하고, 운동 기제를 차지할 것이다. 이 경우, 잠재의식에는 항상 사악하고, 억압받아 지하로 쫓겨난 적이 있다. 이 갈등의 결과는 때로 분명히 고통스러운 형태의 신경성 질환이 된다. 신경증은, 본질에서, 본능과 환경의 갈등이 전자의 불만족과 충동을 잠재의식 영역으로 옮기고, 정신적 삶에 심각한 분열을 초래하는 질병의 한 형태다. 이런 갈등이 명백히 고통의 형태를 띠지 않아도 그것은 본질에서 비정상으로 남아 있다. 그래서 본능의 문제를 해결하지 않는 교육 체계는 신경증의 제작소라고 할 수 있다. 신경증으로 탈출하는 것이, 충족되지 않은 충동과 사용하지 않는 본능이 택할 수 있는 유일한 출구다.

3. 갈등은 다른 형태를 취할 수 있다. 충동이 의식의 영역에서 자리를 잃게 되면, 더 높은 형태를 취하고, 더 높은 형태의 정신 에너지로 전환하면서 변형된다. 이 경우를 승화라고 한다. 물리학에서 기계적 에너지, 빛, 전기 등의 변형을 이야기하듯이, 정신에서, 명백하게, 개별 중심의 일은 폐쇄되고 고립된 어떤 것이 아니라 어떤 충동에서 다른 충동으로, 어떤 반응에서 다른 반응으로 옮겨갈 가능성을 인정한다. 승화는 변형이다. 잠재의식으로 퇴각하여, 에너지가 낮은 형태에서 높은 형태로 변형한 것이다. 따라서, 심리적 관점에서 보면, 본능 교육은 진퇴양난이다. 신경증이냐 승화냐, 부연하면, 만족하지 못한 충동이 행동과 영원히 충돌하게 할 것이냐 아니면 받아들일 수 없는 충동을 더 높고 복잡한 형태의 활동으로 변형할 것이냐.

사. 성 본능 교육

1. 본능의 모든 문제를 명확히 하기 위해, 성 본능과 그 교육을 예로 들어보자. 성 본능은 속을 보존하는 가장 강력한 생물학적 기제다. 성 본능이 마르면 생명이 사라진다는 것, 이것은 특별한 설명이 필요하지 않다. 심리적으로, 성 본능이 정신적 충동, 고통, 쾌락, 욕망, 아픔과 기쁨의 강력한 원천이라는 것은 분명하다.

2. 성교육 문제는 항상 다르게 해결되었다. 그러나 최근 수십 년간 그 해결은 특히나 비극적이었다. 이 시기에 한 편으로는 부르주아 도덕성이, 다른 한 편으로는 문화적 조건들이 교육 체계와 함께 이 문제를 막다른 길로 몰아갔고, 어떤 해결책도 제공하지 못했다. 최근 학교에서 성생활보다 끔찍한 것은 상상하기 어렵다.

3. 성 문제는 학교생활에서 공식적으로 금지되었고, 존재하지 않는 척했다. 성 문제에 대한 이런 무지는 성에 관한 감정을 드러내는 모든 표현을 금지하는 투쟁으로 이어졌고, 이 전체 영역이 더럽고 추악한

것으로 선언되었다. 이에 대한 대응으로 학생들은 신경증이나 속류 문학에 위탁하거나, 인간의 이 위대한 힘을 몰아내거나, 지하에 몸을 숨기고 타락한 하인들과 동지들에게 성교육과 성 교화를 받았다. 이런 식으로, 삶의 근원을 비극적으로 잘라버린 모든 형태의 비정상인 성은 학교에서 알아서들 제자리를 찾았다.

4. 우리는 이 문제에서 오래된 학교의 두 가지 기본적인 태도에 반대해야 한다. 첫째, 어린 시절은 천사 같이 성별 구분이 없는 시기고, 따라서 어린 시절에는 성적인 문제가 존재하지 않는다는 견해를 거부한다. 둘째, 교육적 영향을 미치는 일반적인 체계에서 성교육을 제거하고, 청소년의 인생에서 이 삶의 영역을 완전히 삭제하며, 이런 문제에 부과되는 노골적이고 관료적인 금지를 하는 것은 최악의 탈출구다. 무엇보다도, 새로운 관점은 우리가 어린 시절의 상태를, 사춘기라고 하는 때까지를, 성별 구분이 없는 시기로 생각하지 않도록 해야 한다. 심리학 연구에 따르면 정반대다. 가장 초기에, 심지어 유아기에 우리는 어린 시절의 성 취향과 그에 따른 다양한 병리적 징후와 정상적인 징후를 접하게 된다. 초기 아동기와 심지어 유아기의 자위행위는 의료 행위에서 오랫동안 확인한 현상이다. 정신 분석을 실천하며, 정신병을 앓고 있는 성인을 연구하며, 그들에게서 갈등을 확인했다. 이 갈등은 가장 먼 어린 시절의 성 경험을 포함했다.

5. 그러나 이런 성 경험이 성인의 경험과 완전히 다른 형태를 취하는 것은 말할 나위도 없다. 무엇보다도 우리는 어린 시절에서 광범위한 형태의 성애를 접한다. 이는 특정 기관의 작업과 관련이 없고, 엄격하게 제한된 장소에 국한되지 않으며, 다양한 기관의 참여로 흥분되고, 주로 신체 점막에, 성감대에 연결된다. 게다가 이 성애 경향의 본질은 성인의 본질과 다소 다르다. 그 본질은 자기 성애의 형태를 취한다는 것이다. 즉, 자기를 향한 성애다. 그리고 심리적으로 정상적인 나

르시시즘을 취한다는 것이다. 즉, 성애적 홍분이 자기 몸에서 발산되고 자기 몸에서 해결되는 상태다. 생식계와 같이 중요한 체계가 다른 모든 것과 완전히 독립적으로 존재하고, 어떤 나이에 갑자기 드러난다고 생각하는 것은 절대로 받아들여질 수 없다.

6. 이어지는 다음 시기에, 아동의 성애는 새로운 형태를 취한다. 아동과 관련된 가장 가까운 사람을 대상으로 하며, 어머니와 다른 사람들과 아동의 관계에서 복잡한 구성 요소다. 어린 나이의 아이는 성별 차이를 느끼지 못하지만, 취학할 나이대에 속하는 아이의 종종 극도로 충동적이고 강력한 사랑을 자주 만난다. 일반적으로 아동 삶의 전체 기간에 성 본능은 숨겨진, 감지할 수 없는 형태를 취하고, 정상적인 조건에서는 승화의 길로 간다. 이미 아주 어린 나이에 우리는 이 아이들을 작은 남자와 작은 여자로 만드는 여러 특성을 보이는 소년과 소녀의 행동을 만난다. 이 모든 경우, 우리는 의심할 여지 없이 승화된 성 본능을 다룬다.

7. 사춘기에 성 본능 교육이라는 문제는 훨씬 복잡하다. 사춘기는 각성한 충동이 탈출구와 만족을 찾지 못하며, 모든 사람이 청소년 시기와 초기 청년기에 경험하는 정신의 폭풍 같고, 모호하며, 불안한 상태에 반영되는 시기다. 여기서 성적인 감정은 갈등의 성격을 띤다. 필요한 승화가 일어나는 경우에만, 즉, 본능의 폭력적이고 파괴적인 힘이 올바른 통로로 지시되면, 갈등에서 성공적인 결과가 나올 수 있다. 교육의 대상인 성 본능은 삶의 사회 구조에 확립된 형태와 어긋나지 않게 적응해야 하며, 과제는 성 본능을 억제하거나 약화하는 게 아니다. 이와 반대로, 교육자는 성 본능의 완전한 보존과 정상적인 발달을 돌봐야 한다. 이 본능과 환경 조건의 근본적인 불일치는 유전적이고 자연적인 형태의 본능이 완전히 비인격적이고, 맹목적이며, 그것이 제공할 궁극적인 목표와 관련이 없다는 사실에 있다. 동물과 인간의 성 본

능은 모든 개개의 반대 이성을 향한다.

8. 문화가 성적인 행위에 미치는 본질적인 차이는, 성적인 감정이 사람에게서 취한 선택하는 자 그만의 성격이다. 이 본능이 특정한 사람을 향하여, 말하자면, 다른 모든 사람과 관련하여 사라지는 순간부터, 바로 그 순간 그것은 동물 본능에서 인간의 감정이 된다. 로미오와 줄리엣은 둘 다 자살한다. 베네치아에 아름다운 소녀와 소년가 많고, 그 둘 각자는 다른 아내와 남편을 찾을 수 있었지만 살기를 포기한다. 로미오에게는 줄리엣만이, 줄리엣에게는 그녀의 로미오만이 필요했다. 그런 일을 동물 세계에서는 생각하기 어렵다. 이렇게 성적인 본능에서 인간다움이 시작되었다. 이런 이유로, 현대 심리학자는 성교육의 가치를 근본적으로 재평가해야 한다.

9. 최근까지 우리나라에서 용납할 수 없고 해로운 것으로 간주하여, 추한 구애나 유혹의 형태를 취한 젊은 사랑은, 젊은 심리학자들이 보기에는 성 본능을 인간화하는 유일한 수단이다. 첫사랑은 본능을 제한하고 한 방향으로만 나아가게 가르친다. 첫사랑은 단 하나의 누군가와 너무나 예외적인 관계를 확립하고, 다른 모든 인간관계는 이 관계와 확연히 구별되며, 이 관계에 배타적이고 깊은 뜻을 부여하는 첫 숙달의 장을 창조한다. 청소년기의 사랑은 성 본능이 승화하는 가장 자연스럽고 불가피한 형태다. 그리고 이 교육의 궁극적인 목표는 사람에게 사랑을 가르치는 것뿐이다. 본능과 환경의 또 다른 불일치는 실제로 첫사랑을 드러내지 않는 것과 그것을 주고받으며 생기는 엄청난 긴장 사이의 부조화다. 그리고 이런 측면에서, 교육의 임무는 본능을 최소 저항의 노선이 아니라, 가장 빠르게 만족할 수 있는 가장 짧고 쉬운 길이 아니라, 길고, 어렵고, 아름다운 길을 따라 이끄는 것이다.

10. 마지막으로, 본능의 맹목성을 극복하고, 그것을 일반적인 의식의 영역에 도입하고, 다른 모든 행동과 연결하고, 그것이 섬겨야 할 목

비고츠키의 교육심리학

표와 사명과 연결하는 것이 필요하다. 오랫동안 이곳에서는 중요한 교육 방책으로 성 계몽을 추진하고 있다. 성 계몽을, 우리는 아주 어린 나이부터 아이들이 과학적 관점의 성생활 지식을 얻는 것이라는 의미로 이해했다. 실제로, 성 계몽의 유익한 교육적 힘을 인식하지 않을 수 없다. 진리는 항상 올바른 것을 교육한다. 황새가 아이들을 데려오는 이야기, 양배추 아래에서 발견된 아기에 관한 모든 종류의 이야기는, 곧 아이 앞에서 그들의 거짓을 밝히고, 질문에 비밀의 베일을 던지고, 아이들의 호기심을 깨우고, 그의 이해에서 나쁘고 부끄러운 것과 이 모든 것을 연결하고, 어린이의 심리와 상상력을 흐리게 하고 더럽히는, 불결하고 부패한 근원의 나라에서 어린이가 모든 것을 발견하게 만든다. 그런 뜻에서 보면, 아이에게 성생활에 대한 진실을 알리는 것이 시급한 심리적 필요가 되었고, 이런 측면에서 교사들의 구호는 "한 시간 뒤보다 하루라도 빨리!"가 되었다.

11. 그렇지만 성 계몽은 제한된, 종종 조건적 가치를 지니기에, 성 계몽을 과대평가하지 말아야 한다. 우선, 성 계몽에서 급진적인 성교육 수단을 보는 것은 불가능하다. 성적인 관계에서 매우 훌륭하고 올바르게 계몽을 받지만, 매우 잘못된 교육을 받을 수 있다. 본능은 너무 복잡 미묘하여 지식만으로는 싸워서 제압하기 어렵다. 도덕률과 마찬가지로 성 계몽은 진정한 매력 앞에서는 너무 무기력하다. 성 계몽은 필요한 방향을 제시할 수 없다. 하는 방법을 이해했어도 아직 바른 일을 한 건 아니다. 이와 반대로, 매우 자주 그것은 아이의 행동에서 매우 고통스러운 충돌을 의미한다. 따라서, 예를 들어, 어떠한 설명, 자위행위로 인한 피해의 지적, 엄포 등은 아동이 자위행위와 싸우는 데 도움이 되지 않는다. 반대로 말할 수 있다. 피해의 주요 부분이 정확히 그 서투른 계몽으로 발생했다. 왜냐하면, 아동에게 엄포를 놓은 것이, 극복하기 어렵고 사용할 수 없는 신선하고 매력적인 탈출구

와 죄책감, 두려움, 수치심의 고통스러운 의식 사이에서 벗어나기 힘든 갈등을 낳기 때문이다. 이 갈등을 이겨내지 못한 아이는 실제 위험보다 정신적 고통을 훨씬 많이 겪었다. 게다가, 성 계몽은 아동 흥미의 심리를 고려하지도 않았다. 대체로 아동의 자연스러운 흥미와 무관한 외국의 설명서를 아동에게 자료로 제공했다. 예를 들어, 일반적으로 성 계몽을 시작하는 과정인, 식물과 동물 세계에서의 생식 과정은 동생이 어떻게 태어나느냐는 질문보다 관심을 끌지 못한다. 나아가, 식물의 싹이 트고 아이가 태어나는 것과 같은 먼 과정을 한 번의 숙고로 받아들이고 그 통일성을 이해한다는 것은 아이에게 힘에 겨운 일처럼 보인다.

12. 마지막으로, 성 계몽 업무에는 비범한 재치가 요구되는데, 이는 다음과 같은 사실 때문이다. 아동은 추상적인 지식을 이해하지 못하고, 새로 전달된 정보를 특정 범주로 선별할 수 없으며, 그 정보를 자신의 호기심과 탐구 본능과 통합하고, 성 계몽의 열매가 어린이의 손이 닿지 않는 곳에 있을 수 있기 때문이다. 이 모든 사실에 근거하면 성 계몽을 아주 조심스럽게 다루어야 하지만, 결코 그것을 추방할 수는 없다. 그것의 이면에 있는 특정한 상대적 가치는 인정하지만, 심리학적 추론에 따라 성 계몽을 늦추는 것이 필요하다. 구체적인 것에만 흥미, 무능력한 과학적 일반화, 지식의 실천적 사용 같은 세 가지 위험이 상당히 약해지는 나이까지는 늦추어야 한다.

13. 따라서, 다른 교육적 조치들과 연결하여, 어떤 교육적 재치를 지닌 성 계몽은 매우 유용하고 중요할 수 있다. 성 본능을 교육하는 기제는 위에서 언급한 승화에 있다. 생식선의 내분비가 가장 높은 형태의 인간 활동, 창조성과 천재성에 밀접하게 연결되어 있다는 사실은 오랫동안 알려져 왔다. 특히 예술 창작의 성적인 뿌리는 누구에게나 분명하다. 이 연결은 고대 그리스인들이, 에로스를 성적 매력의 힘뿐

만 아니라 시적 창조와 철학적 사고의 긴장이라고 불렀을 때 잘 이해했다. 비록 신화적 형식이기는 하지만, 플라톤은 이 가장 심오한 진실을 매우 정확하게 드러냈다.

14. 그의 가르침에 따르면, 풍요의 신과 빈곤의 여신의 아들인 에로스에는 가장 저급한 것과 가장 숭고한 것이 조화되어 있다. "그는 가난하고, 무례하고, 덮지도 않고 땅에 누워 있다. 그리고 그는 항상 선함과 아름다움을, 즉 위대한 마술사와 마법사를 찾고 있다." 쇼펜하우어가 창조성의 가장 큰 긴장은 바로 성적 욕망이 무르익을 때 발생한다고 지적했을 때, 그는 같은 생각을 표현했다. 그리고 순전히 경험적인 판단이지만, 성적인 감정의 파괴와 고갈이 창조성의 방탕과 죽음을 동반함을 쉽게 알 수 있다. 그리고 사람에게 가장 창조적인 나이가 성이 만개하는 나이라는 것은 놀라운 일이 아니다. 따라서 성 본능의 승화, 즉 더 높은 수준의 다른 흥미들로 성 본능을 잠재의식에 밀어 넣어, 거기에 창조적 활동을 제공해야 한다. 이것이 성교육의 기조다. 폭풍과 맹공이라는 특별한 상태, 성취에 대한 갈증, 그 젊은이가 자신에게서 찾는 엄청난 양의 열망으로 얼마나 안도를 느끼는지 우리는 안다. 이 경우 교사가 어느 영역에서든 승화의 근원을 인위적으로 만들 필요는 없다. 청소년기는 자연스럽게 창조가 꽃 피는 시기다. 교사는 승화가 전개될 방향만 선택하면 된다.

15. 개인적인 창조성보다 덜 풍부하지 않은 승화의 두 번째 원천은 사회적 관계가 될 수 있으며, 이는 승화된 성 본능이 지나가는 자연적인 통로이기도 하다. 이 시기에 젊은이들을 하나로 묶는 우정과 동지애, 깊은 애정과 정서적 연결은, 인간 삶의 다른 어떤 시기에도 없다. 다른 어떤 인간 시기도 젊은이들의 우정을 알지 못한다. 그리고 이런 사회적 관계는, 최종 분석에서, 청소년의 창조성과 같은 근원에서 자라난다는 데 의심의 여지가 없다. 승화는 새로이 발아하려고 죽어가

는 낱알의 깊고 은밀한 내적 과정이라는 점을 명심해야 한다.

아. 남녀 합반 수업의 심리적 전제 조건

1. 이 승화를 이룰 수 있는 수단이 무엇이냐는 질문이 남아 있다. 누구나 알고 있듯이, 도덕적 설교의 수단과 성 계몽의 수단조차도 성적인 활동과 연결해 발생하는 강한 각성의 진원지가 되는 것을 막는 데 너무나 무력하다. 이 수단들을 똑같이 강력하고 지속해서 작동하는 진원지와 대립시켜야 한다. 이것은 성교육을 어떤 특별한 뜨거운 주제만의 교육으로 분리하여 이룰 수 없다. 이것은 젊은이의 중요한 관심사에 부합하고, 승화된 성 에너지에 올바른 방향을 제공할 수 있는 잘 정립된 전환 통로 체계가 될, 그런 체계적인 작업 환경을 갖추어야만 가능하다. 그런 통로를 만드는 것이 성교육의 과제다. 따라서 남녀 문제와는 별도로 이를 해결해야 한다.

2. 유일하며 절대적으로 필요한, 사회적 성격의 조치는 남녀 공학 교육의 실행이다. 이는 우리 학교에서 이제는 흔하게 되었지만, 아직 보편적인 인정을 받지 못해 여전히 반발하는 분들이 있다. 이 제도의 심리적 전제 조건은 매우 간단하고 명확하다. 첫째는 기본 심리 규칙이다. 이에 따르면, 자극의 강도를 낮추려면 자극을 영구적이고, 습관적이며, 완전히 눈에 띄지 않게 만들어, 특별한 반응을 일으키지 않도록 주의해야 한다. 주어진 자극이 더 많이 조합될수록 더 쉽게 그것이 눈에 띄지 않고 상대적으로 중립으로 만들 수 있다. 빛처럼, 공기처럼, 친숙한 환경처럼 그것을 알아차리지 못하면 우리는 그것들을 경험하며, 자동적이고, 가장 미묘하고 우아하며, 지속하지만 짧은 반응을 만들게 된다.

3. 따라서, 성교육의 첫째 임무는 다른 성에 대한 이 반응을 소거하는 것이다. 그러나 분리 교육이 달성하는 것은 정반대의 목표다. 성

비고츠키의 교육심리학

적 자극을 고립시켜 미숙한 감지로부터 본능을 보호하기 위해, 분리 교육은 성별의 차이를 강조하고, 학생들의 모든 관심을 성별 차이에 집중하게 하여, 그들 사이에서 소통의 중심을 배제한다. 첫해부터 소년은 소녀를, 다른 흥미 그리고 허락되지 않고 쓸모없고, 부끄럽고, 유혹적인 다른 소통 방식을 지닌 완전히 다른 생물체로 보는 법을 배우고, 그 반대의 경우도 마찬가지다. 상대와의 어떤 교제도 사전에 배제된다. 이전 교육의 바로 그 체제는, 예를 들어 옛 중학교 체제는, 남녀 관계에서 무도회, 비밀스러운 구애나 유혹 같은 형태의 소통만 남겼다. 이것이 성적 본능이 구속되고 제한되는, 특히나 폐쇄적이고 성적으로 불건전한 환경을 만드는 데 기여했음은 말할 나위도 없다. 탈출구와 합리적 사용이 없다면, 대다수 동물에서 성 본능은 가장 조잡하고 가혹한 형태로 폭력적으로 격렬하게 발현한다.

4. 그런 교육의 결과로 자연스럽게 당연하게도 이런 견해가 수립되었다. 여성과는 성관계 외에 다른 어떤 관계도 가능하지 않으며, 여성은 기본적으로 암컷이며, 이성의 모든 사람은, 이성이라는 바로 그 이유만으로 본능의 가장 강력한 흥분제라는 견해가 수립되었다. 어떤 곳에서나, 가장 타락한 곳에서도, 여성을 바라보는 시선은 수도원에서처럼 그렇게 성적인 특징과 연계되지 않는다. 정확히 그렇기에, 흥분제는, 비정상적으로 드물기에, 행위를 조장할 비범한 힘을 유지한다. 그리고 이런 교수학습 체계는 성 본능을 지분대는 체계라고 하는 것이 맞다. 또한, 분리 교육 체제가 엄격하게 시행될수록, 두 성별이 고립될수록, 본능은 더 예리하고 불쾌한 형태를 취한다는 것은 매우 설득력이 있다. 예를 들어, 남성과 여성을 위한 폐쇄된 교육 기관에서 취한 조치들이 다 비슷했다.

5. 둘째, 서로 끝없이 소통하고, 서로 가장 다양하고 복잡한 수천 가지 관계를 맺음으로써, 소년과 소녀 둘 다 반응하지 않는 것에, 성별

특성을 주목하지 않는 것에 익숙해진다. 그들은 친해지고 무례하지 않고, 성가시게 하지 않고 서로를 이해할 수 있다. 그러면 바닥은 빛처럼, 공기처럼, 따뜻함처럼 눈에 띄지 않게 된다. 성적인 각성이 흐를 수 있는, 그렇게 방대하고 강력한 통로가 만들어진다. 승화 문제는 이 사실만으로도 엄청난 정도로 해결된다.

6. 마침내, 셋째이자 더 중요한 것을 언급하겠다. 우리가 성 본능을 교육하는 주요 임무를 더 잘 수행하게 된다. 즉, 선택 기능의 생성, 한 사람을 선택하여 그 사람에게 당신의 사랑을 집중하는 능력이, 성적인 자극이 일반적으로 감소하는 배경에서 더 잘 갖춰지는 것은 아니다. 게다가, 관심의 일치는 첫사랑의 순수한 성적 요소를 호감을 나타내는 다른 많은 표현으로 용해할 수 있다. 여기서 우리는 가장 미묘하고 복잡한 형태의 승화를 얻게 된다. 젊은이들은 확실히 여성과의 관계에서 기사도의 기간을 거쳐야 한다. 잘 알려진 심리적 범주인 기사도는 성교육의 불가피한 형태다.

7. 남녀 공학 교육에는 일반적으로 반대가 있다. 반대 이유는 남자와 여자는 생리적·심리적 차이가 있으며, 이런 차이 때문에, 여자 중학교와 남자 중학교에서 다른 프로그램과 체계가 있었듯이, 각각을 위한 체계와 프로그램이 필요하다는 것이다. 이런 요구가 많은 부분 사회적 성격을 띠고 있고 완전히 다른 원천에서 유래했음을 확인하는 것은 어렵지 않다. 무엇보다 먼저, 부르주아 학교에서 소년 소녀들이 준비하고 있던 다른 다양한 직업이 여기서 한 역할을 했다. 교육의 이상을 한 여자와 한 남자가 미래에 살아가야 할 삶에서 복사했다. 즉, 우리가 본 바와 같이, 교육학의 기본 규칙인 학교와 사회적 환경의 대응에 기인한 것이다. 오늘날 사회제도를 혁명적으로 재조직화하듯이, 학교에서의 관계도 자연스럽게 변화하고 있다. 그리고 평등한 성생활 윤리가 남녀 모두에게 기본 원칙이 되었기 때문에, 여성을 위한 특별

비고츠키의 교육심리학

교육을 할 모든 필요가 사라졌다.

8. 마지막으로, 소년과 소녀 사이의 순수한 심리적 차이는, 특정 대상에 대한 다른 능력과 같이, 예를 들어, 수학이나 활발한 활동에 대한 소녀의 악명 높은 무능력과 같이, 데이터로 특정된 것이 아니라, 사회적 기능 분화로 여성의 운명을 4K(어린이, 주방, 드레스, 교회)의 좁은 원 안에 가두었던 시대에 여성이 담당한 역사적 역할에서 파생했다.

9. 그렇지만, 아주 어린 나이에 나타난, 성별 차이에 기인한 소년과 소녀의 행동에는 여전히 상당한 차이가 있다는 사실에는 의심의 여지가 없다. 이런 모든 차이점은 대부분 본능에 더 가깝거나 멀리 떨어져 있지만, 여기서도 사회적 환경의 전염성 사례와 어린이 모방이 이런 사례에서 얼마나 강력한 역할을 하는지 말하기는 매우 어렵다. 예를 들어, 인형을 가지고 놀거나 부모 또는 모성 본능의 다른 표현물을 가지고 놀 때, 우리는 의심할 여지 없이 아이가 가정에서 보는 관계의 다소 정확한 복제품을 만난다. 그렇기는 하지만, 남아와 여아 사이에는 본질적인 심리적 차이가 남아 있다. 하지만, 요점은 이런 차이는 교육 및 교육 프로그램에서 고려할 수 없는 속성이라는 점이다.

10. 학교의 임무는 모든 사람을 하나의 크기로 똑같이 자르는 것이 아니다. 이와 반대로, 학교의 사회적 환경을 조직하는 임무 중 하나는 그 요소들을 가장 복잡하고, 다양하며, 유연하게 조직하는 섯이나. 이 요소들은 어울릴 수 없는 게 아니라, 하나의 체계에 딱 들어맞아야 한다. 이 체계의 풍부함과 유연함으로 인해, 교육적 영향에서 성별 차이를 쉽게 고려할 수 있다. 그리고 우리 교육 체계의 주요 심리적 전제조건이 학교에서 나중에 인생에서 필요할 연결을 확립하는 것이기 때문에, 우리는 학교에 나중에 인생에서 필요하게 될 성적인 것을 넘어선 관계망을 구축해야 한다. 그리고 이것은, 이미 교육 체계의 기초로,

학교에서 남녀의 가장 광범위한 교제를 전제로 한다.

11. 소년과 소녀가 특히 고통스럽고 다른 시기에 경험하는, 사춘기라는 이행기의 분리 교육의 부분적 옹호 정책과 타협 정책에 대한 마지막 질문이 남아 있다. 그러나 그런 제안이 타협의 결점으로 만신창이가 되고 나아가 공정하지 못했음을 쉽게 확인할 수 있다. 실제로 남녀 공학의 건강을 증진하는 성적인 효과를 인식한다면, 그 필요성이 사춘기라는 결정적 시기만큼 강력하고 날카롭게 느껴지지 않는다는 것도 우리는 인식해야 한다. 그리고 거꾸로, 분리 교육이 남녀의 차이를 부각해 성 본능을 조롱하여 예민하게 한다는 데 동의한다면, 이 조롱의 피해가 이 시기만큼 강하고 가시적일 수 없다는 데 우리는 동의해야 한다. 따라서, 성생활에서 가장 결정적 시기라는 의미에서, 이 시기의 특수성은 약해지지 않을 뿐만 아니라, 남녀 공학 교육을 위한 심리적 필요를 강화한다.

자. 본능의 교육학적 적용

1. 교사 앞에 제기되는 첫 번째 질문은 본능이 해소되어야 할 방향에 대한 일반적인 질문이다. 여기서 가장 일반적인 규칙은 본능의 사회적 적합성과 가장 해가 없는, 문화적인, 수용 가능한 형태로 본능을 적용할 가능성이다. 이 경우 본능을 억제하는 교육학을 제쳐둔다면, 이 주제에 대한 두 가지 관점이 가능하다.

2. 그 중 첫 번째인 온건한 관점은, 본능을 제거하자는 요구를, 즉 해가 없고 평화로운 형태로 가장한 본능이 관련된 흥분을 인위적인 방법으로 묶어 대응할 수 있게 해주는 교육을 내세운다. 그래서, 예를 들어, 그들은 탐욕과 축적의 본능을 없애는 해가 없는 형태로 수집하기를 특정한다. 그들은 투쟁, 완고함, 경쟁 본능을 제거하는 형태로 스포츠를 추천한다. 이 경우 과도한 본능적 에너지가 빠져나올 수 있는

인위적인 분출 활동, 말하자면 본능의 안전판을 만드는 것이다.

3. 이를 제거하는 것이 최고의 심리적 결과를 제공하고, 어린 시절에 많이 수집한 사람에게서는 나중에 탐욕이나 인색함을 발견하지 못한다. 그러므로, 본능의 모든 특성을 유지하면서 본능이 무고한 대상을 향하지 않게, 그런 대용품이 될 활동을 창조하도록 배려해야 한다. 그의 본능이 나아가야 할 주소를 제공하는 게 할 수 있는 모든 일이다. 이것이 문제의 핵심이라고 지지자들은 말한다. 수집하기는, 축적하려는 본능적인 충동의 모든 힘, 날카로움, 열정을 지니고 있지만, 우표나 담배 파이프를 향하고 있으므로 해가 없다. 스포츠에는 경쟁 본능의 모든 힘이 남아 있다. 즉, 적을 물리치고, 상대방을 능가하고, 다른 사람에게 문제를 일으키고, 앞으로 나아가고, 다른 사람을 밀어서 성공하려는 욕망에, 이런 모호한 사회적 특성에 해가 되지 않는 방향이 부여된다. 여기서 손상은 체스판이나 크로켓 코트에서 발생하고, 경쟁은 축구공을 발로 혹은 해머를 세게 내리치는 것으로 표출되기 때문이다.

4. 그러나 이 관점에 두 가지 결점이 있음을 쉽게 알 수 있다. 첫째, 그런 인위적인 활동을 만들고 육성함으로써 그들은 전체적으로 기이한 것을 생성하고, 중독에 빠뜨릴 위험이 있고, 괴짜를 만드는 교육을 할 위험이 있다. 삶에 대해 모욕적으로 하찮은 것, 어리석은 것이 가장 순수한 쾌락에 대한 과도한 열정이다. 그리고 고리 수건 놀이를 하기 전의 열정적인 사냥꾼이나 명주에 비단으로 자수를 놓는 사람은, 비록 해가 되지는 않지만, 고골 작품의 유명한 영웅처럼, 일종의 풍자 만화의 인물이다.

5. 그리고 본능이 지나치게 발달한 곳에서 우리는 확실히 그런 형태의 괴벽怪癖을 얻게 될 것이고, 처음부터 이해하기도 쉽다. 우리는 본능을 제거하는 원리가 문제의 근본적인 해결책이 될 수 없다는 것

을, 이런 식으로 인정해야 한다. 둘째, 이것은 그런 교육 원리의 비효율성을 드러낸다. 그것은 본능의 중화를 전제로 하지만, 문제는 본능의 사용에 관한 것이다. 그는 인간의 갈망, 추진력, 끈질김 같은 가장 귀중한 힘을 하찮고 모욕적인 목표에 낭비한다. 이 원리가 항상 그 목표를 이루는 것은 아니다. 그는 본능이 아니라, 그 적용 영역만을 재교육한다. 그렇게 본능 자체는 제거되지 않을 뿐만 아니라, 열정적인 도박꾼이나 수집가처럼, 종종 가장 안정적이게, 끈질기게, 끊임없이 강화된다. 따라서, 본능을 극복하는 대신 본능을 뿌리내리고, 공고히 하면서, 끊임없이 본능을 획득한다.

6. 이 모든 것을 위해 본능의 교육학에서는, 본능의 제거가 아니라 교육 과정에서 본능을 최대한 활용하는, 다른 원리를 제시해야 한다. 이런 관점에서 우리는 아동의 본능적 갈망 위에 교육의 전 체계를 구축하는 일을 이야기해야 한다. 동시에 가장 유용한 교육적 발달 경로를 따라 그를 안내하는 데 도움이 되는 형태의 본능적 활동을 만들어야 한다. 이런 뜻에서 본능 교육의 토대는 조건 반사에서와 마찬가지로 새로운 연결 형성의 심리적 원리다. 활동과 반응의 과정에서 본능은 쉽게 하나에서 다른 것으로 넘어간다. 인색한 기사처럼, 권력에 대한 야망이 탐욕을 낳는다. 권력을 장악하는 것은 돈을 계속 축적하는 일과 연결되기 때문이다. 같은 방식으로, 심리학의 기본 법칙은 한 본능에서 다른 본능으로 이행하는 것이고, 어떤 활동을 수단에서 그 자체를 목적으로 변형하는 것이다.

7. 두 원리의 심리적 차이는 위의 예를 통해 매우 쉽게 이해할 수 있다. 우표 수집 그 자체는 무익하고 불필요하지만, 우표 수집을 지리 연구의 시작, 실용적인 국제 서신 교신, 표현에 대한 미적 평가와 같이 좀 더 복잡한 활동과 결합하면 귀중한 교육 수단이 될 수 있다. 그리고 더 복잡한 활동과 결합한 우표 수집은 실제로 우표에서 지리학적

지식으로 또는 이와 관련된 국제적인 소통 감각으로 축적 본능이 전이할 가능성을 낳는다.

8. 여기서 진정으로 본능을 정복하는 일이, 축적과 소유에 대한 타고난 욕망이 지식 축적에 대한 열정이나 온 세상을 알고자 하는 열정을 키우고 움직이기 시작할 때, 일어난다. 이번에는 체스 놀이에서 본능을 정복하는 사례를 살펴보자. 복잡하게 정신을 결합하는 일이, 원하던 움직임을 찾을 때마다 필요한 복잡한 정신적 작업이, 처음에는 게임을 이기는 데 필요한 단순한 수단이었지만, 점차 수단에서 목적 그 자체로 변한다. 훌륭한 체스 선수라면, 순수한 추상적 생각의 즐거움, 가장 복잡한 해결 조합 찾기와 비교해보면, 투쟁, 승리, 방어의 순수한 감정적 순간은 배경으로 밀려난다. 체스 선수가 자신의 움직임에서 경험하는 만족은, 더는 적에게 가하는 방해에서 오는 기쁨이 아니라, 올바르게 해결된 문제에서, 혼란스러운 상황에서 찾은 올바른 방법에서 오는 훨씬 큰 기쁨이다. 이것이 심리적으로 잘못된 판단이라면, 약한 상대와 놀 때의 흥미가, 다른 모든 조건이 같을 때, 강한 상대와 놀 때의 흥미와 똑같아야 한다. 일반 원리는 다음과 같이 공식화될 수 있다. 본능을 교육하기 위한 교육학의 기본 규칙은, 본능을 무력화하는 것이 아니라 활용하는 것이고, 본능을 제거하는 것이 아니라 더 높은 형태의 활동으로 옮기는 것이다.

차. 아동의 흥미

1. 어린 시절 본능의 주요 표현 형태는, 하나 또는 다른 주제에 아동의 정신 장치가 특별하게 펼친 집중, 즉 흥미다. 흥미는 어린이의 삶에 보편적인 의미가 있다. 손다이크는, 가장 흥미롭지 않은 경우에도 흥미를 갖고 한다면, 적어도 부정적인 흥미라도 지니고서 한다면, 즉 곤란해질 것을 두려워서라도 한다면, 모든 것을 한다고 했다. 따라서,

흥미는 아동 행동의 자연스러운 엔진이고, 본능적 갈망의 올바른 표현이며, 아동의 활동이 그의 유기체적 필요와 일치한다는 지적이다. 그것이 아동의 흥미를 정확하게 고려한 일관된 교육 그리고 전체 교육 체계를 세우는 데 기본 규칙이 필요한 까닭이다.

2. 심리 법칙에 따르면, 당신은 아이에게 어떤 활동을 하도록 하기 전에, 아이가 그것에 흥미로 갖게 해야 한다. 아이가 이 활동을 할 준비가 되었는지, 이 활동에 필요한 모든 힘을 갖추고 있는지, 아이가 스스로 할 준비가 되어 있는지, 신중하게 발견해야 한다. 교사는 그저 아이의 활동을 지도하고 그 활동에 집중하게 한다. 외적으로 모방하려는 흥미조차도, 일반적인 생명 활동과 통상적인 만족의 감정에서 증가한 흥미를 동반하겠지만, 흥미가 특정 활동에 대한 유기체의 경향과 준비일 뿐임을 분명히 보여준다. 관심을 가지고 듣는 사람은, 숨을 멈추고 귀를 연사에게 향하고, 그에게서 눈을 떼지 않고 다른 모든 작업과 움직임을 멈춘다. 그들이 말한 것처럼, "모든 것이 청각으로 바뀐다." 이것은 유기체 기능들의 한 지점으로의 완벽한 모임, 한 종류 활동으로의 완전한 변형을 가장 생생하게 표현한 것이다.

3. 교사가 여기서 마주하는 매우 본질적인 위험 하나를 염두에 두어야 한다. 어떤 대가를 치르더라도 뭔가에 흥미를 갖고자 할 때, 흥미의 대체가 쉽게 발생한다는 사실이다. 흥미가 생기긴 하지만, 필요한 흥미가 아니고, 필요한 만큼의 흥미도 아니다. 미국 심리학 교과서에는 교사 한 분의 설득력 있는 이야기가 실려있다. 공립 학교에서 지리를 가르치고자, 아이들이 주변 들판, 언덕, 강, 평원에서 쉽게 접하여 이해할 수 있고 그녀가 활용할 만한 것에 아이들이 익숙해지게 하려고 했다. 그렇지만 이것은 아이들에게 지루해 보였고 그들에게서 어떤 흥미도 유발하지 못했다. 아이들에게 간헐 온천을 설명하기 위해, 그들의 흥미를 끌고 싶었던 이전 선생님은, 구멍 뚫린 고무공을 가지고

비고츠키의 교육심리학

와서 물로 채우고, 능숙하게 모래더미에 숨겼다. 그 선생님은 적절한 곳에 숨긴 공을 발로 밟아, 모래를 헤치고 물방울이 솟아오르게 했다. 아이들이 환호했다. 화산을 설명할 때, 그녀는 유황에 적신 면봉을 사용하여 분화구 방식으로 모래 언덕에 불을 붙였다. 이 모든 것이 아이들에게 뜨거운 흥미를 불러일으켰다. 그들은 새로운 선생님에게 이렇게 말했다. "우린 이거 다 알아요, N 선생님처럼, 더 재미있는 폭죽놀이 보여주세요", 아니면, 다른 사람이 제안한, "주사기".

4. 이 사례에서 한 흥미가 다른 흥미로 잘못 대체되는 것을 쉽게 볼 수 있다. 첫 번째 교사는, 의심할 여지 없이, 아이들에게 예리한 흥미를 불러일으킬 수 있었지만, 그것은 속임수, 불꽃놀이, 주사기에 대한 흥미였다. 아이들은 화산과 간헐천에 흥미를 갖지 않았다. 그런 흥미는 교육적으로 유용하지 않고, 심지어 너무나 해롭다. 왜냐하면, 그것은 아이들에게 요구하는 활동을 촉진하지 않을 뿐 아니라, 강력한 관심의 형태로 그것의 강력한 경쟁자를 만들고, 그러므로, 교사가 아이들이 할 것으로 기대한 유기체의 준비를 약화하기 때문이다. 역사 수업에서 일화를 들려주어 흥미를 유발하는 것은 극히 쉬운 일이지만, 일화가 아닌 역사에 흥미를 갖게 하는 것은 어렵다. 흥미가 유발한 그런 부작용은 우리가 원하는 활동에 공헌하지 않을 뿐만 아니라, 우리가 필요로 하는 활동을 억제하기도 한다.

5. 이런 이유로, 아이들을 자극한 것이 처벌에 대한 두려움이나 보상에 대한 기대라면, 과업을 향한 아이의 주의나 흥미는 가치가 없다. 아이가 부지런히 바느질하거나 계산을 할지라도, 우리는 아이가 바느질이나 산수에 흥미를 발달시키지 않고, 보상받아야 할 사탕이나 사탕을 받지 못해 불쾌하게 남겨질 것에 대한 두려움에 흥미를 두고 있다는 것을 확신할 수 있다. 매우 복잡한 심리학의 과제는 올바른 흥미를 찾아 흥미가 한쪽으로 치우치지 않고 다른 것으로 대체되지 않도

록 항상 확인하는 능력을 드러내는 것이다.

6. 그런데 여기에 보상과 처벌이 학교에서 심리적으로 완전히 용인되지 않는 수단인 이유가 있다. 아래에서 논의될, 그 밖의 모든 해로운 영향에 더하여, 보상과 처벌이 쓸모없고, 즉 우리가 필요로 하는 종류의 활동을 불러일으킬 힘이 없다는 사실로 보상과 처벌은 이미 해롭다. 그들은 측정할 수 없을 정도로 더 강력한 흥미를 불러일으키기 때문이다. 그렇지만, 이 강력한 흥미는 어린이의 행동을 우리가 욕망한 것과 외적으로 일치하게 만들지만, 내적으로는 어린이를 조금도 변하지 않은 채로 내버려 둔다. "처벌은 노예로 교육한다." 이 고대의 규칙은 심리적으로 매우 옳다. 처벌은 두려움과 이 특정한 두려움으로 자신의 행동을 지시하는 능력 외에는 아무것도 가르치지 않기 때문이다. 이렇게 처벌은 가장 쉽고 평범한 교육 수단이다. 처벌은, 본능의 내적인 교육을 걱정하지 않고, 빠르고 쉬운 효과를 제공한다. 고통에 대한 아이의 타고난 혐오감에서 출발하여, 막대기로 아이를 위협해 나쁜 습관을 억제하도록 강요하는 일은 너무나 쉽다. 그러나 이것은 나쁜 습관을 없애지 못하고, 하나의 나쁜 습관 대신 새로운 나쁜 습관을, 즉 두려움에 복종하는 습관을 심어준다. 보상의 경우도 마찬가지다. 아동의 성과가 쾌락을 얻는 것에 연결된다면 반응을 불러일으키기 쉽지만, 이런 반응을 아동에게 교육하려면, 이 반응이 예상하는 보상에 연결되는 게 아니라, 만족과 쾌락에 연결됨을 확실히 해야 한다.

7. 따라서, 규칙은 어린이에게서 흥미를 발생시키고, 그 흥미를 적절한 방향으로 나아가게 해야 한다. 이 경우, 어린이에게서 충분한 양으로 발견되는 아동의 자연스러운 흥미에서 접종된 흥미로의 이행이라는 심리 규칙을 지켜야 한다. 심리학적 관점에서 볼 때, 여기서, 그것의 교육이 그 자체로 목적인, 새로운 흥미들과 오직 수단으로만 교육된 흥미들을 구분하는 것은 적절하다. 목적 그 자체는 그러한 흥미들

비고츠키의 교육심리학

에 의해서만 표현될 수 있으며, 홍미를 장기적으로 강화하면, 이 홍미는 뿌리를 내리고 평생 남게 된다. 여기서 홍미의 강화와 발달이 교육의 기본 법칙을 구성하며, 이를 위해 교사는 활동 과정에서 이 홍미를 점진적으로 스며들게 해야 한다. 그런 것은, 예를 들어, 삶에, 과학에, 일에, 등등에 대한 홍미다.

8. 더 개별적이거나 일시적인 성격의 다른 홍미는 필요한 특정 반응을 교육하는 수단으로만 교육 과정에 복무할 수 있다. 그런 홍미의 대상에는, 예를 들어, 외국어의 문법, 씻기와 다른 위생 규칙 따위가 있다. 씻는 또는 외국어를 올바르게 말하는 습관을 키울 때까지, 씻는 과정이나 문법적 형태의 어형변화에 아이가 홍미를 갖게 하는 것은 매우 중요하다. 그러나 이것이 달성되는 즉시 우리는 더는 이 홍미를 돌보고, 지원하고, 강화하고, 발달할 필요가 없으며, 차분히 내버려 둬야 한다.

9. 훨씬 더 일시적인 용도를 지닌, 원하는 반응과 직접 연결되지 않지만, 간접적으로 그것을 발달시키는 데 도움이 될 수 있는, 간접적인 홍미도 있다. 이런 것에, 예를 들어, 손다이크의 교육학적 문제의 성질이 있다. 거기서 그는 화학 공부에 어린이의 부엌에 대한 자연스러운 홍미를 사용하자고 하지만, 동시에 새로 부상하는 화학에 대한 홍미가 부엌에 대한 처음 홍미에서 멀어지게 하고 억압하게 하는 게 필요하다고 한다.

10. 홍미를 수립하는 심리학의 일반 규칙은 다음과 같다. 한편으로, 대상이 우리에게 홍미를 갖기 위해서는, 그 대상이 우리에게 관심 있는 대상, 이미 친숙한 대상과 연결되어야 한다. 동시에, 항상 일부 새로운 형태의 활동을 포함해야 한다. 그렇지 못하면 그 대상은 비효과적인 상태로 유지된다. 우리는, 완전히 오래된 것과 마찬가지로 너무나 새로운 것에 홍미를 보일 수 없으며, 그런 대상이나 현상에 홍미를 일

으킬 수 없다. 이것은, 이 주제나 현상을 학생과의 개별적인 관계에 이 것을 놓으려면 이 주제 공부를 학생의 개별적인 문제로 만들어야 한 다는 것을 의미한다. 그러면 성공을 확신할 수 있다. 어린이의 흥미를 통해 어린이가 새로운 것에 흥미를 갖게 한다. 이것이 규칙이다.

11. 동시에 교육에서 노동하는 방법이 가장 중요한 도움을 제공한 다. 그것은 어린이가 하려는, 해보려는 자연스러운 경향에서 비롯되며, 각 대상이 일련의 흥미로운 행위로 바뀌어야 한다. 하지만 거기에 어 린이가 자기 자신의 활동에서 만족을 느끼는 어린이다움이 없다. 동 시에 어린이의 활동은 각 대상이 아이와 개별적인 관계에 놓이게 하 여, 그 활동을 어린이의 개별적인 성공의 문제가 되도록 한다. 이것은 삶과 직업 교육의 결합도 포함한다. 새로 전달된 각 지식은 이미 알려 진 지식에 더해지고, 학생에게 새로운 것을 설명해야 한다. 아이가 산 수, 대수학, 독일어를, 그것이 무엇을 의미하고 왜 필요한지 완전히 이 해하지 못한 채, 공부했던 이전 교육 체계보다 더 심리학적으로 최악 인 것을 상상하기 어렵다. 이전 교육 체계에서는, 학생에게 흥미가 생 긴다면, 선생님의 의지와 상관없이 매번 우연히 일어났다.

12. 흥미의 가르침에서 중요한 교육학적 결론을 세 가지 더 도출해 야 한다. 첫째는 이수할 모든 주제의 연결성을 확보하는 것이다. 이는 하나의 핵심 주변에 주제들을 엮어내서, 단 하나의 흥미를 끌어내도 록 확실하게 보장해야 한다. 그래야만 우리는 다소 장기적이고 지속적 이며 깊은 흥미를 이야기할 수 있다. 그것이 수십 개의 개별 부분으로 파편화되지 않을 때만, 단일하고 공통된 사고로 이질적인 공부 주제 들을 포용할 수 있다. 둘째는 모든 사람이 지식을 동화하고 암기하는 방법으로 반복에 의존해야 한다는 것이다. 그렇지만 모든 사람은 이 반복이 어린이에게 얼마나 재미없는지, 그것이 그렇게 어려운 것이 아 닐지라도 이런 활동을 얼마나 좋아하지 않는지 고려해야 한다. 어린이

비고츠키의 교육심리학

가 좋아하지 않는 이유는, 여기서 흥미의 기본 규칙을 위반했기 때문이다. 이로 인해, 반복이 한 곳에서 단순히 쿵쿵 짓밟는 일이고, 가장 비합리적이고 심리와 어긋난 식사가 되었기 때문이다.

13. 규칙은 반복을 어떻게든 피하고 교수를 동심원으로 만드는 것이다. 즉, 가장 짧고 단순화된 형태로, 전체를 즉시 다룰 수 있는 방식으로 주제를 배열하는 것이다. 그러면 교사는 같은 주제로 돌아가지만, 단순히 이전 내용을 반복하는 게 아니라 같은 주제를 많은 새로운 사실, 일반화, 결론을 담은, 더 깊고 확장된 형태로 다루는 것이다. 그러면 교사는 같은 주제로 돌아가지만, 단순히 이전 내용을 반복하는 게 아니라, 같은 주제를 많은 새로운 사실, 일반화, 결론을 담은, 더 깊고 확장된 형태로 제시할 수 있다. 이렇게 학생들이 암기한 모든 것이 다시 반복되지만 새로운 측면으로 드러난다. 새로운 것은 이미 진숙한 것과 연결되어 흥미가 저절로 쉽게 생긴다. 이와 관련하여 보면, 학문과 삶 모두에서 오래된 것에 대한 새로운 것만이 우리의 흥미를 끌 수 있다.

14. 마지막으로, 흥미를 활용하는 세 번째이자 마지막 규칙은, 전체 학교 체계를 생활에 가깝게 구축하고, 어린이에게 친숙하고 자연스럽게 흥미를 불러일으키는 것부터 시작하여, 어린이가 흥미를 보이는 것을 가르치는 것이다. 프뢰벨은 어린이가 성인의 삶과 직업에 대한 자연적인 흥미를 바탕으로 첫 지식을 얻는 방법을 지직한다. 이릴 때부터 농부, 상인, 장인의 아들은 아버지의 행동을 관찰하는 과정에서 자연스럽게 다양한 정보를 습득한다. 그래서 나이가 들수록, 이미 존재하는 흥미를 취해 새로운 흥미가 수립하는 출발점을 따라가야 하고, 익숙하고 가까운 것에서 나아가야 한다. 그래서 바로 처음부터 신화와 고대어, 그리고 아이의 삶과 무관한 과목으로 시작한 고전교육이 지루했다. 따라서 이런 입장에서 기본 규칙을 만들었다. 어린이에게

새로운 지식을 제공하거나 새로운 반응을 주기 전에 그를 위한 토대를 준비하는 데, 즉 적절한 흥미를 불러일으키는 데 주의해야 한다. 이는 파종하기 전에 흙을 푸는 것과 같다.

카. 아동 흥미의 도식

1. 아동의 흥미 발달은 아동의 일반적인 생물적 성장과 밀접한 관련이 있다. 흥미는 아동의 유기체적 필요의 표현이다. 인생 첫 기간에, 아이가 감각 기관을 제어하는 방법을 막 배우기 시작할 때, 즉 팔, 머리, 눈을 움직이기 위해, 소리, 빛 또는 기타 모든 종류의 자극에 흥미가 발생한다. 시끄러운 목소리, 밝은 페인트, 물건 만지기, 이 모든 것이 그에게 관심을 불러일으킨다. 이때 아이에게 손에 들어오는 모든 것은 자연스러운 침략자이며, 모든 것이 그의 영양과 연결되어 있기에, 모든 것을 입에 넣어 맛보려 한다.

2. 점차 아이는 걷는 법을 배우기 시작하고, 관심의 대상은 공간에서의 움직임, 기어오르기, 기기, 오르기, 물건 재배열이며, 아이는 환경에 흥미를 갖게 된다. 다음 해에, 환경에 더 견고한 지향성, 환경의 개별 요소에 대한 세밀한 조사, 특정 요소들에 활발한 활동과 요소들의 조합에 전념한다. 자기 활동이 주요 흥미가 되며, 모든 것을 스스로 하려는 욕구가 그의 모든 행위를 안내한다. 이제 아이는 피곤할 정도로 어떤 일을 하고, 매번 반복되는 자신의 간단한 행위 과정에서 무한한 만족을 찾을 수 있다.

3. 다음 시기는 인접한 환경을 넘어 흥미를 확장하는 게 특징이다. 아이가 이미 주변의 모든 것과 그가 할 수 있는 많은 결합을 잘 알기 때문이다. 여행, 방랑, 탈출에 흥미가 생긴다. 바로 이 몇 년 동안 모험, 위대한 여행자, 착취에 특별한 흥미가 떨어진다. 마지막으로, 청소년기는 자기에 대한 흥미가 증가하는 것이 특징이며, 그 아이는 무한한 질

비고츠키의 교육심리학

문을 했던 이전처럼 다시 철학자이자 서정시인이 된다. 그 자신의 경험, 그의 '나'의 문제는 이제 젊은이들의 모든 흥미를 사로잡아, 그의 청춘 시기에 그것은 세상과 지금 그의 의식을 괴롭히는 존재의 가장 근본적인 문제로 확대되고 고조된 흥미로 대체될 것이다. 젊은이는 항상 눈을 크게 뜨고 세상을 바라본다. 이는 삶에 필요한 그의 본질이 최고로 성숙했음을 의미한다.

타. 놀이의 심리적 가치

1. 그러나 본능을 교육하는 가장 귀중한 도구는 어린아이의 놀이일 것이다.

2. 대중적인 견해는 놀이를, 당신이 한 시간만 하면 되는 하찮은 일로, 재미있는 경험으로 본다. 그러므로 그런 견해는 일반석으로 놀이에서 어떤 가치도 보지 못하고, 기껏해야 놀이를 아이들이 잠시 시간을 죽이는 데 유용한, 어린 시절의 자연스러운 약점으로 간주한다. 한편, 오래전에 신중한 관찰을 통해, 놀이는 우연한 것이 아니라, 가장 다양한 민족들 사이에서 문화생활의 모든 단계에서 필연적으로 발생했음을 확인했다. 따라서 놀이는 피할 수 없고 자연스러운 인간 본성의 특수성을 나타낸다. 게다가 놀이는 인간뿐만 아니라 동물 새끼에게도 고유하므로, 이 사실에는 생물적 의미가 있어야 한다. 놀이는 무엇에 필요하고, 어떤 특별한 생물석 목적이 있는지 획인해야 한다. 그렇지 않다면 놀이는 존재할 수도, 그렇게 널리 확산할 수도 없다. 과학계는 이 발상을 확인하기 위해 몇 가지 놀이 담론을 제안했다.

3. 그들 중 하나는, 놀이를, 자연적 필요에 사용하지 못하고 탈출구를 찾지 못한, 어린 생물에서 축적된 에너지의 방출로 국한했다. 이 경우 어린 동물은 어린아이처럼 생존을 위한 투쟁에 참여하지 못하고, 생활을 조직하지 못하고, 몸에 축적한 에너지를 쓸 일이 없다. 그래서

그들은 일련의 불필요하고 무익한 움직임을 하고, 달리고, 장난치고, 점프한다. 이 모든 활동으로 축적된 에너지는 배출된다.

4. 따라서 이 담론은 놀이에서 우발적인 변덕, 재미있는 경험이 아니라, 중요한 생명의 필요를 이미 보았다. 이런 측면에서 이 담론은 대중적인 견해보다 한 걸음 더 나아갔다. 하지만 이 담론은 여전히 놀이의 의미를 제대로 소진하지 못했다. 놀이는 밸브일 뿐, 쓰지 못한 에너지가 빠져나가는 구멍일 뿐이다. 여기서는 질문에 제대로 답하지 못했다. 이 에너지를 무엇에 쓸까? 이런 지출이 합리적일까?

5. 이에 대해 다른 담론이 대답했다. 놀이가, 말하자면, 아기를 교육하는 자연스러운 학교처럼 보인다는 사실에서 놀이의 생물적 유용성을 보았다. 놀이를 자세히 보면, 놀이는 쓸데없고 불필요한 움직임뿐만 아니라 동물의 미래 활동에 연결된 움직임을 담고 있고, 놀이를 통해 이 활동을 위한 기술과 능력을 만들고, 삶을 준비하고, 필요한 습관을 단련하여 확립한다. 놀이는 동물의 자연스러운 학교로 출현한다. 따라서 새끼 고양이는, 실타래나 어미가 잡은 죽은 쥐로 놀면서, 쥐 잡는 방법 등을 학습한다. 미래 활동을 준비하는 학교로서, 생물에게 놀이가 지닌 가치는 인간의 놀이를 조사함으로써 충분히 확인되었다.

6. 아이는 항상 논다. 그는 노는 존재다. 하지만 그의 놀이에는 늘 많은 뜻이 담겨 있다. 놀이는 그의 나이와 흥미와 정확히 일치하며, 필요한 기술과 능력의 생산으로 인도하는 요소들을 포함한다. 첫 번째 놀이에 딸랑이 흔들기, 물건 던지기와 잡기 등 개별 물건을 가지고 하는 놀이가 속한다. 물건을 만지작거리면서 그는 보고 듣고, 물건을 쥐고 던지는 것을 배우고 그것에 숙달한다. 숨기기, 도망가기 등을 하는 놀이의 다음 시기는, 환경에서 자신을 움직이고 탐색하는 능력의 생성과 연결된다. 우리의 가장 기본적이고 근본적인 반응들 거의 모두가 아이들의 놀이 과정에서 세워지고 이루어진다 해도 과언이 아니다. 어

비고츠키의 교육심리학

린이 놀이에서 모방 요소도 같은 의미를 지닌다. 어린이는 성인들에게서 본 것을 적극적으로 재생산하고 동화하며, 본 것을 통해 그 관계를 배우고, 미래 활동에서 필요한 최초의 본능을 발달시킨다.

7. 한 심리학자는 이렇게 말한다. "두 소녀 중 누가 더 나은 엄마가 될지 알고 싶다면, 누가 인형을 가지고 더 잘 더 많이 노는지 자세히 살펴보세요." 이를 통해 그는 인형을 가지고 노는 일에서 모성 본능의 교육적 중요성을 지적하고자 했다. 고양이가 죽은 쥐를 가지고 놀다가 산 쥐를 쫓는 법을 배우는 것과 같은 방식으로, 소녀가 인형을 가지고 노는 것으로 엄마가 되는 법을 배운다고 생각하는 것은 잘못된 판단이다. 여기서 놀이와 경험의 관계는 훨씬 멀고 복잡하다. 임산부는 인형을 다룰 때 사용한 움직임을 보존하거나 기억하지 못할 것이다. 그러나 의심할 여지 없이, 여기서 주요한 윤곽이 잡힌다. 미래에 구현될 그녀의 내적 경험의 주요 특징이 조성된다. 이는 현재 놀이에서 그녀를 사로잡고 있는 것을 차후 삶에서 구현하는 데 도움이 될 것이다. 인형을 가지고 놀면서 소녀는 진짜 아이와 어울리지 않는 방법을 배우지만, 엄마처럼 느끼는 방법은 배운다.

8. 이래서 당신은 놀이에 도입된 모방 요소를 자세히 살펴봐야 한다. 이런 요소들은 어린이가 삶의 특정 측면을 적극적으로 동화하는 데 기여하고, 같은 방향으로 자신의 내적 경험을 조직화한다. 소위 건설 놀이라고 하는 또 다른 놀이는, 새료로 작업하기도 하면서, 우리 움직임에 정확함과 충실함을 가르치고, 너무나 소중한 수천의 기술을 제작하고, 반응을 다양화하고 배가시키는 놀이다. 이 놀이는 우리에게 특정 목표를 설정하도록 가르치고, 이 목표의 실현을 향해 나아갈 수 있는 방식으로 우리의 움직임을 조직하도록 가르친다. 따라서 체계적이고 합목적 활동, 움직임의 조정, 기관을 관리하고 제어하는 능력을 공부한 첫 수업은 이런 놀이다. 다시 말해, 이 놀이는 처음으로 조직

화한 내적 경험처럼 외적 경험의 조직자이며 선생님이다.

9. 마지막으로, 놀이의 세 번째 무리는, 소위 조건부 놀이는, 즉 순수하게 조건적인 규칙과 그것들과 연결된 행위들로부터 발생하는 놀이는, 말하자면, 놀이의 가장 상위 학교다. 그들은 가장 높은 형태의 행동을 조직하고, 행동의 다소 복잡한 문제를 해결하는 것과 연결되고, 놀이하는 데 긴장, 추측, 날카로움과 수완, 협동 행위와 연합 행위, 다양한 능력과 힘을 요구한다.

10. 한 놀이는 다른 놀이에서 정말 똑같이 반복되지 않지만, 각각의 놀이는 매번 새롭고 새로운 해결책을 요구하는 새로운 상황을 즉각 선보인다. 그런 놀이는 사회적 경험의 가장 위대한 학교라는 것을 명심해야 한다. 놀이에서 아동의 노력은 항상 다른 놀이 참여자의 노력으로 자신을 제한하고 조율된다. 모든 과제 놀이에는, 자신의 행동을 다른 사람의 행동과 조정하는, 다른 사람과의 관계에서 능동적인, 공격하고 방어하는, 해를 입히고 도와주는, 모든 놀이 참여자의 전체 흐름에서 자신의 이동 결과를 미리 계산하는 능력이 반드시 들어간다. 그런 놀이는 아동에게 생생한 사회적·집단적 경험을 제공하고, 이런 측면에서 그런 놀이는 사회적 기술과 사회적 능력의 교육을 위한 절대 대체할 수 없는 도구다.

11. 일반적으로, 사회적 본능을 교육하는 일에서, 현재의 교육학은 전혀 문제가 없다고 해야 한다. 가족은 잘 알려진 요소가 적고, 구성원의 관계가 완벽하게 확립된 형태인 너무 복잡하지 않은 사회적 전체다. 그러므로 그것은 어린이의 마음에 깊고 지속적인 사회적 유대를 형성할 수 있지만, 극히 제한된 크기이다. 즉, 인격과 직접적인 유대에 매우 밀접하고 깊이 박혀 있는, 작은 사회 세계의 시민이 될 수 있는 능력이다. 가족은 가장 협소하고 가까운 사회적 유대만을 가르치고, 나날이 증가하는 세계적 유대에 이어지는 세계 시민을 교육해야 하는

큰 과업이 필요한 현시대에 가정적인 사람으로 교육할 뿐이다. 이런 측면에서 학교 수업은 적합하지 않다. 왜냐하면, 사회적 관계가 매우 빨리 확립되고 고정된 형태를 취하며, 관계가 서로 매우 빠르게 충돌하여 연결되지 않고 새로운 반응을 일으키지 않는, 그리고 그것들이 모두 잘 알려진 진부한 틀에 따라 단조롭고 무미건조하게 만들어지는 학교 수업의 몇몇 요소 때문이다. 학교 집단은 위대한 사회적 열정을 발달시킬 만큼 충분히 넓은 영역이 아니며, 사회적 본능을 위해서도 너무 적고 작은 학교다. 이런 처지에, 교육은 두 가지 광대한 과제에 직면해 있다. 첫째는 사회적 본능을 거대한 세계 규모로 교육하는 것이다. 심리적 측면에서 보면 이 과제는 사회적 환경의 거대한 확장에 의해서만 해결될 수 있다. 우리는 학급의 이름으로 집의 담을, 학교 이름으로 학급의 담을, 도시의 모든 학교를 하나로 묶어 학교의 담을, 기타 등등을 허물어 버려야 한다. 전국에 걸친 어린이 운동, 나아가 개척자나 공산주의 청년처럼 세계 어린이 운동으로 나아가야 한다. 이런 운동들에서, 그리고 오직 거기서만, 아이는 가장 먼 자극에 반응하는 방법, 자신의 반응과 수천 마일 떨어진 사건의 연결을 확립하는 방법, 자신의 행동을 대중의 거대한 행동, 즉 위대한 국제 노동 운동과 연결하고 조정하는 방법을 배울 수 있다.

12. 사회 교육의 또 다른 과제는 특히 미묘한 형태의 사회적 교류를 산출하고 연마하는 것이다. 사실, 우리 시대의 사회적 관계는 그 규모가 커지고, 분화와 복잡성의 정도에서도 거대해지고 있다. 과거의 사회적 관계는 틀에 박힌 관계의 작은 그룹으로 제한되었고, 세속적인 공손함이라는 일상의 규칙이 사람의 사회적 행동의 흐름을 어느 정도 완전히 점령했다. 삶이 날로 복잡해지면서 사람은 점점 더 복잡하고 다양한 사회적 관계에 들어가며, 그는 사회가 형성한 다양한 것의 일부다. 그러므로, 현대인의 모든 다양한 사회적 관계는 이전에 준비

한 일부 기술이나 능력으로 감당할 수 없다. 오히려 여기서 교육의 목표는 일정한 수의 능력을 갖추게 하는 게 아니라, 사회에서 관심을 둔 문제를 빠르고 능숙하게 해결하는 데 필요한 잘 알려진 창조적 능력을 형성하는 데 있다.

13. 전철 승객들 사이에서 발생하는 가장 공허하고 가벼운 사회적 관계에서, 친밀한 형태의 사랑과 우정으로 발생하는 가장 깊고 복잡한 관계에 이르기까지, 사람은 다른 사람과의 관계를 찾는 데 진정한 창조 능력을 보여줄 필요가 있다. 정치 교육, 직업 교육과 마찬가지로 사랑과 우정은 사회적 관계의 창조물이다. 그리고 여기서 놀이를 통해 이 정련, 사회적 관계의 연마와 다양성을 가르칠 수 있다. 매번 새롭고 새로운 상황에 아이를 몰아넣고, 점점 많은 새로운 조건에 종속하게 함으로써, 놀이는 아이가 자기 움직임의 사회적 조정을 끝없이 다양화하게 하고, 다른 교육 영역에서 볼 수 없는 유연성, 융통성, 창조적 능력을 아이에게 가르친다. 마지막으로, 놀이의 마지막 기능이 여기서 특히 눈에 띄게 명확하게 나타난다. 즉, 모든 행동을 어떤 관습적인 규칙에 종속시킴으로써 놀이는 처음으로 합리적이고 의식적인 행동을 가르친다. 놀이는 아이가 처음으로 사고를 공부하는 학교다. 모든 생각은 환경 요소들의 새롭고 곤란한 충돌의 결과로, 알려진 난관에 대한 응답으로 발생한다. 그런 난관이 없고, 환경이 우리에게 끝까지 알려져 있고, 우리의 행동이 그것과 상관되는 과정으로 빨리, 쉽게 진행되는 그런 곳에서는 생각이 없다. 자동 장치가 모든 곳에서 작동할 따름이다. 그러나 환경이, 우리의 행동에서 새로운 조합과 새로운 행동 반응을, 우리 활동의 급격한 재구조화를 요구하는, 예상치 못한 새로운 조합을 제시하자마자, 거기서 행동의 예비 단계로서, 더 복잡한 형태의 경험을 내적으로 조직화하면서 생각이 발생한다. 생각의 심리적 본질을 궁극까지 압축하면, 행동이 해결해야 하는 주요 목표에 따라

비고츠키의 교육심리학

너무나 필요한 가능한 수많은 반응 중에서 어떤 하나를 선택하는 것이다.

14. 따라서 생각은 사실상 새로운 과제를 해결하는 과정이며, 매번 필요한 반응을 선택하는 행동이다. 여기서 본질적 계기는 설정하는 순간이다. 즉, 유기체가 어떤 행동 형태를 확립하는 데 도움이 되는 준비적 반응과 선택의 전체 기제는, 결국 사람이 어떤 행동 형태를 포기하고 다른 것을 받아들이게 하는 명확한 최종 결과가 산출되도록 내적이고 감지할 수 없는 행동을 설계하는 과정으로 압축된다. 따라서 생각은 많은 반응이 충돌하는 과정과 사전반응의 영향을 받으며 일부 반응을 선택하는 과정에서 발생한다. 그러나 바로 이런 충동과 선택 과정에서 우리는 가능성을 얻게 된다. 즉, 놀이에 누구나 아는 규칙을 도입함으로써, 그래서 행동 가능성을 제한함으로써, 동시에 어린이가 행동하기 전에 성취해야 할 특정 목표를 과업으로 설정함으로써, 어린이의 본능적 능력 모두를 긴장시킴으로써, 나아가 최고점까지 어린이의 관심을 끌어올림으로써, 어린이가 자기 행동을 조직하도록 강제함으로써, 그리하여 어린이가 잘 알려진 규칙들에 복종하게, 통일된 목표로 나아가게, 명확한 과제를 의식적으로 해결하게 한다.

15. 바꾸어 말하면, 놀이는 합리적이며 의도적인, 계획적인, 사회적으로 조율된, 알려진 규칙을 따르는 행동 체계 혹은 힘 소모 체계다. 이렇기에, 성인이 힘을 소모하는 일에 놀이를 비유하기도 한다. 결과를 제외한다면, 일의 징후는 놀이의 징후와 완벽하게 일치한다. 결과가 일에서는 특정한 객관적 결과로 표현되고 미리 산정되지만, 놀이에서는 잘 알려진 관행적인 정서적 만족으로 표현되고 놀이에서 이겨서 생기는 즐거움처럼 놀이하는 사람 자체에서 주관적으로 산정된다. 그래서 놀이와 일의 객관적 차이, 심지어 각각을 양극단으로 간주하게 하는 객관적 차이에도 불구하고, 둘의 심리적 본성은 완전히 일치한

다. 이래서 놀이를 어린이 일의 자연스러운 형태이고, 활동의 고유한 형태이고, 미래 삶을 위한 준비라고 한다.

16. 한 심리학자는 영국 식민지 중 한 곳에 사는 원주민들이 피곤할 때까지 축구공을 이리저리 모는 영국인을 얼마나 놀란 눈으로 바라보았는지 이야기한다. 원주민들은 높은 분이 아무 일도 하지 않고 해야 할 일이 있으면 보통의 경우 동전 몇 푼을 주고 다른 이에게 그 일을 하라고 지시하는 데 친숙하다. 놀란 눈으로 바라보던 원주민 한 명이 축구하는 영국인에게 다가가서 몇 실링만 주면 당신이 지치지 않도록 대신 축구를 해주겠다고 제안했다. 원주민은 놀이와 일의 심리적 차이를, 놀이의 주관적 효과에 기인하는 심리적 차이를 이해하지 못했다. 그래서 원주민은 놀이 활동과 일 활동의 외적 유사함에 완전히 속았다.

비고츠키의 교육심리학

|6장|
정서적 행동 교육

가. 정서 개념

1. 정서나 감정에서 얻은 깨달음은 이전 심리학에서 가장 진전하지 못한 내용으로 가득하다. 인간 행동의 이 측면은 어떤 것보다 기술하고 분류하여 어떤 법칙으로 연결하기 어려웠다. 그런 어려움에도, 이전 심리학은 정서 반응의 성질을 제대로 파악한 관점도 담고 있다.

2. 제임스와 랑게가 이런 관점을 처음으로 확립했다. 이 관점은 감정들에 동반되는 광범위한 신체 변화와 혈관 운동 변화에 주목했다. 두 연구자는 서로 다른 경로를 거쳤지만 같은 결론에 도달했다. 일반적으로 감정 표출은 깊은 망상의 산물이라는, 그리고 실제 정서에서 감정은 일반적으로 정서를 표출하는 것과 같은 순서로 펼쳐지지 않는다는 결론에 도달했다.

3. 일반 심리학과 평범한 생각은 감정에서 세 가지 계기를 구분한다. A, 대상이나 사건을 지각하거나 그를 표상(강도를 만나는 일, 죽은 연인을 회상하는 일 등등), B, 이렇게 생겨난 감정(공포, 슬픔), C, 이 감정의 신체적 표현(떨림, 눈물). 정서가 흐르는 과정을 ABC 순서로 제시했다.

4. 어떤 감정이든 주의 깊게 살펴보면, 감정이 언제나 신체적으로

표현됨을 쉽게 확인할 수 있다. 강한 감정은 늘 얼굴에 새겨진다. 그리고 자세히 들여다보면, 우리는 설명 없이도 상대가 화났는지, 겁먹었는지, 편안한지 이해할 수 있다.

5. 감정을 수반하는 모든 신체 변화는 쉽게 세 무리로 나눌 수 있다. 무엇보다도 흉내 내는 사실적 몸짓의 움직임이, 주로 눈, 입, 광대뼈, 팔, 몸의 특수한 근육을 수축하는 움직임이 한 무리를 이룬다. 이를 추동하는 정서 반응으로 분류한다. 둘째 무리는 체강 반응이다. 신체의 가장 중요한 생명 기능들과 연결된 몇몇 기관의 활동에서의 변화다. 예를 들면, 호흡, 심장 박동, 혈압에서의 변화가 여기에 속한다. 셋째 무리는 분비 반응이다. 눈물, 땀, 타액 분비, 생식선 내분비 따위의 내외 분비가 여기 해당한다. 일반적으로 어떤 감정의 신체적 표현을 이 세 무리의 반응으로 묶을 수 있다.

6. 제임스는 모든 감정에서 위에서 언급한 세 가지 계기를 구별하지만, 이 세 가지 계기의 순서와 배열이 다른 이론을 제기했다. 일반적인 감정 도식이 세 가지 계기의 배열을 ABC로, 즉 지각-감정-표현으로 확립했다면, 제임스가 믿었던 것처럼, 진실한 실제 상태는 다른 공식으로, ACB로, 즉 지각-표현-감정으로 배열되는 것에 가깝다.

7. 달리 표현하면, 제임스의 가정에 따르면, 이런저런 물체가 우리 안에서 반사를 통해 어떤 신체적 변화를 직접 유도하는 능력을 지녔고, 감정 그 자체가 이 변화를 지각하는 이차적 계기에 출현한다. 그의 제안에 따르면, 강도를 마주하면, 반사적으로, 어떤 감정을 표현하지 않고도 우리는 떨고, 목마르고, 창백하게 되고 그 밖의 공포 징후를 보인다. 공포라는 감정은 유기체가 지각한 이 모든 변화의 총합일 뿐이다. 두려워한다는 것은 떨림, 심장 박동, 창백함 등을 느끼는 것을 의미한다. 마찬가지로 오래 알고 있었던 친숙한 사람의 죽음을 회상하면 반사적으로 눈물을 흘리고 고개를 숙인다. 슬픔은 이런 징후들을

느끼는 것으로 압축되고, 슬프다는 것은 당신의 눈물, 구부린 자세, 고개 숙임 따위를 지각했음을 의미한다.

8. 사람들은 이렇게 말한다. 우리는 슬퍼서 운다고, 짜증이 나서 때리고, 무서워서 떤다고. 하지만 이렇게, 즉 우리는 울어서 슬프고, 때려서 짜증이 나고, 떨어서 무섭다고 하는 것이 더 정확하다(제임스).

9. 원인으로 간주했던 것이 거꾸로 결과로 출현하고, 결과는 원인인 것으로 판명되었다.

10. 실제로 그렇다는 것을 다음 추론으로 확인할 수 있다. 무엇보다도, 우리가 인위적으로 감정의 어떤 외적 표현을 불러일으키면, 출현하는 그 감정을 지연할 수 없다는 것이다. 경험해보고 싶다면, 제임스가 말한 것을 해보면 된다. 아침에 일어나서 우울한 표정을 짓고, 낮은 소리로 말하고, 눈 뜨지 말고, 더 자주 한숨을 쉬고, 등과 목을 약간 구부리고, 한마디로, 모든 슬픔의 징표를 만들어보라. 그렇게 저녁이 되면, 당신은 우울함에 짓눌려 어디로 가야 할지도 모를 것이다. 교육자들은, 아이들이 신체에 대한 농담이 얼마나 쉽게 실제 싸움이 되는지를, 그리고 장난처럼 싸우기 시작한 두 소년이, 놀이 친구를 향한 명확한 분노도 없이, 싸움이 최고조에 이르면 갑자기 적병처럼 서로에게 얼마나 강한 분노를 느끼기 시작하는지 너무나 잘 알고 있다. 말할 필요도 없이, 놀이가 끝나고도 이런 감정 상태를 한동안 지속한다. 농담처럼 쉽게 겁먹던 아이가 이런 실행에서는 갑자기 부서워진다. 어쨌든, 외적으로 표출된 모든 표현은 상응하는 감정의 출현을 촉진한다. 예를 들면, 뛰어 도망가면 쉽게 두려워한다. 배우는 이를 잘 안다. 배우는 특정한 자세, 억양, 몸짓으로 강한 정서를 촉발한다.

11. 뒤집은 합법칙성이 같은 것을 훨씬 설득력 있게 말한다. 사람은 육체적 정서 표현이 사라지면 즉시 정서의 육체적 표현을 극복한다. 두려움으로 생긴 떨림을 억누르고, 심장을 고르게 뛰게 만들고, 얼굴

에 정상적인 표정을 만들면 바로 그 두려움이 사라진다. 열정에 동반하는 표현을 억제하면 열정이 사그라진다. 어떤 심리학자는, 분노가 치밀어 오르는 것을 느낄 때면 손바닥을 넓게 펴고 손가락을 고통스러울 정도로 쫙 벌렸다고 한다. 이를 통해 매번 분노를 마비시켰다. 이는 손바닥을 넓게 편 채 분노하는 것이 불가능하기 때문이다. 즉, 분노는 주먹을 꽉 쥐고 입을 다무는 것을 나타내기 때문이다. 정서에서 모든 신체적 변화를 제거하듯이, 정서에서 모든 신체적 변화를 떼어낼 수 있다면 감정에 남아 있는 것이 없음을 쉽게 확인할 수 있다. 두려움에서 두려움의 증후를 제거하면 더는 두려워하지 않게 된다.

12. 이 관점에 반하는 것으로 보이는 두 가지 사실이 있다. 그렇지만 올바르게 이해하면 그것들은 논박하는 사실이 아니라 이 가르침을 지지하는 사실이다. 첫째 것은, 이런저런 반응이 반드시 정서와 결합하지는 않는다는, 많이 알려진 사실이다. 예를 들면, 당신이 양파로 눈 비비며 쉽게 눈물을 흘리겠지만 이로 인해 우울함이 뒤따르지는 않는다. 이런 사례에서 우리는 오직 하나의 고립된 징후가 생겼다는 것을 쉽게 이해할 수 있다. 그 자체로는 정서를 불러오기에 무기력하지만, 모든 다른 징후들과 적절하게 결합하면 확실히 정서를 유발한다. 눈물 흘리는 것만으로는 슬픔이 뒤따르게 하는 데 충분하지 않다. 슬픔은 눈물만으로 구성되지 않고, 이 순간 부재한 일련의 내적 외적 징후 전체로 구성되기 때문이다.

13. 끝으로, 반대처럼 보이는 두 번째 사실은 혈액에 주입된 독의 내적 유입이 쉽게 이런저런 감정을 유발한다는 것이다. 감정의 인위적인 표현을 받아들일 수 없다면, 어느 정도의 술, 모르핀 또는 아편을 취하기만 하면 충분히 일련의 복합적인 전체적 감정을 유발한다는 것을 확인하면 된다. 동시에 이런 물질을 취하면, 정서적 반응을 담당하는 신경에 영향을 미친다는 것을 쉽게 알 수 있다. 혈액의 화학 성분

146   비고츠키의 교육심리학

을, 전체 순환계와 혈액과 관련된 모든 내부 과정을, 특히 내분비를 변경하면 유기체에서 격렬한 정서적 효과를 쉽게 얻게 된다.

14. 따라서, 이 모든 것을 고려하여 실제 정서는 반사적으로 특정 자극과 연결된 특정 반응 체계라 단정할 수 있다. 제임스의 정서 도식은 우리가 출발하게 하는 행동 도식, 의식적 경험 도식과 완벽하게 일치한다. 감정은 정상적인 상태에서 저절로 생기지 않는다. 내적이든 외적이든 이런저런 안달 나게 하는 것이, 이런저런 동인動因이 늘 감정에 선행한다(A). 우리를 두렵거나 행복하게 하는 것은 매번 반응을 시작하게 하는 자극이다. 자극의 뒤를 일련의 반응이, 즉 운동, 체강, 분비 반사가 따른다(C). 그리고 마지막으로, 순환 반응이, 새로운 자극으로 유기체에 대한 자기 반응의 귀환이, 전에는 정서 그것으로 불렸던 고유 수용 장의 지각이 뒤따른다(B).

15. 동시에 감정의 주관적인 성격을, 즉 자신의 감정을 겪는 사람과 그 감정의 외적 표현을 보는 사람은 그 감정을 너무나 다르게 표상함을 쉽게 이해할 수 있다. 이런 일은 이 경우 두 관찰자가 같은 과정의 다른 두 계기에 고착해서 일어난다. 외부에서 보는 사람은 계기 C에, 즉 정서적 반응 자체에 고착한다. 내부에서 보는 사람은 같은 반응에서 유래하는 고유수용성 자극에, 즉 계기 B에 고착한다. 위에서 설명한 것처럼, 여기서 우리는 너무나 다른 신경 경로를, 따라서 다른 과정을 갖는다.

나. 정서의 생물적 성질

1. 정서가 본능에 기초해 출현하고 본능에 가까운 파생물로 드러난다는 것은 어렵지 않게 확인할 수 있다. 그래서 일부 연구자는 본능적·감정적 행동을 총체적인 하나의 실체로 간주했다.

2. 정서의 본능적 뿌리가 가장 원시적이고 기본적이며 소위 저급한

감정들임은 특히나 분명하다. 여기서, 일부 연구자는 하나인 똑같은 반응을 본능에서, 정서에서 기인했다고 한다. 예를 들어, 분노와 두려움, 이 두 기본 정서를, 그것들의 가능한 생물적 가치 측면에서 검토하겠다. 두려움에 동반하는 모든 신체 변화는 생물적 측면에서 설명할 수 있는 기원이 있음을 쉽게 알 수 있다.

3. 훨씬 이전에는, 행동의 통합 형태로서, 정서의 일부인 모든 운동, 신체, 분비 반응이 생물적 성격의 유용한 적응 반응이었다고 믿을 만한 충분한 이유가 있다. 의심할 바 없이, 그렇게 두려움은 즉각적이고 신속하게 위험을 회피하는 최고의 형태였으며, 동물은 물론 때로 인간도 그 기원의 분명한 흔적을 간직하고 있다. 두려움으로 인한 표정근 반응은 일반적으로 인식 기관의 확장과 준비로 압축되며, 그 목적은 너무나 사소한 환경의 변화를 포착하기 위해 극도로 불안해하며 경계하는 것이다. 활짝 열린 눈, 벌름거리는 콧구멍, 쫑긋 선 귀, 이 모두는 세상에 조심스러운 태도로, 위험에 세심한 경청으로 반응하는 것이다. 다음으로, 어떤 처신을 준비하는 것처럼, 뛰거나 도망치는 동작을 취하듯이 긴장된 근육군이 반응한다. 두려움에서 흔히 볼 수 있는 인간의 떨림은, 비정상적으로 빠른 달리기에 적응한 것처럼, 근육의 빠른 수축일 뿐이다. 동물의 경우, 두려움에 떠는 행위는 곧바로 달리기로 바뀐다. 우리 몸의 체강 반응은 위험에서 도망치는 것과 같은 뜻과 의미를 나타낸다. 얼굴이 창백해지고, 소화 활동이 멈추고, 설사하는 것은, 바로 지금 유기체에 치명적이고 결정적으로 필요하고 중요하지 않은 활동을 하는 그런 기관들에서 피가 빠져나와 이제 가장 결정적인 낱말을 말해야 하는 기관들로 혈액이 유입되는 것을 의미한다. 이는 마치 전시동원체제처럼 보인다. 피는, 우리 유기체의 병참 담당자는, 후위에 있고 유기체의 평화적 신체활동과 연결된 기관들의 활동을 닫아 멈추고, 즉각적으로 위험에서 당신을 구할 전투 지역에 모든 힘을

다해 자신의 보급품을 공급한다. 호흡도 마찬가지이다. 깊고 간헐적인 호흡은 빠른 달리기에 적응한 결과다. 목마름 따위와 얽힌 분비 반응도 피가 빠져나가는 것이다.

4. 마지막으로, 최신 동물 연구에 따르면, 내분비 변화가 정서를 유발한다. 우리가 알듯이, 겁에 질린 고양이는 혈액의 화학 성분이 변한다. 달리 표현하면, 가장 은밀한 내부 과정도, 위험을 회피하고자 유기체의 주요 과제에 적응한다. 이 모두를 종합하면, 우리는 두려움의 위험에서 벗어나려 유기체가 모든 힘을 동원하는 것으로, 제어된 도망으로 정의할 수 있고, 두려움을 방어적 형태의 자기 보전 본능에서 생겨난 강화된 행동 형태로 이해할 수 있다.

5. 너무나 유사한 방식으로, 분노는 공격적인 형태의 자기 보존 본능이고, 그것은 또 다른 반응 무리, 다른 형태의 공격적인 행동이며, 공격을 위해 유기체의 모든 힘을 동원하는 것이며 제어된 싸움임을 쉽게 알 수 있다. 이렇게, 주먹을 날리기 위해 준비하듯이 주먹을 꽉 쥐고 광대뼈가 튀어나오고 이를 꽉 깨물고(우리 조상이 물어뜯던 시대의 흔적) 얼굴을 붉히고 위협적인 자세를 취하며 얼굴에 분노를 드러내는 표정이 출현한다.

6. 그렇지만, 다음 사실도 쉽게 확인할 수 있다. 지금 인간에게서 발견할 수 있는 두려움과 분노의 두 형태는 극단적으로 약화한 두 본능의 형태다. 또한, 두려움과 분노의 두 형태를 보면, 동물에서 인간으로 발달하는 경로에서 정서가 몰락히고 진전하지 않고 위축되었다는 사고가 자연스럽게 떠오른다.

7. 개의 두려움과 분노는 야만인의 분노보다 강하고 더 표현적이다. 마찬가지로, 같은 감정이 아이보다는 야만인에게서 더 충동적이다. 또한, 그 감정들이 성인보다는 어린이에게서 더 선명하다. 여기서 다음과 같은 일반적인 결론을 쉽게 도출할 수 있다. 과거에 그렇게 중요했

던 정서는 행동 체계에서 기본적인 기관의 역할을 했지만, 지금은 변화된 삶의 조건 때문에 소멸할 운명이고 불필요하며 때로는 해로운 요소다.

8. 다른 경우와 달리, 교육학적 견지에서 보면 감정은 이상한 예외에 속한다. 다른 모든 형태의 행동과 반응은 교사가 이를 증강하고 강화하는 것이 바람직하다. 학생들의 각인 혹은 이해를 열 배 늘릴 수 있는 어떤 방식을 상상할 수 있다면, 당연하게도, 그 방식은 우리의 교육 작업을 열 배 촉진하게 된다. 그러나 어린이의 정서적 능력이 열 배 증가하는 경우를, 즉 어린이가 열 배나 민감해지는 경우를, 사소한 즐거움으로 황홀경에 빠지고, 사소한 슬픔으로 흐느껴 울며 땅을 치는 경우를 잠깐만 상상할 수 있다면, 당연하게도 우리는 너무나 바람직하지 못한 행동 형태를 떠올리게 된다.

9. 따라서 추정컨대 정서 교육의 전형은 정서의 발달과 강화가 아니라, 반대로 정서의 억제와 약화에 있다. 정서가, 주위 환경과 삶의 상황과 조건이 변해서, 이제는 생물적 측면에서 쓸모없는 적응 형태이기 때문에, 결과적으로 정서는 진화 과정에서 소멸할 운명이다. 미래의 인간은 자신의 여러 흔적 기관을 모르듯이, 감정도 모르게 될 것이다. 이렇게 보면, 감정은 인간의 맹장이다. 그래도, 정서가 완전히 쓸모없다는 견해는 너무나 잘못된 것이다.

다. 정서의 심리적 성질

1. 단순한 관찰만으로도 우리는, 정서가 어떻게 행동을 복잡하게 만들고 다양화하는지 그리고 어떻게 정서적으로 재능 있고 섬세하며 예의 바른 사람이 이런 측면에서 예의 없는 사람보다 위에 있는지 안다. 바꾸어 말하면, 일상에서의 관찰만으로도 정서 활용이 행동에 미칠 새로운 뜻을 발견할 수 있다. 똑같은 행동도, 정서로 채색되면, 정

비고츠키의 교육심리학

서가 담기지 않았을 때와 완전히 다른 성격을 띠게 된다. 같은 낱말도, 감정을 담아 말하면 삭막하게 말할 때와 다르게 작용한다.

2. 정서가 행동에 가져온 새로운 것은 무엇인가? 이 질문에 답하려면, 위에서 개괄한 행동의 일반적 특징을 기억하는 게 필요하다. 우리 관점에서 보면, 행동은 유기체와 환경이 상호 작용하는 과정이다. 따라서, 이 과정에서, 서로 대체하는 상호관계는 늘 세 가지 형태가 가능하다. 유기체가 환경에 우월을 느낄 때, 이런 느낌에 따라 제시된, 해결하도록 요구된 행동을 유기체가 긴장하지 않고 쉽게 해결할 때, 행동이 어떤 내적 지연 없이 진행되고 최적의 적응이 최소의 에너지와 노력으로 수행될 때가 첫 번째 경우다. 여기서는 유기체가 환경보다 우위에 있다.

3. 무게와 우월이 환경 측면에 있을 때, 유기체가 과도한 긴장으로 어렵게 환경에 적응할 때, 이 과정에 환경의 과도한 난관과 유기체의 상대적으로 취약한 안전이라는 불일치가 있을 때, 두 번째 경우가 생긴다. 이 경우 행동은 가장 많은 힘을 소비하면서, 적응에는 최소 효과를 내며 에너지를 가장 많이 소비하면서 펼쳐진다.

4. 마지막으로, 유기체와 환경 사이에 펼쳐진 일종의 평형이 생길 때, 어느 쪽으로의 우월도 없이 둘의 다툼이 균형을 이룰 때, 가능하고 실현되는 세 번째 경우가 있다.

5. 이 세 경우 모두가 정서 행동이 발달하는 기초가 된다. 본능적 행동 형태인 정서의 기원으로부터 정서가, 달리 표현하면, 유기체가 환경과 자신과의 상호관계를 평가한 결과물임을 알 수 있다. 그리고 충만감, 만족감 따위의 소위 긍정적 감정과 연결된 모든 정서는 첫 번째 집단에 속한다. 낙담, 나약, 고통 같은 부정적 감정과 연결된 것들은 두 번째 경우다. 그리고 행동에 상대적으로 무관심한 정서만이 세 번째 경우에 속한다.

6. 따라서, 정서는 행동의 결정적이고 파국적인 순간의 반응으로, 불균형의 지점으로, 행동의 총합이자 결과로 이해되어야 하며, 정서는 언제든지 직접적으로 행동의 다음 형태를 지시한다.

7. 너무나 흥미롭게도, 정서 행동은 매우 광범위하게 분포하고, 본질을 짚자면, 우리의 가장 기본적인 반응들에서도 쉽게 정서적 계기를 포착할 수 있다.

8. 이전 심리학은, 모든 감각에는 각각의 정서적 색조가 있다고 가르쳤다. 즉, 모든 색상, 소리, 냄새를 가볍게 경험하면 우리는 확실히 이런저런 빛깔을 감지한다. 냄새와 미각에 관해서는, 모두가 잘 알고 있듯이, 냄새와 미각에서 중립적이고 정서적으로 무관심한 감각을 찾는 것은 너무나 어렵다. 거의 모든 맛과 마찬가지로, 모든 냄새는 확실히 호감이 가거나 기분이 나쁘고, 쾌감이나 불쾌감을 유발하고, 만족이나 혐오와 연결된다.

9. 시각 자극과 청각 자극에서 이것을 감지하는 것은 다소 어렵지만, 모든 소리와 마찬가지로, 모든 색상과 형태는 고유한 감정의 빛깔이 있음을 쉽게 보여준다. 누구나 알듯, 우리를 진정시키는 색상과 모양이 있고, 흥분시키는 것이 있다. 즉, 어떤 것은 부드러움을, 다른 것은 혐오감을 유발한다. 일부는 기쁨을 깨우고, 다른 건 고통을 유발한다. 이를 확인하기 위해 모든 반란, 열정, 폭동에 늘 동반자로 존재하는 붉은 색 또는 차갑고 고요한 먼 곳이나 환상의 색상인 파란 색의 명백한 정서적 가치를 떠올리면 충분하다.

10. 이 경우, 차가운 색상이나 따뜻한 색상, 높은 소리나 낮은 소리, 부드러운 목소리나 굳센 목소리와 같은 표현 형식은 언어로 성립한다. 이는 숙고할 가치가 있다. 색상 그 자체는 따뜻하거나 차갑지 않다. 이는 소리 자체가 높거나 낮지 않고 일반적으로 공간적인 형태가 아닌 것과 마찬가지다. 그러나 모든 사람은 오렌지 색상을 말할 때 그

것이 따뜻하고, 베이스를 말할 때 그것이 낮고, 또는 그리스인이 이를 말할 때처럼 그것이 두껍다는 것을 명료하게 안다. 색상과 온도, 소리와 용량에는 공통적인 게 명백히 없다. 그러나 거기에는 두 인상을 물들이는 정서적 색조에서 둘을 하나로 묶는 무엇이 분명히 있다. 가늘고 높은 소리 혹은 따뜻한 음색은, 색상의 정서적 색조와 온도, 둘 간에 어느 정도 유사성이 있음을 나타낸다. 오렌지색 자체는 따뜻해 보이지 않지만, 우리에게 미치는 행위에서, 따뜻함이 우리에게 미친 작용과 유사한 뭔가가 있다. 우리가 정서적 반응을 고유 수용 장에서 행해진 평가적, 이차적, 순환적 반응으로 판정했음을 상기하라. 그리고 감각의 정서적 색조는 기관들 각각의 개별 반응에 전체 유기체가 관심을 두고 관여한 결과일 뿐이다. 유기체는 눈이 보는 것에 무관심하지 않고, 이 반응에 동의하거나 반대한다. 뮌스터베르크가 지적한 것처럼, "그러므로, '즐거움' 혹은 '괴로움'은 실제로 행위에 선행하지 않는다. 오히려 이는 자극을 지속 혹은 종료하게 하는 행위 그 자체다."

11. 따라서, 정서적 반응은, 이차적 반응으로, 행동의 강력한 조직자가 된다. 정서적 반응에서 유기체의 활동은 실현된다. 정서들이 능동적이지 않다면, 그것은 불필요한 게 될 것이다. 우리는 정서들이 가장 복잡하고 생생한 움직임에서 본능적으로 떠오르는 것을 보았다. 정서들은, 그것들이 절실했던 때, 가장 어렵고 숙명적이며 책임져야 할 삶의 순간에 행동의 조직자가 되었다. 정서들은, 유기체가 환경을 이기거나 죽음에 접근했을 때, 삶의 정점에서 떠올랐다. 정서들은 그때마다 행동에서 독단적인 모습을 펼쳤다.

12. 요즈음처럼 변화된 조건에서는, 정서를 동반한 외적인 움직임의 형태는 쓸모가 없기에, 약해지고 점점 위축된다. 그러나 정서의 최초의 역할이었던 모든 행동의 조직자라는 내적 역할은 지금도 남아 있다. 정서에서 바로 이 활동 계기는 정서의 심리적 성질의 가르침에

서 가장 중요한 주의사항이다. 정서가 유기체의 순전히 수동적인 체험이며 그 자체가 어떤 활동을 이끌지 않는다고 믿는 사람들은 틀리게 생각했다.

13. 그와 반대로, 심리의 출현을 소위 쾌락 의식, 즉 순환적 반응의 이차적 계기로, 지연하거나 자극하는 방식으로 반응에 영향을 미쳤던 최초의 쾌감과 불쾌감 같은 감정과 연결한 심리 기원 이론이 가장 올바르다고 생각하는 것은 너무나 합당하다. 따라서 반응의 최초 관리는 정서로부터 떠올랐다. 반응과 연결된 정서는, 유기체의 일반적인 상태에 따라 반응을 조절하고 지시한다. 그리고 행동의 심리 형태로의 이행은, 의심의 여지 없이, 정서를 기반으로 일어난다. 마찬가지로, 아동의 순수한 심리 행동의 최초 형태들이 다른 것보다 먼저 발생한 쾌감과 불쾌감의 반응이라고 추측하는 것은 충분한 근거가 있다.

14. 정서 반응의 이런 능동적인 성격은 분트가 제안한 삼차원 감정 이론에 근거하면 좀 더 쉽게 판명된다. 분트는 모든 감정은 세 차원으로 이루어지고, 각 차원에는 두 방향이 있다고 가정했다. 감정은 ① 쾌감과 불쾌감, ② 흥분과 위축, ③ 긴장과 해소의 방향으로 흐를 수 있다.

15. 긴장은, 흥분과 위축은 해소와 일치하는 것으로 쉽게 나타날 수 있다. 그러나 그렇지 않다. 뭔가를 두려워하면, 그의 행동에는 특별한 긴장, 모든 근육의 긴장과 동시에 극단적으로 위축된 반응이 특징으로 나타난다. 마찬가지로 승리의 기대나 즐거운 흥분으로 끝나는 문장은 모든 긴장의 완벽한 해소와 연합한다.

16. 모든 감정의 이런 세 차원은, 본질을 말하면, 한 번 더 감정에 능동적 성격이 있음을 뜻한다. 어떤 정서도 행동을 촉구하거나 거부한다. 어떤 감정도 행동에 무관심하고 효과가 없을 수 없다. 정서는 특정 반응을 긴장시키는, 흥분시키는, 자극하는 또는 지연하는 우리 반

응의 내부 조직자 같은 것이 된다. 이런 식으로, 정서에는 행동의 내부 조직자 역할이 남아 있다.

17. 기쁨으로 뭔가를 한다면, 기쁨의 정서적 반응은 같은 일을 계속하려고 한다는 것 외에는 아무 의미가 없다. 마찬가지로, 혐오로 뭔가를 한다면, 그것은 그런 일의 중단을 위해 최선을 다한다는 뜻이다. 따라서, 정서가 행동을 촉발하는 새로운 계기는, 전적으로 유기체가 자신의 개별적 반응들 각각을 조절하는 순간으로 응축된다.

18. 여기서, 각각의 단일 반응 과정에 신체의 가장 중요한 모든 기관을 연루시키는 정서적 반응의 조정된 다양성이 너무나 선명하게 보인다. 실험 연구에 따르면, 호흡 횟수, 심장 박동, 맥박을 기록한 자료를 활용하여 작성한, 유기체의 가장 중요한 과정의 경과를 표현한, 이런 곡선에 따르면, 유기체는 가장 사소한 안달에도 고분고분 대응하고, 이를테면, 환경의 가장 사소한 변화에도 즉시 적응한다.

19. 심장을 오랫동안 감정 기관으로 간주했던 것은 헛된 일은 아니다. 이런 방식으로 보면, 정확한 과학의 결론은 심장의 역할에 대한 고대의 견해와 완벽하게 일치한다. 정서적 반응은 무엇보다도 심장과 혈액 순환의 반응이다. 그리고 호흡과 혈액이, 모든 장기와 조직에서 모든 과정의 경로를 결정한다는 것을 기억한다면, 왜 심장의 반응이 행동의 내부 조직자 역할에서 출현했는지 이해할 수 있다.

20. 랑게는 이야기한다. "우리는 정신적 삶의 모든 정서적 내용, 기쁨이나 슬픔, 행복이나 비애의 시간을 혈관 운동체계에 빚지고 있다. 외부 기관에 영향을 미치는 대상들이 이 체계가 작동하지 못하게 하면, 우리는 무관심하고 냉정하게 인생을 보내게 될 것이다. 즉, 외부 세계의 모든 인상은 지식을 증가시키겠지만 그것으로 끝날 것이다. 그것들은 우리 안에서 기쁨, 노여움, 근심, 두려움을 불러일으키지는 못할 것이다."

라. 감정 교육

1. "교육은 언제나 변화를 내포한다." 변할 게 없다면 거기에는 교육할 것도 없다. 감정에서 이루어져야 하는 교육적 변화는 무엇일까? 모든 감정은 똑같은 반응 기제임을, 즉 환경의 어떤 자극에 대한 유기체의 잘 알려진 대응임을 위에서 보았다. 감정을 교육할 기제는, 거칠게 말하면, 모든 다른 반응을 위한 기제와 똑같다.

2. 이런저런 안달 나게 하는 것들에 연결하여, 우리는 정서적 반응과 환경의 어떤 요소의 새로운 연결을 폐쇄할 수 있다. 이런 방식으로, 첫 번째 교육적 충격은 반응과 연결된 그 안달 나게 하는 것들을 교체하는 데 가해진다. 누구나 알고 있듯이, 어린 시절에 두려워하지 않았던 것을 나중에는 두려워할 수 있다. 두렵고 겁났던 것이 안전해질 수도 있다. 마찬가지로, 전에는 신뢰했던 많은 물건과 사물을 두려워하기도 한다.

3. 어떤 기존 방식이 한 물건에서 다른 물건으로 두려움을 옮기는 일을 할까? 여기서 가장 간단한 기제는 조건 반사 육성(즉, 반응을 새로운 자극으로 이동하는 기제)인 듯하다. 이 기제는 새로운 자극이 선천적 반응의 무조건 자극과 발생하는 때가 일치하면 작동한다.

4. 예를 들어, 매번 다른 어떤 상황과 동반된 사건으로 아이가 두려워한다면, 나중에는 이런 상황 자체가 아이에게 두려움을 유발할 수 있다. 적어도 한번 끔찍한 물건을 경험했던 방이라면 그 아이는 거기 들어가기를 두려워하고, 겁이 났을 때 있었던 그 물건을 회피한다. 이런 연유로, 감정 교육을 위한 첫 번째 원리는 다음과 같아야 한다. 아동이 안달 나게 하는 것들과 매우 빈번하게 부딪히게 되는 방식으로 아동의 삶과 행동을 조직하려고 노력하라! 거기서 감정의 전이가 새롭게 만들어져야 한다.

5. 처음에 아이는 오직 자신의 개인적인 불쾌한 일이 다가옴에 두

비고츠키의 교육심리학

려움으로 반응한다. 그러나 아마도, 어떤 불쾌한 일이 그의 친구나 어머니나 자매를 위협할 때마다, 이것이 아이에게는 개인적인 아픔과 연결된다. 짧은 시간이 지나기만 하면 아이에게 새로운 연결이 이어져 개인적으로 그를 건드리지 않지만, 그의 친구를 위협하는, 불쾌한 일과 고통스러운 일이 다가오는 것에 아이는 두려움으로 반응할 것이다. 이런 방식으로, 편협한 이기적 감정에서 나온 두려움이 넓고 깊은 사회적 감정의 강력한 토대가 될 수 있다.

6. 따라서 우리는 쉽게 편협한 개인적 굴레의 모든 이기적 감정에서, 자신의 개인적인 아픔이 아니라 국가, 계급, 업무의 아픔에 아이가 분노로 반응하도록 가르치는 것을 끌어낼 수 있다. 그리고 가장 광범위한 감정 전이의 그런 가능성이, 개인과 환경의 완전히 새로운 관계의 가능성으로 표출되는 감정 교육을 보장한다. 이런 이유로, 교사에게는 받아들일 수 없는, 바람직하지 않은 정서란 있을 수 없다. 이와 반대로, 교사는 항상, 가장 원초적이고 기본적이고 강렬한 감정인, 소위 열등하고 이기적인 감정에서 출발해야 하며, 이런 감정을 바탕으로 인격을 구축할 정서적 기초를 쌓아야 한다.

7. 그러므로, 감정을 열등한 감정과 고등한 감정으로, 이기적 감정과 이타적 감정으로 나누는 인습을 타파해야 한다. 교육자는 단호히 모든 감정을 어떤 쪽으로나 방향을 정할 수 있고, 안달 나게 하는 어떤 것과도 연결할 수 있기 때문이다. 당신은 이마에 뒤어나온 빠드름이나 벽에 있는 거미를 아이가 두려워하도록 가르칠 수 있다. 일상적인 재난, 좋아하는 일의 패배, 가까운 사람에게 덮친 불행을 두려워하도록 가르칠 수도 있다. 그리고 여기서 두려움에 대해 말한 것을 다른 모든 감정에도 동등하게 적용할 수 있다. 모든 다른 정서 반응이 매우 다양한 자극물과 연결될 수 있으며, 학생의 개인적인 경험에서 다양한 자극물과 충돌해야만, 이런 연결을 실현할 수 있다.

8. 다른 말로 표현하면, 여기서 교육 기제는 누구나 알듯이 환경의 조직화로 압축된다. 따라서 감정 교육은, 본질을 짚으면, 언제나 감정의 재교육, 즉 타고난 정서 반응의 방향을 변경하는 일이다.

9. 감정 교육을 위한 심리적 기제가 하나 더 있다. 이는 감정적 반응에만 본래부터 있으며, 감정적 반응들 저장의 특성에 근거한다. 이 기제는 위에서 언급한 방식이 아닌 다른 방식으로도, 반응과 임의의 사건의 연결을 차단할 수 있다는 사실에 포함되어 있다. 이런 게 가능하다. 두려움의 감정은, 두려움의 무조건 자극과 경험으로 결합하지 않았지만, 아동의 경험에서 고통, 불쾌감 등의 감정과 결합한 자극과 접촉한다고 할 수 있다.

10. 이것이면 소위 예방적 반응을 만들기에 충분하다. 그렇게, 처음으로 믿고 빛나는 초에 손을 내밀어, 한 번 화상을 입은 아이는 불을 두려워하기 시작하고, 불에 접근하면서 두려움을 나타내며 반응한다. 이 경우 우리는 조건 반사의 확립이 아닌 다른 어떤 것으로, 즉 격렬하게 체험한 고통의 정서가 두려움의 정서를 불러일으킬 때, 두 정서 사이의 독립적인 연결로 새로운 반응을 종결한다. 달리 말하면, 이런저런 사건과 반응의 정서적 효과가 다른 많은 정서적 연결을 확립할 원인으로 입증되었다. 당신이 아이가 무엇인가에 두려움을 느끼기를 원한다면, 이것이 발생하는 것을 유기체의 고통이나 아픔과 연결하면 된다. 그러면 필요한 두려움이 저절로 생긴다.

11. 따라서 정서는 유기체에 행동의 가까운 미래를 알리고 이런 행동의 형태를 조직하는 예비적 반응 체계로 봐야 한다. 그러므로 교사에게 정서는 이런저런 반응을 교육하는 매우 귀중한 수단이다. 행동의 어떤 형태도 정서와 연결한 것만큼 견고하지는 않다. 그래서 학생에게 바라는 행동을 일으키고 싶다면, 이런 반응이 학생에게 정서적 흔적을 남기게 해야 한다. 어떤 도덕적 설교도 생생한 아픔, 생생한 감

비고츠키의 교육심리학

정만큼은 교육하지 못한다. 이런 효과로 정서 장치는, 말하자면, 가장 쉽게 행동에 영향을 미치도록 전문적으로 적응한 민감한 도구라고 할 수 있다.

12. 정서 반응은 예외 없이 행동의 모든 형태와 교육 과정의 모든 계기에 중대한 영향을 미친다. 학생들의 더 좋은 각인을 원하든, 성공적으로 작동하는 사고를 원하든, 여전히 정서가 두 활동 모두를 촉발한다는 사실을 챙겨야 한다. 경험과 연구에 따르면, 정서로 착색된 사실을 무관심한 사실보다 더 많이 확실하게 오래 외운다. 학생에게 뭔가를 전달할 때면 언제나 학생의 감정에 일격을 가해야 함을 잘 챙겨야 한다. 이것은 더 나은 각인과 습득을 위한 수단으로뿐만 아니라 목적 그 자체로도 필요하다.

13. 이전의 교육은 끝없이 행동을 논리적인 지성인의 행동으로 만들었다. 그 결과는 끔찍하도록 "삭막한 마음", 감정의 부재다. 이는 그런 교육을 경험한 모든 사람의 피할 수 없는 특징이 되었다. 현대인은 모든 것을 지나치게 자동화하고, 자신의 개별 인상들을 개념과 묶어서, 삶은 자신의 심리 상태를 혼잡하게 하지 않아 잔잔하기만 하다. 그리고 정서적 측면에서는 선명한 마음의 동요도 없고 기쁨도 걱정도 없는 이런 삶이, 특별한 명칭, 곧 러시아 문학에서 속물근성 혹은 소시민 근성이라고 오랫동안 표현했던, 표준 치수 같은 작은 감정들의 토대를 조성했다.

14. 그런 교육 때문에 우리는 삶에서 순수한 감정을 잃었다. 그리고 그런 교육 중에서, 교과를 삭막하고 냉정하게 교수학습하는 방식은, 감정을 죽여 세상을 비인간적으로 만드는 데 작지 않은 역할을 했다. 우리 중 누구도 무진장한 정서적 흥분의 원천이 지리, 천문학, 역사의 평범한 코스에 숨어 있음을 골똘히 생각해 보지 않았다. 이는, 이들 교과를 교수하는 것이 건조한 논리적 도식의 한계들을 넘어 개념을

다루는 교과의 사고 과업일 뿐 아니라 감정 과업임을 고려할 때만 가능하다.

15. 정서는 사고보다 덜 중요한 행위자가 아니다. 교사의 관심은 학생들이 지리 교과의 내용을 진지하게 생각하고 익히는 것뿐만 아니라 깊이 느끼게 하는 것이어야 한다. 몇몇 이유로, 이런 사고는 보통 머리에 잘 떠오르지 않는다. 그리고 정서로 채색된 교수는 드물게 일어나는 일이다. 교수의 대부분은 교사 자신의 교과에 대한 무력한 사랑에 단단히 묶인다. 이런 교사는 자신의 사랑을 학생에게 전달할 수단을 모른다. 이런 까닭에 그는 통상 괴짜로 소문난다.

16. 그런데 바로 정서 반응이 교육 과정의 토대를 만들어낸다. 이런저런 지식을 전달하기 전에, 교사는 학생에게서 적합한 정서를 불러일으켜야 한다. 그리고 이 정서가 새로운 지식과 연결되는지 확인해야 한다. 학생의 감정을 관통한 새로운 지식만 접종할 수 있다. 다른 모든 것은, 세상과의 모든 생생한 관계를 죽이는 죽은 지식이다. 교육 과정을 구성할 때 우리 수업들에서는 문학을 가르칠 때만, 그것도 미미한 정도로만 정서적 계기가 있어야 한다는 필요를 인식했다.

17. 그리스인들은 철학은 경이감에서 시작된다고 했다. 이것을 모든 지식에 적용하면, 잘 알려진 감정 갈증이 모든 지식에 선행한다는 뜻에서 심리적으로 사실이다. 모든 교육 작업의 출발점으로 잘 알려진 흥분, 걱정의 계기가 꼭 필요하다.

18. 이 메마른 무정함의 가장 좋은 예는 깊은 뜻이 담긴 체호프의 희극적인 단편이다. 이 작품은 문장부호를 공부한 적이 없는 늙은 관리가 경험에서 모든 구두점의 의미를 찾아내는 방법을 알려주었다. 그는 콜론이 서류나 증명서 목록 앞에 위치하고, 쉼표로 가족 구성원을 떼어내는 것을 경험했다. 달리 표현하면, 그의 삶과 경험에는 정서적 뜻이 이런 기호로 나타나는 순간들이 늘 있었다. 그가 공직에서 일한

비고츠키의 교육심리학

그 긴 세월 동안 마주치지 못한 것은 딱 하나, 느낌표였다. 그렇지만 그는 아내의 기숙 학교 규칙에서 기쁨, 감탄, 분노, 분개 따위의 감정을 표현하려 느낌표를 사용했던 사례를 통해 상투적인 그 의미를 찾았다. 그런 감정들은 공직자의 삶에는 존재하지 않는다. 하지만 그는 바보처럼 산 인생에 대한 끝없는 비애와 혼란과 분노로 감정이 격렬하게 분출하는 일을 처음으로 경험했다. 그는 상사가 보낸 성탄 카드에 자기 이름을 쓰고 느낌표를 크게 세 개나 찍었다.

19. 학생들이 체호프가 창조한 관리의 비참한 삶을 되풀이하지 않기를 원한다면, 열광, 분노 따위의 감정이 그들의 삶에 출현하지 않도록 배려해야 한다. 그래서 그들의 삶에 더 많은 느낌표가 생기게 해야 한다.

20. 어떤 이유에서인지 모르지만, 우리 사회에서는 사람의 인격에 대한 일방적인 견해가 자리 잡았으며, 마찬가지로 사람들은 지성과의 맥락에서만 영재성과 천재성을 이해한다. 그러나 사람은 천재처럼 생각할 수 있고 천재처럼 느낄 수도 있다. 인격의 정서적 측면은 다른 측면보다 덜 중요하지 않으며, 지혜나 의지와 같은 정도로 교육 대상이자 과제다. 사랑은 미적분학의 발견처럼 영재와 천재의 일이 될 수도 있다. 여기저기서 인간 행동은 예외적인 장엄한 형태를 취할 수 있다.

21. 정서 교육의 좋은 쪽 극단이 아닌 다른 쪽 극단은, 감정과 엄밀히 구별해야 하는 과도하고 거짓으로 부풀려진 감수성이다. 정서가 어떤 작용과 묶이지 않고 그에 수반되는 내적 반응으로 모든 게 완전히 해결될 때, 감수성을 그런 형태의 정서 반응으로 이해해야 한다. 제임스는 잘못된 감정의 예로서 러시아의 감상적인 여성들을 언급한다. 이들은 감수성이 예민해 극장에서 연극을 관람하며 울고 있지만 그들의 마부가 영하 40도의 거리에서 얼고 있다는 사실을 깨닫지 못한다. 행

위에 정서가 강력하고 중요한 만큼, 감상은 무익하고 무의미하다.

22. 정서 교육을 그 낱말의 본래 뜻에 맞게 언급하면, 여기서 꼭 필요한 교수 과제는 정서 습득이다. 즉, 정서들이 다른 모든 반응에 밀접하게 묶여서 침범하고 파괴하는 방식으로 반응의 흐름에 난입하지 않도록, 정서들을 일반적인 행동 연결망에 포함하는 것이다.

23. 감정을 통제하는 능력은 심리적으로 감정의 외적 표현을 통제하는 능력, 즉, 감정 반응을 속박하는 능력일 뿐이다. 그러므로 감정을 신체로 표현하는 방법을 터득해야 감정을 정복할 수 있다. 역겨운 맛에 몸을 굽히거나 찡그리지 않는 것을 배우는 사람은 역겨움 자체를 정복할 것이다. 바로 여기에 의식적 움직임의 발달과 조절에 속하는 감정 교육의 비범한 힘이 놓여 있다.

24. "오만한 자세와 호전적인 기세로 대담하고 당당하게 적을 공격하는 겁쟁이는 이미 그의 비겁함을 극복한 것이다." 우리는 강철 심장으로 명성을 떨친 표트르 대제와 나폴레옹 같은 사람들이 발작을 일으키기 전에 쥐나 곤충을 두려워했음을 알고 있다. 그렇게 보면, 정서적 반응이 내재한 두려움의 감정을 그들은 알고 있었다. 하지만 그들은 두려움을 제어하는 방법을 알고 있었기에 전쟁터에서 떨지 않고 당당하게 서 있을 수 있었다.

25. 이렇게 모든 교육의 과제인 정서 습득은 언뜻 봐도 감정을 억제하는 것으로 보인다. 사실, 정서 습득은 단지 감정을 종속하게 하는 것을, 감정을 다른 형태의 행동에, 합리적인 행동의 지향에 연결하는 것을 의미한다. 감정을 이성적으로 사용한 본보기는 소위 지적 감정, 즉 호기심, 흥미, 경이감 등의 감정이다. 지적 감정은 지적 활동과 직접 연결되어 발생하고 너무나 명백한 방식으로 지적 활동을 이끈다. 이 와중에 너무나 사소한 신체적인 표현을 동반한다. 이런 신체적 표현은 대부분 눈이나 얼굴에서 몇 번의 미묘한 움직임으로 사라진다.

27. 본능을 활용한 최고의 교육 기제로 이야기했던 놀이는 정서적 행동을 조직하는 최고의 형태기도 하다. 어린이의 놀이는 늘 정서적이며, 어린이의 눈부시게 잘 발달할 감정을 일깨운다. 어린이가 놀면서 맹목적으로 정서를 따르는 것으로 보이지만, 어린이는 놀이의 규칙과 최종 목표를 정서와 조화시킨다.

26. 이런 방식으로 보면, 놀이를 본능적·정서적 토대 위에서 발생하는 의식적 행동의 첫 번째 형태로 이해해야 한다. 놀이는 이런 다양한 행동 형태들을 총체적인 방식으로 교육하고 그들의 올바른 조정과 연결을 확립하는 가장 좋은 수단이다.

|7장|

주의의 심리학과 교육학

가. 주의의 심리적 성질

1. 전통적인 심리학은 주의를 다음과 같은 활동으로 정의한다. 그 활동의 도움으로 우리는 외부에서 오는 인상의 복잡한 구성을 분해하고, 이 흐름에서 인상의 가장 중요한 부분을 골라내어, 모든 힘을 적극적으로 거기에 집중하여, 그것이 의식으로 침투하는 것을 촉진할 수 있다. 이 활동 덕분에 선택된 부분을 선명하고 명료하게 경험할 수 있는 특별한 선명함과 명료함을 얻게 된다.

2. 그러나 이전 심리학은 우리가 주의를 기울이는 행위에서 하나 이상의 '심리적' 차례라는 외형을 접하게 되는데, 주의가 빈번하게 먼저 시작하고 주의가 펼쳐질 때 순전히 운동적 성격의 여러 표현에서 생기는 것임을 알고 있었다. 가장 단순한 주의 행위들을 자세히 살펴볼 필요가 있다. 이런 행위들이 매번 다양한 지각 기관의 움직임으로 환원되는 특정하게 설정된 반응들에서 시작되는 것을 관찰할 수 있다. 그래서 우리는 뭔가를 신중하게 살피려면 적절한 자세를 취하여 머리를 그쪽으로 향하고, 필요에 따라 눈을 조정하고 고정한다. 주의 깊게 듣는 행위에서 귀, 목, 머리의 적응적·지향적 움직임은 똑같이 중요한 역할을 한다.

비고츠키의 교육심리학

3. 이 모든 움직임의 뜻과 처방은 가장 책임 있는 작업을 담당하는 지각 기관을 가장 편리하고 유리한 위치에 두는 것이다. 그러나 주의의 이런 운동 반응들은 위에서 언급한 외부 지각 기관의 반응보다 좀 더 나아간다. 전체 유기체가 외부 인상의 인식을 위한 이런 운동 적응들에 참여하는 것으로 밝혀졌다.

4. 그렇게 실험 연구에서 확인했듯이 아무리 사소한 주의 행위에도 호흡과 맥박의 변화가 따른다.

5. 이런 가장 내밀한 유기체 과정조차도 임박한 활동에 적응한다. 그러나 이런 능동적 운동 반응은 실제 이야기의 절반에 불과하다.

6. 똑같이 중요한 또 다른 절반은 임박한 활동에 연결되지 않는 다른 모든 움직임과 반응을 종료한다는 것이다. 개인적 체험으로 누구나 어두울수록 주의를 기울인 듣기에 도움이 되는 것을 알고 있다. 즉, 침묵, 주의를 기울인 관망, 달리 표현하면, 관여하지 않는 기관이 작동하지 않고 휴식을 취하는 것이, 주요 기관의 작업과 주의를 집중하는 데 크게 도움이 된다. 심리학적 관점에서, 반응의 종료와 억제는 모든 능동적인 움직임과 정확하게 같은 운동 반응이다. 따라서 운동 측면에서, 주의의 특징을 내부·외부 기관의 적응적 움직임과 유기체의 다른 모든 활동의 억제로 요약할 수 있다.

7. 그러나 이 그림의 첫 부분이 없을 때면 주의를 기울이는 행위가 삶에서 가장 큰 역할을 한다. 우리가 소위 '내적' 주의를 말할 때, 즉 우리의 주의가 향하는 대상이 유기체와의 관계에서 외부 세계에 있지 않고 유기체 반응의 일부일 때 이것이 발생했다. 이 경우 행위는 내적 흥분으로 나선다.

8. 반응학의 관점에서 보면, 주의의 외형은 잘 알려진 설정된 반응 체계로, 즉 유기체의 준비된 반응들로 이해해야만 한다. 설정된 반응 체계 때문에 신체는 원하는 위치와 상태를 취해 유기체의 임박한 활

동을 준비할 수 있다. 이런 관점에서 보면, 설정된 반응은 다른 모든 반응과 크게 다르지 않다. 설정된 반응에서 모든 반응의 전체 과정에서 발생하는 똑같은 세 가지 필수 계기를 감지하고 확인하는 일은 매우 쉽다.

9. 첫째는 그것이 무엇으로 표현되든, 어떤 외적 인상이나 내적 흥분으로 표현되든, 무언의 낱말, 욕망, 정서 따위로 표현되든 관계없이 거기에는 대응하는 안달, 충동 또는 순간적인 감정이 존재한다는 것이다. 그런 논란의 지점이 없다면 설정된 반응은 발생할 수 없다.

10. 그다음에는 순간적인 감정을 중추에서 처리하는 계기가 뒤따른다. 중추신경계가 처한 상태들의 다양성과 복잡성에 의존하면서, 우리는 충동으로 인해 이런 반응들이 취한 다양한 형태들을 잣대로 순간적인 감정의 존재를 판단할 수 있다. 제대로라면 같은 흥분은 한 무리의 흥분 진원지에 들어가고, 이는 하나의 효과를 일으킨다. 마찬가지로 이 진원지에 발생한 변화를 제대로 분류하면, 똑같은 흥분도 너무나 다른 효과를 일으킨다.

11. 마지막으로, 반응의 셋째 계기는 대응 효과이며, 이는 일련의 외부 또는 내부 움직임에, 내부 장기 또는 내부 분비의 일련의 체강 반응에 항상 주의를 기울여 실현된다. 이런 취지에서 설정된 반응은 유기체의 가장 일반적인 반응이지만 사람의 행동에서는 특별한 역할을, 미래 행동을 준비하는 일을 한다. 따라서 이런 설정된 예비 반응은 사전반응이라 한다.

나. 설정의 특성

1. 설정, 설정된 반응은 여러 측면에서 그 특성을 서술할 필요가 있다. 첫째 특성은 설정된 반응 그 자체에서 소위 그 반응의 용량을, 즉 주어진 설정된 반응으로 행동의 작동 기제에서 처리할 수 있는 동시

적 안달의 수를 구분할 수 있다는 것이다. 분트의 계산에 따르면, 의식은 16~40개의 단순한 인상을 동시에 수용할 수 있지만, 주의는 같은 성질의 더 적은 수(6~12개)의 인상에 유기체가 동시에 대응하도록 준비할 수 있을 뿐이다. 이런 이유로, 설정된 반응의, 우리의 모든 행위에서 작은 일부만 선택하고 그것을 다른 모든 것과 다른 조건의 경로에 놓는, 선택적 성격을 너무나 명확하게 알 수 있다.

2. 이것은 확실히 해야 한다. 생물학적으로 설정 용량은 상수값을 갖는 게 아니다. 성별, 나이, 개성에 따라, 그리고 가장 중요한 요인인 특정 개인의 연습, 기술, 체험에 따라 매우 큰 차이를 보인다. 같은 사람이라도 가능한 설정 용량은 일정하지 않고 유기체의 전반적인 상태에 따라 변할 수 있다. 그러나 유기체가 행할 설정 능력의 한계와 경계에 대한 개념은 주의 심리학에서 얻은 가장 가치 있는 성과 중 하나다. 심리학의 이 가르침은 경제학에 작업 틀로 도입되기도 했다. 그래서, 우리는 행동의 가능성을 미리 계산하고 고려할 수 있게 되었다.

3. 설정을 특징 짓는 둘째 계기는 설정을 지속하는 시간이다. 가장 중요한 요점은 설정에서 극도로 불안정하고 불확실하며, 말하자면 쉽게 변동하는 상태를 발견했다는 것이다. 이를 간단한 실험으로 쉽게 확인할 수 있다. 강하게 주의를 기울여 한 점이나 글자를 오랫동안 바라보면 쉽게 알아차릴 수 있다. 처음에는 강한 주의로 시작했는데 점차 약해지기 시작한다. 처음에는 가상 뚜렷하고 명료하게 지각된 그 점이 눈앞에서 희미해지기 시작하여 모호해지고 흐려지고, 심지어 시야에서 사라지다가 다시 나타나고 떨린다. 눈앞에서 깜박인다. 흥분 진행을 결정하는 모든 외부 조건이 똑같이 유지되지만 이런 일이 벌어진다. 명백하게도 결과의 변화는 어떤 내부 과정, 특히 설정 과정에서의 변화 때문이다.

4. 이는 아주 이상할 일이다. 측정한 설정을 지속하는 시간은 극히

짧고, 가장 긴 경우에도 몇 분을 넘지 않았다. 한 설정을 지속한 후에는 규칙적으로 순환하는 진동이 시작된다. 행동 조건이 오랫동안 설정 유지를 요구하면, 설정은 사라졌다가 다시 나타난다. 따라서 실선이 아닌 점선으로 간격을 두고 벌어지는 충동처럼 설정은 나아간다. 그렇게 나아가면서 충동에 의한 반응을 조절하고, 한 충동과 다른 충동 사이의 간격에서는 관성처럼 우리의 반응이 흐르게 한다.

5. 이런 식으로, 리듬은 우리의 설정에서 기본 법칙이 된다. 우리는 리듬에서 발생하는 모든 교육적 요구 사항을 고려해야 한다. 우르반치치Урбанчич의 간단한 실험은 이 법칙을 확증했다. 이 실험에서 피험자는 눈을 감고 시계의 똑딱거리는 소리를 들으면서, 그 소리가 점점 작아지거나 점점 커지는 것으로 느껴질 때면 "더 멀리"나 "더 가까이"라고 응답했다. 이 실험의 모든 참가자에게서 똑같은 결과를 얻었다. 그들은 올바른 대답을 하고자 "더 멀리"나 "더 가까이"라고 바꾸어가며 답했다는 것이다. 피험자가 계속 가까워지거나 멀어지는 똑딱 소리의 인상 때문이다. 그들은 시계 소리가 실험자의 조작으로 조금씩 가까워지거나 멀어지는 것으로 들었기 때문이다. 하지만 실험자는 실험 내내 시계의 위치를 옮기지 않고 자기 자리에 가만히 있었다.

6. 다시 말하지만, 소리가 약해지고 커지는 원인을 외부 과정이 아니라 설정이라는 내부 과정에서 찾아야 한다는 것은 분명하다. 이 경우 우리는 우리의 설정에서 순수한 종류의 리듬이나 파형을 다룬다. 이는 균일하고 연속적인 일련의 안달을 향하여 그것들이 흩어져서 쭉 늘어서 있는 유사한 흥분이 아니라 자체의 고점과 저점을 지닌 물결 모양의 단일한 전체다.

7. 이 내용에 의존하여, 설정의 마지막 특징이자 기능을, 즉 설정이 외부 인상을 통합하고 조직하는 역할을 살피는 것은 가치 있는 일이다. 주의에 리듬이 있어서, 우리는 리듬을 도입하여 안달이 실제로 있

비고츠키의 교육심리학

는지와 상관없이 모든 외부 안달에 주의를 할당하는 경향이 있다. 다시 말해, 우리는 세계를 분해되어 혼란스러운 형태가 아니라 연결된 리듬이 있는 총체로 인식한다. 작은 요소들을 통일하여 무리를 만들고, 그 무리를 통일하여 새롭고 더 큰 무리를 형성하여 이를 인식한다. 이런 식으로 우리는 한 심리학자의 다음과 같은 표현을 이해할 수 있다. 주의 덕분에, 운율 있는 시에서 낱말의 개별 음들로부터 시작해 운의 체계를 갖춘 행과 연으로 통일되는 것처럼, 우리는 세계를 인식한다.

다. 내적 설정과 외적 설정

1. 경험주의 심리학은 주의를 질적 측면에서 비자발적 주의와 자발적 주의로 구분했다. 첫째 유형의 주의를 일반적으로 흥분의 과도한 힘 또는 흥미 혹은 표현력으로 우리를 끌어들이는 외부를 향한 흥분에 대응하는 행위로 간주했다. 조용한 방에 앉아 밖에서 난 총소리로 귀를 돌리면, 이것은 비자발적 주의의 가장 좋은 예가 될 수 있다. 여기서 설정 반응의 원인은 유기체 내부가 아니라 유기체 외부의 현상, 예상치 못한 새로운 흥분의 힘에 있다. 새로운 흥분이 모든 자유로운 주의의 장을 장악하고 다른 반응 모두를 밀어내고 억제하기 때문이다.

2. 심리학자들은 집중이 외부가 아니라 유기제의 내부를 향하고, 자신의 경험, 인간의 소행 또는 사고가 주의의 대상이 되는 경우를 내부를 향한 주의 또는 자발적 주의라고 한다. 그런 자발적인 주의의 예로 뭔가를 기억하려고 할 때, 뭔가를 알아내려고 할 때, 또는 어떤 일에 착수하여, 책을 읽고, 편지를 쓸 때 그리고 의식적이고 자발적으로 이 일에 필요한 모든 기관을 준비시킬 때, 자신의 사고에 온전히 집중하는 경우를 둘 수 있다.

3. 오랫동안 두 유형의 주의 사이에는 내적이고 본질적인 차이가 있는 것처럼 보였다. 이 차이는 첫째 유형의 생리적 본성과 둘째 유형의 심리적 본성의 구별로 완전히 가려졌다. 심리학자들은 기꺼이 이 둘째 유형의 특징을 내적 의지로, 신체적 표현에 직접 연결되지 않는 의지적 노력의 순수한 행위로 기술했다. 한편, 같은 실험 연구에 따르면, 자발적 주의의 경우 첫째 유형의 비자발적 주의와 같은 호흡과 혈액순환의 체강 반응이 나타난다. 게다가 이런 행위들은 낯선 움직임의 멈춤, 외부를 향한 주의와 같은 활동의 지연을 동반한다. 두 유형의 유일한 차이는, 둘째 유형에는, 자발적 주의에는 명확하게 표현된 외부 기관의 적응 반응이 없다는 것이다.

4. 그러나 이 차이는 두 경우에 주의가 향하는 대상이 다르다는 것으로 명확하게 설명된다. 주의가 외부로부터 오는 어떤 인상으로 촉발될 때, 유기체는 이 인상을 인식으로 가져올 수 있는 상응하는 지각 기관을 준비함으로써 대응한다. 이는 너무나 분명하다. 그리고 설정이 외부가 아니라 내부의 안달 요소에 초점을 맞출 때, 그런 반응은 조금도 필요하지 않다. 이도 분명하다. 우리는 외부 안달을 외부 수용 장에서 인식하지만, 내부의 안달 요소를 고유 수용 장과 내부 수용 장에서 인식한다.

5. 일상 언어는, 그것이 이런 내적 주의 행위를 두드러지게 나타냈다, 이런 표현으로 이런 유사함을 포착했다. 뭔가를 강렬하게 집중적으로 기억할 때 우리는 내부에서 들리는 낱말들을 듣는다. 누군가의 말이나 음악을 주의 깊게 들을 때 그것이 방해했던 방식과 마찬가지로, 이상한 소리와 목소리가 우리를 방해한다. 여기서 언어는 주의의 두 유형에서 볼 수 있는 귀의 적응적 움직임과 고유 수용 신경 경로의 적응적 움직임 사이에 존재하는 완전한 유사함을 견고하게 한다. 이 경우 상당한 심리적 차이는 자발적 주의에만 내적 흥분제가 존재한

비고츠키의 교육심리학

다는 것이다. 내적 흥분제는 외부를 향한 흥분과 똑같이 설정 반응의 효과를 일으킬 수 있다.

6. 설정의 두 유형에서 그 차이가 선천적이거나 무조건 반사와 후천적이거나 조건 반사 사이의 차이로 응축된다는 것을 인식한다면, 우리는 조금도 틀릴 수 없다. 관찰에서 알 수 있듯이, 가장 단순한 형태의 집중은 신생아의 생애 첫날부터 나타나고, 성인 주의의 모든 전형적인 외형을 선명하게 담고 있는 무조건 반사다. 그러나 모든 무조건 반사와 마찬가지로, 집중 반사는 교육하고 재교육할 필요가 있다. 이 반사를 일으키는 흥분이 항상 다른 이질적인 흥분을 동반한다면, 두 흥분의 시간이 반복적으로 일치한 결과로, 두 번째 무관심한 흥분과 동시에 발생한 반응 사이의 새로운 연결이 대뇌의 피질에서 이어진다. 그렇게 우리는 조건 반사를 형성했다. 이 반사는 기계적 정확성으로 작용하고, 전에 무조건 흥분으로 유발되던 것과 똑같이 새로운 흥분으로 이 반사를 유발한다.

7. 수유하는 엄마에게서 오는 인상으로 아이에게 집중 반사가 유발된다고 하자. 이런 안달 체계가 자신의 반응에서 오는 눈의 안달과 또는 자신의 만족스럽지 못한 울음소리와 매번 일치한다면, 짧은 훈련 결과로, 심지어 그 순간 엄마가 없어도, 한 번의 눈 감정이나 울음소리만으로도 어린이의 모든 반응이 음식에, 식사에 확립되기에 충분할 것이다.

8. 따라서 외적 안달에 의한 외적 설정은 내적 안달에 복종하여 내적 설정이 되어 둘째 국면으로 접어든다.

라. 주의와 산만

1. 일반적으로 산만은 주의 행위와 정반대인 것으로 받아들여졌다. 그리고 이런저런 흥분의 도래에 대한 유기체의 준비 상태를 주의 행위

라 이해한다면, 산만은 물론 흥분의 도래를 전혀 예상하지 못함과 유기체가 그에 대응하는 데 완전히 부적당함을 의미한다.

2. 다른 사람의 이야기에 주의를 기울이면, 우리는 적절하고 의미 있는 응답으로 즉시 대응한다. 마찬가지로 산만하게 듣는다면, 우리는 답하지 못하거나 부적절하게, 늦게 응답한다.

3. 그러나 이런 제안은 심각한 변경이 필요하다. 요점은 심리학적 관점에서 볼 때 산만에서 너무나 다른 두 가지 측면을 구별해야 하는 것이다. 이 두 측면은 주의와 산만처럼 서로 화해할 수 없다. 산만은 주의력이 약해서, 어떤 하나에 설정을 불러오고, 집중하고 지속하는 능력이 없어서 생긴다. 그러므로 산만은 행동의 전체 기제가 정지되고 장애를 겪는 상태를 의미할 수 있으며, 이런 뜻에서 눈에 띄는 징조로 보면, 산만은 명백한 병리적 성격을 취하며 비정상적인 영역에 속한다.

4. 그러나 교사가 다루어야 하고 정상적인 사람의 삶에서 걸음마다 나타나는 산만은, 많은 경우, 주의에 필요하고 유용한 동반자다. 위에서, 우리는 잘 알려진 협소한 것에 우리 행동을 한정함으로써 획득하는 설정의 가치를 명확히 했다. 설정의 뜻은 항상 반응 경로를 좁히는 것으로 압축된다. 제한된 그 수로 인해 힘, 질, 선명함에서 승리하게 된다. 물론 이것은, 우리에게 일어나는 일련의 흥분이 중립을 유지하고 우리 편에서 어떤 반응도 일으키지 않도록, 우리의 행동이 협소해지는 것을 전제로 한다.

5. 어떤 하나에 주의를 기울이는 것은 항상 다른 모든 것과 관련하여 산만해지는 것을 전제한다. 여기서 의존성은 정비례의 완전한 수학적 성격을 띠며, 주의의 힘이 클수록 산만의 힘도 크다고 할 수 있다. 다시 말해, 한 반응에 대한 설정이 정확하고 완벽할수록 유기체는 다른 반응에 대한 설정에 덜 적응할 수밖에 없다. 일반적으로 하나의 사고에 몰두한 사람들과 산만한 학자들에 대한 잘 알려진 일화들에서,

주의와 산만의 연결이라는 심리 법칙은 가장 빛나는 입증자료를 얻게 된다. 한 학자의 산만, 한 연구자의 산만은 항상 그의 사고가 한 점에 비정상적으로 집중되어 있음을 의미한다. 이런 취지에서, 과학적 관점에서 보면, 주의 교육이나 산만과의 투쟁이 아니라, 주의와 산만을 함께하는 옳은 교육을 이야기해야 적절하다.

마. 설정의 생물적 가치

1. 설정이 발생하게 한 필요들에 주의를 기울이면, 설정의 생물적 가치는 가장 잘 드러난다. 유기체가 복잡하면 복잡할수록 환경과 유기체가 보이는 상관관계의 형태는 더 다양하고, 유기체의 행동은 더 높은 형태를 취한다. 고등 동물의 행동을 두드러지게 하는 고정된 복잡화는 선천적 또는 유전적 경험 위에 있는, 소위 개인적 체험 또는 조건 반사라는 이름의 상부 구조다. 거미나 나비의 행동은 유전적·본능적 형태가 0.99를 결정하고, 거칠게 말하자면, 개체가 설정한 개별적 연결이 0.01을 결정한다. 이 비율은 하등 동물에서 고등 동물로 넘어가자마자 거꾸로 바뀐다.

2. 인간 행동의 복잡한 조성에서 모든 반응의 거의 100분의 1이 개인 체험의 개별적 영향과 무관하게 태어나는 날부터 작동한다. 이 상부 구조의 생물적 뜻은, 아직 실재는 아니지만 알려진 징후에 따르면 반드시 발생해야 하는 사건의 도래에 유기체가 소위 예비적으로 또는 신호적으로 적응하는 데 있다. 환경의 미래 변화에 적응하는 이 신호적 또는 예비적 형태는 적응의 가장 높은 형태로, 주의 반응 또는 설정 반응으로 나아간다. 즉 이 형태는 유기체를 완벽하게 준비된 상태로 이끄는 이런 반응 충동에 반사처럼 얽매인다.

3. 따라서 설정은 이렇게 정의될 수 있다. 칼 그로스Karl Groos의 명확한 정의에 따르면. 생물학적 관점에서 보면 미래에 대한 예상으로,

생존을 위한 육체적 싸움의 수단으로서, 위험이 임박한 바로 그 계기가 아니라, 위험이 멀리서 접근할 때 유기체가 필요한 움직임으로 대응하게 하는 것이 설정이다.

4. 인간 행동에서 그 복잡한 형태는 분기하는 듯하다. 유기체가 수립한 엄청난 수의 반응과 그것들의 통합과 조합이 만든 예외적인 복합성 때문에, 유기체가 자신의 행동을 통제하면서 이들 반응의 경과를 특별히 관리할 필요가 생긴다. 이들 반응을 통제하고 조절하는 역할에서 자연스럽게 무엇보다도 먼저 뛰어나오는 것이 내부 안달이다. 내부 안달은 고유 수용 장에서 발생하고 유기체가 각각의 반응 전에 전투 준비 태세에 들어가게 만든다.

5. 여기에 주의를 유기체의 내부 전략으로 비유할 수 있는 적당한 까닭이 있다. 주의는 실제로 전략가의 역할로 나선다. 즉, 자신은 전투에 참여하지 않지만, 그 전쟁을 감독하고 조직하고 지도하고 통제하는 역할을 한다.

6. 이 기본적인 관점에서 보면, 위에서 언급한 설정의 모든 묘사를 쉽게 이해할 수 있다. 우리 기관이 하는 작업의 통일을 유지하기 위해, 유기체가 설정 반응을 위한 극히 한정된 특정 단면을 만들고 신체의 대다수 기관의 행위에 통일을 확보하고자 설정 반응 수를 제한하는 것은 생물 측면에서 불가피하다. 이는 매우 분명하다. 설정이 유기체를 위한 극도로 모험적인 장치이기 때문에, 정확히 지적하면 그 반응의 수가 너무 적기 때문에, 설정 기간이 매우 짧다는 것도 이해할 수 있다. 한 지역 전투를 위해 유기체를 준비시킴으로써, 설정은 다른 모든 지역에서 유기체를 무력화하여 약하게 만든다. 그리고 설정이 그렇게 순간적이고 소심하지 않다면, 설정은 여러 번 큰 위험의 타격 아래 유기체를 놓게 될 것이다. 그때 유기체는 위험에 대항하기에는 너무나 무기력할 것이다.

7. 생물 측면에서, 설정이 하나의 반응에서 다른 반응으로 빠르게 넘어가고, 자기 행위를 조직화하면서 행동의 모든 측면을 담당하는 것은 불가피하다. 우리 주의의 본성과 리듬도 마찬가지다. 이는 장기간의 작업에 필요한 주의의 휴식 외의 무엇을 의미하지 않는다. 그러므로, 주의가 단축하는 원리로 리듬을 이해할 것이 아니라 주의가 늘어나는 원리로 이해해야 한다. 왜냐하면, 몇 분 동안 멈추고 쉬면서 주의 작업을 가득 차게 만들고 차단하며, 리듬은 가능한 한 오랜 시간 동안 고갈하지 않고 에너지가 다 소비되지 않게 주의의 동력을 보존하고 유지하기 때문이다.

8. 마지막으로, 주의의 본성에서 그 생물적 가치를 밝힐 때 드러난 마지막 것은, 설정 반응은 유기체가 간단없이 지속하는 노력이라는 것이다. 결코 그 활약의 즉흥적인 발현이 아니라는 것이다. 이런 취지에서, 이렇게 말하는 사람도 있다. 주의는 발동기처럼 한 폭발에서 다음 폭발로 충격의 힘을 유지하면서 작렬하는 폭발들에서 작동한다. 이런 식으로, 주의의 행위는 계속 소멸하고 다시 나타나는 것으로, 매 순간 꺼졌다 스스로 점화하는 것으로 이해해야 한다.

바. 설정의 교육적 가치

1. 과장이라는 비난을 두려워하지 않고 말할 수 있다. 설정은 아동에게 교육적 충격을 줄 가능성이 생성되는 첫째 조건이다. 어떤 교사들은 교육의 전 과정을 특정한 설정 형태의 발달로 축약하기를 선호한다. 그리고 그런 식으로, 모든 교육은 무엇보다도 주의를 교육하는 것이며, 다른 유형의 교육은 발달해야 할 설정의 성질만 다를 뿐이라고 한다.

2. 다 알고 있는 것처럼 이것은 옳다. 교육에서 우리는 그 자체가 목표고 대가인 필요한 움직임과 올바른 품행을 다루는 게 아니라 미

래의 작업과 활동에 필요한 기술과 능력의 산출을 다루기 때문이다. 그렇다면, 우리의 과제는 혼자 특정 반응을 일으키게 하는 것이 아니라 필요한 설정을 교육하는 것이다. 이런 교육은 혼란스럽고 조정되지 않은 새롭게 만들어진 움직임 더미에 특정한 조정, 풍부한 의미, 올바른 지향을 제시한다. 모든 성인의 행동은 이 계기에 실제 존재한다는 점에서만 새롭게 만들어진 행동과 다르다. 그러므로, 교육의 기본 원리는 너무나 명확하다. 이 원리는 보존되어야 하고 최전선에 배치되어야 하는 가장 필요하고 중요한 반응을 선택하는 것이다. 이 반응 주변에 놓일 조금 덜 중요한 다른 반응들은 자신들을 무리로 결정화하여 조직한다. 그렇게 되어 유기체에 불필요한 움직임들은 결국 억제되고 억압된다.

3. 그러나 설정 기제는 할당, 무리 짓기, 지연, 바로 이 세 가지 기능을 한다. 주의의 교육적 가치를 일반적으로 설명하기 위해, 연구자들은 그 큰 천둥과 뇌우의 소음에도 깨어나지 않던 방앗간 주인이 아주 작은 물소리에도 깨어나듯이, 거리에서 발생하는 온갖 소리와 소음에 너무나 무관심한 어머니가 아이의 희미한 끽끽거리는 소리에 어떻게 깨어나는지를 관찰했다. 달리 표현하면, 주의의 교육적 가치를 설명하기 위해, 설정이 환경의 충격 중에서, 비록 다른 것에 비해 너무 비약하지만, 유기체에 생물적으로 가장 중요한 것을 선별했던 사례나 사실을 지적한다.

사. 주의 발달

1. 교육할 대상으로서의 설정은, 끝없이 발달할 그 실재 능력 때문에 더 가치가 있다. 어린이와 성인의 다른 실재 능력을 비교하면, 다른 지역에서는 설정 지역보다 거대하고 장대한 질적인 차이를 발견할 수 없다. 최초 어린이의 주의는 거의 전적으로 반사적·본능적 성격이

며, 점진적으로 오래고 복잡한 훈련을 통해 임의적인 설정으로 변형된다. 유기체의 가장 중요한 필요가 임의적인 설정을 지시하고, 그에 따라 이 설정은 행동의 전체 흐름을 지시한다.

2. 여기서, 무의식적인 주의가 가장 빈번하게 현상하는 형태인 아이의 흥미는 특별한 교육적 가치를 얻는다. 아이의 주의는 거의 전적으로 흥미에 의해 지시되고 안내된다. 그러므로 어린이가 산만한 자연스러운 까닭은 교육 실천에서 두 노선, 즉 어린이의 흥미 노선과 어린이에게 강제적으로 제공되는 수업 과제 노선이 불일치하기 때문이다.

3. 이 불일치 때문에 구 학교 체계는 무력했다. 거기서 이 두 노선의 균열은 심리학적 지혜의 토대로 작동했다. 이렇기에 구 학교 체계는 주의를 조직하는 외적 조치에 의존할 수밖에 없었고, 그 결과 학생의 주의를 별도로 기록하여 평가할 수밖에 없었으며, 본질에서 설정의 적절한 형태를 건축하는 데 너무나 무력했다.

4. 아이가 자신의 흥미를 따라 발달하게 내버려 두면, 이는 자신의 변덕과 필요를 따르는 일로 이어질 수밖에 없다. 이는 말 탄 기수가 말에게 경주를 일임하는 것과 같다. 많은 교사에게 그것은 교육 과정 관리와 지도를 학생이 거부하는 것처럼 보였고, 그들은 이렇게 추론했다. 아이가 자신의 이익에 따라 인도된다면 왜 교사가 필요할까? 맹목적으로 아이의 관심을 뒤쫓는다면 교사는 쓸모가 없다. 교사는 때로 이 흥미를 반영하면서도 아이가 제멋대로 행하려는 힘을 제약해야 한다.

5. 이 명백한 어려움은 교육심리학에서 가장 고통 없는 방법으로 본질 차원에서 해결될 수 있다. 교육은 유기체의 자연스러운 성향을 추종하는 것도, 이런 성향과 무익한 투쟁을 펼치는 것도 아니라는 유일한 올바른 관점을 취한다면, 이 어려움을 쉽게 해결할 수 있다. 과학적인 교육 노선은 이 두 극단 사이에 놓여 있고 그것들을 단일한 전체

로 결합해야 한다. 어린이의 자연스러운 성향을 거쳐야만 한다. 다른 방식으로는 절대 어떤 교육도 실현할 수 없다. 바로 자기 욕구들에서 교육은 시작된다. 교육은 이런 성향들을 출발점으로 삼아야 한다. 그러나 여기서 소위 소명의 목표와 뜻만 본다면, 이는 자신의 무력함을 털어놓는 것이다. 실제로 이는 아동의 자연스러운 성향에 적극 개입하여, 그것들을 서로 충돌하게 만들고, 제멋대로 무리 짓고, 하나만 비호하고, 다른 것을 희생시키면서 하나만 자극하는 식으로 아동 취향의 자발적인 과정은 교육 환경과 사회 환경의 물길을 조직하고 형성하는 데 끌려 들어간다.

6. 어린이의 흥미 발달에서 교사의 역할이 무엇이냐는 질문은 이와 너무나 똑같은 상황에 있다. 한편으로 심리학자는 이 법칙의 전능함을 인정해야 하고, 손다이크를 따라 이 원리는 보편적인 의미를 담았다고 주장해야 한다. 그리고 우리가 결국 흥미로부터, 최소한 부정적 흥미로부터, 즉 싫증을 회피하려는 마음으로부터 가장 흥미로운 성과를 만들어낸다고 주장해야 한다.

7. 이 관점을 택하면, 모든 교수학습은 어린이 자신의 흥미에 근거를 둔 만큼만 실행할 수 있다. 다른 교수학습은 없다. 모든 질문은 이 흥미가 어느 정도까지 공부하는 교과의 노선을 따라야 하는 데 쏠아졌고, 이를 위해 보상, 처벌, 공포, 즐기려는 욕구 따위의 외부의 영향과 연결되지 않았다. 그러나 어린이의 흥미가 전지전능하다는 인식은 결코 교사가 어린이의 흥미를 무기력하게 추종하도록 하지 않는다. 이 환경에서 어린이의 주변환경과 삶을 조직함으로써 교사는 아동의 흥미가 펼쳐지는 과정에 적극 개입하고, 아동의 모든 행동에 영향을 미치는 것과 똑같은 방식으로 아동의 흥미에 영향을 미친다. 그래도 교사는 다음과 같은 규칙을 지켜야 한다. 설명하기 전에 흥미를 끌어야 한다. 행위를 요구하기 전에 이 행위를 준비시켜야 한다. 반응을 확립

비고츠키의 교육심리학

하기 전에 그 설정을 준비해야 한다. 새로운 것을 알려주기 전에 이 새로운 것을 기대하게 만들어야 한다.

8. 이런 식으로, 주관적인 측면에서, 설정은 학생을 위해 무엇보다도 다가올 활동을 명확하게 기대하도록 펼쳐져야 한다.

아. 기대의 심리적 가치

1. 일상생활에서 기대가 어떤 사건이 일어났을 때 행동을 촉진한다는 것을 쉽게 알 수 있다. 기대하지 않았다는 것은 대부분 반응할 준비가 부족하고 반응이 불완전하다는 것을 의미한다. 그러나 정확한 심리학 실험 덕분에 기대의 진실한 본성을 발견하고 기대에 담긴 교육적 가치의 경계를 정확하게 그릴 수 있었다.

2. 실험이 보여준 바와 같이, 기대는, 본질을 이야기하면, 상응하는 작업 기관의 사전 준비로 귀결되고, 기대는 다가오는 행위에 대비하여 유기체를 동원하는 것이며, 이미 시작되었지만 완료되지 않은 행위다. 이렇게 발단한 행위를 비네는 심리적 태도라고 명명했다.

3. 태도가 어떤 움직임의 결과로 생겨나 다음 움직임의 출발점이 되는 것처럼, 이런 기대의 심리 상태는 어떤 반응의 결과로 생겨나 다음 반응이 출현하는 기반을 조성한다.

4. 단순 반응의 지속 시간을 측정할 때 매우 흥미로운 사실을 발견할 수 있었다. 이는 어떤 단순한 자극물에 단순하게 대응할 때, 사전 설정에 따라, 각각의 사람이 완전히 다른 세 종류의 반응을 나타낼 수 있다는 사실로 요약된다.

5. 너무나 당연한 유형의 반응은 자연적 반응 또는 자연스러운 반응이라고 한다. 이것은 설정의 가장 친숙한, 평범한, 고유한 현재 외양으로 움직임을 행할 때 나타나는 반응이다. 이런 반응들은 실험 목표에 따라 피실험자의 설정을 적극적으로 방해하지 못하고 우리가 원하

는 방식으로 그의 설정을 조직할 수 없는 경우들에서 발생했다. 실험을 통해 이런 경우들에서 우리는 각각의 현재 외양을 위한 전형적인 반응의 평균 시간을, 즉 설정의 일반적인 평균값을 확인했다. 피실험자의 보행, 대화, 쓰기와 같은 자연스러운 움직임의 빠르기에서 설정시간을 확인했다. 다시 말해, 이 경우들에서 우리는 마치 자연스러운 설정을 불러일으키는 듯했다. 이런 자연스러운 설정은 수년에 걸쳐 발전되어 현재 외양을 이루었고, 피실험자 기질과 성격에 통합된 한 부분이다.

6. 모두 알고 있듯이, 우리는 각기 고유의 습관적인 대화 방식, 보행속도, 몸짓과 말의 통상적인 빠르기가 있다. 그러나 이 자연스러운 설정 또는 자연적 설정의 평균 시간은, 우리가 피실험자에게 제시한 사전 지시를 통해 그에게 새로운 설정을 불러일으킬 수 있다면, 두 방향으로 크게 이탈할 수 있다.

7. 실험하기 직전에 피실험자에게 외부 인상을 인식하자마자 습관적으로 하던 것과 다른 방식으로 대응하라고, 동시에 가장 대응적인 기관에, 즉 상호적 움직임을 만드는 손가락에 주의하라고 하면, 매번 너무나 두드러진 효과를 얻게 될 것이다. 이 효과로 인해 반응 시간은 현저하게 감소한다. 우리가 상응하는 움직임을 불러일으키려고 제시한 사전 설정이 이 움직임이 발생하는 데 필요한 모든 신경 흥분을 유도했고 시작을 알리는 신호가 있기 전까지 그 움직임을 지연했다는 사실로 이런 반응 시간의 감소를 설명할 수 있다. 시작을 알리는 신호가 떨어지면 이 지연은 제거되고 반응은 격렬하고 강렬하게 펼쳐졌다.

8. 군사 교수학습에서 가장 빠르고 정확한 움직임을 키우고자 명령을 분해할 때, 즉 본질에서 똑같은 안달을 소위 실행 명령과 사전 명령의 두 부분으로 나눌 때, 군사 교육학도 똑같이 이 법칙을 완벽하게 고려했다. 게다가 훈련 과정에서 군인에게 뚜렷한 설정의 움직임과 뚜

렷한 반응 자체의 움직임을 기르기 위해, 이 두 부분을 종종 몇 분 간격으로 분리한다. "앞으로"라는 명령이 내려지면 군인들은 제자리에 머물지만 곧 나아가야 한다는 것을 안다. 명령에 따라 그들은 설정만 실행하고, 움직임에 필요한 근육들을 준비하고 가동한다. 외견상 이는 특별한 긴장으로 그리고 "돌격"이라는 명령의 실행 부분이 들리자마자 즉시 능동적인 움직임으로 전환하여 매 순간 나아갈 수 있는 특별한 준비 태세로 드러난다. 그리고 설정과 움직임 자체를 이렇게 의식적으로 분해해야만 가장 정확하고 완벽한 반응이 확립된다.

9. 움직임의 근육 부분을 설정할 때 발생하는 근육 반응에서의 이런 시간 단축은 어디서 나타날까? 그것이 설정 자체에서 전에 발생한 과정의 세세한 부분에서 생기는 것은 명백하다. 그리고 운동 설정이 근육 반응 시간을 단축했다면, 이는 운동 설정이 근육 작업 자체의 한 부분을 담당했음과 이제 근육 반응이 이 설정의 통제와 지도하에 진행됨을 의미한다.

10. 우리는 이것에 정확히 반대되는 성격의 설정이라 할 수 있는, 대립하는 사례에서, 이것에 대한 완벽한 확증을 발견한다. 지시를 통해 피실험자에게 모든 주의를 대응 기관이 아니라 인식 기관에 집중하라고 요구하는, 우리가 피실험자에게 주의 깊게 듣거나 피험자가 안달을 알아차리자마자 빠르게 응답하도록 요청하는, 그런 사례들에서 이런 사실을 찾을 수 있었다. 모든 사전 조작을, 반응을 처음 인식하는 순간에 맞추는 그런 감각 설정으로 우리는 자연적 형태의 반응 평균 시간과 비교하여 반응이 일반적으로 감속하는 현저한 효과를 얻었다.

11. 이런 움직임의 지연은 의심할 여지 없이 부차적 설정이 반응에 미치는 지연 효과 때문에 발생한다. 이런 사례에서 설정은 전적으로 지각 기관을 향하고, 자연스럽게 손의 반응을 지연하고 느리게 한다.

12. 따라서 실험 연구는 설정이 후속 반응 경과에 실제적인 영향을 미친다는 사실을 입증했다. 실험 심리학은 사전 설정이 모든 움직임의 시간, 강도, 형태를 미리 결정한다는 것을 보여주었다.

13. 무게는 같지만 크기가 다른 두 개의 무게를 사용한 경험적 실험은 간단하고 명확하게 설정 행위를 이야기한다. 같은 손으로 같은 무게의 두 물체를, 처음에는 더 큰 물체를 다음에는 더 작은 물체를 계속 든다면, 심지어 저울 위에서 두 물체가 반복적으로 균형을 이루는 것을 봐도, 그 인상은 의심할 여지 없이 더 큰 것이 들기에 더 쉬워 보인다는 것을 보여줄 것이다. 다시 말해서, 정확한 지식조차도 여기서 착각을 논박하기에는 힘이 없으며, 따라서 이 착각의 뿌리는 계량 과정 자체에서가 아니라, 후천적인 버릇으로 인해 계량 과정 전에 무의식적으로 만드는 사전 설정에서 찾아야 한다.

14. 이 설정으로 알 수 있는 것은, 우리 앞에 있는 더 큰 물체를 보면, 우리는 더 무거운 무게를 들 준비를 하고, 말하자면 더 큰 운동 충동을 할당하고, 우리 앞에 있는 작은 물체를 볼 때보다 현저한 에너지 보급을 만든다는 사실로 귀결된다. 이에 따르면, 같은 무게가 한 경우에는 중요하지 않은 근육 노력으로, 다른 경우에는 더 중요한 근육 노력으로 분배된다. 그리고 무게에 변화가 없어도, 우리의 설정에 따라, 같은 무게가 때로는 더 무겁게, 때로는 더 가볍게 느껴졌다.

15. 이 모든 실험은 본질에서 오직 하나를 이야기한다. 행동에 선행하는 설정 반응이 완전히 실제적인 방식으로 모든 행동을 결정하고 규제한다. 그러나 설정 반응의 영향은 항상 직접적으로 드러나는 것은 아니고, 때로 설정 반응에 이어지는 반응에서 간접적으로 확인된다.

자. 교육학적 결론

1. 설정의 가르침에서 끌어낸 가장 중요한 교육학적 결론은 무엇보

다도 교사가 학생의 지속적이고 명시적인 반응뿐만 아니라 이런 반응에 선행하는 보이지 않는 심층의 설정에도 주의를 기울여야 한다는 일반 공식으로 정리할 수 있다. 따라서 교사는 학생을 관찰해야 하고, 나아가 볼 수 있는 것에서 학생에게서 벌어지는 보이지 않는 것이 무엇인지 매번 추측해야 한다.

2. 학교 교수와 교수학습의 성공을 보장하기 위해 교사는 올바른 반응 경과를 위한 모든 조건을 제공해야 할 뿐만 아니라, 더 중요하게는 올바른 설정을 보장해야 한다. 교육의 주요 강조점이 바로 설정에 있어야 한다고 하면, 우리는 심리학 이론과 완전히 일치한다. 이에 따라 교사는 매번 학생에게 제시한 자료가 주의 활동의 기본 법칙과 일치하는지 계산해야 한다.

3. 무엇보다 먼저 이 자료는 설정된 반응의 제한된 양에 합치하고, 자료 활용의 속성이 그 설정 반응 경과의 지속과 어긋나지 않는 방식으로 조직해 제시해야 한다. 교육학적 예의 바름의 가장 단순하고 진부한 규칙은. 수업을 너무 늘어뜨리지 말고, 빌빌 꼬지 말고 똑바로 발음하라는 요구는, 본질을 보면 가장 원시적인 형태로, 그 자료가 학생의 사전 적응 반응에 일치해야 한다는 요구와 똑같은 것을 표현했다.

4. 규칙적으로 순환하는 우리 설정의 작업 방식과 일치하도록 수업 자료를 조직하는 것은 매우 중요하다. 맞춤법은 알고 있지만 산만하여 받아쓰기에서 아이가 행한 실수를 가볍게 살펴보기만 하면 물결 모양의 리듬을 발견할 수 있다. 받아쓰기 활동을 똑같은 시간 간격으로 나눈다면, 이런 각각의 국면에서 일관되게 실수한 것의 수가 증가하거나 감소하는 특징을 확인할 수 있다.

5. 다음과 같은 방식으로 수업을 교육학적으로 조직하는 것은 매우 중요하다. 가장 중요하고 주목할 부분은 주의의 힘이 상승하는 순간에, 가장 덜 중요하고 부차적인 부분은 주의의 물결이 하강하는 지점

에 위치시키는 방식으로 수업 자료를 나누어야 한다.

6. 게다가 자료 자체는 규칙적으로 순환하는 형식의 외관을 갖춰 유연성과 실현 능력을 포함해야 한다. 즉, 각각의 부분들이 전체적으로 하나라고 인식할 수 있도록 연결된 형태로 제시해야 한다.

7. 최종적으로, 마지막이자 가장 중요한 규칙은 교사에게 주의와 산만 둘 다에 똑같은 관심을 요구한다. 교사가 최악의 학생이 산만한 학생이라고 생각한다면, 그 교사는 크게 실수했고, 자기 반에서 가장 주의가 뛰어난 학생이 바로 그의 반에서 가장 산만한 학생일 수 있다는 단순한 진리를 이해하지 못했다.

8. 산만을 주의로 바꾸는 비결은, 본질을 짚자면, 주의의 화살을 한 방향에서 다른 방향으로 옮기는 것이다. 이는, 두 대상을 결박하여, 한 대상을 향한 흥미를 다른 대상에 대한 흥미로 옮기는 일반적인 교육 방법으로 달성된다. 이것이 주의 능력 발달에서 그리고 비자발적인 외적 주의에서 자발적 주의로의 변형에서 기본으로 해야 할 일이다.

9. 교육자는 학생이 이런저런 설정 반응과 연결된 충분한 수의 내적 자극물을 창조하여 산출하는 일을 챙겨야 한다. 이 일이 끝나면 교육자는 주의가 내적인 우리 행동 기제에 포함되어 있는지 그리고 주의가 기제에 맞게 작동하는지 확인할 수 있다.

10. 이와 연결하여 기본적인 설정 교육을 고려할 필요가 있음이 분명해진다. 이를 최근 교육학 문헌은 일반적으로 각각의 교육 행위에 담긴 목적 지향적 설정이라고 한다. 새로운 심리학은 교육 과정 자체를 교사의 손에서 학생의 손으로 옮기고 있으므로, 교육 행위에서 목적을 각성하는 일도 교사의 몫에서 학생 몫으로 옮겨야 한다. 그것은 학생이 자신의 적절한 몸짓으로 자기를 교육해야 함을 요구한다. 나아가 교사가 이런 몸짓을 결정하는 요인들을 지도하고 규제할 것도 요구한다. 또한, 그것은 교사와 학생 둘 다 이런 몸짓의 목적을 깨달아야

비고츠키의 교육심리학

함을 요구한다.

11. 교육 과정에서 이런 기본적인 목적 설정의 중요성에 대한 가장 간단한 사례는 우리의 오래된 학교에서 흔히 볼 수 있었던 시험에 대한 심리적으로 무의미하고 교육적으로 파괴적인 설정이라고 할 수 있다. 교수학습 체계에서 시간 배열 때문에 시험은 일반적으로 학년말에 실시된다. 학생에게 시험과 연결된 결과는, 교사의 희망과 사고와 반대로, 일종의 자연스러운 목표 설정으로 변한다. 그리고 최고의 선생님들은 학생이 시험에 통과하기 위해 고등학교에서 공부하고, 졸업장을 받기 위해 시험에 통과하는 것을 안타까워하며 보았을 때, 무기력하여 이에 저항하지 못한다. 그들은 이 자연스러운 설정을 대체할 어떤 다른 것을 할 수 없기 때문이다. 이렇기에 교사는 자연스럽고 자연발생적인 이 설정의 완력 앞에 무장해제된다.

12. 여기서 기억과 암기와 같은 기계적이고 '수동적인' 과정에서도 설정이 결정적인 역할을 한다는 점에 유의하는 것은 매우 중요하다. 실험에 따르면 암기는 완전히 다른 방식으로 진행되고 피실험자가 이후 어떤 방식으로 확인받느냐에 따라 매우 다양한 성적을 나타낸다. 그리고 피실험자들이 외운 내용을 보고서로 완벽하게 재현해야 한다는 사실을 알면 한 가지 방법으로 암기하게 된다. 마찬가지로 교사 앞에서 재연해야 하는 내용만 인식하게 된다면 암기는 완전히 다른 방식으로 이루어진다. 따라서 교육 과정에서 결성석 세기는 그 내용을 암기하고 특정 방식으로 재연해야 하는 이유를 의식할 때 나타난다. 그래야 사전 설정의 효과로 이 최종 목적은 교육 과정에서 가장 중요한 안내 작용을 제대로 하게 된다.

13. 예상의 교육학적 가치는 새로운 지식을 인식할 기반을 느슨하게 준비하는 것보다는 새롭게 출현하는 반응에 전달될 올바른 방향을 모색하는 데 있다.

14. 교육 과정이 궁극적으로 교사가 학생에게서 어느 정도의 반응들과 더 복잡한 형태의 행동을 모색하는 일로 귀결됨은 누구에게나 분명하다. 그리고 이 과정의 성패를 좌우하는 결정적인 요인은 이런 반응의 방향이 반응이 작용해야 할 방향과 일치하느냐 일치하지 않느냐. 수천 개의 유용한 지식을 기억에 저장했지만 필요한 적합한 순간에 사용할 수 없다면 이 지식은 죽은 무거운 물건 같아서, 행동 체계에 유용하지 않을 뿐 아니라 명백하게 해롭다. 공간이나 많이 차지하고, 비록 적더라도 방향이 제대로인 다른 반응을 확립하여 활용할 기회를 빼앗았기 때문이다.

15. 대중적인 교육학 문헌에서 학교에 활력이 없다고 지적하는 것은, 본질에서 보면, 교육에서 기본적인 목적 지향적 설정도 잘못되었음을 의미한다. 이전 학교의 가장 큰 범죄는 관계자 누구도 학생이 지리, 역사, 수학, 문학을 공부하는 이유가 무엇이냐는 질문에 답하지 못했다는 데 있다. 옛날 학교가 지식을 거의 제공하지 않았다고 생각하는 사람들은 실수한 것이다. 반대로 옛날 학교는 빈번히 엄청난 양의 지식을 제공했고, 특히 유럽 학교는 확실히 그랬다. 그러나 그것은 언제나 사막에 매장되어 있는 보물이었다. 누구도 적절하게 사용할 수 없었다. 이 지식에 대한 기본 설정이 지난 삶의 경험을 무시했고 늘 지난 삶의 경험과 극단적으로 일치하지 않았기 때문이다. 사막의 다이아몬드처럼, 이 지식은 평범하고 수수한 학생의 가장 단순한 생생한 생활 속 질문을 충족할 활력이 없었다.

16. 개인적인 경험에 비추어 볼 때, 누구나 쉽게 회상할 수 있듯이, 학교에서 얻은 지식으로 할 수 있었던 거의 유일한 적용은 시험에서 다소간 정확한 답을 찾는 것이었다. 누구도 지리학 지식으로 세계에 대한 감각을 향상하지 못했고 여행에 대한 감명의 범위를 넓히지 못했다. 마찬가지로 천문학 지식으로 하늘의 장엄함을 더 생생하게 체험

할 수 없었다.

17. 그러므로 기본적인 교육적 요구는 모든 결정적인 학습 자료와 교육 자료에 이 목적 지향적 설정이 철저히 침투되어 채색되어야 한다는 것과, 교육자는 설정 반응이 적절하게 작용하는 방향을 매번 정확히 알아야 한다는 것이다.

차. 주의와 습관

1. 습관과 주의는 적대적 상관관계이며 습관이 뿌리를 내리는 곳에서 주의는 사라진다. 우리가 독특하고 새로운 모든 것에 얼마나 충격을 받았는지, 그리고 방의 벽지나 매일 만나는 사람의 눈이 어떤 색인지 얼마나 자주 구분할 수 없었는지 누구나 알고 있다.

2. 그리고 그 뜻처럼, 주의의 일은 행동이 습관의 한계를 넘어섰을 때 그리고 우리가 특히나 복잡하고 어렵게 대응해야 할 과제에 직면했을 때 특별히 강렬하고 신중하다. 이에 따라, 습관을 주의의 적이며 주의의 잠이라고 부르는 것이 관례이며, 교육심리학에는 최근까지도 둘에 대한 모순적이고 양면적 태도가 지배했다.

3. 사실, 이 두 과정의 교육학적 가치는 너무나 분명하고 명백하다. 하나를 취하고자 다른 하나를 희생하는 것은 불가능하다. 그래서 둘을 화해시킬 방법을 찾을 필요가 있다. 이 방법을 확보하려면 주의와 습관의 진정한 상호관계를 심리학적으로 올바르게 규명해야 한다. 주의는 행동이 습관화되면 즉시 그 작동을 멈추지만, 이는 주의의 약화를 의미하지 않을 뿐만 아니라, 반대로 종종 그 활동에서 주의의 증가와 연결되기도 한다.

4. 이것은 주의의 기본적인 협소함과 그것이 폭이 좁아질 때마다 힘을 얻는다는 사실을 기억하면 완벽하게 이해할 수 있다. 습관, 전체 행위의 자동화, 하위 신경 센터의 자율적인 작업에 전체 행위를 종속

시키는 일, 이것이 주의 작업의 부담을 덜고 부담으로부터 자유롭게 한다. 따라서 이것은 사실상, 기본 설정에 외부 반응의 활용 억제 법칙으로부터의 상대적 예외를 초래한다.

5. 앞에서 우리는 어떤 설정도 외부 반응이 진행되는 과정을 늦춘다고 했다. 이는 자동적이고 습관적인 반응을 제외한다는 말을 추가하면 더 정확하다. 당신은 거리를 걸어가면서 매우 주의를 기울이며 이야기할 수 있고, 정교한 바느질 작업을 하며 대화를 이어갈 수 있다. 억제의 법칙에서 이런 예외가 지닌 매우 중요한 심리적 가치는, 우리의 행동이 폭넓음과 다양함에서 얼마나 많은 것을 얻게 될지를, 우리가 중심적인 주된 설정과 동시에 습관적인 작동을 위한 많은 개별적 설정을 가질 수 있음을 헤아린다면, 너무나 자명하다.

6. 좀 더 엄밀하게 이야기하면, 이 외형은 일반적인 심리 법칙의 예외가 아니라 똑같은 근본 법칙의 확대로 이해해야 한다. 습관적인 작동과 자동적인 작동 둘 다 그 시작과 끝을 위해 그에 맞는 설정의 관여를 요구한다. 그것을 인식하지 않고 바느질 작업을 하고 싶다면, 계속하고, 멈추고, 일하고 끝내기 위해 여전히 도움이 될 주의가 필요하다. 즉, 자동화된 작용의 시작과 끝은 그에 맞는 설정이 없으면 있을 수 없다.

7. 게다가 이 설정은, 즉 미리 취한 반응의 방향과 속도는, 습관적 작용 전체 경과가 이어지는 데 영향을 미친다. 따라서 우리는 유기체에서 한 가지 설정뿐만 아니라 여러 동시적 설정에 대해 말할 권리가 있다. 설정 중에서 하나는 지배적 설정이며 나머지는 그에 종속한다. 이런 심리적 관찰은, 중추신경계에 지배적 설정이 존재하고 신경 흥분의 근거지에 종속적 설정이 존재한다는 생리학적 가르침과 일치한다.

비고츠키의 교육심리학

카. 주의의 생리적 대응체

1. 아주 최근에야 생리학자들이 의심할 여지 없이 주의 행위와 연결되어 펼쳐질 수 있는 신경계의 외형을 발견하는 데 성공했다. 이 부문은 아주 최근에 마무리된 소위 신경계의 지배적 흥분에 대한 가르침을 포함한다.

2. 이 가르침의 핵심은, 신경계에서 발생한 몇몇 흥분이 너무 강력하여, 지배적 흥분처럼 다른 모든 흥분을 억제하거나 그들의 방향이 빗나가게 해, 결국 다른 모든 흥분을 몇몇 흥분으로 끌어당겨 몇몇 흥분을 강화한다는 사실을 증명함에 있다. 이 주요 흥분은 일반적으로 우성이라고 하며, 신경계의 다른 모든 근거지의 흥분은 열성이라고 한다.

3. 이것은 본능적 행위와 연결된 우성이 존재하면 어떤 외부 흥분이 신경계를 관통할 때마다 주요 근거지의 흥분을 강화한다는 매우 중요한 사실을 드러냈다. 발정기 동안 수컷과 격리된 개구리의 포옹 행위, 말의 배변과 삼킴 행위, 고양이의 성적 흥분은 실험실에서 엄밀하게 연구하여 입증된 일종의 자연스러운 우성 행위다.

4. 여기서 외부 안달로 이 모든 행위가 강화되는 것을 확인했다. 따라서 포옹 반사 동안 개구리를 꼬집고, 찌르고, 산이나 전류로 개구리에게 안달을 가하면, 외부 안달이 주요 포옹 반사를 약하게 하지 못하고 오히려 강하게 한다. 그러므로 단순한 신경조직에서 주의 행위가 그와 관련된 반응의 억제를 유발할 뿐만 아니라 그로 인해 반응이 강화되는 방식으로도 구축될 수 있음이 밝혀졌다.

5. 여기서, 개구리 척수에서 분리된 감각 우성과 분리된 운동 우성을 실험적으로 생성한 사례가 심리학자들에게는 가장 중요하고 흥미로울 것이다. 여기서 생리학적 분석은 신경계 속으로 너무 깊숙이 침투하여 신경계에 내재한 감각적이고 운동적인 두 가지 주의의 뿌리를

구별하려는 것처럼 보인다.

6. 여기서 다음의 사실을 확인했다. 개구리에서 인위적으로—예를 들어 페놀을 사용하여 오른쪽 뒷다리 운동 중추의 지배적 안달을 유도하면, 개구리는 신체의 어느 부분에서나 그 개별 기관에서 방출하는 어떤 안달에 반응한다. 다시 같은 발에 있는 감각 중추의 지배적 안달을 유도하여 신체의 가장 다양한 지점에 안달이 가해지면, 닦기 반사가 기계적 정밀도로 나타나지만, 항상 중추의 지배적 안달과 관련된 장소를 향한다. 즉, 심지어 개구리의 복부, 등, 목 등이 안달이 나도, 오른쪽 뒷다리를 향한다.

7. 이런 방식으로 정립된다. 감각적 우성은 다른 모든 반사를 보존하지만, 흐름을 변경하여 가장 안달이 심한 장소로 반사들의 방향을 바꾼다. 그리고 운동 우성은 정상적인 반사 진행에서 다른 기관들이 작동해야 하는 모든 경우에 그 운동 기관과의 연결을 내세운다.

8. 물론 인간에게 전해진 유사한 외형 연구는 그와 같은 이상적 정확성을 자랑할 수 없었다. 그런 것은 이는 준비 단계에서만 있을 수 있었고 거기서나 실현 가능했다. 생리학자가 성취한 연구 결과가 심리학이 확립된 사실들과 반대되는 것처럼 보일 수 있다. 외부 안달을 줄이지 못하고 강하게 하는 그러한 주의 행위가 있을 수 있음을 인정하는 일은 역설처럼 보였다. 그러나 많은 관찰이, 아직 심리학 법칙으로 그 내용이 집적되지 않았지만, 이 견해의 정확성을 확인했다.

9. 루빈스타인Rubinshtein, 1878~1953 교수는 다음 이야기에서 흥미로운 사실을 인용했다. 유럽 중심지에 있는 고등 교육 기관에 건물 하나를 새로 짓는 이야기였다. 건축주에 따르면, 이 건물은 교육 목적에 이상적으로 적합한 건물이어야 했다. 이에 따라 학생이 학습하는 동안 외부의 안달이 될 수 있는 모든 것을 이 건물에서 제거했다. 주의에 대한 전통적인 관점에 기초하여, 그들은 주의를 흥분시킬 수 있는

비고츠키의 교육심리학

잉여적인 모든 것을 제거해야 한다고 믿었다.

10. 이 계획에 일치하도록 건물은 눈에 띄는 각진 형태 없이 건축되었으며, 각 방 모서리까지 교묘하게 숨겨져 있었고, 벽은 공간 형태에서 생길 수 있는 울림의 순간을 듣는 이에게서 배제하기 위해 눈에 띄지 않게 다른 벽으로 전환되어 통과했다. 다른 세부 사항은 같은 방식으로 만들어졌다. 첫 번째 계단에서 돔까지, 모든 장식을 포함하여 방의 모든 부분을 완벽하게 색칠했다. 물건들, 하인의 옷 따위도 모두 부드럽고 단조롭고 중립적인 회색으로 통일했다.

11. 여기서, 주의에 대한 심리학적 가르침에 담긴 가장 최근에 나온 단어를 충족하는 이 건물은 예상과 완전히 반대되는 결과를 보여주었음이 입증되었다. 수강생과 강의자의 일반적이고 대중적인 인식에 따르면, 이런 분위기는 안달을 통제해 주의를 촉진할 뿐이다. 그러나 이와 반대로, 이 분위기는 우울한 방식으로 작동했으며, 가장 흥미로운 강의와 수업에서도 모든 수강생이 움직이지 않고 세심한 주의의 자세를 취한 지 몇 분도 되지 않아 졸지 않을 수 없었다.

12. 분명히 외부 안달의 부재는 주의 행위에 재앙적인 것으로 판명되었으며, 생리학자에 의해 확립된 상관관계는 심리학에서도 사실로 판명되었다. 이는 주의 행위가 명백하게 어떤 열성 안달을 요구하기 때문이다. 열성 안달이 있어야 주의가 이어진다. 달리 표현하면, 우리를 몰아대는 안달이 우리가 하는 주된 일과 관련하여 종속적인 위치에 있을 때, 바로 그때만 우리는 주의를 기울일 수 있다. 하지만, 안달은 결코 우리의 의식 영역에서 완전히 제거되지 않고 계속 우리에게 작용한다.

13. 심리학자들은, 수업 시간의 속도와 뜻에서, 일하는 과정에서 학생들이 알아차리지 못할 수 있고 심지어 알아차리지 못해야 하는 분위기가 전반적인 작업 체계에 얼마나 큰 충격을 주는지 오래전부터

알았다. 사람이 정신없이 한 가지 사업, 대화, 읽기 또는 쓰기에 몰두하면, 방의 벽 색상을 파란색에서 노란색으로 바꾸어도 조금도 감지할 수 없다. 심지어 그것을 추측하지도 못했지만, 이제는 일어난 변화의 객관적인 징후를 작업의 변화된 성격에서 찾을 수 있다. 사람은 파란색 벽으로 둘러싸인 곳에서 말할 때와 노란색 벽으로 둘러싸인 곳에서 말할 때가 다르다.

14. 모이만Meumann, 1862~1915은 암기 과정이 죽음과 같은 조용함에서가 아니라 작아서 잘 들리지 않는 소음이 있는 강의실에서 더 잘 진행된다는 것을 입증했다. 약하게 규칙적으로 순환하는 안달이 우리의 주의를 흥분시키는 효과는 오랫동안 실천을 통해 확립되었다. 이 경우 칸트는 이 놀라운 심리학적 사례를 한 변호사의 일화와 연결했다. 그 변호사는 복잡한 법률적 변호를 이야기하면서 실타래를 자기 손에 잡고 계속 긴 실을 감았다. 이 사소한 약점을 눈치챈 상대편 변호사는 그가 변호하기 전에 눈치채지 못하게 그 실을 끌어갔다. 칸트에 따르면, 상대편 변호사는 이 교활한 진행으로 상대편의 논리적 논증 능력, 더 정확히는 심리적 주의 능력을 완전히 박탈했다. 그가 변론하면서 한 항목을 건너뛰고 다른 항목으로 넘어갔기 때문이었다.

15. 티치너Titchener, 1867~1927는 자발적 또는 이차적 주의가 비자발적 또는 일차적 주의들의 갈등에서 그리고 그 결과로 양립할 수 없는 운동의 계기가 되는 상황에서 발생한다는 것을 확인했다. 따라서 공동 운동의 장場을 차지하려는 투쟁 기제는 반응들 사이의 갈등을 해소하여 행동에 통일을 부여하려는 생물학적 필요로부터 발생한, 일반적으로 고등하고 의식적인 형태의 모든 행동과 주의의 토대가 된다.

16. 이에 따른 교육학적 결말은 교사의 걱정을 더욱 복잡하게 만들었다. 이 교육학적 결론에 따르면, 교사는 학생에게 부과된 고정적인 업무에서 나아가 상황이 되는 부차적인 환경, 학생의 위치와 복장, 창

문을 열었을 때 펼쳐질 조망, 이 모두도 조직해야 한다. 열성 흥분인 이 모두는 주의의 전반적인 작업과 무관하지 않다. 한 작가는 러시아인의 경우 모든 것이 분위기에 달려 있다고 했다. 그는 선술집에서 악당이 될 수밖에 없다. 심각하고 엄격한 건축물에서 그가 절대로 비열할 수 없기 때문이다. 이것은 의심할 여지 없이 대략적이고 과장된 형태로 표현된 똑같은 배열을 관찰한 결과다.

타. 총체로서 주의 작업

1. 총체로서 주의의 교육적 가치를 특징짓기 위해서는 그것을 모두 포함하는 통합적이고 총체적인 성격을 먼저 지적해야 한다. 우리가 지각하는 세계와 우리 자신에 대한 전체 그림은 결정적으로 주의 작업에 의존한다고 해도 과언이 아니다. 이런 측면에서 보면, 주의를 약간만 변경하면 주변 환경에 물리적 변화가 없더라도 그 그림은 근본적으로 바뀐다.

2. 주의 변동의 존재를 명확하게 나타내는 도형들로 이런 사정을 예를 들어 해설하는 것이 관행이다. 두 정사각형의 윗변이 서로 연결되도록 위치한, 다른 정사각형 안에 정사각형을 상상하며, 가능한 한 오랫동안 시선을 고정하며 이 그림을 본다면, 변동하는 주의에 따라 그림이 세 가지 형상으로 나타남을 알아챌 수 있을 것이다. 그러면 전경에 작은 사각형이 나타나 우리 앞에는 잘린 피라미드가 있고 우리가 좁은 끝으로 향하는 것처럼 보일 것이다. 그러나 우리가 이 위치에서 눈을 유지하려고 아무리 애를 써도 몇 분 후 전환된 주의는 반대 관점에서 이 도형을 보여줄 것이다. 우리에게 그것은 방이나 상자처럼 보일 것이고, 더 큰 사각형은 전경이 되고, 더 작은 사각형은 벽으로 재해석되어 원근감이 줄어들고 멀어지는 것처럼 보일 것이다. 마지막으로 세 번째, 전체 그림은 큰 정사각형 안에 둘러싸인 작은 정사각형으

로 한 평면에 모두 나타난다.

3. 그리고 앞에 제시된 경우 우리가 자연스러운 주의의 변동을 겪고 이에 따라 우리가 인식하는 도형에서 자연스러운 변화가 있었다면, 인위적으로 주의의 전환을 흥분하면 이에 따라 우리가 지각하는 환경의 장면이 변화하는 것도 똑같이 사실이다. 같은 사물을 다르게 주의를 기울이며 보는 것은 그것을 완전히 새로운 방식으로 보는 것이다.

4. 같은 사물을 다르게 주의를 기울이며 보는 것은, 심리학에 너무도 귀중한 관찰을 다르게 보게 했다. 그 관찰에 따르면, 갑자기 너무나 새롭고 예상치 못한 관점으로 대상을 뒤집어 보면, 우리가 보는 낯익고 익숙한 방이나 지형에서 주의가 색다르고 특별한 장면으로 향한다. 그러므로 죽은 후에 다른 몸으로 옮겨간 인간의 영혼은 다른 세계에서 살 것이라고 주장한 현자에 관한 그 대중적인 이야기에는 어떤 심리적 뜻이 담겨 있다. 그는 동료 시민에게 이렇게 이야기했다. "같은 배를 타고 똑같은 세계를 보더라도, 상인으로 보았던 때와 뱃사람으로 보던 때의 세계는 완전히 다르게 보일 것이다." 너무나 새로운 관점으로 보기 때문이다.

파. 주의와 통각

1. 끊임없이 같은 방향으로 가는 오랜 주의 작업의 결과로, 우리가 겪는 모든 것이 같은 방향으로 쌓여 체험이 형성된다. 이 외형을 통각이라고 한다. 우리는 우리가 외부 지각으로 가져오고 새로운 대상이 우리에 의해 지각되는 방식을 결정하는 체험의 모든 예비 요소를 통각이라는 전문용어와 연결해 이해해야 한다.

2. 다시 말해, 통각은 현재 체험의 형성에 이전 체험의 참여, 바로 그것이다. 내 앞에 놓인 물건을 보면, 나는 색, 형태, 크기 등 그 물건의 감각적 속성을 보고 알게 될 뿐만 아니라, 그 사물의 직접적 힘을

비고츠키의 교육심리학

발휘하여 나에게 영향을 미치겠지만, 무엇보다도 먼저 그것이 모자, 서류 가방, 잉크병이라는 것을 분명히 파악한다. 이는 같은 통각의 힘 때문이다. 즉, 이는 지금까지 축적된 체험과 주의의 힘 때문이다.

3. 기차를 한 선로에서 다른 선로로 바꾸는 선로 전환 기사에 통각을 비유하는 것이 매우 적절하다. 사고와 지각의 흐름을, 한편으로는 우리 앞에 놓인 물건의 차례가, 다른 한편으로는 우리의 연합 법칙이 전적으로 결정한다면, 물건의 차례와 연합 법칙, 이 둘의 결정적인 역할을 심리의 움직임을 결정하는 기차의 두 선로에 비유하는 것은 적절하다. 그러나 통각과 주의의 자유로운 활동성은 사고가 많은 기존 경로 중에서 하나를 선택하도록 허용하는 화살표다. 따라서 주의를 우리 행동의 상대적인 자유, 선택과 제한의 자유라 올바르게 정의할 수 있다.

4. 이렇게 보면 통각은 마치 축적된 주의 자본 같다. 그러나 통각은 차곡차곡 누적되어, 오랫동안 성격이라고 불린 우리 행동의 특별한 창고가 되었다. 따라서, 이런 체험 형성의 세 단계에서 우리는 주의, 통각, 성격이라는 연속적 단계를 갖게 되었다.

5. 이런 내용은 교사에게 교육에서 주의의 역할에 더 주목하라는 이야기일 뿐이다. 여기서 주의는 이런저런 교육에서 할 과제 또는 교수학습에서 할 과제를 촉진하는 수단이 아니고, 주의 그 자체가 교육과 교수학습이 해야 할 너무나 중요한 목적이기 때문이다. 주의는 결코 눈에 띄지 않지만 매번 그 결말을 남긴다. 수많은 결말은 누적되어 우리의 행동을 인도하는 통각이 된다. 수많은 통각은 축적되어 아무리 교묘한 교육적 충격으로도 다루기 어려운 성격을 띠게 된다. 이런 양상을 보면, 주의를 다스려야만 인격과 성격을 생성하고 형성할 열쇠를 손에 쥘 수 있다.

|8장|

반응의 정착과 재현

가. 물질의 가소성 개념

1. 가소성은 모든 물질의 기본적이고 주요한 특성 중 하나다. 모든 물질은 어느 정도는 유연하다. 즉, 세포의 구조와 배열을 바꿀 영향력이 작동하면 변화하고, 이런 변화의 흔적을 유지하려는 특성이 있다. 철, 밀랍, 공기도 가소성이 있지만 다른 방식으로 영향력에 굴복하고 다른 방식으로 영향력의 흔적을 유지한다. 이런 외형은 모든 물질의 주요한 특성으로 깊숙이 확장되고 무기물의 고유한 과정에 근거한다. 이런 식으로, 도로는 바퀴가 어떻게 그 위를 지나갔는지 기억한다는 식으로 말할 수 있다. 도로가 바퀴의 압력으로 생긴 변화된 입자 배열의 흔적을 유지하고 있기 때문이다. 이런 뜻으로 사용한다면, 우리는 돌과 식물이 기억한다고 말할 수도 있다. 이런 방식이라면, 가소성은 물질의 기본적인 세 특성을 의미한다. ① 입자 배열을 변경하는 능력, ② 이런 변화 흔적의 보존, ③ 이런 변화를 반복하는 성질, 이렇게 세 가지다. 지나간 길이 바퀴의 새로운 통로로 편리하게 사용되듯이, 특정 위치에서 접힌 한 장의 종이는 조금만 힘을 주면 같은 위치에서 쉽게 접히는 성질이 있다. 신경 물질은 자연계에서 우리에게 알려진 모든 가능한 것 중에서 가소성이 가장 크다. 그래서 다른 물질들

과 달리 신경 물질은 기억의 토대를 형성할 능력, 변화시킬 능력, 흔적을 축적, 반복하는 성질을 발달시킬 수 있었다.

나. 기억의 심리적 본성

1. 기억을 이야기할 때, 그 낱말의 일반적 뜻으로 보면, 기억으로 완전히 다른 양상의 두 과정을 의미한다. 심지어 구 심리학도 기억을 두 종류, 곧 기계적 기억과 논리적 또는 연합적 기억으로 구분했다. 그들은 기계적 기억을 유기체가 계속 반복되는 반응의 흔적을 유지하고 신경 경로에 대응하는 변화를 만드는 능력으로 이해했다. 심리학자들은 이 과정을 길 위의 바퀴 자국에 비유했고, 신경 경로를 무너뜨리는 것이 개별적 체험의 축적을 위한 기초라고 이야기했다. 개인의 기술, 능력, 움직임과 반응의 총합은 그런 상흔이 증가한 결과일 뿐이다. 반복되는 움직임은 말 그대로 신경계에 흔적을 남기고, 새로운 흥분이 같은 경로를 쉽게 통과하게 한다.

2. 신경 경로에서 이 흔적의 증가가 지니는 가치는 크로노스코프, 즉 심리학에서 반응 속도 측정에 쓰이는 0.001초 단위의 정확도를 지닌 특수 시계로 행한 너무나 간단한 실험으로 쉽게 확립되었다. 이어지는 다음 숫자로 응답하는 데 걸리는 시간을 측정해 보자. 예를 들어, 피험자는 17을 보면, 그는 18이라고 대답해야 한다. 그런 다음 다른 방식으로 실험을 설계했다. 이번에는 피험자가 이어지는 다음 숫자가 아니라 이전 숫자로, 16으로 응답하는 것이다. 첫 번째 경우에는 반응 시간이 두 번째 경우보다 11/2배 적었다. 하나씩 증가하는 순서에 맞게 반응하는 것이 유기체에 더 친숙하고 잘 다져진 경로를 따라 일어나기 때문이다. 반면, 역순에 맞게 반응하는 것은 신경계에 덜 친숙하고 더 어려운 과제이기 때문이다. 객관적인 이런 어려움의 지표가 반응 시간의 증가다.

3. 기억의 또 다른 형태는 소위 연합적 기억이라는 것이다. 오랫동안 연합의 가르침은 심리학의 기초를 형성했으며, 많은 심리학자는 연합을 반응의 연결 또는 결합이라고 했다. 그러나 여기에는 언제나 표상들의 연합만이 존재했다. 한편, 같은 권리로 우리는 움직임과 움직임의 연합도 단호하게 말할 수 있다. 이런 방식으로 연합으로 반응과 반응의 연결을, 한 반응의 발생이 필연적으로 다른 반응의 출현을 수반하는 그런 연결을 의미한다. 연합의 가르침은 그것의 가장 단순한 형태로, 조건 반사의 가르침을 예견했다. 조건 반사는 본질에서 연합의 개별 사례이며 변종이다. 여기서 조건 반사를 불완전한 연합의 사례로 간주하는 것이 적절할 것이다. 이는 연결이 두 반응 사이에 완전하게 맺어지지 않고, 한쪽의 자극물과 다른 반응의 대응 부분 사이에 맺어지기 때문이다. 심리학자들은 연합을 세 유형으로 구분했다. 유사성 연합, 인접성 연합, 계약성 연합이다. 하지만 이렇게 구분할 필요가 없다. 이런 구분은 각 과정의 심리적 특성이 아니라 생각의 진행에서의 논리적 차이를 표현했기 때문이다. 어쨌든, 구 심리학은 연합의 확립이 체험에 달려 있으며, 연합은 반응의 신경적 연결일 뿐이고, 체험에 제공한 연결의 토대에 한정됨을 알고 있었다. 이렇게 구 심리학은 개인의 행동이 풍요로운 것이 체험 때문임을 알고 있었다.

4. 두 가지 유형의 기억 중 어느 것이 더 필요하고 유용한지 알아보기 위해, 이들 유형의 기억을 비교하기 위해 실시한 심리학적 실험은 매우 흥미롭다. 이 실험은 똑같고 획일적인 자료를 두 가지 다른 방법으로 외울 것을 제안하는 방식으로 행해졌다. 첫 번째는 기계적 반복의 방법, 다음은 외워야 할 요소들에 논리적 연결을 확립하는 방법이다. 그런 다음 두 방법의 성공 여부를 비교 평가했다. 여기서 논리적 기억은 기계적 기억과 양적으로 22대 1로 성과가 있음을 발견할 수 있었다. 즉, 실험 연구 결과에 따르면, 그 외의 조건이 같은 경우, 새로

비고츠키의 교육심리학

공부한 내용과 이전에 배운 내용을 연결하여 논리적 절차로 외우면, 피험자가 자료를 22배 더 잘 동화하고 성공적으로 기억했다.

5. 다음과 같은 방식으로 아주 쉽게 이 실험을 해볼 수 있다. 거의 같은 난이도의 100단어를 취하여 일정한 간격으로 서면 또는 구두로 제시한 다음, 단 한 번 읽은 후 피험자가 기억하는 낱말 수를 헤아린다. 일반적으로 중간 정도의 난이도에 속하는 단어를 사용하면 약 10개의 단어를 기억하며, 그 경우에도 차례와 배열을 올바르게 재생하지 못했다. 그다음 두 번째 줄에 있는 같은 난이도의 100단어를 앞서와 똑같은 간격으로 제시했다. 그러나 이번에는 피험자가 미리 그가 잘 아는 체계를 선택하게 하고, 100단어를 그가 익숙한 방식의 배열로 나열하게 했다. 예를 들어, 낱말 배열을 그가 아는 지리적 명칭, 급우의 이름, 친척의 이름, 역사적 인물, 작가 따위로 나열했다. 여기에, 제시한 모든 단어와 선택한 체계의 차례에서 상응하는 낱말 사이에 연합을 머리를 써서 확립하라고 했다.

6. 예를 들어, 로모노소프에서 마야콥스끼에 이르는 러시아 문학가의 계보를 연합할 때 참고할 체계의 기초로 선택했다고 하자. 처음 제시된 낱말 무리에서 물고기라는 낱말은 로마노소프와 연결했다. 피험자는 두 단어를 연결하는 사항을 찾고 로마노소프가 어부의 아들이라는 사실에서 연결점을 발견했다. 계속해서 두 번째 이름과 두 번째 단어에서 연결할 사항을 확립했다. 그런 식으로 끝까지 한다. 이런 후에는 일반적으로 피험자가 제시된 백 단어를 모두 정확한 배열로 재현할 수 있으며, 장소 이름으로 순서 번호를 순서 번호로 연결된 단어 이름을 지정할 수 있었다. 이렇게 하면, 100개의 단어 모두를 별 노력 없이 기억하고, 완전히 그리고 절대적으로 정확한 순서 배열로 모든 단어를 외울 수 있음을 증명했다. 설사 오류가 있어도, 일반적으로 두세 개를 넘지 않았다. 이 실험으로, 암기가 본질에서 두 가지 다른 것

을 의미할 수 있음을 보여줄 수 있었다. 즉, 단순히 머리에 반응을 두드려 집어넣거나 밟아서 경로를 내는 것 또는 이미 암기한 것과 새로 암기해야 할 것 사이에 매번 새로운 연결을 설정하는 것을 의미할 수 있다. 이 마지막 경우가 교사에게 특히나 중요하다. 교육학적 결론은 각 유형의 기억을 별개로 다루어야 한다는 것이다.

다. 기억 과정의 성분

1. 일반적으로 기억이라고 부르는 것은 조금도 획일적이지 않고, 실제로는 기억을 실행하면서 일련의 이해하기 어려운 계기들을 포함한다. 구 심리학은 네 개의 그런 계기를 파악했는데, 그 첫 번째 계기는 반응이 정착하는 과정, 즉 현재 안달로 생기는 신경의 흔적이 실제로 존재하는 과정이다. 이 계기는, 본질을 언급하면, 예외 없이 뇌를 관통하는 모든 안달에 본래부터 있다.

2. 우리의 꿈, 환상 등등과 관련된 무의식의 범위를 연구한 성과에 따르면, 우리가 인식하는 관념과 인상 중 단 하나도 흔적 없이 사라지지 않는다. 사실상 모든 것은 무의식 범위에 속하는 어딘가에 보존된다. 그러다 변형된 성분으로 다시 의식으로 침투한다. 심리학자들이 자주 인용하는 이와 관련된 유명한 이야기가 있다. 정신 착란에 빠진 문맹 여성이 긴 인용문을 고대 히브리어와 고대 그리스어로 소리 내어 외웠지만, 그녀는 이런 사실을 전혀 몰랐다. 전후 상황을 알아보니, 이 여성은 병이 나기 전에 목사의 하인으로 일했고, 방을 쓸며 목사가 히브리어와 그리스어로 된 성경을 읽는 것을 건성으로 들었지 결코 주의해 듣지 않았다는 것이 밝혀졌다. 물론 정상적인 상태라면 그녀는 목사를 따라 한 낱말도 반복할 수 없었을 것이다. 그런 안달의 흔적이 그녀에게는 미미했기 때문이다. 그러나 그 흔적은 살아남았고, 정신 착란에서는 영향을 미쳐 나타날 만큼 충분히 강한 흔적으로 판명되

비고츠키의 교육심리학

었다. 이 사례에 따르면, 신경계에 떨어지는 안달은 어느 하나도 사라지지 않고 보존되어, 특정 상황과 조건에서는 재현될 수 있다.

3. 기억 과정의 두 번째 계기는, 알려진 신호에 따라 피실험자가 학습된 동작을 하거나 원하는 단어를 발음하는 것이다. 따라서, 피실험자가 책을 들고 시를 여러 번 소리 내 읽는다면, 우리는 이런 반응을 재현하는 계기를, 상응하는 안달의 출현도 없이 피실험자 내에서 이런 반응이 발생할 수 있는 순간, 즉 책 없이도 시를 말할 수 있는 순간이라고 한다. 그러나 우리는 안달 없이는 어떤 반응도 할 수 없으며, 결과적으로 반응의 본질을 의미하는 재현은 언제나 그것의 발생에 일정한 안달이 필요하다는 것을 잘 알고 있다. 이 경우 무엇이 이런 안달물일까? 반응을 재현하는 과정이, 자기 추동의 질인, 내부 안달물에 복종한다는 사실로 모든 실제는 분명히 응축된다. 그런 다음 재현 가능한 반응의 모든 부분을 함께 묶어, 한 반응에 대한 대응이 뒤따르는 반응에 대한 안달물 역할을 한다. 이는 다음과 같은 간단한 사례에서 매우 쉽게 확인할 수 있다. 시의 어떤 행을 잊어버려서 그 시를 처음부터 다시 외우기 시작하면 이전 행의 내용이 잊었던 행의 내용을 불러오는 경험 말이다. 이처럼 두 번째 계기는 내부 안달물과 주어진 무리의, 즉 한편으로는 반응과 다른 한편으로는 무리의 개별 성원들의 연결을 확립하는 순간이다.

4. 기억 과정에서 세 번째 계기는 소위 인식의 계기이며, 이는 우리가 재현한 반응이 이전 반응임을 인식하는 순간이다. 이 경우, 재현된 반응에 새로운 반응이 추가됨을, 말하자면 재현된 반응과 이전 반응을 동일시함을 말하는 것이다. 마지막으로 네 번째 계기는 본질에서 완전히 새로운 반응을 다시 재현하는 순간, 정확히 표현하면, 국지화의 순간, 즉 이전 반응이 나타날 수 있는 시간과 공간과 환경의 연결을 발견하는 순간이다. 이 각각의 계기가 다른 계기 없이도 별도로 존

재할 수 있는 이유는 명백해야 한다. 각각의 계기에는 완전히 다른 혈통의 기억 활동이 있기 때문이다.

라. 기억의 유형

1. 오랫동안 기억을 누구에게서나 똑같이 노동하는 신경계의 일반적인 특성으로 고찰했다. 이후 관찰 결과에 따르면, 일반적으로 기억 작업은 자신의 삶에서 사용하는 가장 빈번한 형태의 반응에 따라 이런 유형 또는 다른 유형에 근접한다. 심리학자들은 기억을 여러 유형으로 구별하기 시작했으며, 사람이 재현할 때 시각적 반응을 가장 빈번하게 사용하는 경우 시각 기억이라고 말하기 시작했다. 비슷한 뜻에서, 그들은 청각 기억, 운동 기억을 정립하고, 나아가 기억의 혼합 유형으로 시각-운동 기억, 시각-청각 기억 등을 이야기했다. 이런 기억 유형의 차이를 설명하는 가장 쉬운 방법은 앞서 제시한 마지막 사례, 즉 시를 암기하는 사례를 살피는 것이다. 다른 기억 유형에 속하는 사람들은 같은 시를 다양한 방식으로 암기할 수 있다. 어떤 사람에게는 책을 보면서 조용히 읽으며 시를 외우는 게 가장 쉽다. 그는 눈의 도움으로 동화하고 나중에 재생할 때 어떤 페이지에 무엇이 기록되었는지 회상한다. 일부 사람은 수십 년이 지난 후에도 교과서 몇 쪽 어느 구석에 이런저런 단어가 있었다고 지적할 수 있다. 바로 이것이 시각 기억이다. 다른 사람들은 외우려면 이 시나 저 시를 반드시 들어야 하고, 귀로 외우기가 더 쉽고, 재현할 때, 마치 단어의 내적 소리를 듣는 것처럼 보이고, 발음할 때의 억양, 목소리의 음색 등을 기억한다. 흥미로운 특징은, 시각 기억을 사용하는 자가 재현할 때 눈을 가늘게 뜨고, 말하자면, 응시하지만, 청각 기억을 사용하는 자는 잊었던 것을 회상할 때 듣는 것과 유사한 움직임을 나타낸다.

2. 그들은 다른 위대한 음악가들과 마찬가지로 모차르트가 청각 유

형의 놀라운 기억력이 있었다고 말한다. 열네 살 때 그는 우연히 복잡한 교향곡을 한 번 듣고는 기억에 새기는데, 이것으로 충분했을 정도였다. 마지막으로, 세 번째 유형은 눈이나 귀가 아니라, 근육과 운동 감각의 결과로 나타나는 자신의 움직임을 통해 암기하는 것이다. 이 유형의 사람은, 똑같은 시를 암기할 때, 손으로 적어두거나 심지어 소리 나지 않게라도 스스로 발음할 필요가 있다. 그들은 잊어버린 것을 기억하려 할 때 말-운동 반응을 일으키고, 기억하는 바로 그 행위가 혀나 입술 끝에서 일어난다. "혀끝에서 맴도는" 그 낱말이라고 하거나, 단어의 철자를 기억하려고 애쓸 때, 우리는 그것을 우리 손에 맡기고 손과 손가락의 움직임으로 이 단어의 철자를 기억하는 것이다.

3. 기억이 각각의 개별 양상에서 순수한 양상으로 펼쳐지는 경우를 마주하는 일은 매우 드물다. 많은 경우 기억의 양상은 혼재되어 있으며, 기억의 특정 양상은 다른 유형의 기억 작업을 중지시키지 않는다. 반대로, 실제 사례에서는 이런 다른 유형이 사용될 수 있다. 그러나 순수한 중립적인 유형, 즉 세 유형 모두가 같은 방식으로 진행하는 기억 작업도 마찬가지로 매우 드물다. 일반적으로 연합은 두 유형이 결합한 양상에서 한 기억이 지배하고 우세하다. 기억 유형의 선택은 여러 가지 이유로 설명되지만, 주로 지각 기관의 일반 구조와 우리에게 가장 친숙한 기억 방식으로 설명된다.

4. 기억 유형의 가르침으로부터 챙긴 교육학적 결론은, 교사는 학생이 암기할 때 다양한 방법을 사용하도록 지도하라는 원리로 정리할 수 있다. 더 다양한 방식으로 반응이 신경계에 들어갈수록 더 확고하게 그곳에 머문다. 가장 적합한 방법은 모든 암기 방법을 하나하나 적용하는 것이다. 그래서 외국어를 공부할 때, 학생들은 앞에 있는 교과서에 쓰인 단어를 보고, 발음을 듣고, 그 발음을 따라 하고, 연습장에 그 낱말을 적는다. 이것이 그 낱말의 동화를 정확하고 쉽게 한다. 그렇

지만 교사가 학생이 사용하는 기억의 개별 유형을 발견하여 매우 자주 이 유형에 의존하는 학습 과제를 제시하는 일은 너무나 유용하다.

마. 기억의 개인적 특성

1. 반응의 정착과 재현은, 다른 모든 형태의 행동과 마찬가지로, 상수가 아니라 나이와 성별 그리고 개체성에 따라 크게 변동한다. 기억을 일반적으로 암기 속도와 강도 측면에서 구별한다. 이런 측면에서, 제임스는 여러 사람의 기억을 밀랍과 젤리에 비유했다. 둘 다 여기저기서 물질의 가소성으로 인해 원하는 각인을 쉽고 빠르게 얻을 수 있지만, 밀랍이 각인을 붙잡고 있는 동안 젤리는 각인이 사라지기 때문이다. 게다가 기억은 용량(정착된 반응의 수), 지속(정착된 반응이 지속하는 기간), 정확성 따위에서도 다르다. 다양한 유형의 정착으로 귀결되는, 모든 이런 측면이 결코 똑같은 중요성을 갖지는 않는다.

2. 때로는 장기 암기를 얻는 것이 중요하지만, 특별히 정확하지는 않다. 다른 때는, 이와 반대로, 우리는 가장 정확한 암기가 필요하지만, 특별히 장기 암기일 필요는 없다. 교사가 학생에게 이번에는 어떤 종류의 암기를 기대하는지 학생이 인식하는 일은 특히나 중요하다. 아래에서 볼 수 있듯이, 암기의 성격과 결과가 교사의 기대에 좌우되기 때문이다.

3. 아이의 경우 기억은 즉시 발달하지 않으며, 스턴Stern, 1871~1938에 따르면, 첫 번째 단계에서 아이는 현재의 존재다. 어느 정도 후에 아이에게서 기억이 발달하기 시작하지만, 아이는 성인보다 직접 기억이 더 약하다. 무의미한 음절을 암기하는 실험으로 기억을 연구한 에빙하우스Ebbinghaus, 1850~1909는 8~10세의 어린이가 18~20세의 사람들보다 암기 직후 1.5배 더 적은 음절을 재현하는 것을 발견했다. 비네는 초등학교 3학년 학생의 기억을 연구하면서 비슷한 결과를 얻었

비고츠키의 교육심리학

다. 저학년은 73%를, 중학년은 69%를, 고학년은 50%를 오답으로 답했다. 모든 데이터에 따르면, 기억력은 어린 시절에 성장하고 발달하며, 모이만에 따르면, 25세에 최고점에 도달하여 그 후에는 서서히 감소하기 시작한다.

바. 기억 교육의 한계

1. 자연스럽게 질문이 떠오른다. 강력한 교육적 영향으로 기억의 본성과 힘을 더 좋아지게 할 수 있을까? 누구나 알고 있듯이, 기억은 신경계의 가소성에 기반하여 작동한다. 따라서, 신경계의 이완과 복구로 직접 이어지지 않고는 타고난 기억의 힘을 다른 어떤 수단으로도 늘리거나 줄일 수 없다는 것은 말할 필요도 없다. 심한 빈혈, 체내 독극물의 존재, 신경계의 일반적인 이완은 물론 기억 약화와 관련이 있다. 그리고 모든 영양, 신경계 강화와 공고화는 기억을 회복시킨다. 그러므로, 예를 들어, 제임스는 어떤 연습으로도 우리의 타고난 기억의 질을 향상할 수 없다는 점은 의심의 여지가 없다고 단언했다.

2. 암기가 연습과 교육의 도움을 받아 쉽게 향상될 수 있음은 분명하다. 모이만은 피실험자가 몇 주 동안 무의미한 음절을 연습한 후 12음절을 암기하는 시간을 56회 반복에서 25회 반복으로, 또 다른 음절은 18회 반복에서 6회 반복으로 줄였음을 확인했다. 암기는 연습 같은 것으로 향상될 수 있는 활동이다. 암기하는 특별한 기술과 능력을 개발할 수 있다. 그리고 기억 교육의 첫 번째 효과는 바로 향상된 암기에 있다. 게다가, 특별한 측면에서 기억은 늘 향상되고 강화될 수 있다. 그렇지만 이것은 타고난 기억 능력의 상승을 의미하지 않는다. 심리적으로 기억은 한 반응과 다른 반응 사이에 형성된 연결을 의미할 뿐임을 잊지 말아야 한다. 연합을 더 많이 가질수록 새로운 연합을 더 쉽게 만들고, 결과적으로 특별한 기억의 질은 더 좋아진다.

3. 이전에 기억이라고 불렸던 것은 단순한 반응으로 시작하여 복잡한 지적 반사로 끝나는 복잡한 결합 형태의 행동이라는 점에 유의해야 한다. 이에 근거하면, 특별한 연습을 통해 이 행동의 개별 측면들과 가장 중요한 다양한 부분의 상호 결합을 모두 향상할 수 있다. 이런 방식으로 사람에게서 특별한 기억이, 즉 이런 형태의 반응을 공고화하고 재현할 수 있는 능력이 개발된다. 이 특별한 기억이 첫째로 가장 중요하고 둘째로 가장 자주 연습하는 것으로 밝혀졌다. 수만 권의 책등을 기억하고 책장에서 그 위치를 알고 있는 사서의 기억, 시험관과 항아리에 대한 약사의 기억, 질병의 징후와 상태에 대한 의사의 기억, 이런 기억은 우리를 놀라게 한다. 그러나 이 모든 경우에서 우리는 새로운 외형을 지닌 기억을 다룰 뿐이다.

사. 흥미와 정서적 색채

1. 기억 연구에 따르면, 도드라진 흥미가 기억을 이끌고 지시하는 사례에서 기억은 집중적으로 가장 잘 작동했다. 우리가 큰 흥미를 보이며 본 것을 가장 좋은 양식으로 동화한다. 우리는 흥미를 모든 힘을 조사하는 대상에 쏟게 하는 내적 갈망으로 간주한다. 심리학자들은 암기에서 흥미의 역할을 음식 동화에서 식욕의 역할과 매우 정확하게 비유한다. 개를 대상으로 한 실험에 따르면, 식사 과정에서 개의 눈과 후각이 관여하는, 강한 식욕 흥분이 동반되는 사례에서, 이는 위액의 빠른 분비, 빠른 음식 소화, 완벽한 동화와 결합한다. 이런 예비적인 식욕 흥분이 배제된 사례에서, 음식이 개구부를 통해 개의 위장으로 들어갈 때, 비록 소화를 통해 그 영양분의 모든 힘을 유지했지만, 동화는 느리고 천천히 발생했다. 분명히 식욕은, 소화를 준비하고 활동을 흥분한다는 의미에서 큰 역할을 한다. 심리학자들은 새로운 반응을 동화할 때 흥미는 우리 몸에 정확히 똑같은 준비 효과를 낸다고

말한다. 흥미가 심리에 미친 비정상적으로 고양한 작용이 무엇인지는 누구나 알고 있다. 학교에서 과학 공부를 할 수 없고 어떤 규칙도 암기할 수 없었던 사람이 그가 흥미를 불러일으킨 활동 분야에서는 놀라운 재능과 암기를 보여주었다.

2. 학교에서 제대로 하지 못한 계산을 학생이 살아가면서 상업 활동, 우표 수집에서는 이런 것들의 결합을 아주 능숙하게 한다는 것이 밝혀졌는데 이는 정말 왜 그런지 궁금하다. 여기서, 우표 수집으로 촉발된 흥미로 그는 많은 지명과 그림을 외웠지만, 학교에서는 어느 나라의 수도 이름도 외울 수 없었다. 여기서, 주요 양식을 보면, 모든 것은 좋은 동화를 위해 매번 흥미를 암기와 조율하라고 처방하는 요구사항으로 이루어진다. 학생이 뭔가를 잘 동화하기를 원한다면, 교사는 그것이 학생에게 흥미로운지 확인해야 한다. 이런 관점에서 볼 때, 우리의 이전 학교는 심리의 작동 방식과 맞지 않았다. 학교에서 공부할 게 다 흥미를 끌지 못했기 때문이다. 흥미의 다음 역할은 동화되는 재료의 다양한 요소와 관련하여 펼치는 통합 기능이다. 흥미는 암기의 축적이라는 뜻에서 일관된 방향을 만들고, 인상을 선정하고 그것들을 단일한 전체로 통일한다는 뜻에서 보면, 궁극적으로는 일종의 선택 기관으로 보인다. 그러므로 암기에는 흥미에 의존하는 목적 지향적인 설정이 매우 중요한 역할을 한다. 연구에 따르면, 모든 암기는 이 과정을 선호하는 방향으로 나아가도록 통제를 받았다. 심리학자들은 이것을 기억 체험에서의 차등 설정의 영향이라고 부른다. 실험 체험에 따르면, 암기 결과는 체험을 시작할 때 제공된 지시에 크게 좌우된다.

3. 이 지시는 피험자에게 요구되는 것, 즉 암기를 위해 설정해야 하는 목표와 이후 어떤 시험을 받게 될지를 피험자에게 설명하는 것이다. 이에 따라 이 지시는, 암기의 목표에 맞게 나의 암기를 적용시키는 것으로 표현되는 조정 반응을, 일련의 조정 반응 전체를 확립한다. 이

것은 더 나아가 기억이 활동의 하나일 뿐임을, 행동의 형태들 가운데 그저 하나라는 것을 우리에게 확신시켜주었다.

4. 아알Aall, 1867~1943의 체험에 따르면, 주요 설정은, 어느 시기까지 암기한 것을 유지하려는 의도를 지닌 듯, 암기 기간에 영향을 준다. 그는 지금 암기해야 할 이 부분은 다음날, 나머지 부분은 4주 후에 질문할 것임을 통지했다. 피실험자가 자료를 숙지하게 했다. 그런 다음 그는 4주 동안 두 부분을 확인하는 질문을 연기했다. 이 결과에 따르면, 아이들은 암기할 때 4주 후 이 기간에 재현하라고 제공된 부분을 훨씬 잘 유지했고, 다음 날 암기하도록 한 부분을 제대로 동화하지 못했다. 다른 과학자들의 실험 결과를 보면, 설정 내용에 따라 개별 낱말을 외우는 게 아니라, 즉 전체의 의미를 생각하지도 않고 말로만 암기하는 게 아니라, 똑같은 자료를 의미의 관점에서 동화할 수 있었다.

5. 이로부터 학생이 암기 목표와 나중에 제시될 요구 사항을 알아야 할 필요에 관한 매우 중요한 교육학적 결론을 도출하는 것이 필요하다. 이전 학교가 저지른 주된 죄악은 학교에서 암기를 거의 하지 않았다는 것이 아니라, 암기가 불필요하고 무익한 방향으로 나아간 데 있다. 즉 암기의 목표가 늘 시험에서 답하는 것이었고, 모든 암기가 이것에만 적응했으며, 이에 따라 암기는 다른 목적에는 적합하지 않았던 것이다.

6. 기억을 관리하는 마지막 것은 기억된 정서적 색채다. 체험에 따르면, 개인적인 생생한 경험과 관련된 몇몇 낱말은 정서적으로 무관한 단어보다 훨씬 자주 오래 기억에 남는다. 15,000개의 응답을 수집한 피터스와 네메스카의 실험에 따르면, 정서적으로 긍정적 반응으로 착색된 요소가 가장 기억에 남는다. 시간 내내 쾌락과 연결된 것보다 더 암기에 남는 것은 없었다. 말하자면, 이것은 쾌락과 관련된 생생한 경험을 유지하고 재현하려는 유기체의 생물학적 갈망을 표현한다. 따라

서 두드러진 정서적 격동이 모든 학습 자료에 담겨야 한다는 요구 사항이 교육의 규칙이 된다. 매번 교사는 그에 상응하는 지성의 힘뿐만 아니라 상응하는 감정의 힘도 준비하도록 유의해야 한다. 학생의 지성에 뭔가를 심고 싶을 때마다 학생의 감정에 충격을 가하는 일을 잊지 말아야 한다. 우리는 종종 "어렸을 때 충격을 받았기 때문에 이것을 기억한다."라고 말한다.

아. 망각과 잘못된 암기

1. 잊어버리는 것, 즉 일시적으로 확립한 연결이 사라지는 것은 생물학적으로나 심리적으로 매우 유용한 사건이다. 그 덕분에 매우 다양하고 유연한 형태의 행동이 발생하기 때문이다. 불필요한 내용을 잊어버리는, 잉여적인 것을 처분하는, 이미 실행한 후 생긴 그 연결을 깨버리는 능력은 새로운 연결을 확립하는 것과 마찬가지로 행동에 필요하다. 통상 인용되는 금언이다. 테미스토클레스Themistocles, 기원전 524~기원전 459는 그에게 암기하는 법을 가르쳐달라는 제안에 대해 "나에게 더 잘 잊는 법을 가르쳐 주십시오"라고 답했다.

2. 유감스럽게도 교육자들은 잊어버리는 이 유용한 위생적 가치를 높이 평가하지 않았다. 그들은 여기서 기억이 반응이 동화되는 형식으로 동화된 반응을 저장하기 위한 신경계의 창고나 저장소가 아니라는 외관을 보지 못했다. 망각은 지각된 반응을 처리하는 창조적인 과정이며, 심리의 모든 영역에 영양을 공급한다. 이를 위해서는 어린이의 기억을 위생적으로 처리해야 하며, 과도한 무게의 자료로, 풍부한 세부 사항으로, 사소한 일에 대한 과도한 암기로, 필요 이상으로 진행되는 기억 회상으로, 해로운 오염된 기억으로 기억에 부담을 주지 않아야 한다.

3. 여기서 우리는 암기에 대한 힘을 잃고 암기가 우리에 대한 힘을

얻는다. 반면 주요 교육학 규칙은 기억이 우리 행동 전체에서 종속적이고 부차적인 위치에 배치되어야 한다는 것이다. 이를 위한 필요조건은 기억으로부터 불필요한, 그 연결을 잃은 반응을 추방하는 것이다. 기억에서 학생이 능동적으로 사용하지 못하는 모든 것, 이 모든 것은 교사가 제거해야 하는 해롭고 죽은, 쓸모없고 무거운 짐일 뿐이다.

4. 이렇게 보면, 망각은 악이 아니며, 때로는 축복이다. 상반되지만 협력하는 두 기능인 암기와 망각이 조화롭게 작용할 한계 범위를 찾는 일은 교육학적 재치에 달려 있다. 교육학적 관점에서 볼 때 훨씬 큰 위험은 잘못된 암기, 즉 거짓된 불필요한 연결과 반응의 확립이다. 말의 이름에 대한 체호프의 희극적인 이야기는 이런 잘못된 암기의 사례를 잘 보여준다. 오브소프 성과 낱말 말의 우발적인 연합 또는 연결로 인해, 이 성을 꼭 기억해야 할 때 그 성을 쉽게 잊었고, 말과 관련된 대상들에서 파생된 다양한 단어가 머리에 떠올랐지만, 찾던 성은 나타나지 않았다. 그 필요가 지나갔을 때 우연히 그 성이 나타났다. 이런 우스운 오해는 기억과 전혀 다른 차원에서 암기가 성립되었기 때문이다. 그런 우스운 사건의 기억을 없애고 싶다면, 결코 모든 것을 우연에 내버려 두지 말아야 하며, 우연한 연결을 형성하게 하지 말아야 한다.

5. 이런 연합의 선택은 교육적 통제하에 이루어져야 한다. 그리고 그것은 반응의 연합이 드러날 필요가 있는 미래의 회상 활동으로 향해야 한다. 학교의 지식이 삶과 직결되지 않는 곳에서는, 항상 거짓되고 잘못된 연결이 일어나고, 획득하더라도 그 지식은 작동 과정에서 사용되지 않은 채로 남아 있다고 해도 과언이 아니다. 학교 지식으로부터 가져온 모든 것을 행동으로 구현할 방법을 찾을 수 있다면, 교육의 모든 불완전성을 쉽게 마비시킬 수 있다. 그러나 그 안에는, 우리의 지식이 나중에 그것을 작동하게 하는 기제와 동시에 확립된다는 형

비고츠키의 교육심리학

편의 비극이 있다. 다시 말해서, 뭔가를 암기할 때마다 우리는 그것을 어떻게 사용할지를 알고 있어야 하고, 이에 근거하여 다름 아닌 반응의 정착을 생성한다. 다른 양상인 시험을 위해 외우는 일이 있고 이와 또 다른 양상인 삶을 위해 외우는 일이 뒤따른다. 원하는 단어를 숫자 또는 다른 자기만 아는 부호와 연결하는 인위적인 암기 체계인 기억술의 전체 범위는 잘못된 암기와 똑같은 사례에 속한다. 기억술의 인공성, 복잡성, 부담으로 인해 심리학 문헌에서는 이런 기억술 장치를 극도로 부정적으로 보는 견해가 정착되었다.

6. 한편, 이런 기억술 규칙의 가치는 합리성과 그것이 가져오는 경제성에 따라 고려해야 한다. 물론 매우 자주 기억술 도식은 무작위적이고 취약하고 낯설며, 반응의 정착에 크게 도움이 되지 않을 수 있다. 그러나 알파벳 표기법, 수 기록법, 악보 등의 체계는 다 본질적 측면에서 여러 외부 기호를 내부 반응과 연결할 수 있게 하는 똑같은 기억술 규칙이라는 것을 잊지 말아야 한다. 알파벳, 숫자, 음계 표기법을 발명한 분들은 기억술 분야의 위대한 창조자다. 기억술의 기초는 의심할 여지 없이 일반적으로 읽기, 쓰기, 계산, 언어 등의 모든 교수학습을 구축하는 일반적인 심리학의 연합 법칙이다.

7. 뮌스터베르크는 정신적 삶이 풍요로워지려면 표상과 표상을 쉽게 묶는 능력이 방대한 표상 더미를 지니는 것보다 훨씬 더 필요하다고 했다. 겨우 알파벳 26개 절자로 셰익스피어는 위대한 그 모든 희곡을 쓸 수 있었다. 이런 방식으로 우리 기억의 경제성 원리는 셰익스피어의 희곡과 같은 복잡한 정신적인 가치를 간결하고 편리한 형태로 저장하고 전달할 수 있는 약속한 체계의 무한한 다양성에 있다. 이는 기억술이 얼마나 경제적이고 지능적으로 작업을 수행하는지에 관한 것이다. 알파벳이 거대한 사고의 경제를 창출한다는 것은 모든 사람에게 분명하다. 대중적인 기억술에서 매우 자주 필요한 연합의 복잡함이 암

기 경로를 단축하지 않을 뿐만 아니라 연장하기까지 했다. 단순한 하나의 연결 대신 많은 원형 교차로와 우회로를 만들어 회상하기 어렵게 만들었다. 그러한 기억술의 피해는 모든 사람에게 매우 분명하다.

자. 기억의 심리적 기능

1. 정신의 일반적인 생산 부문에서, 기억은 세계 경제에서 자본이 하는 역할을 한다. 자본처럼 기억은 즉각적인 사용이 아니라 후속 생산을 위해 생성된 일정량의 축적된 복리를 의미한다. 바꾸어 표현하면, 기억은 현재 행동에 이전 체험을 활용하며 이전 체험이 현재 행동에 참여하는 것이다. 이런 관점에서 보면, 반응을 정착하는 순간과 재현하는 순간에서 기억은 그 낱말의 정확한 뜻처럼 활동이다. 기억을 정착하는 동안 활동은 유기체의 이런저런 반응에 대한 인위적인 지향으로 표현되어, 기억의 정착을 보장하는 설정 조건에서 반응이 실현될 수 있게 한다. 우리가 갑자기 기억을 잃는다면, 우리의 행동은 단편적이고 분산적인 성격을 띠게 될 것이다. 즉, 어느 날은 다른 날과 연결되지 않고 어떤 처신이 다른 처신과 연결되지 않을 것이다. 우리의 행동은, 일반적인 형태로 통합되지 않은 이질적인 반응의, 낱말의 바로 그 뜻처럼, 혼돈상태에 있을 것이다.

2. 그러나 기억의 존재만으로는 배려 깊은 삶의 풍요로움을 만들어내지 못한다. 정신적으로 지체이거나 완전히 비정상인 어린이의 기억은 현상의 기억으로 구분된다. 이는 사용되지 못한 채 완전히 사용되지 않는다. 그런 사례는, 말하자면, 하나의 기억에 담긴 게 얼마나 적은지를 보여주기 위한 목적으로 특별히 준비된 체험일 뿐이다. 수천 개의 다른 날짜와 텍스트 등을 외울 수 있지만 한 단어도 읽지 못하는 백치가 있다. 그러므로 가장 중요한 교육학적 원리는 기억의 작동을 다른 형태의 활동과 연결하는 것이다. 지금까지, 우리는 행동의 모

든 주요 과정의 기초가 주로 기억을 결정하는 연합 과정이라는 것을 보았다.

3. 연합을 통해 기억은 행동의 나머지 부분과 연결되어야 한다.

차. 기억 기법

1. 기억은 가장 쉽게 생산력을 평가할 수 있는 활동 영역 중 하나다. 이런 연유로, 교육학에는 기억 기법과 기억 비법에 관한 원칙이 많다. 무엇보다 먼저, 복잡한 형태의 반응을 정착하기 위한 주요 요구 사항은 내용을 전체로 암기하라는 것이다. 그래야 학생은 각각을 전체로 통일하는 그 뜻을 파악하게 되어 단편적으로 공부하지 않게 된다. 모이만은 짬짬이 방법의 가치를 제시한다. 전체 재료를 여러 부분으로 나누고 각 부분 사이에 짬을 만든다. 여기서 더 작은 단위들을 통일하며 뜻이 발생한다. 그리고 적절하게 반복을 배열하는 게 너무나 중요한 가치를 지닌다. 사실상 반복이 반응을 정착하는 주요 방법이다.

2. 우선, 의미론적 반응의 모든 힘을 소진하고 텍스트를 무의미하게 만들기 때문에, 흥미롭게도 반복에는 한계가 있고 반복 후에는 행동을 멈추어 쓸모없고 심지어 해롭다고 해야 한다. 나아가 이런 반복의 할당은 매우 중요하다. 학생이 연속으로 반복하는지, 적절한 중단 후 반복하는지는 똑같은 게 아니다.

3. 반복들의 몇몇 부분이 첫 번째 시간과 적절한 간격으로 멀어진 더 먼 기간 간격에 속할 때, 심리적 이점은 그런 반복들의 할당에 있다. 사람마다 습관적인 반응 속도가 있고, 이 속도가 가속 또는 감속 방향으로 변화하면 암기의 힘이 약해진다는 점도 지적해야 한다. 마지막으로, 리듬은 암기에서 결정적인 역할을 한다. 리듬은 자료의 세세한 내용을 통일하며 일관된 조화를 제공하는데, 마지막으로, 요소들을 전체로 조직하는 데 놓여 있다. 기억의 전체 역할이 연결 활동으로

압축된다는 것을 기억한다면, 리듬 쪽에 어떤 장점이 있는지 이해하기 쉽다. 그것은 미리 그런 연결의 형태를 제공하는 것이다.

카. 반응의 재현: 재현의 두 형태

1. 반응의 재현은 정착과 정확히 똑같은 활동이지만, 이 동일 과정에서 나중 계기에서만 그럴 뿐이다. 여기에 대해 전통 심리학에서는 일반적으로 재현의 두 유형을 구별한다. 하나는 재현하는 상상이라고 한다. 이는 반응이 유기체에 발생한 모든 것을 재현할 때에 해당한다. 다른 것을 창의적이거나 건설적이거나 형성적인 상상이라고 한다. 이는 반응이 실제로 경험하지 못한 체험의 어떤 형태를 재현할 때에 해당한다. 이렇게 보면, 기억과 환상, 회상의 반응과 상상의 반응을 구별할 수 있게 한 기준은 바로 실제나 현실이다. 전통 심리학의 이 기준은 다음과 같은 이유로 완전히 잘못된 것이다. 과거 체험의 정확한 재현은 없다. 절대적으로 정확한 회상은 존재하지 않는다. 재현은 지각된 것을 어느 정도 가공한 것, 결과적으로 실제를 일부 왜곡한 것일 뿐이다. 그리고 그 반대의 경우에서도, 환상의 모습은 아무리 복잡하더라도 언제나 현실에서 빌린 그 요소들과 심지어 연결된 요소들까지 포함한다. 이렇게 환상과 회상 사이에는 원칙적으로 차이가 없다. 오히려 이 차이는 질적인 차이라기보다 양적인 차이라고 할 수 있다. 환상의 모습은 또한 실제로 향할 수 있다. 예를 들어, 오늘 밤 무슨 일이 일어날지 상상할 때, 또는 내가 한 번도 본 적이 없는 사하라 사막의 경치를 상상할 때, 이 모든 경우 가상의 행동은 제 고향 도시의 모습을 떠올리거나 어제 있었던 일을 떠올리는 것만큼 현실적 대상을 향한다.

2. 따라서 어떤 반응과 다른 반응의 유일한 차이점은 그것들의 현실이 아니라 체험이 반응들에 대해 취한 태도로만 계산해야 한다. 반

응 중 일부는 체험에 있었던 지역을 이루고, 나머지는 그렇지 않다. 모든 기억 오류는 불합리하게 혹은 우연히 출현한 것이 아니라 항상 매우 중요한 이런저런 내적 충동이 동기가 된다. 따라서 우리는 의도적으로 왜곡한 회상과 의식의 문턱을 넘어선 불쾌한 추억의 덮개 역할을 하는 환상을 구별한다. 일반적으로 기억은 잠재의식과 밀접하게 연결되어 있으며, 본질에서 의식 영역에서만 결정되지 않는 행동 측면을 나타낸다. 정신분석학 연구에서 보여주듯이 어린 시절의 회상은 반쪽 환상과 반쪽 기억 같은 형태다.

타. 환상의 현실

1. 일반적으로 현실과 반대되는 체험으로 정의되는 환상은 전적으로 실제 체험에 뿌리를 둔다. 신화적 창조, 종교적 신화, 미신과 전설, 환상의 모습과 허구로 만든 가장 복잡한 산물을 연구한 결과에 따르면, 환상의 너무나 강렬한 장력 때문에 사람은 자신의 체험으로 경험하지 못한 어떤 것도 생각할 수 없었다. 켄타우로스나 사이렌 같은 환상적인 존재를 상상할 때, 물론 우리는 반은 말이고 반은 남자인 모습을 또는 반은 물고기이고 반은 여자인 모습을 다룬다. 그러나 여기서 비현실의 계기가 이런 모습에서 요소들이 결합하고 연합하는 데 있다. 하지만 말과 남자, 물고기와 여자를 구성하는 요소들 자체는 현실의 체험에서 얻는다. 실제와 아무 상관 없는 표상을 만드는 데 성공한 사람은 없었다. 천사, 악마, '불멸자' 따위의 모습처럼 까마득한 비현실적인 모습조차도, 본질을 보면, 실제 요소들을 더 복잡하게 연합하여 만들어졌다. 이처럼 환상의 소재는 온통 실제에 뿌리를 둔다. 환상에서 현실의 두 번째 원천은 내적 경험의 체계, 주로 정서와 매력의 체계다. 그 경과가 현실의 요소들을 환상적인 무리로 결합하는 일을 결정한다.

2. 환상이 일반적으로 가장 변덕스럽고 설명할 수 없고 불합리한 행동 형태로 제시되지만, 그것은 심리의 다른 모든 기능과 마찬가지로 모든 지점에서 엄격하게 제약되며 결정된다. 유일한 문제는 그 일을 요구하는 원인이 사람의 깊숙한 곳에 있으며 종종 의식에 발견되지 않은 채로 남아 있다는 것이다. 이로부터 상상의 일에서 자발성과 무인과성의 환영이 발생한다. 그러나 이것은 이 일을 요구하는 동인에 대한 무지의 결과일 뿐이다. 여기서 우리는 무엇보다 먼저 삶에서 충족되지 못한 우리의 매력적인 것을 명명해야 한다. 그것들이 환상의 진정한 원천이며 환상 현실의 두 번째 원리를 결정한다. 이 법칙은 다음과 같이 공식화할 수 있다. 그 원인이 현실적이든 비현실적이든, 그 원인과 연결된 정서는 언제나 현실이다. 내가 소설 속 가상 인물을 보고 울거나, 꿈에서 본 무서운 괴물에 겁을 먹거나, 마지막으로 감동해 죽은 지 오래된 동생과 환각 속에서 이야기를 나누면, 이 모든 경우, 물론 내 정서의 원인은 실제로 존재하지 않지만 두려움, 슬픔, 연민은 이와 무관하게 완벽하게 현실의 생생한 경험으로 남아 있다. 따라서 환상은 두 가지 방식에서 현실이다. 환상은 한편으로는 그 자료를 만드는 힘에서, 다른 한편으로는 그 정서를 연결하는 힘에서 현실이다.

파. 상상의 기능들

1. 앞에서 이야기한 것으로도, 상상의 주요 기능이 체험에서 마주하지 못한 행동 형태를 조직하는 것임을, 그리고 여기서 기억의 기능은 대체로 전에 있었던 형태를 반복하는 행동 형태들을 위해 체험을 조직하는 것임을 쉽게 이해할 수 있다. 이에 근거하면, 상상은 완전히 다른 성질의 몇 가지 기능을 지니지만, 새로운 환경 조건에 대응하는 행동을 발견하는 주요 기능과 밀접하게 연결된다.

2. 심상 행동의 첫째 기능은 순차적이라고 할 수 있으며, 이 기능은

비고츠키의 교육심리학

교사에게 너무나 중요하다. 상상의 도움으로 우리는 체험하지 못한 것들도 안다. 더 구체적으로 말하면, 우리가 지리, 역사, 물리학이나 화학, 천문학, 그리고 실제로 모든 과학을 공부한다면, 우리는 늘 체험에서 직접 주어지지 않는 대상들을 인식하고, 인류의 집단적 사회적 체험을 습득하는 일을 가장 중요하게 여길 것이다. 그리고 대상을 공부하는 일이 주제에 대한 말로 하는 이야기를 공부하는 데 국한되지 않고, 사물 묘사의 이 언어적 껍질을 통해 사물의 본질 속으로 파고들고자 한다면, 그것은 필연적으로 상상의 인식적 기능을 다루어야 한다. 그렇게 함으로써 그것은 상상 활동의 모든 법칙을 사용해야 한다.

3. 이것은 첫째로 교사가 새로운 주제에 대한 이해를 건축하는 데 요구되는 모든 요소를 학생의 개인적 체험에 실제로 존재하도록 충분히 공급하기 전에는 단일한 환상 건설을 불러일으키지 말아야 한다는 것이다. 학생에게서 사하라 사막에 대한 생생한 표상을 일으키려면, 그의 현실 체험에서 이 표상을 건설하는 데 요구되는 모든 결정적 요소를 찾아야 한다. 예를 들어보자. 불모지, 모래, 광활함, 물 없음, 열기, 이 모든 것은 유기적으로 하나가 되지만, 이 모든 것은 궁극적으로 학생의 직접적인 체험을 기반으로 해야 한다. 물론 이것은 이들 요소 각각을 직접적 지각에서 직접 가져와야 한다는 게 아니다. 반대로 학생의 생각 체험에서 경작하고 개작한 것으로부터 많은 것이 채택되지만, 새로운 유형의 표상을 건축하기 시작할 때, 우리는 먼저 이 건축에 필요한 모든 재료를, 어디서 가져왔든 관계없이, 준비해야 한다.

4. 그런 이유로 학생이 지닌 실재의 체험에 정통하는 게 교육 노동에 필요한 조건이다. 당신이 건설하며 챙겨야 할 토양과 재료를 항상 알아야 한다. 그렇지 않으면 모래 위에 불안정한 건물을 지을 위험이 있다. 그러므로, 교사의 가장 큰 걱정은 학생의 체험에 없는 새로운 자료를 학생 체험의 자기 언어로 어떻게 번역할 것인가에 있다. 제임스

는 여기서 말한 것보다 문제가 되는 것이 무엇인지 잘 설명하는 흥미로운 예를 남겼다.

5. 수업 시간에 태양에서 지구까지의 거리를 설명한다고 해보자. 물론 사용할 수 있는 여러 가지 방식이 있다. 우리는 단순하게 학생에게 지구와 태양의 거리가 약 1억 5천만km라고 말한다. 이 방식으로는 목표를 달성할 수 없음을 잊지 말아야 한다. 첫째, 결과에서 우리는 황량한 구두 반응, 즉 말로 표현된 기표를 얻을 것이다. 여기서 우리가 얻는 것은, 우리가 필요로 하는 사실과 연결되는 산 지식이 아니라 이 사실을 나타내는 공식에 대한 지식뿐이다. 이런 식으로 우리는 사실의 본질을 조금도 꿰뚫지 못한다. 이에 대한 훌륭한 확인은 다음과 같은 사실이다. 소비에트 통화가 하락하는 동안, 아이들이 매일 거대한 천문학적 숫자를 다루는 데 익숙해졌을 때, 많은 교사가 아이들에게 실제 천문학적 숫자를 언급해야 할 때, 이것이 완전히 예상치 못한 효과를 주었다는 것을 알아차렸다. 지구 적도의 길이 = 40,075km라는 말을 들은 한 소년이 이렇게 말했다. "너무 적어요, 씨앗 한 컵이 그 정도 가격이에요." 큰 숫자의 의미가 학생의 개인적인 체험과 너무 타협을 이루어서, 아이들에게는, 그들이 큰 거리를 묘사하고 싶을 때, 그들이 너무 사소한 크기라는 인상을 받은 그런 숫자들을 왜 조작해야 하는지 조금도 이해할 수 없었다. 어쨌든 이 부정적인 영향을 피하더라도, 그 숫자가 학생의 기억에 알고 있는 숫자로 남을 것이라는 점을 제외하면, 숫자 자체는 학생의 상상력에 어떤 것도 말하지 못할 것이다. 이 거리의 크기에 대한 현재의 표상을 불러일으키고자 하는 교사가 해야 할 일은, 이 거리의 크기를 그 어린이의 언어로 번역하는 것이다. 제임스는 심리적·교육적으로 더 이치에 맞게 이를 설명했다. 우리는 학생에게 이렇게 말했다. "태양에서 누군가가 너에게 총을 쐈다고 상상해봐라. 그러면 너는 무엇을 해야 하니?" 당연하게도 그 학생

은 도망갈 거라고 했다. 교사는 조금도 그럴 필요가 없다고 반박하며, "집에 가서 푹 자고 내일 다시 일어나도 된다. 어른이 될 때까지, 내 나이가 될 때까지, 장사를 배우며 아무 탈 없이 살 수 있다. 자 이제 핵심에 왔다. 내 나이가 되면, 그때는 점프해서 총알을 피해야 한다. 이제 지구와 태양의 거리가 얼마나 먼지 느낄 수 있겠니?" 그런 표상은 학생의 개인적인 체험에 있는 완전한 현실의 표상으로부터 이루어지며, 학생이 편하게 접근할 수 있고 이해할 수 있는 단위로 크기를 측정하도록 할 것이다. 총알의 비행 속도와 날아오는 총알을 피하는 데 필요한 초와 비교할 때 평생이 걸리는 태양에서 지구까지 날아오는 그 오랜 시간, 이 둘은 절대적으로 학생에게 친숙하고, 이 자료에 기반을 둔 표상은 그에게 사실을 꿰뚫은 정확한 지식이 될 것이다. 이 예는 상상이 현실 인식으로 이어지려면 어떤 일반적인 형태로 상상이 펼쳐져야 하는지를 보여준다. 낯설고 모르는 것을 이해하기 위해 상상은 항상 익숙한 것과 알려진 것에서 생겨야 한다.

6. 나아가 환상의 둘째 법칙은 우리가 재료뿐만 아니라 이 재료의 올바른 연합에도 주의를 기울일 것을 요구한다. 환상 현실의 법칙에 따르면, 우리의 건설과 연결된 정서는 언제나 현실이다. 그러므로, 정서를 불러일으키는 것이 필요하며, 어떤 표상을 학생에게 전달할 때, 재료뿐만 아니라 그에 대응하는 정서가 학생에게 유발되도록 주의해야 한다.

7. 상상의 또 다른 기능은 정서적 기능이라고 해야 한다. 그것은, 모든 정서는 외적 표현뿐 아니라 내적 표현도 갖고 있다는 사실과 결과적으로 환상은 우리 정서의 일을 직접 수행하는 장치라는 사실로 이루어져 있다. 공동 운동의 장을 위한 투쟁의 가르침을 통해 우리는 우리 안에 있는 모든 충동과 매력이 결코 다 실현되지 않음을 안다. 문제는 신경계에서 매우 현실적으로 발생하지만, 그것의 실현을 얻지 못

하는 신경 흥분의 운명은 어떻게 되느냐다. 신경 흥분들은 말할 필요도 없이 아이들의 행동과 주변 환경 사이에서 갈등하는 성격을 띤다. 그런 갈등으로부터 강한 긴장이 유발되는 경우, 다른 탈출구가 없다면, 즉 승화되지 않고 다른 형태의 행동으로 바뀌지 않으면 질병, 신경증 또는 정신병이 생긴다.

8. 그리고 여기에, 실현되지 못한 가능성을 사회적으로 높은 수준으로 실현하는 승화의 기능이 있고, 이 기능은 상상의 몫이 된다. 놀이에서, 거짓말에서, 또는 동화 속 이야기에서 아이는 끝없는 경험의 원천을 찾고, 환상은 말하자면 우리의 필요와 열망이 삶으로 나오는 새로운 문을 열어준다. 이런 취지에서 보면, 아이들의 거짓말에는 깊은 심리적 뜻이 담겨 있다. 교사는 이도 잘 살펴봐야 한다.

9. 환상의 정서적 기능은 누구도 모르게 놀이에서 새로운 기능으로 나아간다. 즉, 아동이 타고난 소질을 연마하고 발달할 수 있게 하는 환경의 형태를 조직하는 기능으로 나아간다. 놀이의 심리적 기제는 전적으로 상상의 일이며, 놀이와 심상적 행동 사이에 등호가 그려질 수 있다. 놀이는 작용하는 환상일 뿐이고, 환상은 억제된, 억압된, 드러나지 않은 놀이일 뿐이다. 따라서 셋째 기능은 어린 시절 상상의 몫에 해당한다. 이 기능은 교육적이라 할 수 있다. 그 목적과 뜻은 어린이의 일상적인 행동을 목적과 뜻에 맞는 형태로 조직하여 미래를 위해 연습하여 발달하도록 하는 것이다. 이런 방식으로, 환상의 세 기능 모두는 환상의 심리적 특성, 부연하면 환상이 우리의 체험에 없는 형태를 지향한 행동이라는 사실과 전적으로 일치한다.

하. 심상적 행동 교육

1. 통상적인 견해는 어린이의 환상이 성인의 환상보다 훨씬 선명하고 풍부한 상태라고 여겼다. 이 견해는 여러 가지 이유로 틀렸다. 그중

비고츠키의 교육심리학

하나는 우리가 보았듯이 심상적 행동의 주된 원천이 현실에서의 체험이기 때문이다. 아이가 보유한 현실 표상이 극도로 빈약한 만큼, 그의 상상은 의심할 여지 없이 어른의 상상보다 약하고 더 나쁘게 작용한다. 이렇게 보면, 심상적 행동도, 나머지 모든 것과 마찬가지로 발달과 교육이 필요하다는 것은 분명하다.

2. 그런 교육의 첫째 과제는, 우리가 보았듯이, 이런 똑같은 기능들이 기억의 몫인 것처럼 상상의 몫에서 떨어져 나와야 하는데, 어린이 상상의 자질인 어린이의 환상이 아직 기억으로부터 분화하지 못했다는 데 있다. 둘 다 반응의 재현에서 발생하며, 두 계기가 어린이에서 한 형태와 다른 형태의 수렴을 규정한다. 첫째로, 아동의 전체 체험은 여전히 불안정하고, 형태가 없고, 수립되지 않은 성격이기에, 결과적으로 아동이 행한 모든 재현은 어느 정도 왜곡되고 정확하지 않다. 너무나 좋은 의도와 열망을 지니고 있지만, 아이는 현실 체험의 모든 세부 사항을 정확하게 재현할 수 없다. 감정의 영향을 받아 아이가 눈치채지 못한 것이나 추가한 것이 있어서, 늘 세부 사항의 의도하지 않은 왜곡이 있을 것이다.

3. 그런 추가, 그런 진실한 거짓말은 성인의 재현에서도 등장할 수 있다. 이런 태도를 들여다본, 성인과 어린이가 증언한 진술을 검토한 실험은 매우 모범적이고 유익하다. 피험자가 아무리 사실을 정확하게 관찰하고 그가 본 것을 정직하게 보여주려 해도, 그 어떤 목격자에게서도 정확하고 상세한 묘사를 들을 수 없었다. 피실험자의 증언에는, 자신에게서 가져온, 그 자신이 확고하게 믿는 많은 요소가 있었다. 이 실험을 위해, 아이들에게 보통 어떤 종류의 그림을 주거나 세부 사항을 생략한 줄거리를 제공한 후, 이 이야기에 대해 질문하면, 아이들은 대개 스스로 세부 사항을 추가한다. 성인에게 의도적으로 준비된 스캔들 또는 사건을 목격하게 한 다음 무슨 일이 있었는지 자세히 묻는다

면, 그에게도 똑같은 일이 발생한다. 여기서 다음의 사실이 증명되었다. 모든 사람의 기억에는 격차가 있을 뿐 아니라 결과적으로 사건은 목격자들의 증언에서 다소 왜곡된 형태를 띠며, 목격자 각각은 이전에 없었던 몇 가지 세부 사항을 추가하여 사실을 왜곡한다.

4. 기억의 이런 비자발적 왜곡은 특히 어린이에게서 두드러지며, 행동의 두 형태에 담긴 심리적 성질이 똑같지만, 현실 행동에서 각각은 고유한 기능이 있다. 그러므로 교사의 과제는 가능한 한 정확하게 환상과 현실을 구별하는 것이다. 교사의 과제에 무엇보다도 어린이의 거짓말에 대한 투쟁이 포함된다. 어린이의 거짓말은 일반적인 성인의 거짓말, 즉 도덕적 범죄와 너무나 다르다.

5. 아이들의 거짓말은 정서적 경험이라는 내적 진리에 근원을 둔다. 아이들은 그들에게 어떤 이익이 없고 필요하지 않을 때도 거짓말을 한다. 이는 아동 행동의 일반 법칙이다. 이는 아이들의 정서적 삶이 극도로 흥분된 성격을 띤다는 점에서, 세체노프Sechenov, 1829~1905도 언급했듯이 열정이 아동기의 독특한 특징이라는 점에서, 이 연령대에는 자기 행동을 조절하는 자제력이 아직 키워지지 않았다는 점에서 타당하다. 어린이는 자신의 환상을 억제하고 자제하지 못하고, 모든 정서적 욕구를 순종적으로 실현한다는 뜻에서 극도로 충동적이다. 그러므로 아이는 현실에서 일어난 일이 아니라 보고 싶은 것을 매우 자주 말한다. 따라서 거짓말만큼 어린이의 욕망, 욕구, 열망을 드러내는 것은 없다. 제임스는 어린이의 거짓말을 "정직한 속임수의 형상"이라고 올바르게 표현했고, 홀은 어린이의 거짓말이 대부분 환상적이고 영웅적이며 덜 이기적이라고 지적했다. 모든 경우, 모든 유치한 거짓말은 아이의 고조된 정서 상태에서 비롯되며, 고조된 열정에 따라 일어나는 모든 일을 '영웅화'하는 것처럼, 자연스럽게 사건에서 사람의 마음을 움직이는 힘을 과장하려 노력한다. 아이들의 여러 거짓말은 어른

들의 경우와 마찬가지로 욕망의 생생한 메아리다. 아이는 잠을 자며 꿈을 보는 것처럼 자연스럽고 아주 편안하게 거짓말을 한다. 어린이의 모든 거짓말을 해독하고 그 근거를 찾아야만 이 소행을 평가하고 올바르게 대응할 수 있다. 어린이의 환상과 어른이 그들에게 퉁명스럽게 하는 허튼소리처럼 유모가 위협하는 다양한 환상적인 존재에 대한 믿음도 어린이의 거짓말과 너무나 똑같다.

6. 그런 환상에 빠지는 행위에 담긴 위험은 심리 교육을 다루는 13장에서 자세히 논의하겠다. 따라서 이런 미발달된 현실 감정에 맞서는 가장 위대하고 무자비한 투쟁이 필요하며, 무엇보다 환상 교육은 현실 존중을 생산하는 연장선에서 진행해야 한다. 아이가 현실을 받아들이도록 교육해야 하지만 현실을 아이를 둘러싸고 있는 제한된 사회로만 이해해서는 안 된다. 시민과 상인을 키우고 싶다면, 우리는 교육을 하며 우리를 둘러싼 큰 현실을 이야기해야 한다. 아이와 어른을 즉각적인 흥미의 좁은 범위에 고립되게 하면, 그들에게서 사소한 흔들림, 협소한 인생관, 편협한 마음, 자기만족만 개발한다는 것을 인정해야 한다.

7. 큰 현실을 존중하는 자세는 개인적 체험의 좁은 한계를 넘어서지 않고는 갖출 수 없으며, 이 방법은 심상적 행동의 도움을 받아야만 가능하다. 그렇기에, 현실을 위한 투쟁은 환상의 파괴가 아니라, 환상을 자신의 특유한 기능 통로로 가져와, 심상적 행동을 격려하여 그 내용을 규정하는 일이다. 즉, 환상이 일하는 것은 필요하지만, 당신은 그것이 환상일 뿐이라는 사실을 기억해야 한다. 심상적 행동의 위험은, 그것이 현실과 꿈 사이의 모든 갈등을 조화시키고, 따라서 현실의 투쟁을 포기하고 꿈에서 모든 어려운 상황을 해결하려는 유혹에 굴복할 위험이 있다는 것이다. 과도하게 공상을 즐기는 일에 집착하면 현실 세계에서 멀어지고, 세상에 능동적으로 영향을 미칠 가능성을 약화

하고 마비시키며, 유기체에 필요한 반응을 올바르게 선택하는 행위를 방해하고, 사회적으로 유해하고 매우 불안정한 반응의 생성과 생존을 촉진한다. 어떤 심리학자에 따르면, 상상은 불과 같아, 하인으로서는 매우 유용하지만 주인으로서는 지극히 해롭다.

8. 상상 교육의 다른 과제는 환상의 몫에 해당하는 긍정적 기능을 학생에게서 발달시키는 일이다. 어린이의 놀이는 환상을 최대로 발견하여 완전히 자신의 해변에서 환상을 실행하는 영역이다. 그리고 놀이는 현실 감정을 조금도 훼손하지 않을 뿐 아니라, 이 감정을 개발하는 데 도움이 되는 모든 기술과 반응을 연습하고 발달하게 한다. 우리는 어린이의 놀이에서 다양한 물건이 할 수 있는 역할이 무한히 다르다는 것을 알고 있다. 방을 숲으로, 배의 갑판으로, 거실로 사용할 수 있으며, 마찬가지로 의자를 말, 기차, 식탁으로 활용할 수 있다. 그러나 여기서 놀이는, 현실의 정서를 불러일으키고 현실의 체험 요소를 재현하면서 놀이로 남아 있고 아이를 삶에서 조금도 빼앗지 않는다는 점에서 너무나 안전하다. 우려와 반대로 놀이에서 삶에 필요한 여러 능력을 연습하고 발달시킨다. 놀이가 환상과 매우 강력하게 연결되어 있어, 아이들은 환상을 발휘할 일이 없고 취급에 세심한 주의가 필요한 비싸고 호화로운 장난감보다 평범하고 조잡한 장난감을 좋아한다는 점은 주목해야 할 만큼 흥미롭다. 값비싼 장난감은 아이에게 수동적인 태도를 요구하며 환상 발달에 좋은 재료가 될 수 있는 대상이 아니다. 가웁Gaupp, 1870~1953에 따르면, "자기 삶의 어떤 시기보다도 어린 시절에 어린이는 놀이에서 더 많은 것을 배운다."

9. 코르닐로프 교수가 인형을 가지고 노는 어린이 놀이를 다룬 심리학 연구 서문에 타고르1861~1941의 말을 인용한 것은 이유가 있었다. "나는 어디서 왔어요? 엄마가 나를 발견한 데가 어디예요?" 작은 아이는 엄마에게 물었다. 엄마는 우는 듯 웃는 듯 아기를 가슴에 안

고 답했다. "너는 내 마음에 희망으로 숨어 있었어. 너는 내 어린 시절 놀이 인형들 안에 있었어."

|9장|

생각, 특히나 복잡한 형태의 행동

가. 생각 과정의 운동적 본성

1. 생각은 가장 어렵고 거의 탐구되지 않은 심리학의 문제 중 하나다. 심리학이 이들 질문을 연구하기 시작하고 이 종류를 그 밖의 다른 모든 행동과 구별할 수 있게 하는 모든 개별적 특징을 실험적으로 해명하려고 한 것은 최근 일이다. 최근 수십 년까지도 생각은 본질을 짚으면 더 복잡하고 고차원적인 통상의 연합적 과정들의 연합, 즉 말로 하는 반응의 단순한 연결일 뿐이라는 신념이 지배했다.

2. 그러나 오래전에 실험과 정확한 측정으로 통제·검사하며 행해진 꼼꼼한 자기 관찰에 따르면, 생각 행위의 조성은 측량할 수 없을 정도로 복잡했다. 또한, 생각 행위는 생각 행위에만 내재하는 계기를, 생각 행위를 단순하고 자유롭게 상이 흐르는 현상으로 축소할 수 없는 여러 계기를 포함한다. 주된 양상으로, 뷔르츠부르크 심리학파가 마련하고 내세운 이런 세련된 자기 관찰과 나란히 놓이는 생각 과정의 운동적 본성을 연구한 학파가 있다. 이 학파는 외적인 검증과 실사에 항복하는 객관적인 생각의 증후들을 포착했다. 이 두 연구조사는, 다른 진영이지만, 똑같은 사실을 확립하는 데 이르렀고, 그것은 생각에 대한 새로운 견해를 확립할 수 있게 했다. 이 견해를 출발점으로 현대 심리

학은 여정을 시작했다.

3. 무엇보다 먼저, 유기체 운동 반응의 총체로, 생각이 행동 체계에 들어간다는 생각의 방향은 오늘날의 심리학자에게는 너무나 명확하다. 움직임과 연결된 모든 사고는, 움직임에서 실현하려는 경향을 나타내며, 대응하는 근육에 일정한 예비적 긴장을 일으킨다. 그리고 그것이 사고로만 남아 있다면, 그 까닭은 이 움직임이 끝까지 실행되지 않고, 완벽하게 유형적이고 효과적인 형태임에도 완전히 드러나지 않고 숨겨진 상태로 있기 때문이다.

4. 가장 단순한 관찰에 따르면, 앞으로 있을 어떤 행동거지나 거동에 대한 강력한 사고는, 우리가 만들어내려는 준비적 예비적인 노력처럼, 자세나 몸짓에서 아주 자연스럽게 드러난다. 가장 간단한 실험은 이렇다. 피실험자는 두 물체 사이에서 눈을 감고 자리에 앉는다. 하나는 오른쪽에, 다른 하나는 왼쪽에 있다. 이 경우 피실험자는 이들 대상 중 하나를 열심히 생각하고, 그 후 이 조건이 잘 충족되면, 일반적으로 눈꺼풀 아래 안구의 움직임으로, 목 근육의 긴장으로, 실험자는 피실험자가 의도하는 것이 어느 물체인지 추측하는 데 큰 어려움을 나타내지 않았다. 눈의 움직임과 근육의 긴장은 사고가 향하는 방향과 일치했다. 그것들은 은밀한 사고를 드러내고 우리가 책을 읽을 때처럼 실수하지 않고 그것을 추측할 수 있게 하는 듯했다.

5. 보통 경우처럼 학교 환경에서 행한 똑같은 실험에서는 피실험자가 눈을 감고 실에 매달린 추를 잡고 동시에 그 추가 오른쪽에서 왼쪽으로 흔들리고 있다고 생각하고 상상하게 했다. 몇 분 후, 통상 그 효과가 나타났다. 피실험자는 자신이 만드는 움직임을 인식할 수 없지만, 무거운 물건이 실제로 의도된 방향으로 움직였다. 그는 계속 자신의 손으로 실을 완벽하게 가만히 잡고 있다고 단정한다. 그러나 벌어지고 있는 일을 보면 추가 움직이고 있었다. 그 움직임은 손의 "의지

적" 노력으로 이뤄지는 것이 아니라, 주된 양상에서, 실을 잡아 누르는 손가락 끝에서 이뤄진다. 피실험자는 아주 사소한 움직임을 알아차리지 못할 수 있다.

6. 이런 사실들의 복잡화 위에, 다른 사람의 사고를 읽는 일이 벌어졌다. 이런 발상을 심리학자들은 마술사와 쇼 무대 공연자에게서 빌렸다. 그러나, 거기서 빌린 많은 것들처럼, 과학으로 절대 부인할 수 없는 인정과 뜻을 받았다. 이 읽는 일의 본질은 다음과 같은 사실에 있었다. 여러 명 중 한 사람이 다소 복잡한 움직임이나 일련의 움직임을 생각해 내도록 지시받았다. 예를 들면, 피아노를 연주하며 어느 건반을 누를 것, 수백의 선물에서 하나를 골라 취할 것, 그것을 다른 사람에게 전할 것, 그 물건의 이름을 올바르게 쓸 것, 물건을 이리저리 옮길 것, 창문을 열 것, 등이다. 여기서, 효과적으로 통제하기 위해, 생각한 것을 종이에 미리 적게 했다. 사고를 읽는 사람은, 그의 생각을 자극하는 것처럼, 생각하는 사람에게 가능한 한 강력하고 강렬하게 생각하라고 하고, 간단한 몇몇 조작을 한 후, 대개 어려움 없이 그가 계획한 것을 공연했다. 여기서, 마치 근육에서 미리 생각했던 바를 읽어내는 과정이 일어나는 것처럼, 이 과정은 약속한 외부 기호 체계에 대한 인식을 통해, 자연스럽게 그것들의 진정한 뜻에 맞게 해석하는, 실제 읽기를 연상케 했다. 여기서 사고를 읽는 사람은 미리 생각하는 사람의 어깨에 손을 대고 그를 자기 앞으로 움직이고, 의도한 몸짓을 적절하게 펼칠 방향을 쉽게 정한다. 잘못된 쪽으로 움직이면 근육계의 저항을 마주하고, 반대로 필요한 방향을 찾으면 근육계는 펼치는 몸짓에 동의하는 것처럼 명백히 응하듯 자신을 내준다. 마찬가지로, 근육계는 멈추는 혹은 회전하는 순간 이 유연성이 근육계에서 마무리되기에 자기 의도를 드러낸다. 일련의 새로운 방향판정의 움직임 때문에 사고를 읽는 사람은 회전하거나 정지를 선택한다.

비고츠키의 교육심리학

7. 그런 시도를 통해 긴장된 근육 무리를 느끼면서, 사고를 읽는 사람은 피실험자의 사고에서 준비된 것이 어떤 움직임인지 정확하게 알아채고, 이를 수용하는 상세한 작업을 통해 매우 긍정적이고 복잡한 형태에 이른다. 이에 대해서는, 이렇게 근육을 통해 피아노를 연주할 수 있고, 복잡한 산수 동작을 기록할 수 있으며, 혼잡한 극장 홀에서 주인에게 물건을 넘겨줄 수 있다고 말하는 것으로 충분하다. 이 모든 경우 우리는 실제 근육으로 사고를 읽을 수 있다. 이는 우리가 근육으로 생각한다는 미국 심리학자의 주장을 정당화한다. 이 말로 심리학자는, 절대적으로 모든 사고는 근육 긴장 속에서 어느 정도 실현되고, 그러한 근육의 움직임이 없다면 사고는 존재하지 않는다고 말하려 했다.

8. 여기에 더 놀라운 사실이 있다. 사고가 강하고 강렬할수록 그 운동 본성은 더 명확하고 복잡해진다. 강렬하게 평가하는 사람은 자기 자신에게 발음하는 소리 없는 낱말에 만족하지 않는다. 그는 입술을 움직이기 시작하고, 때로는 속삭임으로 바뀌며, 때로는 큰 소리로 자신에게 말하기 시작한다. 배우들은 심리적으로 독백이 정당함을 잘 안다. 이는 요컨대 먼저 깊고 강렬한 상념의 장면을 연기하는 것이다. 그러면 상념은 자발적으로 눈에 띄지 않게 소리가 큰 말로 풀어진다. 일반적으로 이것은 어린이에서 두드러진다. 어린이가 어려운 문제를 푸는 데 몰두하여 입술로 자신의 사고를 돕기 시작할 때, 덧셈과 곱셈 연산에서 이마, 뺨, 혀가 적극적으로 참여할 때 두드러진다.

9. 이와 똑같은 사실의 무리에, 소위 교령회에서 많은 관찰자를 충격에 빠뜨렸던 자동으로 쓰인 서신 같은 모든 현상효과가 속한다. 죽은 자의 영혼을 불러일으키는 이런 과정에서 우리는 자동으로 쓰인 서신의 의심할 수 없는 존재를 다룬다. 이를 교령회에 참석한 자가 무의식인 채로 썼고, 많은 과학자가 신중하게 검증한 후에도 의심하기

어려웠다. 그러나 사고의 운동적 본성과 똑같은 것이 여기서도 나타났음을 아주 간단한 실험으로도 발견할 수 있었다. 가장 순조롭게 진행되는 영성 집회 중에 '영'에게 참석한 사람들끼리 의견이 다를 수 있는 질문, 또는 참석한 사람들이 고의로 잘못된 생각을 할 수 있는 질문을 하면 충분하다. 그러면 첫 번째 경우에는 혼란스럽고 모순된 답을, 두 번째 경우에는 분명히 잘못된 답을 얻게 된다.

10. 당신의 아내가, 유럽에서 안전하게 살고 있지만, 2년 전에 캐나다에서 사망했다고 참석한 사람들에게 미리 알리면, 심령술사 테이블 위에서 아내에 관한 당신의 질문에 대한 답변에서 캐나다와 죽음이라는 낱말을 들을 것이다. 수많은 이런 종류의 실험에 따르면, 대답이 대답을 준비하고 충족시키는 기대에 직접적으로 의존한다. 영적 혼수상태의 바로 그 과정은 다른 어떤 것에도 있지 않으며, 손가락 근육의 극단적 긴장과 지속적인 무감각에 있다. 그래서 이 과정은 우리 의식에 책임이 없고, 사고의 자동적인 흥분에 따라 너무나 유연하다. 여기 참석한 사람들은 통상 서로서로 손을 얽혀 잡는다. 그래서 한 쪽 끝에서 시작되는 떨림이나 움직임이 쉽게 퍼지고, 말하자면, 일반적인 움직임으로 넘어간다.

11. 운동에 대한 모든 표상은 바로 그와 똑같은 운동을 일으킨다는 그 교훈적인 사실은 심리학에서 오래전에 확립되었다. 이런 경우, 누군가가 평범한 사람에게 방바닥에 누워 있는 널빤지 위를 걷게 한다면, 누구나 그 제안에 쉽게 동의하고 실패 위험 없이 실험을 할 것이다. 그러나 같은 판자가 한 집의 6층에서 다른 집의 6층으로 또는 산속의 심연에 놓여 있는 경우를 상상하라고 하면, 이 판을 따라 성공적으로 건너가겠다고 할 사람의 수는 최소로 떨어질 것이다. 두 경우의 차이점은 두 번째 경우 건너가는 자가 깊이에 대한, 너무나 높은 곳에서 떨어질 가능성에 대한 생생하고 뚜렷한 표상을 갖게 되리라는 사실로

설명된다.

12. 이것은 강을 가로질러 놓인 다리 위 난간이 지닌 심리적 가치의 토대이기도 하다. 이 가치를 심리학자들은 한 번 이상 명확하게 확인했다. 사실, 다리 위 난간, 말하자면 난간이 지닌 물리적인 힘 때문에, 사람들이 넘어지지 않는 것, 즉 다리 위를 걷는 사람이 실제로 비틀거리고 난간이 그를 제자리로 돌려보내는 것을 본 사람은 거의 없었다. 보통 사람들은 난간 옆을 걸으며 어깨로 난간을 스치기나 하지 난간 방향으로 몸을 기울이지 않는다. 그러나 미완성 다리에서 난간을 제거한 채 통행을 개방하는 일은 확실히 사고 위험이 있다. 이런 측면에서 난간은 가치가 있다. 그리고 무엇보다 중요한 것은 아무도 감히 다리 가장자리를 따라 그렇게 가까이 걷지 못한다는 것이다. 이 경우 난간의 작용은 순전히 심리적이다. 난간의 작용으로 우리는 추락이라는 사고나 표상을 의식에서 제거하고 움직임에 올바른 방향을 제시한다.

13. 이것은, 높은 곳에서 아래를 볼 때 현기증이 나고 우리 자신을 아래로 던지고 싶은 욕망이 생기는 것과 똑같은 흐름의 현상효과, 즉 지금 특히 명확하고 강력하게 의식을 사로잡은 그 사고, 그 표상을 실현하려는 갈망이다.

14. 그것이, 최악의 교육적 조치가 학생이 저지르지 말아야 하는 행실을 학생의 의식에 지속해서 강력하게 도입하는 짓인 까닭이다. "무엇을 하지 말라"는 계율은 그 행실을 성취하라는 충동과 다를 게 없다. 이는 이미 하지 말라는 그 말이 그 행실에 대한 사고와 결과적으로 그것을 수행하려는 경향을 의식에 도입하기 때문이다.

15. 손다이크는 프랑스 고등학교의 도덕 교과서에서 사용되는 그런 도덕적 계율의 해악을 지적하는데, 이는 극히 옳다. 교사가 학생들을 반도덕 짓거리로부터 보호하고 싶어서 이를 자세하게 설명하는 것

은, 본질만 언급하면, 학생들의 의식에 그런 짓을 성취하려는 공공연한 충동과 갈망을 유발하기만 한다. 이런 이유로 이 저자는, 그 교과서의 저자가 했던 것처럼, 자살하지 말아야 하는 이유를 자세하게 기술하여 설명하는 일에 참여하는 것이 매우 해롭다고 결론지었다. 문학은, 뭔가에 대한 강한 공포나 두려움이 그런 우려와 연결된 바로 그 작용을 유발한 처지와 사건의 무수한 사례를 알고 있다. 도스토옙스키의 장편소설 『백치』에서 미시킨 공작의, 공으로 값비싼 꽃병을 깨뜨릴지 모른다는 걱정은 그를 최면적 확신으로 이끌어 바로 그 일이 벌어졌다. 즉, 늘 의식에 있었던 그 사고가 작용하여 걱정이 현실이 된 것이다. 아이에게 유리잔을 깨뜨리게 하는 데는 "깨지 않도록 조심해" 또는 "반드시 깨뜨릴 것"이라고 여러 번 말하는 것이 가장 좋은 방법이다.

16. 더 광범위하고 복잡한 형태의 행동으로 넘어간다면, 이 사실 무리가 생각의 운동적 본성을 소진하지 못했다고 해야 한다. 여기서 일반적으로 심리학에서 관념 운동적 행위, 즉 운동 자체에서 즉시 실현되는 운동에 대한 표상이라고 불리는 것을 갖게 된다. 같은 종류의 현상효과의 다른 무리는 최근 수십 년 동안 미국의 심리학적 사고가 주도하여 발견하고 신중하게 개발한 소위 운동 감각이라는 것이다. 심리학자들은 사람의 특정 기관의 고유한 움직임과 연결된 그런 안달과 경험을 운동 감각이라 부르고, 운동 감각이 그 자신의 행실을 사람에게 설명하는 듯하다고 했다. 모든 근육, 관절과 힘줄, 거의 모든 조직은 가장 미세한 신경 가지에 의해 가장 깊은 내부 층까지 침투한다. 이를 통해, 외부 기관을 통해 우리가 외부 세계에 있는 물체의 위치와 움직임을 너무나 명확하게 알 수 있듯이, 내부 기관의 위치와 움직임을 알 수 있다. 여기서 운동 감각은 위에서 언급했던 고유 수용 장과 거의 언제나 연결된다.

17. 심리학의 분석 결과에 따르면, 이들 운동 감각은 생각과 심지어 의지적 행위에서 가장 본질과 관련된 계기다. 어떤 움직임이 일어나려면 먼저 의식에서 이들 움직임과 연결된 안달에 대한 상이나 회상이 있어야 한다. 따라서, 심리학자들의 일반적인 견해는 적절한 운동 감각적 반응, 즉 상응하는 내적 안달을 유발하기 위해서는 자발적인 움직임이 처음에는 무의식적으로 발생해야 한다는 데 동의한다. 그리고 오직 이후에만, 이 반응을 재개함으로써, 자의적 형식의 행위로 움직임을 반복할 수 있다. 어떤 대상에 대한 우리의 생각이나 표상을 결정하는 그 표현할 수 없도록 복잡한 구성성분에서, 결정적인 역할을 하는 것은 바로 운동 감각적 경험이다. 운동 감각은, 다른 것과 달리 내적이며, 충분히 정확하게 국지화되지 않는다. 운동 감각은 완전히 다른 신경 본성과 지각 재료를 지니기 때문이다.

18. 의식적인 움직임에서 이런 운동 감각적 계기의 존재는 베어 Baer, 1792~1876의 실험으로 확증되었다. 베어는 실험 대상자들에게 귀를 움직이고 장기를 기계적으로 움직이게 하면서 다른 일반적으로 무의식적인 움직임을 하도록 가르쳤다. 그 후 운동 감각적 반응이 뒤따른다. 후에, 피실험자 자신의 주도와 욕구로 그 작용을 했다.

19. 마지막으로, 똑같은 현상효과의 세 번째 무리는, 언뜻 보기에 움직임으로 구현하는 것을 표상하기 어려운 물건, 사물, 관계를 생각하고 표상하는 영역에 속한다. 달리 표현하면, 어려움은, 그런 사고에 담긴 운동의 성질을 확립하는 데 있다. 그런 사고는 움직임이 아니라, 예를 들면, 높은 사각 탑, 파란색, 거대한 무게로 향한다. 그러나 이런 경우에도 우리는 감지하기 어렵지만, 틀림없이 존재하는, 다양한 초기의 움직임을 다루고 있다는 것을 쉽게 확신할 수 있다. 여기서, 많은 부분에서, 우리는 동시에 물건을 지각하는 지각 기관의 움직임을 다루고 있다. 따라서, 예를 들어, 시끄럽거나 조용한 것을 생각하면서,

우리는 자신의 체험에서 그런 소리를 지각하도록 귀와 머리를 적응시키는 데 필요했던 바로 그 움직임을, 초기의 상태에서 펼친다. 크고 작은 원형을 생각하면서 우리는, 눈 근육의 움직임에서 매우 적응적인 움직임을, 한때 우리가 지각했던 물건의 고착을 실현한다.

20. 일부 수학 공식, 철학 또는 추상적인 논리 법칙과 같이 가장 추상적이고 움직임의 언어로 번역하기 어려운 관계의 사고도, 심지어 이것들도 최종 계산서에서, 새롭게 재현되는 이전 움직임의 이런저런 잔재와 연결되어 있음이 밝혀졌다. 모든 근육의 완전한 마비를 떠올린다면, 이것으로부터의 자연스러운 결론은 모든 생각의 완전한 정지가 될 것이다.

21. 갈라져서 뒤따르는, 사고를 실현하고 인간 행동에서 가장 중요한 가치를 지닌, 내적 움직임의 한 무리가 구별된다. 이 무리는 소위 말 운동 반응이다. 즉, 호흡 반응, 근육 반응, 소리 반응의 복잡한 요소로 구성된, 말 운동 기관의 억제되고 감지할 수 없는 움직임이다. 그런 반응의 총체로서 말 운동 반응은 문명인의 모든 생각의 토대를 형성하며, 이를 매우 정확하게 내적 말 혹은 침묵의 말 체계라고 명명한다.

22. 야만인과 문명의 첫 단계에 있던 사람이 생각과 말을 과학적 데이터와 너무나 일치하게 정의했다는 것은 신기한 일이다. 그들은 생각을 "배에서 말하는 것" 또는 성경 표현처럼 "심장에서 말하는 것"으로 정의했다. 그런 사고는 일종의 말하기이다. 이는 일부 내부 기관에만 숨겨져 있어 끝까지 완성하지 않고 다른 누구를 향하지 않고 자신에게만 전달된다. 야만인과 현대 과학자 모두 이 정의에 동의한다. 이것이 바로 세체노프가 사고를 심리 반사의 처음 2/3 반사 또는 2/3에서 차단된 반사로 정의할 때 염두에 둔 것이다. 여기서 그는 외적 부분에서 억제되어 끝까지 전달되지 않는 반사를 염두에 두었다.

　　　　　　　　　　　　　　　비고츠키의 교육심리학

23. 이것이 실제로 그런다는 것은 간단하고 일상적인 관찰로 알 수 있다. 어떤 동기를 기억하려고 열심히 노력하면, 자신에게 흥얼거리고 있음을 알게 될 것이다. 어떤 시의 낱말을 생각해 내려 열심히 노력하면, 자신에게 조용히 그 내용을 읽어주고 있음을 알게 될 것이다. 말을 끝까지 전달하지 않고 내부 기관에 유지하는 것은, 문화의 맨 첫 단계에서조차 공동생활에서 발생하는 관계의 놀라운 복잡성 덕분에 인간의 공동생활에서 특히 광범위하고 중요한 뜻을 지닌다.

24. 최초에는 모든 반사가 전체, 모든 부분에서 행해진다. 우리는 완전한 움직임 도식이 있다. 아이는 먼저 말하는 법을, 그 후 생각하는 법을 따라서 한다. 교사가 겉으로 흔하게 보이는 것과 다르게, 즉 아이가 처음에 생각하기 시작하고, 그 후 자기 사고를 표현할 단어를 배우는 것과 다르게, 실제로 어떤 일이 일어나고 있는지 아는 것은 매우 중요하다. 아이의 첫 번째 생각은 그의 첫 번째 불명확한 그저 그런 소리와 얽매여 있다. 아이의 생각에는 두 번째 기원이 있다. 그것은, 소리를 억제하면서, 아이가 마지막 1/3 이전에 반사를 차단하고 그것을 자신 안에 유지하는 법을 배울 때만 발생한다.

25. 이것에서 도출된 본질적인 심리학적 결과를 명심하는 것은 매우 중요하다. 3분의 2로 중단된 반사는 끝까지 완성되지 않았다는 점에서 양적으로만 완전한 반사와 다르다고 쉽게 상상할 수 있다. 그런데, 이와 함께 심리적 성질의 근본적 양상도 변하고, 이런 변화로 그것의 생물학적, 사회적 용도도 변한다는 것이 밝혀졌다.

26. 모든 사고가 말이라는 게 사실이라면, 내적 말과 외적 말은 각각의 심리적 본성 자체가 다르다는 것도 사실이다. 이 차이는 두 주요 지점으로 압축할 수 있다. 첫째는 반사 호가 근거하고, 증가한 신경 에너지의 방출과 소비가 발생하는 세 개의 기저가 되는 지점이 모든 반사에 있다는 것이다. 이 방전은, 일반적으로 외적 충격이나 안달, 광선,

공기의 파동 따위 때문에 일부 말초 기관에서 시작된다. 그런 다음 중추 신경계에서 그리고 말초 대응 작동기관에서 진행된다.

27. 여기서 심리학자들은 신경계의 중심 지점과 작업 기관의 에너지 소비가 반비례한다는 사실을 입증했다. 중심 에너지의 소비가 강하고 많을수록 외적 발현은 약해지고 작아지며, 역으로 반응의 외적 효과가 강할수록 중심 모멘트는 약해진다. 유기체는 일정량의 신경 에너지를 처리한다. 각 반응은 알려진 일정한 에너지 예산 내에서 발생한다. 그리고 중심 모멘트의 강화와 정교화는 그에 상응하는 작업 기관의 대응 움직임의 약화로 보완된다. 이 원리는 코르닐로프Корнилов, 1879~1957 교수가 에너지 단극적 소비 원리라고 명명했다. 이 원리는 다양한 유형의 반응에 대한 정확한 실험을 기반으로 공식화되었다.

28. 코르닐로프 교수의 연구 결과의 핵심은, 중추 생각 행위가 점차 복잡해질 때 반응에서 소비한 에너지의 양을 측정한다는 데 있다. 피실험자는 열쇠 버튼을 눌러 호출하는 벨 소리에 응답해야 했다. 그런 다음, 그는 실험 시작 전에 그에게 들려준 것과 똑같은 호출하는 벨 소리를 듣자마자 응답하도록 요청받았다. 그 후 첫 벨 소리에는 오른손으로, 두 번째 벨 소리에는 왼손으로 응답하라고 했다. 달리 말하면, 안달을 지각하는 순간과 작업 기관의 대응 움직임 사이에 인지, 구분 혹은 선택 같은 생각 과정이 대응하기 전에 끼어 있다. 이는, 분트의 연구 결과로 확인했듯이 반응하는 시간의 길이는 증가하게 영향을 미치고, 최근 연구 결과에 따르면 반응하는 강도는 하락하게 한다.

29. 다시 말해서, 신호를 잘 식별하거나 한 신호와 다음 신호 사이에 선택한 후에야 움직임을 만들어야 한다면, 이런 경우 우리의 움직임은 신호 직후에 대응할 때보다 약하고 활력이 떨어질 것이다.

30. 연구 결과에 따르면, 여기서 주변적 에너지 소비의 이런 감소는 반응에 소비된 에너지 총량과 엄격한 수학적 관계에 있고, 이런 양상

으로, 이런저런 생각 과정에서 소비된 에너지의 척도로 작용할 수 있다. 간단한 신호에 대한 대응으로 피실험자가 A 단위의 에너지를 소비하고, 두 신호 사이에서 선택하는 반응에서 B 단위의 양을 소비한다고 하면, A-B/A가 심리 에너지의 척도가 된다. 이 경우 두 신호 사이에서 선택하는 행위에 그 척도 만큼을 소비한다.

31. 그리고 가장 단순한 관찰로도 알 수 있듯이, 어떤 종류의 힘든 육체노동과 복잡한 정신 조작을 결합하는 것은 어렵다. 예를 들면, 방을 빠르게 뛰어다니며 복잡한 문제를 해결하는 일은 불가능하다. 즉, 어떤 사고와 힘들게 나무 베는 일에 동시에 집중할 수 없다. 모든 사고는 말하자면 파상풍과 혼미를 유발하고 그 본성상 움직임을 마비시키고 정지시킨다. 이런 연유로, 깊은 생각에 빠진 사람은 항상 멈춘 것처럼 보이고, 뭔가가 우리를 세게 때리면 우리는 확실히 움직임을 늦추게 될 것이다. 이런 식으로, 사고는 이상하게 보이겠지만, 비록 사고가 움직임이지만 같은 정도로 움직임의 지연이기도 하다. 즉, 반응의 중심 계기의 복잡화가 약해질 때, 그런 형태의 움직임은 반응의 외적 발현을 소멸시키는 경향이 있다.

32. 이것으로부터 심리학자들은 무엇보다도 노동 교육학의 토대로 간주한 정신노동과 육체노동의 결합이 하나의 정신노동과 육체노동의 동시적 종합으로 이해할 수 없다는, 교육학에서 매우 중요한 결론에 이르렀다. 정원에서 이랑을 파면서 식물학 수업을 듣고, 목공 작업장에서 판자를 대패질하면서 힘의 추가와 분해 법칙을 공부하는 것은, 코르닐로프 교수가 이랑을 파는 것과 생물학 수업에 똑같이 나쁘다고 지적했듯이, 힘의 평행사변형의 법칙을 왜곡하고 판자를 대패질하는 데도 마찬가지로 나쁘다. 심리학적 관점에서 보면, 교육에서 이론과 실천의 결합은 이런 유형의 노동과 다른 유형의 노동을 적절하게 계획적으로 교대하는 것 이상을 의미하지 않는다. 이래야 조화롭게 유기체

의 한쪽 극단에서 먼저 그리고 이어서 다른 쪽 극단에서 에너지를 규칙적으로 순환하며 소모할 수 있다.

33. 리듬은, 본질적인 측면에서 보면, 가장 높은 형태의 유기체적 활동과 삶을 의미한다. 리듬은 움직임과 휴식의 교대를 의미한다. 그래야만 움직임의 완벽함과 끊임없이 이어짐을 보장하기 때문이다. 심리적 관점에서 보면 리듬은 가장 완벽한 형태의 움직임과 휴식의 종합일 뿐이다. 마찬가지로, 심장의 지칠 줄 모르는 근육이 비할 데 없이 놀라운 일을 할 수 있는 것은 심장 박동의 규칙적으로 순환하는 성질 때문이다. 심장은 미친 듯이 뛰고 그 후 휴식을 취하기에 평생 멈추지 않고 뛸 수 있다. 따라서 교육에서 일정한 리듬 상태의 원리를 적용하는 일은 노동학교의 이론과 실천을 위해 심리적으로 피할 수 없다.

34. 생각에 대한 심리학적 설명에 적용되는 이 에너지 단극적 소비 원리는 2/3에서의 반사 중단이 그 중심 부분의 강화와 복잡화로, 즉 외부에서 오는 모든 흥분이 중추 신경계에서 처리하는 재변형으로 보상됨을 설명한다. 이것은, 반사의 파괴와 억제 덕분에, 즉 반응의 사고로의 완전한 변형 때문에 우리의 반응은 세계의 요소들과의 상호관계에서 유연성, 치밀성, 복잡성을 지니게 된다는 것을 의미한다. 그리고 이런 경우 우리의 행동거지는 무한히 높고 치밀한 형태가 될 수 있다.

35. 사고와 완전한 반응의 또 다른 질적 차이는, 내부 움직임의 역할을 부각하는 이 반응만이 외부로 향하는 특정 움직임으로서 지녔던 그 반응의 뜻을 잃고, 행동의 내부 조직자라는 완전히 새로운 의미를 지닌다는 것이다. 모든 경우, 유기체의 모든 움직임과 마찬가지로, 큰 소리로 말한 낱말은, 항상 외부에 있는 뭔가를 향하며, 환경 요소들에서 도드라진 변화를 생성하거나 만들려고 애쓴다. 철저하게 끝까지 발견되지 않고, 유기체 자체 내에서 인정받지 못한 반응은 자연

비고츠키의 교육심리학

스럽게 그런 용도를 담당할 수 없다. 그리고 이런 반응은 생물학적으로 완전히 불필요해지고, 정신적 낭비와 함께 발달 과정에서 위축되고 파괴되어야 한다. 그렇게 되지 못하면, 그것은 완전히 새로운 뜻과 새로운 의미를 지녀야 한다. 그리고 정확하게 바로 이 반응이 유기체 내에서 전적으로 인정받기 때문에, 이 반응은 새로운 반응들에 내적 안달의 역할과 의미를 지니게 된다. 사고 체계는 사실상 행동을 미리 조직화한다. 내가 먼저 내 행동을 생각하고 이어서 그 행동을 한다면, 이는 행동의 복제와 복잡화 바로 그것을 의미한다. 그때, 사고의 내적 반응이 먼저 유기체를 준비하여 적응하게 하고 이어서 외적 반응이 사고에서 준비하고 확립한 것을 실행한다. 사고는 행동의 예비 조직자 역할을 나서서 한다.

나. 의식적 행동과 의지

1. 사고의 운동적 성질과 반사적 성질이 확립되면, 이성적이거나 의식적인 형태의 행동과 반사적 또는 본능적 형태의 행동 사이의 구별이 무너지는 것처럼 보일 수 있다. 저절로 이런 사유가 생길 것이다. 이런 이해로는 인간다운 심리와 행동은 기계적 해석에 노출되고, 이런 식의 관점이라면 인간다운 유기체는 환경의 다른 안달에 다른 행동 거지로 대응하는 자동 기계일 뿐이다. 그리고 데카르트가 동물을 움직이는 기계로 정의하고, 동물에게서 생명과 심리를 부정했듯이, 현대 심리학자들도 인간을 같은 방식으로 이해하고 해석하는 경향이 있다. 하지만, 인간 체험과 동물 체험의 엄청난 차이는 이런 견해를 확실히 논박한다.

2. 인간 노동의 특성을 확립하면서, 마르크스는 인간 노동과 동물 노동을 구별하는 매우 중요한 심리적 차이를 지적했다. 여기서부터 의식적 행동 혹은 이성적 행동의 분석을 진행하는 것이 가장 적절하다.

"거미는 직공과 비슷한 일을 하고, 밀랍으로 벌집을 창조하는 꿀벌은 건축가를 부끄럽게 한다. 그러나 처음부터 아무리 최악의 건축가라도 밀랍으로 방을 짓기 전에 이미 머릿속에서 그것을 지어 보았다는 점에서 최고의 꿀벌과 다르다. 노동 과정의 끝에서 얻을 결과는 이 과정이 시작되기 전에 이미 관념으로, 즉 노동자의 표상에 존재한다." 거미집이나 밀랍 방을 만드는 일은 여전히 본능적 행동 형태에 속한다. 즉, 환경에 유기체가 수동적으로 적응한 것이다. 이는 인간의 위와 내장에서 음식을 소화하는 기제와 같다. 실제로 인간의 행동은 근본적으로 새로운 계기를, 정확하게 말하면 모든 반응을 안내하는 자극으로, 작업 결과를 머리에 실제로 존재하게 하는 것을 포함한다. 누구나 쉽게 알 수 있듯이, 우리는 여기서 우리 체험의 복제를 이야기하고 있다.

3. 인간의 건축은, 먼저 사고로, 다음에는 실행으로, 두 번 짓는다는 점에서 꿀벌의 건축과 다르다. 이성적이며 자유로운 의지의 환영은 여기서 비롯된다. 실제로 연기하는 사람은 자신의 거동이, 처음에는 원했고 나중에는 그렇게 하는 이중적 성격을 띤다는 인상을 받는다. 환영은 첫 번째 계기가 두 번째 계기와 분리되어 독립적으로 수행될 수 있다는 사실에 의해 강화된다. 자유의사나 욕망, 자유로운 의지적 노력은 현실의 움직임과 완전히 독립적이며 현실의 움직임에 종속하지 않는다는 인상을 준다. 나는 내 손을 들고 싶지만, 동시에 묶여 있음을 자각하여, 그 움직임을 하지 않을 수 있다. 이 모든 경우 우리는 의심할 여지 없는 환영을 다루고 있다. 그 환영의 심리적 성질은 우리의 사고가 행하는 내적 역할로 너무나 제대로 설명한다.

4. 우리의 모든 반응은, 반응의 대응 부분에서 새로운 반응의 안달이 될 수 있다. 이 때문에, 예를 들어, 사슬 같은 본능의 기제에서 우리는 이것을 반복해서 자주 만났다. 개는 고기로 인한 안달에 대응하여 침을 분비하지만, 똑같이 이 안달에서 발생한 새로운 영향으로 침

비고츠키의 교육심리학

을 뱉거나 삼킨다. 이런 식으로, 대응하는 부분의 반사(침 분비)가 다음 반응에는 원인이 되는 흥분이 된다.

5. 한 체계에서 다른 체계로 반사를 전달하는 것이, 소위 우리의 이성적 의지가 진행되는 기본적인 기제다. 의지적 행위는, 첫째로 우리가 추구하는 최종 목표에 대한 표상과 둘째로 우리의 목표를 달성하기 위해 우리에게 필요한 행동거지나 거동의 표상과 연결된 일정한 욕망, 자유의사, 갈망이 의식에 존재해야 함을 전제로 요구한다. 이런 방식으로, 이원성은 의지적 행위의 바로 그 토대에 놓여 있다. 그리고 이 이원성은, 여러 동기, 여러 반대되는 갈망이 우리의 의식에서 충돌하여 의식이 이들 다른 갈망과 동기 중에서 하나를 선택해야 할 때 특히 두드러지고 명확해진다.

6. 바로 이 동기 투쟁의 계기들이 우리의 자기 관찰에서 선택의 자유가 존재한다는 가장 설득력 있고 직접적인 증거다. 사람은 여러 가능성과 거동에 직면하여, 마치 자유로운 의지적 행위처럼 그것들에서 하나를 선택할 때보다 자기 뜻대로 거동하는 때가 훨씬 자유롭다고 느끼지 않는다. 그러나 심리 행위 중 어느 것도, 객관적인 분석에서, 동기들의 투쟁 행위처럼 진정한 결정론과 자유 없음을 드러내는 데 그렇게 편리하지는 않다. 객관적인 관점에서 볼 때, 의지적 동기의 존재는 우리를 이런저런 행동거지로 이끄는 내적 안달에 불과하다는 것을 이해하기는 매우 쉽다. 동시에 여러 동기가 충돌한다는 것은, 신경 과정의 자연발생적인 힘으로 공동 운동의 장을 차지하기 위해 싸우는 여러 내적 안달의 출현을 의미한다. 여기서 투쟁의 결과는 항상 미리 결정된다. 한편으로는 경쟁하는 부분들의 상대적인 힘으로, 다른 한편으로는 유기체 내에서 힘들의 일반적인 평형으로 누적된 투쟁 분위기로 미리 결정된다.

7. 둘 중 어느 쪽이 자신에게 더 이익인지 판단할 수 없었기에, 두

건초더미 사이에서 굶어 죽은 뷔리당의 당나귀에 대한 옛 철학적 일화는, 심오한 심리학적 뜻을 담고 있다. 현실적으로 그런 경우는 절대 있을 수 없다. 실제로 두 안달의 완전한 균형은 거의 실현 가능하지 않기 때문이다. 더군다나 오른쪽이나 왼쪽에서 먹이를 찾는 데 익숙한 당나귀의 이전 체험이 그 경우 방향을 결정하는데 충동적 영향을 주기 때문이다. 그러나 이론적으로, 이 경우는 진정한 심리학적 사고를 나타낸다. 반대 방향을 향하는 모든 동기의 완전하고 이상적인 균형으로 우리는 완전히 의지의 비활성화에 이르고, 이 경우 심리 기제가 정확한 역학의 모든 법칙에 따라 작동한다. 그 역학은 다양한 방향으로 향하는 똑같은 두 힘의 작용하에 놓인 신체를 절대 안정의 물체로 방치한다.

8. 이런 양상이므로, 완전한 의지적 행위는 유기체의 본능적·정서적 충동에 기초하여 발생하고, 그것에 의해 미리 결정되는 행동 체계로 의지적 행위를 이해해야 한다. 사실상 이런저런 자유의사나 욕망이 의식에서 나타나는 것은, 유기체에서의 이런저런 변화에 기인한다. 일반적으로 원인 없는 욕망이라고 부르는 것은, 그것들의 원인이 우리에게 감춰 있거나 무의식적 영역에 숨겨져 있는 경우에만 해당한다. 게다가 이 충동은 일반적으로 복잡한 사고 과정에서 굴절한다. 이 충동은 우리의 사고를 장악하려고 한다. 사고는 행동에 대한 접근이고, 접근을 장악한 것이 요새도 차지하기 때문이다. 이런 식으로, 생각은 충동과 행동 사이의 전달 기제이며, 심리의 깊은 토대에서 오는 내적 몰아치는 힘과 행위로 몰아가는 힘에 의존하여 행동을 조직한다. 이렇기에, 의지의 절대적 결정론은 심리학에서 의지 과정을 과학적으로 분석하기 위한 정당하고 근본적인 전제 조건이다. 당연하게도 원인이 없고 비결정적인 기현상은 과학적 가정과 연구의 대상이 될 수 없다.

다. 언어 심리학

1. 위에서 기술한 생각과 의지의 기제를 드러내는 가장 쉽고 간단한 방법은 언어의 개별적 실례를 살피는 것이다. 언어는, 체험을 내적으로 조직하는 체계로, 생각을 실현하는 주요한 원소다. 심리학의 관점에서 보면, 개인적 언어와 사회적 언어는 발달에서 세 개의 다른 단계를 거친다.

2. 최초에 언어는, 행동의 다른 정서적·본능적 증후와 제대로 분리할 수 없었던, 반사적 외침에서 발생했다. 언어는 말하자면 공포, 분노 등의 고조된 정서 상태에서 생물이 적응하려 움직이는 일반적인 복합체의 한 부분이었다. 언어는 적응에서 표현 기능과 행동 조절 기능을 했다. 표현적 외침은 표현적 호흡과 직접 연결된다. 우리는 숨 쉬면서 비명을 지른다.

3. 그러나 발달의 최초 단계에서도, 외침은 이들 기능으로 제한되지 않았다. 동물의 무리 행동에서, 외침은 도움을 요청하는 수단, 지도자가 무리에게 보내는 신호 따위였다.

4. 반사적 외침의 이 단계에서 최초로 사람 앞에 목소리가 나타났다. 갓 태어난 아기는 운다. 공기 흐름이 성대를 진동하기 때문이다. 인생 첫날 신생아 울음의 반사적 성격이 정해지고 완성된다. 하등 동물의 언어는 이 단계에 얼어붙을 것이다. 그러나 인생 첫 달에 또 다른 언어 단계가 발생한다. 이 단계는 조건 반사 훈련의 모든 법칙에 따라 갖춰진다. 아이는 자신의 울음소리와 그에 따른 일련의 안달(예: 엄마, 수유, 포대기의 도착 등)을 지각한다. 이 둘이 자주 겹치기 때문에, 새로운 조건적 연결이 아이에게서 보류되고, 아이는 엄마의 출현을 위해 특별히 재현한 울음으로 엄마를 부르기 시작한다. 여기서 처음으로 언어는, 그것의 심리적 가치에서, 유기체의 알려진 행동거지와 그것에 의존하는 뜻의 연결 고리로 등장한다. 이제 아이의 외침은 뜻을 지닌다.

아이 자신은 이해할 수 있는 어떤 것과 물체를 표현하기 때문이다.

5. 그러나 이 단계에서도 언어는 여전히 극히 제한적이다. 언어는 말하는 사람만 이해할 수 있다. 즉, 언어는 개인적 체험으로 얻은 직전의 조건적 연결에 제약되고 제한된다. 이것은 동물의 언어다. 동물이 단어의 뜻을 이해하는 법과 자신 또는 다른 사람의 특정한 행동거지나 그 단어의 뜻을 특정한 소리(예를 들면, 주인이 명령하는 '누워', '일어서' 따위의 소리)와 연결하는 법을 배운다는 사실은 너무나 잘 알려져 있다. 그래도 이 언어는, 그 낱말의 뜻을 제대로 이해하기 위해서는 매번 해당 동물의 개인적 체험을 통해 소리와 행동거지 사이에서 닫혀야 하는 조건적 연결을 설정하는 일이 필요하다는 점에서 인간의 언어와 다르다. 바꾸어 말하면, 그런 언어를 이해하는 일은 그 언어를 창조하는 데 참여하는 사람들로 제한된다.

6. 심리 언어학에 따르면, 현존하는 모든 언어는 이 단계를 거쳤으며, 어떤 언어에 나타난 모든 단어가 최초에는 바로 이런 방식으로 창조되었다. 우리는 현대 언어에는 두 종류의 단어가 있음을 너무 쉽게 안다. 첫 번째 종류에 속하는 단어들은, 우리가 보기에 완전히 시각적 상으로 특정한 소리와 뜻을 연결한 것이고, 나머지 단어들은 반대로 우리가 완전히 이해할 수 없는 상으로 이런 결합을 생성한 것이다. 우리가 한편에 비둘기, 갈까마귀 같은, 다른 편에 파란색과 검은색 같은 단어를 취하면, 첫 번째 그룹에서 소리 "비둘기"가 왜 정확하게 비둘기를 의미하는지 이해할 수 없음을 쉽게 알 수 있다. 그리고 우리는 특정 조건에서는 갈까마귀를 "비둘기"라는 소리로 지정할 수 있으며 그 반대의 경우도 마찬가지임을 쉽게 상상할 수 있다. 반대로 파란색과 검은색을 말할 때, 우리는 그 소리를 들을 뿐만 아니라 그 의미를 이해하며 왜 이들 소리가 그 특정 색을 지칭하는지도 이해한다. 검은색 말을 파란색으로, 푸른 하늘을 검은색으로 부르는 것은 터무니없을

비고츠키의 교육심리학

것이다. 파란색은 비둘기 같은, 비둘기 날개의 색을 의미하고 검은색은 갈까마귀 날개의 색을 의미하기 때문이다.

7. 이런 방식으로, 언어 심리학자들은 단어의 세 가지 요소, 즉 소리, 의미, 상 또는 둘 사이의 연결을 특정한 단어가 특정한 소리와 연결되는 이유를 설명하는 것처럼 구별한다. 언어에서 낱말들은 이 세 번째 요소의 유무에 따라 다르다. 여기서, 어원학적 연구에 따르면, 단어가 그 상을 상실하더라도, 그 낱말의 이전 의미에서는 늘 상이 있었고, 결과적으로 단 한 낱말도 우연히 발생하지 않으며, 의미와 소리의 연결이 자의적인 낱말은 어디에도 없고, 파란색과 검은색 같은 단어의 기원에서 볼 수 있듯이, 단어는 두 유사한 외형이 다시 접촉한 것에 뿌리를 둔다. 이 경우 새로운 낱말은 하나의 대상과 다른 대상 사이에 확립된 연결을 의미하고, 체험에서 특정된 연결은 항상 각 낱말의 기원에 존재한다.

8. 다시 말해, 모든 단어는, 그 낱말을 생성하는 순간, 상을, 즉 그 낱말의 뜻을 명확하게 이해할 수 있는 동기부여를 지닌다. 그 단어는 의미하는 바뿐만 아니라 그것을 의미하게 된 이유도 보여준다. 점진적으로, 언어의 성장과 발달 과정에서 상은 사라지고, 단어는 뜻과 소리만 보존한다. 이것은 단어의 두 종류 사이의 차이가 단어의 나이 차이로 완전히 응축된다는 것을 의미한다. 즉, 더 어린 단어들은 상이 있고, 더 오래된 단어들은 상을 반쯤 잊어버렸지만, 그 낱말을 꼼꼼하게 들여다보면 여전히 쉽게 상을 감지할 수 있다. 아주 오래된 단어들은, 그 단어의 최초의 뜻과 형태를 주의 깊게 찾는 역사적 발굴 후에야 그들의 상을 찾을 수 있다.

9. 상이 죽어가는 과정이 어떻게 일어나는지를 보여준다는 것은, 언어의 초기 단계부터 오직 그 낱말의 창조자들을 위해, 그 단어가 어떻게 공용어가 되었는지 보여주는 것이다. 상이 죽어가는 까닭은, 그 단

어가 등장하는 데 공헌한 연결보다 훨씬 광범위한 연결에서 그 낱말을 사용하기 때문이다. '잉크'와 '철도마차' 같은 단어들을 취하면, 이들 낱말의 토대에 놓인 상을 쉽게 알아차릴 수 있다. 한편, 비록 병인학적 관점에서 볼 때 이런 조합이 없을 듯하지만, 사고에 조금도 어긋나지 않게 너무나 자유롭게 빨간 잉크, 파란 잉크, 녹색 잉크, 증기 말을 이야기할 수 있다. 쓰기 위한 액체를 잉크라고 하는 사람은 이 물체의 한 자질, 검은색에서 잠시 멈추고, 새로운 현상을 이전에 알려진 자질에 더 가깝게 가져와서 전체 물체를 잉크로 지칭한다. 그러나 이 표시는 거의 항상 그렇듯이 가장 본질적이고 중요하며 그 물체에 유일한 자질을 입증하지 못한다. 이 표시는 우연적인 것으로 밝혀졌고, 잉크의 일반 개념을 만드는 데 전체적으로 도움이 된 많은 다른 표시에 가려졌다. 잉크가 반드시 검은색을 의미할 때, 그것은 한 사람의 개인적인 체험에서 확립된 연결이었다. 이 지정이 다른 많은 체험에 적용되기 시작했을 때, 사람들은 잉크가 반드시 검은색을 의미했다는 것을 잊게 되고, 개인적인 조건적 연결에서 나온 그 단어는 일반적인 사회적 용어가 되었다. 다시 말해서, 사고는 상을 옆으로 제쳐두고 상 그 자체를 용해한다. 그리고 너무나 닮은 소리 때문에 그 단어의 기원을 쉽게 찾을 수 있다.

10. 이런 이유로, 언어의 이해를 포함한 모든 이해 과정은 심리적으로 연결을 의미함을 쉽게 알 수 있다. 프랑스어를 이해한다는 것은 지각한 소리와 단어의 가치를 연결하는 능력이 있음을 의미한다. 이 연결에서, 연결의 성격은 협소하게 개인적(동물의 언어)일 수도 있고, 광범위하게 사회적(사람의 언어)일 수도 있다.

11. 그러나 언어 심리학에서 가장 주목할 만한 사실은 언어가 완전히 다른 두 가지 기능을 하는 것처럼 보인다는 것이다. 한편으로 언어는 개별 인간의 체험을 사회적으로 조율하는 수단으로, 다른 한편으

비고츠키의 교육심리학

로는 사고의 가장 중요한 도구로 기능한다.

12. 우리는 항상 어떤 언어로 사고한다. 즉, 다른 사람들의 행동을 참고하여 자기 행동을 조직하는 것과 똑같은 방식으로 자기 내부에서 자기 행동을 조직하고, 자기 내에서 자기와 대화한다. 다른 말로 하면, 생각은 그 사회적 성격을 쉽게 드러낸다. 인격이 사회적 교류와 똑같은 모범에 따라 조직되어 있음을, 그리고 인간 안에 살아 있는 분신 같은 심리에 대한 원시적 표상이 우리의 개념에 가장 가까운 표상임을 보여준다.

13. 전통적인 심리학의 가르침에 따르면, 다른 사람의 심리를 이해하는 일은 풀 수 없는 수수께끼로 고민하는 것이었다. 모든 심리적 경험은 다른 사람이 접근하여 지각하지 못하고, 내성의 방법으로만 심리적 경험을 밝힐 수 있기 때문이다. 나는 내 기쁨만 안다. 어떻게 내가 다른 사람의 기쁨을 알 수 있을까? 이에 대해 모든 심리학 이론은, 아무리 다르게 제작되었더라도, 항상 이 문제를 해결하는 토대에 우리가 우리 자신을 아는 만큼 다른 사람을 안다는 확신을 놓았다. 우리는 외부의 움직임을 우리 자신의 움직임을 유추하여 해석해야 할까? 공감 과정을, 즉, 다른 사람의 표정에 대해 우리 자신의 정서를 불러 일으키기를, 정말 그렇게 해석해야 할까? 심리학자들이 주장하는 것처럼, 우리는 다른 사람의 심리를 우리의 고유한 심리 언어로 해석하여, 우리 자신을 통해 다른 사람을 인식할까?

14. 모든 경우에서, 아이들의 의식 발달의 발생적 관점과 의지적 행위를 연구한 심리학적 가르침의 관점에서 볼 때, 반대 진술이 더 정확하다. 우리는 행동거지를 올바르게 이해하거나 자각하는 일이 내부 안달들 사이의 연결로 발생하고, 기존 질서의 모든 연결과 마찬가지로 다양한 안달이 동시에 펼쳐지는 과정을 체험하기에 발생함을 보았다. 이런 양상으로, 아이는 다른 사람을 이해하는 방법을 먼저 배우고 그

런 후에야 똑같은 방식을 모방하며 자기를 이해하는 방법을 배운다. 위에서 언급한 것을 다음과 같이 표현하는 게 훨씬 정확하다. 우리는 다른 사람을 아는 만큼 자신을 안다. 혹은 더 정확하게는, 자신이 자신에 대해 타자(외부인)인 만큼만 자신을 의식한다. 바로 이런 까닭으로, 언어는 사회적 교류의 도구인 동시에 자기와 자기 자신의 은밀한 교류의 도구이기도 하다. 여기서, 사고와 행동거지를 의식하는 일은 우리의 반사를 다른 체계로 전달하는 바로 그 기제로 이해해야 하며, 혹은 전통적인 심리학 용어로 말하자면, 순환반응으로 이해해야 한다.

라. 자아와 원초아

1. 심리학자들이 인격을 하나의 단순하고 통합된 것으로 간주할 수 있었던 시대는 오래전에 지났다. 오늘날 심리학적 분석은 인격의 구조에서 완전히 이질적인 층을 드러내므로 인격을 일종의 단일 실체로 제시할 수 없다. 심리학자들이 가장 다양한 경향과 힘의 변증법적 충돌의 형태로 인격을 묘사하려고 할 때 그들은 인격에 더 적절한 표상을 제공한다.

2. 대중적인 언어조차도 내가 원하거나 하는 것과 나에게 원하여진 것을 매우 쉽게 구별하면서, 여기서, 인격의 기초적인 중심축 둘의 차이를 확인한다. 이 둘은 새로운 심리학에서 조건부로 자아와 원초아로 명명되었다. 여기서 우리 생각의 이중적인 성격은 원초아와 자아의 끊임없는 충돌로 너무나 분명히 드러난다. 프로이트는 자아는 기수와 같고, 원초아는 말과 같다고 했다. 여기서, 기수가 말에서 쫓겨나는 것을 원하지 않으면 말이 원하는 곳으로 자주 말을 끌고 가야 한다. 같은 방식으로, 자아는 인격의 더 깊은 층에 내재한 본능을 자주 따라야 한다. 그렇지 않으면 본질적이고 심각한 갈등이 발생하여, 일시적인 병이나 장기적인 질병으로 이어진다. 연구 결과에 따르면, 정신병과 노이

로제는 인격의 개별 층위 간의 내부 갈등을 토양으로 발생하는 질병의 형태다. 여기서, 자아는 우리가 내내 생각으로 두드러지게 드러나는 핵심의 의식적이고 조직적인 행동으로 나타난다. 자아가 인격의 생각하는 측면이라면, 이것으로부터 생각이 유기체의 더 근본적이고 주요한 갈망에 의존한다는 것은 너무나 분명해진다.

3. 우리는, 생각 자체가 본능적이고 정서적인 기반에서만 발생하며, 생각이 정서의 힘을 향한다는 것을 이해하기 시작했다. 생각의 정서적이고 능동적인 성격을 확립한 일은 최근 수십 년 동안 심리학이 이룬 가장 중요한 업적이다. 심리학 분과는 너무나 일관되게, 사고는 항상 이런저런 형상에 유기체가 특별한 관심을 둔다는 것을 의미한다는, 생각은 능동적이고 의지적인 성격을 지닌다는, 그런 흐름에서 사고는 연합의 기계적 법칙과 확실성의 논리적 법칙을 따르지 않고 정서의 심리적 법칙에 복종한다는 사실을 제시하고 강조한다.

4. 이런 뜻에 비추어보면, 사고는 매 순간 새로운 환경에서 특별하고 새롭게 해결한 행동이나 지향의 문제로 이해해야 한다. 생각은 항상 어려움에서 나온다. 모든 게 제약 없이 순조롭게 진행되는 곳에는, 사고가 출현할 까닭이 없다. 사고는 행동이 장애물을 만나는 곳에서 발생한다. 생각의 주요 원천인 바로 이 어려움이 사고를 결정적인 경향, 즉 이 시기에 반드시 해결해야 하는 예정된 과제에 종속한다는 주장을 확립한 모든 심리학 분석에 문제를 제기했다. 문제로 제기한 대상을 보면, 노력, 탐색, 지향의 이런저런 요소들과 생각하는 동안 발생하는 적응적 활동의 형성되지 않고 혼란스러운 모든 다른 잔재들도 마찬가지다.

마. 교육학적 결론

1. 생각을 이렇게 이해하는 것으로부터 자연스럽게 제안되는 가장

중요한 교육학적 결론은, 시각적 교수학습을 대하는 태도가 공개적이고 직설적인 적대감으로 특징지어지는 교육의 기본적인 성격을 새롭게 봐야 한다는 것이다. 근래 교육학에는 모든 교육을 편하게 하려는 편향이 깊게 스며들었다. 이런 편향은 교육의 장에서 모든 어려움을 추방하여 교육을 너무도 쉽고 가볍고 자연스럽게 만들려고 했다. 이것은 이전 시대에 아이들의 몫으로 배당된 힘든 학습 노동과 초인적인 어려움에 대한 너무나 건강한 반응이기는 했다.

2. 그러나 건전한 사회적 추세와 함께 상당한 양의 심리학적 오해도 이 이론에 침투했다. 모든 교수학습을 시각화하라는 요구는, 편하게 하자는 이 교육법의 가장 고상한 표현이지만, 다른 어떤 기법보다도 그 취약점을 가장 많이 담고 있다. 시각화는 교육의 장에서 무엇보다도 학생을 위한 모든 어려운 사고를 추방하겠다는 것이다. 그 요구에 따르면, 학생에게 제시할 모든 것은 첫째, 개인의 체험으로, 둘째, 학생이 조금도 무엇을 추측할 어떤 결론도 내릴 필요가 없고, 오직 보고 만지는 적합하고 시각적이며 편이한 외형으로 학생에게 제시해야 한다.

3. 지적할 필요도 없이, 그런 요구 사항은 무엇보다도 체험을, 최상의 외적 가능성을 가장 풍부하게 제공하는 학교에서의 생활로도 충분할 수 없는 개인적인 연결에 머물도록 제한한다. 사람의 체험은 언제나 각자의 개인적인 경험보다 폭이 넓다. 우리는 본 것보다 훨씬 많은 것을 알고 있는데, 누군가가 우리가 많이 보는 만큼만 알게 한다면, 그는 우리 체험의 범위를 지나치게 한정하고 좁히게 된다.

4. 그러나 더 중요한 것은, 그런 쉬움을 추구하는 편향은 근본적으로 교육심리학의 원리에 모순된다는 데 있다. 이것은 마치 어린이 위생학에서 유치원 어린이가 음식 씹는 것을 쉽게 하려고 모든 음식을 씹어 죽 같은 형태로 제공하자고 한 것과 같다. 오늘날 우리에게는 아

이에게 음식을 먹여 주는 것보다 아이에게 먹는 방법을 가르치는 일이 훨씬 중요하다. 마찬가지로 학생에게 유용한 지식을 알려주는 것보다 생각하는 방법을 가르치는 게 훨씬 중요한 일이다. 필요한 모든 것을 잘라서, 씹어, 소화된 형태로 제공하자는 시각화는 이런저런 지식을 동화하는 가장 쉽고 편리한 방식을 만들었지만, 독립적으로 생각하는 습관을 근본적으로 마비시키고, 어린이에게서 이런 관심을 제거하며, 의식적으로 교육에서 체험을 복잡하게 가공하는 모든 계기를 배제한다. 우리는 학생의 사고를 위한 출발점으로 교육에 아주 많은 곤란한 일을 창조하는 데 주의를 기울일 필요가 있다.

5. 아동의 사회적 환경과 모든 행동이 매일매일 새로운 것이 첨가되는 방식으로 조직되어야 한다. 이를 위한 새로운 조합, 예기치 않은 행동 사례를, 아동은 자기 체험에서 알고 있던 기술과 답변으로 쉽게 만들 수 없고, 아동은 매 순간 새롭고 새로운 조합으로 사고해야만 만들 수 있어야 한다. 생각은 현재 문제를 해결하는 데 모든 이전 체험이 참여하는 것에 불과하며, 본질에서 생각인 이런 행동 형태의 특이성은 예비 체험으로 여러 요소를 조합한 그것이 우리 행동에 창의적인 요소를 도입한다는 사실로 압축된다. 생각은 따라서 인간의 반응에서 생성될 수 있는 조합을 무한한 가능성으로 배가하고, 인간의 행동을 배타적 수준까지 무궁무진하게 다양하고 복잡하게 만든다.

6. 창조적인 노동은 체험을 예비적으로 조직하는 마지막 순간, 실행의 순간이 분리되는 바로 그 지점에서 노예적 노동과 다르다. 일반적으로 단일한 노동 과정에는 육체적 노동과 정신적 노동이 포함된다. 이는 다양한 사회 집단으로 나누어진 사회적 필요 때문이다. 일부는 체험의 내적 예비 조직이라는 절반의 몫을, 다른 일부는 물리적 구현이라는 나머지 몫을 담당한다. 심리적으로 완전한 노동 과정은 필연적으로 그 대립물의, 즉 예비 요소와 실행 요소, 두 요소 각각의 개별적

행위에서의 통일을 전제한다.

7. 따라서 교육학적으로 올바른 것은 시각화를 위한 노력이 아니라 아이가 스스로 가장 복잡하고 혼란스러운 사정을 파악할 수 있게 하는 정반대의 노력이다. 학생에게 확실하게 뭔가를 교육하려 한다면, 장애물에 주목해야 한다.

8. 여기서, 아이에게 명백히 희망이 없는 처지를 만드는 것에 대해서는 말할 필요도 없다. 이는 아이에게 무익하고 계획되지 않은 에너지 낭비를 초래할 것이다. 아이가 행동의 최고 형태인, 생각 발달에 필요한 두 가지 요소를 자기 앞에서 찾게 하려면, 우리는 삶과 교수학습의 조직화 같은 것에 대해서만 말해야 한다. 이 두 가지 요소는 첫째, 어려움, 즉 해결해야 하는 과제고, 둘째, 이 과제를 해결할 수 있는 요소와 수단이다.

9. 이전에는 교사의 책임이 10분의 9였던 과제 해결이 이제는 전적으로 학생에게 옮겨졌다. 이런 뜻에서 보면, 과학 법칙을 찾고 공식화하는 의무를 교사에서 학생으로 옮기고, 교실을 실험실로 대체하고, 교사의 역할을 영으로 줄이고 그 역할을 책, 참고서, 그림 등의 자료로 대체하고, 교사에게는 학생 자신의 체험을 조직하고 통제하는 기능만 있는 달톤 교수학습 계획은, 심리학적 관점에서 보면, 생각 교육의 본성에 가장 적합하다.

10. 학생은 여기서 매번 일종의 계약 내용, 즉 이런저런 시간으로 나누어져 지정된 과제를 받는다. 실험실(교실)에서 이 과제 해결에 필요한 모든 자료와 수단을 받고, 시간 내에 성공적으로 과제를 마칠 수 있도록 시간을 나누고 셈하는 방식으로 스스로 할 체험을 조직하는 게 학생의 일이다. 이전 교수학습 체계는 이 권한을 한 명의 교사에게 맡겼지만, 이 계획은 각 학생이 스스로 생각하도록 가르쳤다. 이 교수학습 체계는 매번 학생을 연구자의 위치에 놓는다. 학생은 이런저런

진리를 확립하기 위해 노력한다. 선생님은 인도할 뿐이다. 이것은 심리적으로 완전한 노동 과정을 보존한다. 이는 필연적으로 계획의 예비 단계를 전제로 한다. 나중에 수행되는 반응은 이 계획에 정확히 표현된다.

11. 마지막으로, 이 교수학습 체계를 이전 교수학습 체계보다 낫다고 구별할 마지막 계기는 그런 교육 체계에서 습득하는 생각의 성격이 너무나 구체적이라는 것이다. 완전히 추상적인 생각이 완전히 이해할 수 없는 방식으로 학생에게 흘러갔고, 러시아의 이전 학교의 체계에서 황량하고 건조한 말 우선주의, 즉 일의 지식을 대체한 낱말의 지식, 일의 본질을 통찰하지 못한 말로 하는 정의, 말로 하는 공식화에 대한 끝없는 편애를 낳았다.

12. 네크라소프Некрасов, 1821~1878는 여자 주인공 중 한 명에 관해 이야기했다. 교육에서 습득한 모든 능력을 지닌 그녀는 갑자기 딱 한 가지, 즉 생각하는 능력이 부족하다고 느꼈다. 그녀는 많은 것을 할 줄 알았고 심지어 멋지게 말도 탔지만, 자신이 어려움에 직면했던 순간을 단 1분도 기억하지 못했다. 그녀는 이렇게 평생 정확하게 생각해야만 하는 순간이 단 한 번도 없었다.

13. 이 점을 지적하지 않을 수 없다. 우리의 이전 학교에서 생활하면서 학생이 생각하는 방법을 학습했다면, 이는 학교의 의도와 무관하게 항상 이루어졌다. 학교가 제시한 어려움은 항상 교육적 과정의 진행에서 학생의 사고를 올바른 방향으로 이끌지 못했다는 데 있었다.

14. 생각을 만드는 과정에서, 생각의 전 과정을 결정하는 경향인 전반적인 연결, 최종적인 목표를 학생의 의식에 확립하는 일은 매우 중요하다. 내가 무엇을 위해 생각하는가 하는 질문에 대해, 시작할 때부터, 정확하고 만족스럽게 대답해야 한다. 한편, 우리의 이전 교과서 체계 전반은 이런 이끄는 연결의 부재 위에 구축되었다. 학생은 세부 사

항에서 세부 사항으로 나아가며 전 교과에서 개개의 세부 사항 간 연결을 이해했다. 이런 이해는 말이 개개의 고삐 당김과 방향 전환 간의 연결을 이해하는 일과 비슷했다. 그러나 출발점에서 최종 지점까지 목표로 하는 전체 경로라는 뜻은, 말의 모든 개개의 방향 전환이 복종해야 하는 뜻은, 이것은 말과 마찬가지로 학생에게도 숨겨져 있었다.

바. 분석과 종합

1. 우리는 사고를 실현하는 주요한 논리적 형식을 두뇌의 분석적이고 종합적인 활동으로 간주해 왔다. 즉, 먼저 지각한 세계를 개개 요소로 나누어 분석한 다음 이런 요소로부터 주변 상황을 더 잘 이해하는 데 도움이 되는 새로운 형성을 건설하는 활동으로 간주해 왔다. 이런 방식으로, 개념 형성의 심리적 기제를 파악하는 것은 너무나 중요하다. 즉, 개개 사물이 아니라 사물의 전체 집합 또는 전체 무리를 동시에 다루는 전반적인 호모 일반의 반응을 파악하는 것은 정말 중요하다. 이런 뜻에서 보면, 각각의 반응은 그 자체로 체험의 극단적으로 가치 있는 축적물이며, 본질을 짚으면, 완성된 총체적 이론으로 봐야 한다. 내가 균질한 사물의 전체 부류를 의미하고자 "램프"를 말할 때, 나는 전에 수행한 엄청난 분석과 종합 작업의 결과를 사용하는 것이다. 즉, 내가 체험했던 모든 사물을 그 구성 요소로 분해하는, 유사한 요소를 동일시하고 우연한 요소를 치우는, 즉 동화하는, 그렇게 남은 요소를 통합적 개념으로 종합하는 작업의 결과를 사용하는 것이다.

2. 이 분석 활동은, 단일한 사물을 다룰 때도 유사한 일이 언어에서 항상 발생한다는 것을 확인하기 전까지는, 처음에는 매우 신비하고 복잡해 보였다. 일반적인 램프가 아닌 특정한 램프를 이야기할 때에도, 거기서 본질을 찾아보면, 나는 온전한 감각적 체험으로 조작하는 게 아니다. 본질과 관련된 가공을 거친 체험으로 조작한다. 실제로,

비고츠키의 교육심리학

내 현실의 체험에서 심지어 이 램프도 매번 조금씩 다르게 주어졌다. 바꾸어 말하면, 체험은 언제나 변한다. 타는, 다 탄, 켜진, 커진, 사물들의 한 주변 상황으로 보이는, 사물들의 다른 주변 상황으로 보이는, 앞쪽만 열린, 뒤쪽만 열린, 램프를 보았다. 그래서 이제 램프를 이야기할 때, 나는 체험의 이런 모든 개별 변이를 무시하고, 이 사물에 대한 중립적이고 일반적인 뜻을 확립한다.

3. 이것으로부터의 자연스러운 교육학적 결론은, 가능한 한 많은 사물과 물건을 학생들의 경험을 통해 가져와야 한다는 것이다. 이런 사물과 물건을 일치하는 사실을 해결하는 날에 써야 하며, 동시에 이런 선별은 사물의 선택 자체가 학생의 분석적이고 종합적인 일을 촉진하고 조언하는 방식인지를 계산해서 이루어져야 한다. 기본적인 사례는 어린이의 형태와 색상 개념 제작을 교육학적으로 수용하는 방식이다. 우리는 기하학적 형태는 다르지만 같은 색상의 사물을 선택한 다음 곧장 반대 방향으로 이동한다. 결과적으로 다른 주변 상황을 배경으로 색상과 형태의 전반적인 징후가, 마치 주변 상황과 사물이 분리된 것처럼 특히 뚜렷하고 밝게 나타난다. 그리고 색상과 형태의 전반적인 특징이 빈번한 반복 덕분에 의식을 지배하기 시작하고, 사실상 의식에서 독립적인 존재를 이끈다.

4. 이런 양상으로, 분석 작업은, 부과된 분리 작업에서 그 징후가 가장 다양한 조합에서 나타나는 방식으로 자료를 무리 짓는 일로 촉진된다.

5. 반대로, 특징들을 더하는 종합은, 연결될 요소들이 가장 선명하고 가장 뚜렷하며 드러나는, 가장 중요하게는 모든 외부 연결이 제거되는 방식으로 자료를 무리 짓는 일로 촉진된다. 여기서 개념의 양과 내용 사이의 반비례 관계는 교육자에게 가장 중요한 법칙으로 염두에 둘 필요가 있다. 개념의 양은 주어진 개념에 맞는 사물이나 형상의 수

다. 개념의 내용은 이 개념으로 사고할 수 있는 징후의 수다. 여기서, 개념의 양이 많으면 많을수록 그 내용은 적어지고, 그 반대의 경우도 마찬가지다.

6. 이런 양상으로, 교육자는 늘 어떤 개념의 양을 확장하면 그 개념의 내용을 좁히게 되고 그 반대의 경우도 마찬가지임을 새겨야 한다. 즉, 교육자는 개념의 내용에 무한한 수의 구체적인 세부 항목과 세부 사실을 채우면 이는 개념의 양을 줄이고 제한한다는 점을 알고 있어야 한다.

7. 남자와 흑인의 개념을 예로 들면 이 법칙의 의미를 쉽게 설명할 수 있다. 인간은 흑인보다 개념의 양이 많지만, 흑인은 개념의 내용에서 훨씬 광범위하다. 즉, 그 안에 포함된 징후의 수에서, 인간 개념의 모든 징후는 흑인 개념에도 내재하지만, 나아가 이 개념에는 인간 개념에 포함되지 않는 것으로 사고해야 하는 특수한 자질이 있고, 이는 종의 차이 때문에 좁혀진 이 개념의 한계로 인해 도입된다.

8. 한 심리학자가 이 법칙을 교수학습의 비극적 법칙이라고 한 것은 옳다. 사실, 여기서 교육자는 무마하기 어려운 궁지에 직면했다. 어떤 식으로든 개념의 의미를 확장하면 같은 정도로 그 내용과 뜻의 빈곤을 수반한다. 어떤 식으로든 개념의 내용을 풍부하게 하면 같은 정도로 그 개념의 양은 줄어든다. 그 둘의 정확한 상호관계를 발견하는 일은, 교육학이 정확한 과학이 될 때까지는 일반적인 형태로 해결할 수 없는, 언제나 교육학적 기지를 발휘해야 하는 어려운 과업이다.

사. 내면 교육에서 생각의 가치

1. 다양한 형태의 정신병과 정신 장애를 연구한 결과에 따르면, 전반적인 낮은 발달은 거의 언제나 지적 영역의 낮은 발달과 얽혀있었다. 달리 말하면, 병리학은, 심리학과 마찬가지로, 생각과 인격의 내적

비고츠키의 교육심리학

측면 사이에서 그 똑같은 연결을 발견했다.

2. 이런 까닭에 교사는 생각이 외부 세계와 우리의 상호작용을 복잡하게 하고 정확하게 만드는 기관일 뿐만 아니라 행동의 내적 측면을 조직하는 기관이라는 점을 고려할 필요가 있다. 정서적이고 본능적인 갈망과의 투쟁에서 생각이 얼마나 무력한지는 누구나 안다. 어떤 도덕적 명령도 우리의 갈망에 반대되는 행동을 하도록 강요할 수 없다. 올바르게 하는 방법을 이해하는 것은 올바르게 하는 것과 절대로 같지 않다.

3. 그러나 행동의 도덕적 개선은 정확하게 행동의 예비적 형태에서 시작되어야 한다. 즉, 행동거지의 개선은 사고의 개선으로 시작되어야 한다. 이는 현대 심리학에서 명백하고 의심할 여지가 없다.

4. 이런 이유로 최근 교육심리학에서는 생각의 한 부분에 침잠한 친숙한 기능인 생각의 외적 지향보다는 생각의 내적 목적의식이 더 앞에 놓인다. 세상에 대해 올바르게 생각하도록 가르친다는 것은 학생의 체험에서 세상의 요소와 그에 대한 반응이 올바르게 연결되도록 주의를 기울이는 것을 의미한다. 학생이 자신에 대해 올바르게 생각하도록 가르치는 것은 그의 체험에서 학생의 사고와 행동거지가, 즉 학생의 예비적 반응과 실행 반응이 올바르게 연결되도록 인도하여 올바른 연결을 확립하는 것이다.

5. 현대 심리학자들은 사색적인 과정의 이런 내적 성격에서 독특한 차이를 보는 경향이 있으며, 이는 생각을 완전히 새로운 형태의 행동을 나타내는 반응의 특별한 부류로 구별하는 것을 가능하게 했다. 이런 관점으로 보면, 인간의 행동에서 세 부류의 반응을 구별해야 한다. ① 본능(두 상위 부류의 모든 결정적인 반응의 기초를 형성하는 무조건 반사, 정형적 행동, 유전적 행동, 고정된 방식의 행동), ② 훈련(조건 반사 또는 연합과 배움을 통해 확립된 행동, 개인 체험의 획득을 이루고 본능

위에 세워진 새로운 기제), ③ 지능(생각).

6. 이 세 번째 형태의 행동의 본질적인 차이는 갑작스러운 성질로 이들 반응이 발현하는 데 있다. 쾰러는 그런 갑작스러운 추측과 결정의 존재, 즉 침팬지 지능의 시작을 확립했다. 손다이크도 그러한 반응의 갑작스러운 출현과 "한 번으로" 고정하는 일은 오랜 배움과 점진적인 강화를 요구하는 일반적인 조건 반사의 교육과 너무 다르다고, 이들의 새로운 장점은 일상적인 훈련보다 "더 많은 것"을 보여준다고 믿었다.

7. 뷜러는 "발명은 진정한 의미에서 지능의 생물적 작업이다."라고 말했다. 생각은 여기서 "대상 자체에 대한 시도 없이, 새로운 입장에서 행하는 합리적인 행동"으로 정의된다.

8. 마지막으로 인용한 내용, 즉 외적 시도의 부재와 내적 시도로의 대체, 여기에 생각의 본질적인 차이가 있다. 정원 울타리 앞에서 엉뚱한 방향으로 달리면서 결국 올바른 구멍에 들어가고자 모든 구멍에 들어가려고 시도하는 닭은 생각의 예가 아니다. 생각에서 시도는 안으로 옮겨진다. 생각은 외적 움직임의 지연, 정지(궁리), 신경 전류에서 내적 긴장의 증가, 그리고 보통 감탄사를 동반하는 갑작스러운 해결책의 출현으로 기술된다. 이런 이유로 뷜러는 "아하"를 "아하 경험" 혹은 "아하 반응"이라 명명했다.

9. 그리고 물리·화학적 관점에서 볼 때, "신경계에 허용된 과정의 최초의 시작점은 우선 뇌 중추에서 일어나는 반응이며, 이 때문에 자유자재로 표상을 제공한다."(라자레프)

10. 라자레프Лазарев, 1878~1942는 "칼륨염이 방사성 과정을 제약하여, 뇌에 자연발생적인 흥분 중추"가 있음을 확인했다. 우리는 여기서 조건 반사가 아니라, "자유자재의 과정으로, 뇌에서 태어난" 새로운 유형의 반응을 다루었다.

비고츠키의 교육심리학

| 10장 |

노동 교육의 심리적 조명

가. 노동학교의 종류

1. 역사적 발전과 심리적 가능성에서 보면, 노동 교육은 크게 3가지 기본 형태가 있다.

2. 이들 중 첫 번째 형태는 소위 직업 학교 또는 수공예 노동 학교로 압축된다. 여기서 노동은 교수학습할 과목이 된다. 학교의 과업이 이런 노동을 위해 학생을 준비시키는 것이기 때문이다. 기술자와 장인을 만들고 그 직업의 기술적 지식과 기술을 학생에게 제공하는 것이 그러한 교육의 임무다.

3. 이렇게 이해할 수 있다면, 노동 교육은 다른 교육과 조금도 다르지 않다. 모든 교육학은 어떤 새로운 행동 체계를 확립하려, 그 체계가 어떻게 표현되든 관계없이 노력하기 때문이다. 현학적인 학교에서 미래의 논쟁가, 변호사, 설교자를 준비하든 직업 학교에서 자물쇠 제조공과 구두 수선공을 준비하든 미래의 활동을 위한 반응이 교수학습의 주제다.

4. 노동은 그런 학교의 양성 체계에서 다른 위상을 갖는다. 여기서 노동은 질적인 측면에서 교수학습의 주제가 아니라 새로운 방법, 즉 다른 주제를 공부하기 위한 수단이다. 그런 학교에 노동이 도입되면,

환영받던 이런 노동 기법의 독립적인 값어치는 의미를 상실한다. 아동이 톱질이나 못 박는 법을 배운다면, 교사의 관심은 학생에게 가능한 한 최선을 다해 깨끗하게 작업하도록 가르치는 데 있지 않다.

5. 수공예 학교에서 노동 습관이 목적 그 자체라면, 예시 학교에서 노동 습관은 다른 특정 주제를 더 잘 동화하기 위한 수단이었다. 역사적으로나 심리적으로나 노동은 시각적 방법의 최고 승리이며, "간결한" 교육학의 마지막 단어다. 왜냐하면, 시각적 수단들이 눈으로 확증하도록, 나아가 지각 과정에 가능한 한 많은 기관이 관여하게 하기 때문이다. 게다가 아동이 시각으로, 접촉으로, 움직임으로 대상에 더 가까이 접근할 수 있기 때문이다.

6. 여기서, 이 교수학습은 손을 통한 교수학습뿐만 아니라 어떤 것을 통한 교수학습도 포함하기 때문에, 교수 체계와 목표는 조금도 변하지 않을 수 있다. 따라서 그런 체계에서 노동은 예시로 작용할 뿐이며, 뭔가를 동화하고, 이해하고, 기억하기 위한 최선의 수단일 뿐이다. 바꾸어 말하면, 노동은 봉사적, 보조적, 종속적 역할을 한다.

7. 예를 들어, 그런 학교에서 역사를 공부한다면 교사의 과제는 여느 때와 같이 역사적 사실, 역사적 상태, 역사적 법칙에 대한 가장 뚜렷하고 정확한 지식을 학생이 만들게 하는 것이다. 그러나 바로 이런 추상적인 지식을 얻는 과제를 달성하는 데 학생들에게 지도를 그리거나 고대 건물의 모형을 조각하고 의복과 무기를 재연하도록 하는 게 유용하다고 밝혀졌다. 이로부터 학생들을 위한 매우 복잡한 노동 활동이 생겨났지만, 교육의 방향과 주요 지향은 항상 노동 외부에서 쿨쿨 자고 있었다.

8. 마지막으로, 노동학교와 노동 교육의 세 번째 가능성은 교육 과정의 토대에 노동을 위치시키는 완전히 새로운 관점에 있다. 그런 순수한 노동학교에서는 노동을 교수학습의 주제, 방법이나 수단이 아니

라 교육의 실체로 도입한다. 한 교육자가 재치 있게 표현했듯이, 노동이 학교에 들어왔듯이 학교도 노동에 들어왔다.

9. 노동학교에 대한 이 마지막 이해가 올바른 뜻에서 우리 교육 체계의 기조를 이루며, 바로 여기에는 다른 무엇보다 심리학적 근거가 필요하다.

10. 수공예 형태인 노동학교의 하찮은 형성적 가치는 누구에게나 매우 분명했다.

11. 무엇보다 노동의 수공예적 성격은, 생산과정 자체가 극도로 원시적이고 중요한 기술 대부분이 기구가 아닌 장인 손에 집중되었던 중세 사회의 길드 조직에서 비롯되었다는 점을 고려해야 한다. 동시에 생산은 끝없이 전문화되었고, 엄청나게 복잡한 도제와 숙련된 기술이 필요했으며, 편협한 작업장에 한정되었으며, 이렇게 확보한 편협하고 폐쇄적인 성격에 의존하며 가족에게 세습되는 비법처럼 종종 아버지에서 아들로, 장인에서 사위로 전승되었다.

12. 특별한 형태의 노동으로서 수공예도 세대를 거치며 일정한 창조적 체험과 솜씨를 축적했지만, 비록 지금도 추월할 수 없을 정도로 작품의 미묘함과 우아함이 완성에 이르렀음에도, 그 체험과 솜씨는 한계가 있다. 정확하게 지적하면, 장인이 자기 손으로 만들어서 너무나 개별적인 성격을 갖게 되었고 당시에는 수공예와 예술의 경계가 없었다. 예술가가 장인이었다. 직공은 자기 분야의 예술가이기도 했다. 그는 상품이 아니라 별도의 작품을 창작했으며, 개별적인 완성도는 기계의 대량 생산보다 높았다.

13. 이렇게 수공예 노동의 형성적 가치가 절대적으로 미미하다는 것은 충분히 이해할 수 있다. 직공이 조작할 수 있는 이론적 지식의 양은 극히 적었다. 작업 과정에서 사용할 수 있는 재료의 범위는 무시할 수 있다. 말하자면 그의 기술 사전, 즉 그가 사용하는 방식과 움직

임의 합은 종종 수십 개의 정형을 넘지 않았다. 이런 뜻에서, 수공예 노동은 인간 손의 최고의 자동화를 위해, 도구의 완전성에 더 가까이 다가가기 위해 노동하는 움직임의 미묘함과 정확성을 보장하려면 엄청난 노력을 기울여야 하는 배은망덕한 교육 자료다. 수공예 노동은 아무 대가도 제공하지 않으며 어떤 발달적 요소와 포괄적인 형성적 요소를 포함하지 못했다.

14. 그런 수공예 교육의 심리적 성질은, 중간 계급인 훌륭한 직공이 필요해서, 자본주의 국가에서 발생하는 수공예 학교의 사회적 성격과 완전히 일치한다. 그러한 학교는 일반 공교육 체제에서 보충적인 학교의 협소한 위치에 배정된다. 그러한 학교의 나머지 교육적 요구 사항이 그 좁은 성격과 일치한다는 것은 분명하다.

15. 그런 학교를 옹호하는 가장 눈에 띄는 이데올로기 주장자는 케르셴슈타이너Kerschensteiner, 1854~1932다. 그는 그런 노동 교육의 이상은, 기존 사회·정치·문화 체계를 존경하도록 키워진 존중받는 시민과 직공을 위한 교육이라고 솔직하게 말했다. 따라서 이런 교육은 학생의 인격보다 기존 체계를 훨씬 많이 고려한다.

16. 두 번째 형태의 노동학교, 이른바 예시 노동학교는 이런 측면에서 훨씬 광범위하지만, 여러 면에서 심리적으로 오류가 있음이 밝혀졌다. 첫째 고려 사항은 형성의 가시성과 편이성을 추구하는 바로 그 노력이 이미 교육학에서 철 지난 단계로 간주해야 한다는 점이다. 어려운 교육의 원리들이 시각적 교수학습보다 훨씬 교육학의 필요를 충족했다. 그리고 그런 시각적 교수학습의 가장 완전한 표현인 노동의 방법은 이 원리의 모든 결함과 단점을 가장 극단적인 형태로 담고 있음이 분명하다.

17. 여기서도 노동에 특히나 필요한 숙련과 이 노동이 실례로 제공하려는 주제에 필요한 숙련 사이에 극심한 불일치가 나타난다. 좋은

비고츠키의 교육심리학

모형이나 무기를 만드는 일은 그 자체로 많은 주의, 솜씨, 사고와 손의 작업을 요구하는 과제이며, 생산된 대상의 순수한 역사적 중요성이 배경으로 사라지는 과제다. 그래서 미국의 교육자는 그런 학교에서 노동의 순간은 교육 과정이 퇴색하여 멈추는 시간으로 바뀐다고 표현했다. 말하자면 역사 공부는 학생들이 실례를 만드는 작업에 몰두할 때 중단된다. 거기서 노동 그 자체는 전진하는 성격이 아니라 제자리에서 달리듯이 이미 성취한 결과를 반복하고, 정착하여, 동화하는 타성적 성격을 지니게 된다.

18. 역사적 모형을 만드는 작업은 아이를 역사에서 앞으로 나아가게 하지 못하고 지나간 성과에 종속되게 한다. 그러나 여기서도 노동은 직업 학교와 비교하면 확장된 심리적 중요성을 확보한다. 노동은 전문적인 생산 수준으로 축소되지 않아 학생에게 그렇게 큰 부담을 주지 않았다. 이미 노동은 한 활동의 좁은 범위에서 닫히지 않고 학생의 가능성을 한 활동에서 다른 활동으로 널리 분산시킨다. 노동은 학생의 움직임과 손재주를 연습하게 하여 자신의 팔, 다리, 몸을 제어하는 법을 가르치는 훌륭하고 역동적인 교사의 역할을 한다. 노동은 학생이 자기를 통제하고, 규제하여 자신의 움직임을 계획하고, 확보한 시각적 결과물의 도움을 받아 스스로 평가할 수 있는 일반 행동의 강력한 교육자로서 작동한다.

19. 그러나 그 모든 것에도 불구하고 노동은 여전히 행동의 습자 역할에 머무른다. 즉, 모두 똑같고, 무익하고, 그 자체로 불필요한 에너지의 낭비. 이런 무익함은 그 노동이 수업에서 배운 것을 오직 반복하고 복제한다는 사실로 증대되고 훨씬 고통스러워 보인다. 학생은 자신이 잘 알고 있는 노동을 한다. 이런 노동의 이점은 학생에게는 숨겨져 있지만, 교사에게는 보인다.

20. 직업 노동학교는 이런 단점이 없다. 그 단점은 예시 학교가 유

죄라는 뜻은 결코 아니다. 그 안에서 노동은 삶에서 차지하는 적절한 진지한 위치에 할당된다. 이런 노동 기술을 습득함으로써, 그런 학교에서 공부하는 아이들은 노동 생활에 즉각적으로 들어갈 수 있다. 그러나 곤란한 문제는, 그런 학교가 미래보다 과거에 더 해당하는 노동 형태를 육성한다는 것이다. 즉, 모든 것이 전진이 아니라 후퇴다. 그리고 그런 학교가 학생들에게 전달하는 것은 동시대 생활에 거의 가치가 없다.

21. 수공예 노동의 형성적 가치는 영에 가깝다. 수공예 기예의 제한적인 영역을 넘어설 수 없는 협소하게 누적된 체험을 담고 있기 때문이다. 현재의 수공예 노동은 중세 시대에 거기에 내재했던 예술적 기예의 가치를 오래전에 잃어버렸다. 중세 시대에는 장인의 이름이 회화의 대가와 가구의 대가를 의미했다. 그때는 장인의 이름으로 신발, 가구, 다른 제품들은 실제로 개별적 완성의 봉인을 받았고, 이런 성질로 인해 예술 산업 영역에 속했다. 모든 것은 특별한 의도에서 탄생했으며 그 실행 과정도 이 의도의 구현을 위한 개별적 요구에 따라 결정되고 지시되었다.

22. 그런 시대는 오래전에 지났고, 오늘날 산업에서 수공예 노동은 대기업의 허점을 메우는 보조 생산에 불과한 비참하고 재미없는 역할을 하고 있다. 중세의 생활 방식이 현대 문화에서 완전히 사라지지 않은 한 공예품은 보존된다. 그러나 공장의 새로운 기계와 기술의 새로운 개선으로 수공예 노동의 가치는 점점 줄어 무에 이르렀고, 수공예라는 낱말의 뜻처럼 수공예 노동은 삶의 주변에 머물러 있다.

23. 직업에 따른 노동의 분리는 노동자의 주의를 작업의 일반적인 전제가 아니라 작업의 최종 계기에, 실행 계기에 집중시킨다. 즉, 수공예 노동은 각각의 생산에서 모든 유형의 인간 노동에 담긴 공통 요소가 아니라 수공예 노동을 다른 노동과 구별하는 요소를 강조한다.

24. 이런 협소한 직업 노동과 달리 현대의 산업 노동은 다기술주의로 구분된다. 이의 심리적·교육적 가치 때문에 노동 교육의 주요 방법으로 인정받게 되었다. 현대산업은 경제적·기술적 측면에서 다기술적이고, 가장 중요하게는 노동의 심리적 특성에서 다기술적이다.

25. 다기술주의를 추구하는 경제적 이유는 자본주의적 생산의 불가피한 동반자인 노동자 대중의 거대한 썰물과 이동, 바로 거기에 있다. 마르크스도 자본주의 경제 기제를 지적했다. 산업 위기 그리고 그와 관련된 생산의 축소와 확장 때문에, 자본주의 생산 양식은 프롤레타리아라는 산업예비군의 존재를 필요로 하고, 한 생산에서 다른 생산으로 거대한 노동자 대중을 이동시켜야 한다. 오늘 병 공장에서 일한 노동자가 내일은 고무 장식 생산을 하고 모레는 자동차 공장에서 일하게 된다. 한 생산에서 다른 생산으로 전환할 때마다 노동자는 최소한의 일반적인 기술 발달만 있으면 된다. 즉, 특별하거나 전문적인 지식이 필요하지 않고 기계 다루는 능력만 있으면 된다.

26. 따라서 경제적 여건 자체가 노동자들에게 사실상 어떤 생산 작업에서도 일반 원리에 맞게 작업하는 다기술적 노동자가 될지 아니면 다음 위기 상황에 소멸할지를 강요했다. 그리고 실제로 이런 일이 벌어졌다. 유럽과 미국 노동자 군대의 10분의 9는 특정 유형의 생산에 묶이는 전문성과 전혀 관련이 없었다. 보통 이에 대한 평계로 그들은 공장에서 일하던 모든 사람이 생산 작업에 참여하지 않았던 미국에서의 대규모 파업 사례를 이야기한다. 이 거대한 생산이 완전히 새로운 노동자로 구성되어 다시 똑같은 생산성으로 작업을 재개하는 데 단 이틀밖에 걸리지 않았다.

27. 또한 다기술주의를 추동했던 기술적 원인은 개별 작업방식의 모든 차이를 균일하게 만들고, 작업방식을 가장 경제적이고 수익성 높고 값싼 기계에 맞게 어느 정도 균일한 형태로 이끈 기계의 진보다. 그

런 경쟁 여건은 이런 영역의 모든 산업 분야에서 가장 수익성 높은 기계를 가능한 한 최단 시간 내에 도입해야 했다. 그렇지 않으면 기업가는 시장을 위한 상업 전투에서 밀려나고 짓밟힐 위험에 처한다.

28. 결과적으로 어떤 새로운 개선도 최근 수십 년처럼 번개 같은 속도로 승리의 행진을 펼치지 못했다.

29. 여기서 모든 기계 생산의 골격은 생산의 주요 부분에 따라 확정되며, 이런 구성 요소들은 다양한 기업에서 매우 유사한 것으로 입증되었다. 모든 산업은, 산업용 기계의 가장 중요한 부분으로 보면, 너무나 다양한 공장에서 너무나 똑같은 유형의 엔진을 가지고 있었다. 게다가 너무나 똑같은 유형의 전송 기제가 있었으며, 구분될 수 있는 것은 이런 종류의 완제품을 시장에 내보내기 위해 해야 하는 마지막 조작에 따라 기계의 집행 또는 작업 부분에서만 찾을 수 있었다.

30. 따라서 모든 현대 생산의 3분의 2가 완전히 같은 유형이 되었으며 나머지 3분의 1에서만 약간의 변형이 있었다. 이 변형도 기술 발달로 점점 균일해지고 있다. 이런 일이 발생한 까닭은 다양한 형태의 노동 동작이 더 단순한 기본 형태로 해체되고 결국 12가지 기본 형태의 기초 동작으로 축소될 수 있었기 때문이다. 전 세계 산업이 실제로 하고 있듯이, 이런 기초 동작은 다양한 조합과 다양한 배열로 복잡한 노동의 모든 결정적 형태를 수행한다.

31. 26개 영어 철자가 셰익스피어의 모든 희곡을 작업하기에 충분했다고 판명되어 우리를 놀라게 하지 않았다는 뮌스터베르크의 말처럼, 12가지 기초 동작으로 거대한 산업 생산을 하는 데 충분하다는 사실은 우리가 놀랄 일이 아니다.

32. 이것으로부터 기계의 세 번째 실행 부분이 궁극적으로 모든 생산에서 똑같은, 누구나 아는 기술적 철자로 축소된다는 것은 너무나 분명해진다. 그리고 실제 철자와 마찬가지로 이 체계에 따라 쓰인 설

명서를 읽기 위해서는 그에 맞는 철자를 배우는 것으로 충분하다.

33. 이런 양상으로, 우리는 역사상 가장 위대한 노동 통합의 시대를 체험하고 있다. 전문성이 우리 눈앞에서 붕괴하고 있다.

34. 마지막으로 가장 본질적인 것은 다기술의 심리적 전제 조건이다. 이는 다음과 같이 요약된다. 인간의 어떤 노동 과정도 이중적 과정이다. 한편으로는 물리적 에너지의 직접적인 원천이고, 다른 한편으로는 노동 과정의 조직자이기 때문이다. 가장 원시적인 형태의 노동에서 노동하는 인간은 이중의 역할을 한다. 한편으로는 물리적 에너지의 직접적인 공급원으로서, 자신이 기계의 한 부분으로서, 인간은 동물, 증기 기관, 전기 모터 따위가 대신할 수 있는 역할을 그리고 다른 한편으로는 그의 도구와 움직임을 관리하고 조직하는 역할을 한다. 후자의 역할에서 인간의 노동은 다른 어떤 것으로도 대체될 수 없다.

35. 정신적 노동과 육체적 노동으로 노동 분화가 이루어진 때는 사회적 차별로 인해, 노동행위에 불가분하게 병합되어 있던 심리적 기능들이 공동체의 다양한 구성원에게 나누어지던 시기다. 일부 구성원은 조직과 명령 기능만, 그 외 많은 사람은 집행 기능만 담당했다.

36. 노동 과정에 기계가 도입되어, 일하는 자의 역할이 두 기능의 중간 어딘가에 갇히면서 상황이 다소 바뀌었다. 기계에서 일하는 자의 역할은 그 불쌍한 부속물의 역할로 밝혀졌다. 그는 대개 기계에 맡길 수 없는 극히 간단한 조작만 했다. 여기서 육체적 에너지의 소비는 극도로 줄어들었지만, 노동의 정신적 측면을 위해 노동자가 크게 노력할 필요는 없었다.

37. 가장 일반적인 생산에서 제품이 수십 번의 조작을 거치고 수십 년 동안 작업자가 완전히 기계적인 정밀도로 똑같은 움직임을 반복해야 한다는 것을 기억한다면, 그런 노동의 정신을 마비시키는 작용을 이해할 수 있다. 그러므로, 기계로 하는 노동보다 기계 이전의 노동이

심리적인 측면에서 더 인간적이라는 말은 옳다.

38. 기술 발달로 확실히 상황은 근본적으로 변했다. 노동의 이중 구성에서 생산의 관리와 조직의 계기가 점점 더 우세해지기 시작했고, 실행의 계기가 점점 더 무의미해지게 되었다. 점점 더 많은 기계가 인간의 노동력을 대체하면서 현대 노동자는 생산의 조직자이자 관리자, 기계의 사령관, 그 작용의 통제자이자 규제자 역할을 한다.

39. 고도로 향상된 생산에서는 이 과정이 일반적으로 기계를 직접 제어하는 것이 아니라 기계를 차례로 제어하는 기계 조절 장치를 통제하는 작업자의 몫으로 넘어갈 정도다. 그렇게 이런 기업에서 일하는 자는 규제 장치들을 규제하는 사람이다. 즉, 가장 높고 가장 복잡한 조직하는 기능을 담당하는 사람이다. 러시아 조건에서 화부의 작업에 익숙한 사람이라면 미국 최대 공장에서 화부의 주된 작업이 너무나 손을 깨끗이 하며 수행된다는 사실에 놀랄 것이다. 이 일은 석탄을 용광로에 던지고, 잔류물을 내리고, 탄 부품을 버리고, 화염을 부채질하고, 굴뚝을 열고, 그을음 지우기 등의 직접적인 더러운 작업을, 탁자에 놓인 수십 개의 기계 장치를 통해 작업과 상태를 파악하고 같은 탁자의 레버로 조절되는 자동화된 기계와 쇠로 된 손이 수행한다는 사실로 설명된다.

40. 광대한 공장을 가열하는, 이런 의미에서는 우리의 화부와 같은 기능을 하는, 그 화부가 전체 기계 군대의 사령관 역할을 하며, 그의 책상 위는 모든 단위의 보고가 모이는, 즉 요구 사항이 수집되고 명령이 전송되고 작용이 조정되는 야전 본부와 유사했다. 이 모든 것은 가장 복잡하고 미묘한 기술적 장치들로 수행되며, 이를 제어하려면 상당한 정신의 참여와 예리한 눈과 기술적 지식이 필요했다.

41. 노동의 발달은 점점 더 그런 형태에 접근하고 있으며, 이런 산업에 관련된 육체적 노동의 잔재는, 시계의 분침과 같은 작은 레버의

무의미한 움직임으로, 전자 키나 버튼의 누르기에, 작은 북을 치는 작은 회전 움직임으로 점점 축소된다.

42. 그런 조건들 때문에, 자연스럽게 노동은, 어느 정도 육체적 에너지의 낭비로, 강제적으로 실행되는 노동으로, 기계에 의해 수행되고, 이런 기계를 관리하는 책임과 정신적 노동은 점점 더 사람의 몫이 되었다. 이런 이유로, 현대 노동자를 위한 다기술 교육의 필요성은 쉽게 이해할 수 있다. 여기서, 다기술주의라는 단어의 정확한 뜻과 달리, 다기술주의는 다양한 수공예 능력 지니기, 여러 전문 능력을 지닌 한 사람 되기를 의미하는 것이 아니라, 인간 노동의 일반적인 토대를, 모든 노동 형태를 이루는 혹은 모든 형태에 공통되는 철자를 습득하는 것을 의미함을 기억해야 한다. 말할 필요도 없이, 그런 노동은 기술의 가장 높은 개화를 의미하고 이 노동은 과학의 가장 높은 개화와 함께 행해지기 때문에, 그런 축적의 교육적 가치는 무한히 거대하다. 기술은 작용하는 과학 또는 생산에 적용되는 과학이며, 다른 기술로의 이행은 감지할 수 없고 파악하기 어려운 형태로 매 순간 발생한다.

43. 이상하게 보일지 모르지만, 노동자, 심지어 대기업의 평범한 노동자도 과학과 보조를 맞춰야 하며, 이런 뜻에서 다음과 같은 미국 기업가의 표현은 적절하다. "최근 과학의 진전에 10년 뒤처진 노동자는 내 공장에서 계속 근무할 수 없을 겁니다."

44. 이런 형태의 노동은 결정화된 과학 지식으로 바뀌며, 그런 노동에서 획득한 것을 습득하려면, 모든 기술 개선에 활용되는 자연에 대한 축적된 지식의 거대한 자본을 모두 숙달해야 한다. 인류 역사상 처음으로 다기술적 노동은 이전 시대에는 생각할 수 없었던 가장 중요한 모든 인간 문화의 교차점을 형성한다. 그런 노동의 교육적 가치는 무한하다. 그것을 완전히 획득하려면 수 세기 동안 축적된 모든 과학 자료를 습득해야 하기 때문이다.

45. 마지막으로, 가장 중요한 것은 노동이 이 경우에 갖는 순전히 교육적인 작용이다. 노동은 탁월한 의식적 작업으로 바뀌고, 참여자들에게 모든 지혜와 주의의 힘을 최고로 펼치도록 요구하며, 평범한 사람의 노동을 창조적인 인간 노동의 최고 수준으로 고양한다. 이것이 학교에서의 산업주의가 세계 산업에 합류하는 것을 의미하는 이유다. 현대 기술의 정점에 올라야 할 필요가 노동학교를 요구하는 근본적인 이유다.

46. 학생이 노동 기술을 배우기 시작할 때 보았던 부엌, 변소, 세탁 바닥, 세탁실의 노동과 굴욕적이고 더러운 노동이 학생의 몫인 노동학교의 그런 형태는 그 취지와 너무나 동떨어져 있음을 쉽게 알 수 있다. 노동은 특별한 육체노동으로 학생들에게 다가갔었다. 여기서, 러시아어에서 노동이라는 단어를 질병과 슬픔이라는 단어들과 등가로 만들었던 그 어원적 의미를 확인할 수 있다.

47. 우리가 흥미롭게 보는 것은, 학교의 커리큘럼 구성에서 가정의 육체노동의 원시적이고 매우 오래된 형태가 아니라 산업적이고 기술적으로 완벽한 노동의 형태에 따라 교육을 구성하는 경우 학교에 도입할 수 있는 노동 형태다. 여기서 우리의 노력 없이도 아동은 자신에 대한 교육적 영향이 나누어져야 하는 두 영역, 즉 첫째는 현대의 자연과학이고 둘째는 그 실타래들을 전체 세계로 포괄하는 현재의 사회생활로 직접 끌려 들어간다.

48. 현대 공장에는 세상의 삶과 세계 과학의 맥박이 뛰고 그 자리에 놓인 아동은 스스로 이 현대의 맥박을 느끼는 방법을 배운다. 여기서, 아동이 자신이 해야 할 과정과 완전히 능동적이고 창의적인 관계를 맺을 수 있도록 아동의 직장 생활과 노동 활동의 형태를 조직하는 것은 매우 중요하다. 이것은 기계를 다루며 이런저런 기술을 익히도록 아동을 점진적으로 전문적으로 훈련함으로써 달성되는 것이 아

비고츠키의 교육심리학

니라 아동이 전체 생산의 의미를 즉시 도입함으로써 달성된다. 동시에 아동은 전체에서 개별적인 필요 부분들로 개별 기술적 방법의 장소와 중요성을 찾는 방법을 배운다는 사실에 의해 달성된다.

나. 노동을 통한 자연 인식

1. 산업 노동에서 어린이는 처음부터 가장 높은 형태의 천연 재료 가공에 직면하게 되며, 원자재가 공장에 들어오는 순간부터 가공되어 완제품 형태로 공장을 떠나는 순간까지의 긴 경로를 따라가는 방법을 배운다. 게다가 이 긴 여정 동안 재료는 가장 중요하고 필수적인 특성을 거의 모두 드러낸다. 그는 실제로 모든 물리·화학의 법칙을 준수한다는 것을 보여주어야 하며, 따라서 원료를 처리하는 전체 과정은 학생을 위해 특별히 조직된 이들 법칙의 시연이다.

2. 여기서 다른 재료와 구별되는 그 재료의 특성 자체가 중요한 역할을 하지는 않는다. 재료는 우선 일반적으로 재료로서, 생산 유형에 따라 양적으로 변하지만, 질적으로는 변하지 않는, 어떤 일반적인 특성의 운반체로서 작용한다. 목재나 금속, 양모나 면화, 석재나 뼈의 가공을 처리하든 관계없이 이 모든 경우에 우리는 알려진 크기, 밀도, 탄성을, 재료의 변형과 그 재료의 다른 일반적 특성을 다룬다. 따라서 현대 생산은 바로 그 성격 때문에, 가장 다양한 재료에서 공통된 부분을 분리하여 학생의 눈앞에서 물질의 일반적인 속성을 명확하게 일반화할 수 있다.

3. 이것이 현대 생산에서 사용되는 재료의 가장 본질적인 특징이다. 현대 생산의 재료는 그 모든 개별적이고 특수한 성질을 지닌 것으로 보이지 않고, 물리적인 신체 또는 화학 대기업으로 보인다. 이런 뜻에서 가장 미세한 면섬유와 가장 강한 강철에 똑같이 내재하지만 다른 양인 이들 재료의 공통적인 경계를 학생들이 교과서 지면뿐만 아니라

삶의 장면에도 볼 수 있다. 따라서 세계 물질에 대한 물리와 화학의 일반 법칙은 선명하게 시각적이고 인상적인 힘으로 산업 노동 과정에서 학생 앞에 전달된다.

4. 마찬가지로 중요한 사실은, 그런 생산과정에서 학생이 이 재료의 처리에 관한 가장 중요한 법칙에 노출된다는 것이다. 이 법칙은 과학적 역학에 대한 가장 정밀한 고려를 기반으로 하고, 학생에게 정적인 자연 과학이 아닌 실천적이고 역동적인 과학을 마주하게 한다. 단정적 계산에 따르면, 현대 공장의 세 부분 모두를 인식하는 일은 학생에게 역학에 대한 가장 정확한 지식과 이 지식을 기반으로 한 이들 기계를 작동하는 능력을 전제로 한다.

5. 공장에서 매일의 작업은 살아 있는 시험이기에 이 지식이 얼마나 견고하고 철저하게 뿌리를 두고 있는지 발견하고 평가하기 위해 특별히 준비된 점검이 필요하지 않다.

6. 우리가 산업 노동의 새로운 이점으로 지적할 셋째 측면은 이것과 연결된다. 그 측면은 학생 자신의 움직임이 의심할 여지 없이 객관적인 노동 결과에 따라 자신을 통제하고 자신의 노동을 평가할 수 있게 하는 작업의 완성품 형태로 학생에게 반환된다는 사실이다. 더 중요한 것은 만족, 대성공, 승리의 마지막 계기를 실현할 가능성을 창출한다. 마지막 계기를 위해, 본질을 짚자면, 우리의 모든 열망과 모든 유형의 활동이 고조된다.

7. 심리학자들은 성적의 심리적 이점을 오랫동안 지적해 왔으며, 예를 들어 제임스는 점수 체계가 가져온 모든 명백한 해로움을 가릴 수 있을 정도로 성적을 대단하게 생각했다. 제임스는 학교에서 점수 체계의 보존뿐만 아니라 학생들이 자신의 점수를 알게 하자고 했다. 성적은 학생의 모든 작업에 의미를 부여하고 스스로 자신의 노력을 판단할 수 있는 유용한 순간을 제공하기 때문이다. 제임스는 경험의 논

증보다 먼저 심리적 결론이 후퇴해야 한다는 데 동의했다. 이런 심리적 규칙에도 불구하고 교사가 점수 공개를 자제해야 하는 경우가 있음을 인정했다. 그러나 이것이 심리적 문제를 해결하지는 못했다. 제임스의 사고에는 큰 진리가 담겼다. 본질을 보면, 모든 작업은 어떤 승리의 점수에 도달해야 한다는 것과 이 성공과 실패의 순간을 학생에게 전달하면 이는 학생이 자신이 한 일에 대한 뜻을 판단하는 데 도움이 된다는 것이다. 더욱이 노동 교육의 가장 큰 값어치는 이 마지막 계기가, 예를 들어 학교에서의 점수의 경우와 같이 작업 전 과정과 무관하고 분리된 게 아니라, 작업 전 과정에 있다는 사실에 있었다. 결과적으로 이렇기에, 학생이 좋은 점수를 받기 위해 노력하기 시작했을 때와 같이 언제나 학생의 열망이 이어지기에 학생의 열망이 완전히 잘못된 방향으로 흘러갈 위험이 전혀 없다. 학생의 열망과 관심이 그의 노동 노력의 마지막 지점과 연결될수록, 학생의 반응 체계에서 자신을 조직하고 구속하는 영향력은 더 강력하고 효과적이다.

8. 따라서 최종 결과에 대한 사전 지식을 요구하며, 최종 결과가 처음부터 가정한 것과 일치해야 하는 인간 노동을 구별하는 경계는, 바로 산업 노동의 형태에서 가장 완전하고 순수한 표현에서 찾을 수 있다. 심리학자들이 산업 노동이 개인에게 미치는 집단적 치유 효과를 언급할 때, 그들은 본질에서 똑같은 것을 제시했다. 여기서 그들은 노동자 집단에서 각 개인이 자신의 가장 작은 움직임을 보는 방법을 배우는 거대한 거울을 발견하고, 따라서 자신의 신체와 행동에 대한 숙련도가 여기서 최고조에 이른다고 했다. 이것은 반사된 인상이 학생 자신에게 똑같이 반환되기 때문에 발생하며, 이 경우 작업자 팀은 소규모 사람들 사이에서 가능했던 똑같은 감정을 거대한 규모로 증폭하여 전달하는 거대한 공명기의 역할을 한다. 바로 이런 뜻에서, 정서가 그것을 함께 경험하는 청중에 따라 커지는 것은 사실이다. 천 명 앞에

서 겪는 부끄러움은 한 사람 앞에서 겪은 부끄러움보다 천 배 강하다. 마찬가지로 최종 목표에 대한 우리의 모든 반응을 지시하는 만족의 정서는 반응이 흐르는 경로에서 접한 집단의 확장과 함께 그 가치가 증가하고 확장된다.

다. 노동 노력의 조정

1. 가장 원시적인 형태에서도 노동은 인간과 자연 사이의 과정이며 사람 사이의 과정이다. 가장 원시적인 형태의 노동조차도 일정한 노력의 조정을 요구하기 때문이다. 즉, 자기 행동을 타인의 행동과 조정하여, 집단적 행동의 일반적인 구조의 통합적인 부분이 될 수 있도록 자신의 반응을 조직하고 규제하는 어느 정도의 능력이 필요하기 때문이다. 이런 이유로 노동은, 특히나 더 높은 기술이 필요한 형태의 노동은 항상 사회적 체험을 쌓는 가장 위대한 학교였다. 한 심리학자에 따르면, 현대 공장처럼 진정한 공손함과 예의를 배울 수 있는 곳은 없다. 모든 사람에게 자신의 움직임과 다른 사람의 움직임을 가장 정확하게 조화시키는 방법을 가르쳐주기 때문이다.

2. 여기서, 이 훈련의 가장 중요한 특성은, 복종과 지배의 모든 도덕적 단점을 배제한 채 복종과 지배 모두를 가르친다는 것이다. 이런 뜻에서 산업 노동의 교육적 작용은 전적으로 어린이 놀이의 교육적 작용을 연상시킨다. 놀이에서 아이들은 매번 복잡한 규칙의 전체 관계에 묶여 있다고 느끼며, 동시에 이런 규칙에 따르는 방법을 배우는 것뿐만 아니라 다른 사람의 행동도 규칙에 종속시켜 게임 상황에 따라 변하는 엄격한 제한 내에서 논다.

3. 궁극적으로, 놀이와 산업 노동은 이런 방식으로 보면 삶의 모든 형태의 행동에 대한 가장 순수한 모델인 듯 보인다. 어떤 행동 형태를 취하든 우리는 늘 이들 두 요소를 다루기 때문이다. 즉, 다른 것을 억

비고츠키의 교육심리학

제하려면 먼저 어떤 규칙에 복종할 필요가 있기 때문이다. 이런 식으로, 의식적 행동과 의지의 기본 형태도 이 두 계기에 의해 결정되기 때문에, 기술적 노동의 과정에서 형성되고 발달한다.

4. 인간관계를 지리적·정치적 또는 문화적 용어로 받아들이든 말든 관계없이, 현대의 공장에서 그 복잡한 관계의 가장 순수한 표현형을 발견할 수 있다는 것도 매우 중요하다. 공장에서 일하는 학생은, 자신이 현대 사회 투쟁의 체스판에 서 있는 것처럼, 그가 원하든 원하지 않든 관계없이 너무나 엄혹한 현실로 매 순간 투쟁에 참여하게 된다. 바꾸어 말하면, 학교 집단의 완전히 특별한 접근과 조직의 형태를 요구했던 사회 속 교육의 모든 문제는 노동 교육에서 고통 없이 해결된다.

5. 마지막으로, 여기서 위협적인 마지막 위험이, 즉 노동으로 사람들 사이에 발생하는 사회적 관계와 연결의 협소함이 하위 형태의 노동에만 존재하며 높은 기술적 형태의 노동에는 해당하지 않는다. 많은 사람이 노동은 편협하고 단순한 사회적 기술을 낳을 뿐이라고 말했다. 노동은 노동자가 다른 사람을 직원, 조수 또는 상사로만 보도록 가르치고, 인간관계의 이런 측면을 너무나 완벽하게 훈련하고 연마한다. 현대의 대규모 산업에서 이런 모든 집단의 사람은 작업으로 서로 연결되어 있으며, 이들은 서로 적응하고 완전히 꽉 맞물려 한 기제의 다른 부분처럼 함께 일한다. 그러나 거대한 노동에서 인간관계를 이렇게 유지했다고 작업 속도와 작업 기술의 예외적인 일관성을 기대할 수는 없다. 진지한 형태의 노동에서 동료 노동자는 시간에 맞게 노동의 맞장구를 할 수 있는 능력뿐만 아니라 진지한 이해와 일정한 친밀감이 필요하다. 높은 형태의 기술의 경우, 공동 노동을 위한 심리적 조건은 일종의 상호 노동 신뢰이며, 말하자면, 이는 양쪽에 일종의 단결을 요구한다. 노동 생활에서 전화로 짧은 단어로 대화를 나눌 때, 두

생명체가 현대 공장에서처럼 그렇게 가까이서 충돌한 적이 없었다.

6. 이것의 교육학적 가치를 이해하려면 노동 교육이 교수학습에 완전히 새로운 가르치는 기법을 제시한다는 것을 상기할 필요가 있다. 질문 방법(질문을 통해 교사와 학생이 함께 지식을 찾는 방법), 발견적 방법(학생들 스스로 지식을 찾는 방법), 그리고 단순히 교사가 학생에게 지식을 전달하는 오래된 강의 방법, 이 모든 방법은 전체적으로 노동의 교수학습에서 교수의 본질을 규명하지 못했다. 이런 방법은 지식의 최종적인 뜻이 학생 자신이 아니라 그를 지도하는 교육자에게 있음을 전제했다. 따라서 노동의 교수학습과 근본적으로 다르다. 노동의 교수학습에서 지식이 도달해야 할 최종 지점, 즉 지식의 뜻은 학생이 시작한 생산 형태에서 바로 학생에게 제공된다.

7. 이런 뜻에서 노동의 교수학습에서 심리적 경로를 원에 비유하는 것은 매우 적절하다. 왜냐하면, 그런 교육은 실제로 원으로 묘사되고, 노동의 결과로 그 움직임이 시작된 바로 그 출발점으로 돌아가기 때문이다. 그러나 이런 복귀가 발생하면서 학생은 새로운 상태에 이르게 된다. 그는 같은 것을 새로운 체험으로 풍부해진 새로운 눈으로 볼 수 있다. 바꾸어 말하면, 그는 다른 측면에서 같은 지점에 접근한다. 이것은 특히 학생 스스로가 자신이 여행한 전체 경로를 한눈에 볼 수 있게 하고, 가장 중요하게는, 이 경로를 거쳤던 까닭을 스스로 이해하는 데 도움이 된다.

8. 심리적 과정의 모든 부분은, 다 알다시피, 학생 앞에 과제로 제시된다. 이를 해결하는 데 필요한 수단과 방법에 대한 학생의 자각, 이에 필요한 지식의 동화와 공고화에 대한 학생의 관심, 행하는 노동 전반에 대한 학생의 통제, 검증, 최종 평가, 이 모든 것이 이전 교육 체계에서는 너무나 기계적으로, 다양한 연결도 될 수 없는 교수 기제에 따라 결합했다. 교수 과정의 모든 부분이 서로 유기적인 연결이 없었고, 과

정이 서로를 그저 차례대로 따랐다는 사실처럼 공통 과정으로 기계적으로 결합했다는 것을 확인하기 위해, 이전 학교의 시험, 성적, 설명식 수업, 암기 등을 회상하면 충분하다.

9. 이와 반대로 노동의 교수학습에서는, 이런 뜻에서, 전체 교수 과정이 융합되어 완전하게 결합하는 일, 그 과정의 모든 부분을 전체로 유기적으로 통합하는 일이 성취된다. 그리고 노동 교수학습에서 이런 순환적 성격은 이 과정의 모든 연속적인 단계가 하나의 원으로 합해져 완결된다는 것을 더 명확하게 보여주었다.

라. 노동 노력의 값어치

1. 노동 노력의 심리적 값어치는 그것이 충만하고 확실하게 최종적 반응 과정을 의미한다는 데 있다. 외부 기관의 안달로 시작된 흥분은 중추 신경 경로를 거쳐 실행이나 작업 기관의 대응 행위를 통해 외부로 나간다. 이 경우 유기체 안에 어떤 것도 머물지 않아 심리적 작업의 잔재가 남아 있지 않으며, 모든 흥분이 전부 다 반응한다.

2. 이것은, 마치 흘러나오는 통로처럼, 어떤 종류의 액체가 지나가며 유입된 모든 것을 완전히 제거하여 이를 통해 침투하는 덩어리의 탁도나 침전 또는 불순물을 없애는 방식과 유사하다. 이렇기에 노력의 존재는 유기체의 절대적으로 정확하고 틀림없는 작업을 증언한다. 이 노력이 모든 흥분과 반응을 올바른 선로로 지시하는 전철 운전원 역할을 하기 때문이다.

3. 여기서 달성될 가장 중요한 결과는 노동을 이해하고 작업하는 학생이 자기 작업에 놓인 뜻에 의문을 품지 않는다는 것이다. 뜻은 사전에 그리고 노력 자체가 유발되기 전에 제시되며, 노력의 존재는 이미 뜻의 존재를 증언한다.

4. 한편, 실천과 분리된 지식을 다루는 모든 교육은 거의 언제나 정

당화할 수 없는 노력을 하게 했고, 심리학적 관점에서 보면 바닥 없는 통에 물을 붓는 성과없는 시지프스의 고역 같은 노동의 성격을 지니게 되었다. 고등학생의 평소 당혹감은 많은 학생에게 주어진 노동의 부조리를 극도로 웅변적으로 강조한다. 사람들이 오래전에 해결해서 그 답이 교과서 뒤에 있는 산수 문제를 그들이 왜 풀어야 할까? 사람들이 이미 오래전에 한줄 한줄 다 번역한 라틴어 저자의 글을 그들이 왜 번역해야 할까? 나의 학생들은 그걸 번역해야 하는 이유를 이해할 수 없었다.

5. 그리고 실제로 상황이 그랬다. 학교의 모든 연습 과제는 학생에게 말 그대로 열심히 하도록 제안하지만, 사전에 다 소통된 방식으로 갖춰진다. 이런 노동은 전혀 쓸모없고, 누구에게도 필요하지 않으며, 본질에서 봐도 무익하다. 그러므로 이런 노동을 피할 수 있는 모든 형태는 그들 노동의 편의와 충만한 의미를 옹호하려는 학생과 교사가 함께한 투쟁에서 국제적인 수단이 되었다. 이를 근거로 했지만, 설정이 결핍된 형성 체계가 만들어졌는데, 이것은 이 교과 혹은 저 교과를 공부해야 하는 까닭에 답할 수 없었다.

6. 이 지점에서 심리학자들은 늘 이른바 형식 교과의 가치를 제기해 왔다. 그들은 학생이 이 과목이나 저 과목을 공부할 때 습득하는 직접적인 지식과 상관없이, 모든 과목에서 얻을 가치는 이들 교과가 우리의 능력을 연마함에, 우리의 정신 능력을 확장하는 발달적 작용에 있음을 주장했다. 그래서, 예를 들면, 라틴어 단어 공부는 라틴어책을 읽는 능력을 갖추는 데 그치지 않고 어떻게든 기억력을 어느 정도 발달시키고 확실히 개선한다고 가정했다. 산술과 기하 공부는 곱하고, 나누고, 정리를 증명하는 방법을 익히게 하고 나아가 논리적 생각을 심화하고 수량의 취급에서의 정확성을 높이는 데도 공헌한다. 바꾸어 말하면, 각 교과의 교육적 작용은 교과의 직접적인 작용을 넘어 어느

비고츠키의 교육심리학

정도 폭넓은 해석과 의미를 부여받는다고 가정했다.

7. 솔직히 말해서, 러시아의 이전 교육의 전체 체계는 문법 학교라는 표현에서 발견할 수 있듯이, 이런 관점을 따라 구축되었다. 모두 잘 이해하듯이, 문법 학교에서 열에 아홉이나 되는 과목들은 조금도 독립적인 교육적 가치를 지니지 못했고, 그 가치는 오직 형식 교과에, 우리 정신에 미치는 "발달적 작용"이 있다고 가정된 교과에만 국한되었다. 지난 일을 떠올려 보자. 자연 과학이 문법 학교에 도입된 것은 최근 몇 년 전 일이다. 그것도 아주 혹독한 투쟁을 거친 후에야 정식 교과목의 하나가 되었다.

8. 역사를 돌아보면, 그런 교육 이론은 중세 스콜라 학파의 산물로 보인다. 거기서는 끝없는 언어 연습, 언어 구성, 언어 조작이 지식의 유일한 자료이며 대상이었고, 신체가 육체적 훈련을 통해 발달하는 방식과 마찬가지로 정신이 지식 훈련을 통해 발달한다고 가정했다. 그런 문법 학교에서 교육할 과목을 다루면서 전개될 교육은 체육관에서 신체를 단련해야 했듯이 그렇게 한다는 가정 위에 펼쳐졌다. 문법 학교에서 모든 주의는 이런저런 움직임 자체가 아니라 이런저런 근육과 기관을 위해 발달하는 힘에 기울여졌다.

9. 슬라브 정교에서 언어를 가르치는 일은 그 자체로 스웨덴 문법 학교에서 저울추를 올리는 일만큼이나 예전 방식으로 무용지물이 될 수 있으며, 그가 암기한 교회 슬라브어 문법은 대다수 학생의 삶에 스웨덴 문법 학교의 방법이 쓸모없듯이 학생의 미래 생활에서 거의 쓰이지 않을 것이다. 그러나 스웨덴의 문법 학교에서 추를 조작하는 일이 손의 근육을 치유하고 긴장시키듯이, 이 문법도 뇌를 치유하고 긴장시킨다고 가정했다. 그리고 심리학적 관계로 보면, 이 이론은 전적으로 이전의 소위 능력 심리학에 근거했다. 능력 심리학은 전체 심리 유기체를 여러 개의 개별 정신 능력으로 나눴고, 각각에 대해 뇌에서 고

유한 위치를 발견했으며, 인간 심리학은 신체가 개별 기관들로 구성된 것과 마찬가지로 그런 능력들의 공동 작용으로 구성된다고 가정했다.

10. 솔직히 말해서 이 이론의 심리학적 또는 교육학적 기반은 어떤 비판에도 견딜 수 없으며, 이론과 실천 모두에서 그런 견해는 현대 지식에 비춰보면 어느 정도 중세 반계몽주의로 돌아가는 것이다.

11. 무엇보다 먼저, 교육적 체험에 따르면, 형식 교과의 이런저런 과목은 극히 중요하지 않은 것으로 판명되었다. 더 정확하게 말하면, 상당한 역할을 할 수도 있지만 매우 좁은 범위에서만 그럴 수 있다. 라틴어 동사나 불규칙 활용형을 암기하면 그 암기 기술은 크게 발달하지만, 그 기술은 라틴어 동사에만 해당한다. 여기서 암기의 일반적인 과정은 전혀 향상하지 않거나 극히 미약하다. 이런 양상으로 형식 교과의 각 교과는 전문적 기술이 축적된 분야에서 미미한 개선으로만 연결되고, 결과적으로 그 교육적 가치는 전적으로 직업 교수학습에 제한된다.

12. 따라서 라틴어 진열장에 장기간 노출되면 약사의 조제를 위한 기억력이 향상된다. 마찬가지로 사서는 책등으로 수만 권의 책을 인식하고 각 책의 선반 위의 위치를 기억하는 방법을 배우게 된다. 하지만 약사의 기억과 그의 외국어 지식, 다른 것에 대한 사서의 기억은 전문적인 연습으로도 향상되지 않는다. 기대와 달리, 우리 능력의 이런 전문화는 항상 다른 분야에서 어느 정도 이런 능력들을 제한하게 하고, 지출한 비용이 매우 높다고 생각할 만한 이유가 넘친다

13. 오늘날의 심리학자들은 그런 조기 전문화(직업교육)의 이점보다 해악을 지적하는 경향이다. 특히 기억과 관련하여 그들은 교육학의 절박한 문제는 이런 질문에 답하는 것이라고 공공연하게 말한다. 어떻게 아이들에게 불필요한 것을 잊어버리도록 가르치고 필요한 것을 기억하게 도울 수 있을까? 흥미롭게도(기억 심리학이 이 질문에 제시한 올

바른 해결책을 이해하려면, 모든 것을 기억하도록 가르쳐달라는 제안에 테미스토클레스가 "나에게 더 잘 잊는 방법을 알려주시오"라고 한 답을 회상하는 게 도움이 된다.

14. 다른 능력 연구도 기억 연구와 마찬가지로 같은 결과를 가져왔다. 즉, 개별 과목들의 형식 교과는 어느 정도 특수한 기술 생성에 상당한 정도로 영향을 미쳤다. 달리 표현하면, 전문화된 우리의 능력은 약간 일방적이고 극히 편협한 성격을 띠게 된다. 사실, 이런 일방적임에서 생긴 폭의 손실은 일반적인 생산성과 이 능력의 유연성 모두에서 상당한 이득으로 보상되지만, 전체적으로, 개별 과목들의 형식 교과는, 역설적으로, 발달하고 확장하는 방식보다는 멍청하게 하고 제한하는 방식으로 작용한다.

15. 프랑스 속담에 따르면 모든 정의는 그 자체로 이미 제약이다. 우리의 능력이 발달하는 영역처럼 이것이 사실인 영역도 없다. 그런 이유로 현대 심리학에서 대다수 연구자는 형식적 가치 때문에 도입된 교수 계획에서 그러한 과목을 극도로 의심하는 경향이 있다.

16. 각 과목의 유용성과 교육 체계에서 각 과목의 관련성은 각 과목에 담긴 지식에서 기인할 수 있는 직접적인 이익과 가치에 의해 주로 그리고 우선해서 결정된다.

17. 마지막으로, 사람의 일을 개인의 많은 능력으로 만들어진 것으로 본 심리학의 표상은 엄격한 비판을 견디지 못한다. 우리 각각의 '능력'은 실제로 그런 복합적 전체에서 작동하기 때문에 각각만 취해서는 각각의 능력이 작용하는 실제로 펼쳐질 능력에 대한 대략적인 표상조차 제공할 수 없다. 기억력이 약한 사람을 따로따로 조사해 보면 기억력이 좋은 사람보다 기억력이 더 좋게 조사될 수 있다. 기억력은 그 자체만 저절로 나타나지 않고 주의, 일반적인 설정, 생각 등과 긴밀히 협력하기 때문이다. 그리고 이런 다양한 능력이 결합한 효과는 언제나

각 구성 부분의 크기와 무관한 것으로 판명될 수 있기 때문이다.

18. 그러므로 교육학에서 진정한 교수학습의 원리가 가장 전면에 대두하는 것은 말할 나위도 없다. 지식이 심리 능력을 너무나 적게 발달시킨다면 이 지식을, 그 자체로 그리고 제한된 양과 필요한 정도까지만, 특정한 일반 기술의 산출에 필요한 정도까지만 제한적으로 평가해야 한다. 동시에 이런 기술 산출의 형식적 측면은 그러한 기본적이고 가장 원시적인 움직임에 제한된다. 이런 움직임을 획득할 수 있는 교과 공부에서 이런 움직임은 교과와 너무나 무관해진다.

19. 그러므로 지식의 유일한 준거는 생활에서 지니는 지식의 가치와 삶에의 필요성 또는 실재성의 원리다. 교육의 기본 법칙은, 조건 반사 형성의 법칙이다. 나중에 인생에서 한편으로는 특정 사건들이나 사실들 그리고 다른 한편으로 사람의 특정 반응 사이에 어떤 연결을 얻고자 한다면, 교육 중에 두 가지를 한 번이 아니라 여러 번 연결해야 한다. 그래야만 우리에게 필요한 새로운 연결을 실제로 합선할 수 있다. 따라서 새로운 연결을 합선하기 위한 최상의 기관인 학교는 전적으로 삶을 겨냥해야 한다. 오직 그러한 지향 때문에, 학교의 기법은 그 명분과 뜻을 얻을 수 있다.

마. 종합적인 지식

1. 학교는 이전 학교의 유산에서 물려받은 뿌리 깊은 이원론으로 여전히 고통받고 있다. 누가 우리 학교 체계에 접근하더라도, 그는 현재까지의 학교 교육과정이 양립할 수 없는 두 무리로 나누어졌었음을 쉽게 알아차릴 수 있다. 한편으로는 자연 과학, 자연을 다루는 과학, 다른 한편으로는 인문과학, 영혼을 다루는 과학이 있었다. 그리고 학교 건물에서 이 둘 사이에는 단 하나의 다리도 놓여 있지 않았다. 학생들은 이것이 실제로 다른 두 세계, 즉 자연의 세계와 인간의 세계이

며, 통과할 수 없는 심연에 의해 분리되어 있다는 무의식적 확신으로 교육받고 공부하게 된다.

2. 어떤 단어도 한 과목의 원을 다른 과목의 원과 연결할 수 없다. 그리고 학생이 세계에 대한 다른 관점과 다른 이해를 얻는다면, 그런 일은 학교 밖에서나 일어날 것이다. 학교는 그것과 아무 관련이 없으며, 학교의 노동은 지식과 체험의 이런 이중성을 강조하고 뿌리 내리는 방향으로 갔다. 한 학생이 물리학의 세계에서 정치경제학과 문학의 세계로 넘어갈 때, 그는 말하자면 새로운 세계로, 아주 특별한 법칙이 적용되고 방금 떠난 자연 과학의 세계를 조금도 연상할 수 없는 완전히 새로운 세계로 옮겨간다.

3. 그리고 이것은 러시아 학교의 우발적인 단점을 대표하는 것이 아니라, 유럽 과학과 유럽 학교의 전체 발달에서 역사적으로 피할 수 없었던 결과물이다. 이 경우 학교는 철학과 과학의 발달에서 확립된 것만을 반영했다. 그리고 습득할 교과인 노동만이 심리적으로 둘을 결합할 수 있게 해준다. 왜냐하면, 한편으로는 인간과 자연 사이에서 일어나는 과정으로서 노동이 전적으로 자연 과학에 기반을 두고 있고, 다른 한편으로는 사회적 노력을 조정하는 과정으로서 노동이 인문과학, 사회 과학의 기초이기 때문이다.

4. 의식적 반응 체계 위에 세워진 노동은 자연 과학의 세계에서 인문과학의 세계로 놓인 다리다. 노동은 둘을 습득할 대상으로 제시하는 유일한 '교과'다.

5. 실제로, 학교에서 자연 과학에서, 해부학과 생리학에서 자기를 포유동물로만, 자기 일부로만 인간을 습득한다면, 인간이 배제된 자연 세계는 진정한 삶의 풍요로움에 비하면 한없이 불쾌하고 궁핍해 보인다. 이와 반대도 마찬가지다. 인간의 소소한 행동거지와 행실의 세계는 땅에 뿌리를 두지 못하고 자연 위에 매달려 있는 무지개처럼 허공

에 떠 있는 것 같다.

6. 그리고 역사적 의미와 심리적 본질에서 오직 노동만이, 동물과 인간이 하나의 매듭에 얽혀 있고 인문 지식과 자연 지식이 교차하는, 생물학적 원리와 초-생물학적 원리가 인간 안에서 만나는 지점이다. 이런 양상으로, 예부터 심리학자들이 꿈꿔오던 형성에서의 종합이 노동학교에서 이루어질 수 있게 되었다.

바. 실천

1. 브론스키는 "노동 교육은 자연의 최고 주권자를 위한 교육"이라고 했다. 기술은 실제적이고 물질화된 인간의 자연에 대한 지배, 인간의 이익에 봉사하도록 자연의 법칙에 따르는 것을 의미하기 때문이다.

2. 이런 뜻에서 노동은 거의 가장 가치 있는 심리적 측면에서, 즉 노동이 실천으로 전환되는 측면에서 자신을 드러낸다. 다양한 조류에도 불구하고 최근까지 수십 년 동안 유럽 철학에서 실천 원리가 과학적 지식을 구축하는 유일한 방법으로 제시되었다는 점은 매우 중요하다. 실제로 실천은 모든 과학 분야가 따라야 할 최종 검증이다. 철학자들이 세계를 충분히 설명했으므로 이제 우리는 세계를 어떻게 다시 만들지 고민해야 한다는 마르크스의 표현은 과학의 진정한 역사를 완전히 망라한다.

3. 모든 지식은 최종 계산에서 나타나며, 어떤 실제적 소용 또는 필요에서 나타난다. 그리고 지식을 발생시킨 실천적 과제에서 지식이 뜯겨 나왔다면, 지식 발달의 최종 지점에서 지식은 다시 실천으로 돌아가 실천에서 그 지식의 높은 정당화, 확증, 검증을 발견한다.

4. 특히, 전체 스콜라 및 고전교육 체계의 가장 큰 심리적 죄는 지식의 너무나 추상적이고 생명 없는 성격이다. 지식은 기성품 요리처럼 동화되었고, 그것으로 무엇을 해야 할지 아무도 몰랐다. 여기서, 과학

비고츠키의 교육심리학

의 본성 나아가 지식은 기성 자본이나 기성품 요리가 아니라 언제나 활동 과정이며 자연을 소유하려는 인류의 전쟁이라는 지식의 본성을 그들은 망각했다.

5. 과학적 진리는 사멸하기 마련이며 수십 년, 수백 년 동안 생존하지만 죽을 수밖에 없다. 자연을 차지하는 과정에서 인류는 늘 앞으로 나아가기 때문이다. 우리나라의 학교 과학은 독단적인 형태로 학생들이 암기해야 할 진리를 찾고 있는 상황으로 완전히 파열했다. 학생들이 교과서에서 꺼낸 것보다 진리에 대한 더 거짓된 심리적 표상은 없다.

6. 진리는, 마침내 발견되어 무조건 신뢰할 수 있는, 어떤 과정의 결과로, 완전하고 준비된 것으로 학생들에게 제시되었다. 여기에 흥미로운 일이 일어났다. 진리가 문단마다 나누어진 것으로 학생에게 제시될 때, 학생이 과학적 진리가 대체 어디 있는지 그리고 교과서 저자의 가르치려는 수법이 무엇인지 식별할 수 없을 때, 크라에비치Краевич, 1833~1892와 사보드니크Савóдник, 1874~1940의 저작으로 진리에 익숙해진 결과로 학생들은 과학적 진리에 위대한 경멸을 느꼈다.

7. 진실을 드러내는 과정은 숨겨져 있었다. 그렇게 그것은 그 발생의 역학으로가 아니라 이미 발견된 규칙의 정학으로 제시되었다. 그리고 이 모든 내용을 암기하여 믿음으로 체화했기 때문에, 과학과 과학적 진리에 대한 학생들의 태도가 야만인의 교리에 대한 태도와 마찬가지인 것은 너무나 자연스럽다. 그렇게 우리 사이에서 교육학의 마지막 낱말이었던 학교 진리의 문자에 대한 미신적이고 어리석은 숭배는 문명화된 야만인을 교육할 수 있을 뿐이다.

8. 둘째, 진리는 여기서 항상 탐색과 노동의 과정이 아니라 순수한 머리 작업에서 얻은 추상적인 이론 규칙의 형태로 제시되었다. 진리는 이렇게 진리를 낳았던 생활의 소용 또는 진리에서 도출한 생활의 결

말과 묶이지 않았다. 하지만, 자연 과학의 진리는, 그것이 위생학의 어떤 하찮은 규칙이든 상대성 이론이든 상관없이, 그 성격이 언제나 똑같이 실천적이다. 달리 표현하면, 진리는 언제나 구체적이다.

9. 마지막으로, 학생에게 제시되는 과학적 진리의 끝없는 혼합에서 가장 경험이 풍부한 철학자-방법론자조차도 진리를 이해할 수 없어 가장 실망스러운 결론에 도달했다. 학교 과정의 과학적 진리는, 이 단어의 완전한 뜻처럼, 무더기에 던져졌기에 아무리 독창적인 교사도 라틴어 격변화, 나폴레옹 전쟁, 전기 분해 법칙 사이의 연결을 설명할 수 없었다.

10. 이런 학교 지식의 찢어진 조각과 기워진 조각은 무수한 개별 사실로 학생의 인식을 어지럽히고 대상을 연결하여 통일하는 관점을 배제한다. 그래서 교육받은 자들이 철학과 세계관 분야의 가장 기본적인 질문들에 너무나 수치스러운 피상적임, 경박한 어법, 끔찍한 무지를 드러내는 일이 늘 넘쳐났다. 이전 학교의 이 세 가지 악은 노동 교수학습으로 쉽게 극복할 수 있다. 첫째는 모든 대상을 통일하고 종합하는 것이다. 둘째는 모든 대상을 실천으로 기울여 활용하는 것이다. 셋째는 대상을 발견한 후 그 움직임과 진리를 발견하는 과정을 드러내는 것이다.

사. 전문성과 다기술주의

1. 현대산업의 경향이 노동의 완전한 전문적인 종합기술교육을 지향하지만, 이 과정은 러시아는 말할 것도 없고 미국 같은 자본주의 국가에서도 달성되려면 너무나 요원하다.

2. 따라서 다기술주의가 학교가 일을 행하며 따라야 할 내일의 진리이지만, 이 진리는 오늘날 아직 제대로 구현되지 않았다. 학교는 다기술주의 교육과 함께 당면한 일상의 필요를 충족시켜야 하는 과제

에 직면해 있다. 여기서 학교와 소통하는 데 필요한 전문성은 삶에 양보하는, 학교 교육에서 일상적 실천으로 넘어가는 다리로 이해해야 한다.

3. 이것이 의미하는 바는, 전문성에 대한 편견으로 학교가 다기술주의의 성격을 전혀 잃지 않고, 다기술주의가 주요한 핵심으로 남아야 한다는 것이다. 이렇게 다기술주의의 형성은 한쪽 끝을 날카롭게 해야 한다. 이를 통해 바로 생활 속으로 들어갈 수 있다. 이런 관계를 보면, 새롭게 조명된 일반으로의 형성과 특수로의 형성 사이의 연결은 심리학에서 오랫동안 제시해 왔으며 지금도 말하고 있는 모든 사람은 모든 것에 대해 뭔가를 그리고 뭔가에 대해 모든 것을 알아야 한다는 오래된 공식으로 대신할 수 있다. 누구나 모든 것에 대해 뭔가를 알아야 한다. 이는 세계 전체의 주요 요소에 대한 가장 기초적이고 일반적인 표상이 모두의 일반적 형성에서 기초가 되어야 함을 의미한다. 누구나 뭔가에 대해 모든 것을 알아야 한다. 이는 우리의 형성 방법이 우리 일에 직접 관련된 특정 영역에 관한 모든 지식을 수업에 모아야 함을 의미한다.

4. "뭔가에 관한 모든 것"이 전문성에 대한 요구와 동등한 것이고 "모든 것에 관한 뭔가"가 다기술주의에 해당하는 것으로 간주하면 이 오래된 공식은 노동 교육에 완전히 적용된다는 것을 쉽게 이해할 수 있다.

5. 그것이 노동학교의 원리로 잘못 이해된다면, 지금까지 제시된 모든 교육적 원리는 너무나 나쁜 결과를 초래할 위험이 넘치며, 러시아 노동학교의 관행은 그러한 왜곡의 생생한 예였다고 솔직히 말해야 한다. 노동 원칙의 가장 사악한 풍자화가 아닌 러시아 교재의 단 한 쪽, 단 하나의 원리도 찾을 수 없었다고 블론스키는 노동학교에 관한 그의 책에서 말했다.

6. 블론스키는 이렇게 말했다. "나는 폐쇄한 기관을 개혁하여 도덕성을 완전히 부활시킨 공립학교를 보았다. 나는 정확히 15분 동안만 학교 전체에서 '어린이날' 행사를 하는 것을 보았다. 나는 미취학 아동들이 5세 아이들에게 냄새나는 부엌에서 요리하는 방법을 알려주는 것을 본 적이 있다. 정원에서 일하다 더위와 피로에 완전히 지쳐 아이들은 나에게 '도망'쳐 왔다. 무겁고 더러운 땔감을 나르고 벽장을 청소하고 먼지를 쓸어내는 것이 노동학교라고 생각하는 교사들을 보았지만, 내 생각에 이것은 어른들에게도 해롭고 힘든 노동이다. 목공실에서 어른인 나도 질식할 것 같았는데, 나는 거기서 아이들이 믿기 어려운 자세로 일하는 것을 봤다. 금속 작업하는 것도 보았는데, 나중에 아이들이 폐렴에 걸릴 것 같았다. 나는 인생의 모든 사소한 것에 대해 긴 대화를 나누면서 상대방이 자신이 노동학교를 소유하고 있다고 생각하는 것을 알았다. 나는 학교 부엌에서 말하는 교사들을 위한 강단을 보았다. 나는 많은 교사가 아이들을 공장 지옥으로 이끌고 있다고 확신했다. 그들은 10대 아이들을 공장의 포효와 열기 속으로 몰아넣고, 위험한 기계 근처에 가두고, 그들의 폐를 먼지와 석탄으로 채우고, 그러고도 자신들은 '블론스키의 처방'대로 교육하고 있다고 단언했다."

| 11장 |

아동 발달에서 나이와 연결된
사회적 행동

가. 적응 개념

1. 잘 알려진 바와 같이 현대 생물학은 적응 개념에서 지구의 유기체적 생명 발달의 기본 원리를 본다. 우리는 또한 교육학에서 모든 교육의 궁극적인 목표는 아이가 자신이 살아가며 대처해야 하는 환경에 적응하게 하는 것이라고 말한다.

2. 그러나 여기서 두 가지 사정을 염두에 두어야 한다. 첫째, 환경에 대한 적응은 매우 다양한 속성을 지닐 수 있다는 사실이다. 민첩한 출세주의자, 사업가, 사기꾼도 환경에 적응한 것이다. 그들은 환경의 너무나 사소한 안달을 완벽하게 고려하고, 적절한 반응으로 이에 대응하는 방법을 알고, 모든 중요한 요구를 충족시키며, 긍정적인 정서적 효과로 작동하고 항상 그 지위의 양반이 될 기회를 제공하는 최대의 자기 만족감을 경험한다.

3. 대답해보라. 그런 사람이 교육학의 관점에서 잘 교육받은 인격의 이상일까? 반대로 모든 공적 모임에 어울리지 못하는 어떤 혁명가가 사회에 반항하며 자신의 무능을 드러내며 환경과 갈등을 일으킨다. 그 사람을 나쁘게 혹은 잘못 교육한 것이라고 해야 할까?

4. 둘째, 아동의 나이에 따른 발달 때문에 아동이 다양한 정도로

환경에 적응한다는 사실도 불편하다.

5. 따라서 환경에 적응하는 문제는 아동의 나이에 따른 행동에 근거하여 검토해야 한다. 두 질문을 검토해 보겠다.

6. 첫 번째 것과 관련하여, 적응은 사회적 관점으로만 검토해야 한다고 답해야 한다. 여기서 불변하고 영속적인 어떤 것인 주어진 환경에서 나아가서는 안 된다. 사회적 환경은 수많은 다양한 측면과 요소를 포함한다. 이런 요소들은 언제나 서로 간의 가장 무자비한 모순과 투쟁에서 발견된다. 그리고 전체 환경을 요소들의 정적인, 최초의, 안정적 체계가 아니라, 변증법적으로 발달하는 역동적 과정으로 이해해야 한다. 따라서 혁명가는 사회적 관점에서 보면 출세주의자보다 환경의 더 높은 경향에 더 잘 적응할 수 있다. 그는 사회의 정역학이 아니라 사회의 동역학에 적응하기 때문이다.

7. 여기서, 사람이 취하는 환경에 대한 태도는 단순한 의존이 아니라 항상 적극적인 성격을 띠어야 한다. 그러므로 환경에 대한 적응은 환경의 개별 요소들과의 혹독한 투쟁을 의미할 수 있으며, 항상 환경과의 적극적인 어떤 상호 관계를 의미한다. 결과적으로 같은 사회적 환경에서도 개개인의 완전히 다른 사회적 태도가 가능하기에, 이 적극성이 어떤 방향으로 교육될지가 관건이 된다.

8. 두 번째 질문은 다음과 같은 방식으로 해결된다. 실제로 아동은 사회적 환경에 적응하는 여러 단계를 거치며, 그의 사회적 행동이 담당하는 기능은 나이 단계마다 크게 변한다. 그러므로 아동의 사회적 행동은 유기체의 생물적 발달에 따라 빈번하게 굴절하는 행동이다.

나. 아동과 환경

1. 잘킨드Залкинд, 1886~1936는 다음과 같은 양상으로 프로이드의 가르침에 담긴 객관적이고 유물론적인 뜻을 드러냈다.

2. 프로이트는 인간 활동을 지배하는 두 가지 원리, 즉 쾌락 원리와 현실 원리를 확립했다. 환경과의 상호작용에서 인간 심리의 원천은 내면에 깊게 자리한 성욕과 욕망이다. "영혼의 삶은 쾌락에 대한 욕망과 고통에 대한 반감에 의해 좌우된다." 쾌락을 추구하는 이런 성욕은 사람의 전체 태도를 조직하여 특정한 내용으로 주의, 기억, 사고를 채운다. "정신세계는 그의 욕망과 이를 구현하려는 체험 투쟁의 총합이다." 그러나 쾌락에 대한 욕망은 그가 적응해야 하는 환경의 요구와 충돌한다. 이런 식으로 쾌락 원리는 현실 원리와 충돌한다. 유기체는 많은 욕망을 포기해야 한다. 그런 충족되지 않은 욕망은 무의식의 영역으로 밀려나 숨겨진 형태로 거기서 계속 존재한다. "충족되지 않은 욕망은 정신생활을 무너뜨리고, 자신의 길을 계속 가도록 인도하면서, 이런 무의식적인 억압된 욕망의 영향력에 자신을 복속시킨다. 현실 원리와 타협하지 못한 쾌락 원리는, 현실 세계 대신 또는 현실 세계에 추가하여 특별한 세계, 즉 부정할 수 없는 억압된 무의식적 성욕의 세계를 만들어 냄으로써 자신의 창조물로 복수한다. 서로 화해할 수 없을 듯한 두 현실, 즉 환경에 적응해야 할 요소를 담고 있는 의식적인 외부 현실과 외부 환경에 이질적이고 적대적인, 무의식의 지하세계로 쫓겨난, 그러나 갈망하지만 만족하지 못해 위로 분출하려는 정신 현실이 한 사람 안에 만들어진다. 모든 정신생활은 이 두 현실의 치열한 투쟁으로 가득 차 있다." 이 투쟁의 결과는 소위 자기검열에 반영된다. 자기검열은 정신을 잃거나 잠을 자 의식의 상태가 약해지면 수면으로 뚫고 올라오는 억압된 성욕을 왜곡한다.

3. 이런 충돌의 가장 높은 형태인 환경과의 불화는 소위 질병으로의 도피로 표현되는데, 우리는 이를 억압되고 충족되지 않은 욕망이 일종의 콤플렉스로 종결되는 특별한 형태의 행동으로, 현실과의 관계에서 고통스러운 입장으로 이해해야 한다. 어떤 정서적 경험과 연결된

표상의 무리가 우위를 점한 것이다.

4. 우리의 생각조차도 이런 억압된 욕망이나 콤플렉스의 노선을 따르고 있음이 밝혀졌다. 다른 모든 정신적 활력이 이 법칙에 따른다는 사실은 말할 것도 없다. "사람은 환경에 창조를 위한 자기 자원의 일부를 할당하고, 나머지 자원은 내부 사용을 위해 저장한다. 내부 사용은 환경이 요청한 책무와 관련이 없다. 주의, 기억, 생각하는 과정의 재료, 일반 능력과 특수 능력의 질, 실제로 적용하는 행위에서 우리에게 드러내는 인내와 유연성의 양은 종종 그의 창조적 가능성의 하찮은 조각일 뿐이다. 그들 중 대다수는 우리에게 숨겨져 있고, 막혀 있고, 닫힌 내부 과정을 지시하며, 과도하고 초현실적이며 초-창조적인 흥분을 키운다. 이것은 소위 병리학적으로 아픈 개인뿐만 아니라 미친 현대 사회 환경의 조건에서 규범 개념 자체의 극단적인 상대성을 고려할 때 정상적인 사람들에게도 발생한다. 타고난 인격 구조는 자유로운 초기 유년기에 축적되어 습관을 형성한다. 더 성장하는 시기에 축적된 습관은 주변 현실의 의무와 필연적으로 충돌한다. 내부의 무질서, 거친 분열, 급격한 인격의 이분으로 부풀어 올라, 환경에서 강제로 짜낸 것만 제공하고, 그 기금의 대부분을 굶주린 잠재적 긴장 상태에 배당한다."

5. 프로이트의 믿음에 따르면, 이런 억압된 욕망 대부분은 성에 기원을 둔다. 그는 성적 본능의 발달을 어린 시절과 관련시킨다. 여기서 그는 아이의 거칠게 형성된 성적 감정에 대해 말하지 않았다. 그것은 오히려 개별 기관의 작업, 점막에서 오는 개별적인 감각에서 유래하는 미래의 성적 감정, 이른바 '리비도'의 맹아를 구성하는 배아와 같은 부분적 요소다.

6. 이와 관련하여 어린 시절의 첫 번째 습관, 이른바 유아적 행동과 같은 최초의 본능 체험은 주로 쾌락 원리의 영향을 받아 진행된다는

비고츠키의 교육심리학

것이 밝혀졌다. 환경에 대한 적응을 걱정하는 것은 어른들의 몫이다. 아이가 환경과 맺는 최초의 상호 관계를 더 쉽게 만드는 것은 어른들이다. 이것은 유아기의 행동에 특별한 흔적을 남긴다. 그것은 선천적 무조건 반응과, 그 반응에 가장 가까운 일차적 조건 반사로 구성된다.

7. 이것이 "내재적 기금, 즉 유아기 체험 그리고 나중에 취득한 것" 사이의 비극적인 모순을 설명한다. 생물적 습관에 기초하여 성장한 이 어린 시절의 체험과 모든 객관적인 요구 사항을 지닌 환경 사이의 불일치가 너무나 크기 때문에, 인간의 생물적 혼란이 나타난다. 유아적 행동에서 성인 행동으로의 이행은 프로이트가 쾌락 원리와 현실 원리의 투쟁이라고 명명했던 비극이다.

8. 이런 결론은 잘킨드가 지적한 바와 같이 파블로프 실험실의 실험 결과와 일치한다. 여기서 삶에 진입한 어린 시절의 체험에 대한 판정이 실험적인 형태로 재연된다. 개는 향기로운 고기 가루를 감각 기관으로 취하고, 쥐기 반사와 타액 반사로 대응한다. 이번에는 빛이나 소리와 같은 일종의 신호가 선행되는 경우에만 개에게 고기 가루를 제공했다. 빛이나 소리가 없으면 개에게 음식을 주지 않았다. 처음에 개는 모든 경우에 가루로 돌진하고 타액을 분비했다. 그러나 실험을 계속 반복한 결과 자신의 주요 반사를 억제하기 시작했다. "허가가, 조건 신호가 없으면, 개는 (타액과 다른 액들이 없어서) 단순히 생화학적으로 먹을 수 없고, 식욕이 없고, 먹기를 원하지 않았다."

다. 동시대 환경과 교육

1. 현대 사회의 환경, 즉 자본주의 사회 환경은 그 사회의 혼란스러운 영향 체계 때문에 아동의 초기 체험과 이후의 적응 형태 사이에 근본적인 모순을 빚어낸다. 그러므로 유기체는 어떤 형태의 억제, 자기 욕망의 차단을 배워야 한다. 그래서 이런 욕망은 검열이 방해하기

때문에 완전한 형태가 아니라 위장된 형태로 꿈에 나타난다. 결과적으로 환경과 인격 사이에 결정적인 반작용이 발생한다. 이것이 잘킨드가 여기서 발생하는 그림을 그리는 방식이다. 충족되지 않은 모든 성욕은 잘못된 방향을 지시받아, 기생적으로 다른 사람의 계정을 잡아먹는 성적 본능으로 흘러든다.

2. 현대 사회에서 안달의 혼란스러운 결합은 상속된 기금, 초기 유아기의 체험과 그 후 더 성숙한 심리적 축적 사이에 거친 불일치를 만든다. 따라서 사람의 생물적 정신력의 큰 부분을 막고, 그것을 왜곡하여 사용하는 반면, 사회적 환경은 이 에너지의 미미한 부분만 사용한다. 인간 심리 생리학의 지하실에는 사회적 안달에 대응하려고 대기 중인 강력한 예비력이 있다. 이 힘은 매우 유연하다. 지하실에 있는 이들 예비력을 방출하고 이 에너지를 사회에서 방출한다는 것은 아래 과정을 거치는 것이다. 성욕, 욕망, 욕구의 양상으로 엄청난 에너지를 갖고, 이 에너지의 일부는 현실 원리로 충족되지 않고, 무의식으로 강제로 옮겨진다. 이제 이들 남은 에너지가 취할 수 있는 세 가지 양상이 있다. 첫째, 의식적인 형태의 행동과 투쟁에 들어가서 그것을 정복하고, 현실 원리에 복수하는 것이다. 이것은 질병이나 정신 신경증으로의 탈출이다. 둘째, 투쟁은 무승부로 끝나거나 전혀 끝나지 않는다. 정상적인 형태의 행동을 유지하면서 환경과 자신 사이에서, 그리고 자기 내부에서 끊임없는 장기적인 갈등을 겪는다. 마지막으로, 잠재의식 속으로 몰아넣고 현실에 의해 대체된 이 에너지는 현실의 이름으로 다시 방출된다. 그러나 사회적으로 유용하고 창조적인 방향으로 방출된다. 여기서 환경은 반대 세력을 몰아냈을 뿐만 아니라 변형된 방식으로 다시 장악했기 때문에 의기양양하다.

3. 이런 양상으로, 이 과정 또는 승화는 우리의 모든 욕망의 최대 실현이지만 사회적으로 유용한 방향으로 실현된다. 그러므로 이것이

교육이 가야 하는 길이다. 이 승화는, 잠재의식 영역으로도 억제되지 않지만, 일반적인 형태의 탈억제 반사와 많은 공통점이 있다. 승화 작용의 기제를 이해하기 위해 우리는 잘킨드가 제시한 세속적인 삽화를 활용할 것이다.

4. "하급 관리는 상사에게 무례하게 모욕을 당한다. '안달' 나게 하는 이 명령은 항상 그를 습관적으로 억제하게 했다. 공격적 반사 대신, 이 경우 공격적 반사는 일반적으로 적절한 영양을 공급받지 못한다. 차르 체제의 관료적 환경이 명확한 공격적 반사 형성을 위한 비옥한 토양을 만들지 못했기 때문이다. 이 억제된 흥분의 합은 외부적으로 두 방향으로 나타날 수 있다. ① 공무원이 집에 와서 저녁 식사를 하기 위해 앉고, 약간의 사소한 일, 약간의 무질서, 테이블 위에서 그는 '안달'이 나고, 안달은 억제된 흥분의 영역으로 떨어진다. 그리고 갑자기 날카롭고 무례한 감정 폭발, 공격적 반사의 거대한 힘이 펼쳐진다. 접시가 그의 아내와 아이들에게 날아가고, 주먹으로 탁자를 두드리고, 아파트 전체에 울리는 포효(프로이트식 카타르시스−억제된 흥분의 폭발, 폭력적인 쏟아짐)가 펼쳐진다. 이것이 한 가지 길이다. ② 다른 길도 있다. 무기력 상태가 계속되고, 보스에 대한 격렬한 공격적 언어가 추가되고, 이어지고, 응축된다. 그러나 이와 함께 새롭게 안달 나게 하는 게 나타난다. 도시에서의 혁명적 시위, 일반으로 '상사'에 대한 투쟁을 요구하는 지하 선언문은 장기간 지속할 조직적인 이 투쟁에 방법적 지침이 된다. 공격적 반사는 풀려나지만 폭력적이지 않고 조직적인 형태로 오랜 시간 펼쳐지는 끈질긴 지하의 혁명적 작업으로 변한다. 공격적 반사는 조직되어 승화한다. 낮은 차원의 반사는 그 주변의 흥분을 축적(강화), 지연된 억제와 느린 방출로 인해 고차원의 반사로 변형된다. 창조적 과정으로 변형된다."

5. 이상적으로 실현 가능한 교육은 적절하게 지시된 사회 환경에서

만 가능하며, 결과적으로 교육의 근본적인 문제는 사회 문제가 전면적으로 해결되어야만 해결될 수 있음이 너무나 분명하다. 그러나 이것으로부터 인간 물질은 적절하게 조직된 사회적 환경에서 무한한 가소성을 지닌다는 결론이 나온다. 사람의 모든 것은 적절한 사회적 영향으로 교육과 재교육이 가능하다. 이 경우 인격 자체는 완성된 형태가 아니라 유기체와 환경 사이에 끊임없이 진행되는 역동적 형태의 상호작용으로 이해되어야 한다.

6. 여기서 모든 것이 인간 유기체에 결정적이며 교육의 대상이라면, 우리 세기의 실제 조건에서 이 교육은 총체적으로 방해받고 있음을 기억해야 한다. 아동의 사회적 행동의 실제 형태를 살펴보자.

라. 사회적 행동의 실제 형태

1. 사람들은 노동 과정에서 자신의 필요에 맞게 자연을 조정하여 생존을 유지한다. 생산은 집단적 성격을 특징으로 하며, 집단적 노동 출현을 위한 예비적인 계기로 늘 어떤 사회적 세력들의 조직을 필요로 한다.

2. 삶에서 일반적으로 같은 종의 유기체 사이에는 밀접한 의존관계가 있다. 그러나 인간 공동체의 형태는 동물 공동체의 형태와 다르다. 동물 공동체는 영양, 방어, 공격과 번식의 본능을 기반으로 발생했으며, 이는 다른 유기체와 함께하는 협력을 요구했다. 인류에서 이런 본능은 모든 역사 발달의 기초가 되는 경제적 활동의 출현과 형성으로 이어졌다. 마르크스는 이와 관련하여 다음과 같이 말했다. "사람들은 삶의 사회적 생산에서 명확하고 필요한 자신의 의지와 무관한 관계, 즉 물질적 생산력의 발달에서 일정한 단계에 해당하는 생산 관계에 들어간다. 이런 생산 관계의 총체는 사회의 경제적 구조를 이룬다. 법적·정치적 상부 구조가 발생하고 특정 형태의 사회의식과 상응하는

사회의 실제 토대를 이룬다. 경제적 토대의 변화와 함께 광대한 상부 구조에서 느리거나 빠른 격변이 일어난다. 그러한 격변을 고려할 때, 우리는 자연 과학적 정확성으로 확인할 수 있는 물질적 생산 조건의 변화와 법적, 정치적, 종교적, 예술적 또는 철학적, 요컨대 사람들이 이런 변화를 인식하고 이런 변화의 토양 위에서 서로 싸우는 이데올로기적 형태를 구별해야 한다."

3. 따라서 엥겔스가 말한 바와 같이 역사적 유물론의 관점에서 볼 때 "모든 사회적 변화와 정치적 격변의 주요 원인을, 사람들의 마음에서 찾아야 하는 게 아니라, 영원한 진리와 정의에 대한 그들의 관점에서 찾아야 하는 게 아니라, 생산과 분배 양식의 변화에서 찾아야 한다. 즉, 철학에서가 아니라 주어진 각 시대의 경제에서 찾아야 한다." 따라서 생산과정은 인류가 전 세계를 포괄하는 가장 광범위한 사회적 성격을 받아들이게 한다. 이에 따라 가장 복잡한 형태의 사람들의 사회적 행동 조직이 발생하며, 어린이는 자연을 직접 만나기도 전에 이를 먼저 접하게 된다.

4. 그러므로 인간 교육의 성격은 그가 성장하고 발달하는 사회적 환경에 의해 전적으로 결정된다. 그러나 이런 환경은 사람에게 언제나 직접적으로 공개적으로 영향을 미치는 것은 아니다. 이데올로기를 통해 간접적으로도 영향을 미친다. 우리는 이데올로기를 역사 발달 과정에서 확립되어 법적 규범, 도덕률, 예술적 취향 등의 형태로 굳어진 모든 사회적 자극제라고 부를 것이다. 이런 규범은 그것을 낳은 사회의 계급 구조에 철저히 침투되어 있고 생산의 계급 조직에 봉사한다. 그것들이 모든 인간 행동을 결정한다. 이런 뜻에서 우리는 계급적 인간 행동에 대해 말할 권리가 있다.

5. 우리가 알고 있듯이, 인간의 모든 강한 조건 반사는 외부에서 그에게 보내는 환경적 영향에 의해 결정된다. 이 사회적 환경은 그 구조

가 계급에 기반하기에, 자연스럽게 모든 새로운 연결은 계급으로 채색된 환경에 의해 각인된다. 이런 이유로, 일부 연구자는 계급 심리학뿐만 아니라 계급 생리학을 이야기한다. 가장 대담한 사람들은 유기체의 '사회적 투과성'과 우리의 가장 친밀한 기능들이, 최종 분석에서, 이런 사회적 본성의 표현이라고도 이야기한다. 우리는 우리에게 영향을 미치는 자극물에 따라 호흡하고 유기체의 가장 중요한 기능을 수행한다. 현대인의 심리를 규명해 보면 우리는, 어디서 개별적 인격이 끝나고 사회적 인격이 시작되는지 절대 알 수 없는, 수많은 다른 사람들의 의견과 낱말과 사고를 발견한다. 그러므로 현대 사회의 모든 사람은, 원하든 원하지 않든, 한 계급의 사상이나 감정을 말이나 행동으로 표현한다.

6. 우리가 알고 있듯이 개인적 체험이 환경과 관련하여 자신의 역할에 의해 결정되고, 계급 소속감이 이 역할을 정확하게 결정하기 때문에, 계급 소속감이 인간의 심리와 행동을 결정한다는 것은 분명하다. 블론스키는 이렇게 말했다. "이렇듯 사회에는 인간 행동의 불변하고 의무적인 법칙이 없다. 계급사회에서 '인간'이라는 개념은 일반적으로 공허하고 추상적인 개념이다. 그가 속한 계급의 행동이 한 사람의 사회적 행동을 결정하며, 개별 인간은 필연적으로 그가 속한 계급의 사람이다." 이런 측면에서 우리는 너무나 역사적이다. 우리는 인간 행동을 항상 그 시기 계급적 상황과 연결해서 파악해야 한다. 이것은 모든 사회 심리학자가 기본적으로 받아들이는 심리학적 내용이어야 한다. 사회의 계급 구조가 사회에서 조직된 노동에서 개인이 담당할 위치를 결정한다는 것을 잊지 말아야 한다. 결과적으로, 계급 소속감은 환경에서 개인이 취할 문화적·자연적 설정을 결정한다. 블론스키가 말했다. "이런 연유로, 모든 사람은 특정 사회계급의 (평균, 가장 빈번한, 최소, 최대 따위) 어떤 변형에 해당한다. 이로부터 개인의 행동은

비고츠키의 교육심리학

해당 계급의 행동에서 파생된 행동이라는 결론이 도출된다."

7. 사실상 인간의 노동, 즉 생존을 위한 투쟁은 필연적으로 사회적 투쟁의 형태를 취하며, 이에 따라, 전체 인민 대중에게 똑같은 행동 형태의 산출을 요구하면서 그들을 같은 조건에 처하게 한다. 이런 같은 행동 형태들이 특정 사회에 존재하는 공통의 종교적 신념, 의식, 규범을 이룬다. 이런 식으로, 우리가 좋아하든 싫어하든, 의식하든 의식하지 못하든, 교육은 언제나 계급 노선을 따라 진행된다.

8. 심리학자에게 이것은 아동의 행동 체계를 형성하는 안달물 체계가 계급의 안달물들로 이루어진다는 것을 의미한다.

9. 오늘날 교육학이 '교육의 이상이 국제적, 인류 공동의 유형 또는 민족적 유형인가'라는 오래된 질문에 직면해서는 이것을 염두에 두어야 한다. 모든 이상에 색칠된 계급적 본성에 주의를 기울여야 한다. 민족주의, 애국주의 등의 이상은 교육에서 그러한 계급 경향이 위장한 형태에 불과하다. 이를 꼭 기억해야 한다. 이런 이유로, 교육학에서 어느 쪽도 이 질문에 대한 바른 해결책이 될 수 없다. 이와 반대로, 현재의 교육이 역사의 격전장에 진입한 국제노동계급에 맞게 조정되고 있는 한, 국제적인 발달과 계급적 연대의 이상은 민족과 '인류 공동의' 교육이라는 이상을 넘어서야 한다.

10. 그러나 이것이 현대 교육학이 민족적 형태의 발달을 무관심하게 다루어야 한다는 것을 의미하지는 않는다. 사실 민족적 형태의 발달은 의심할 여지 없이 위대한 역사적 사실이다. 그러므로, 민족적 형태의 발달이 학교 업무에 꼭 필요한 심리적 조건임은 두말할 나위가 없다. 아동이 익히는 모든 것은 아동이 지각하는 특별한 형태의 행동, 언어, 관습, 기질, 습관에 맞추어진다.

11. 여기서, 교육학이 일반적으로 이런 뜻으로 저지르는 실수를 피하는 것이 중요하다. 첫째, 과도한 민족 숭배를 피해야 한다. 그 조치

를 통해 학생의 행동에서 민족적 요소를 강화하고, 학생에게서 민족 대신 민족주의를 함양시키는 것을 피해야 한다. 일반적으로 이것은 다른 민족에 대한 부정적 태도로 표출되는, 자기 민족의 외적 과시적 기호를 미화하여 애국주의로 악화하는 많은 부정적 현상과 얽혀 있다. 인간 행동의 민족적 채색은, 문화적으로 얻어지는 모든 것과 마찬가지로 가장 큰 자산이지만, 껍질 속 달팽이처럼 그 자체로 사람과 단절하게 하지도 않고, 모든 외부 영향으로부터 그를 차단하지도 않는다.

12. 다른 문화와의 충돌은 종종 언어, 예술 등의 혼합 형태와 거짓 형태를 가져왔지만 새로운 형태의 문화적 창조물 발달 측면에서 탁월한 결과도 가져왔다. 자기 민중에 대한 지조는 자기 개성에 대한 지조이며, 이것이 유일하게 정상적이고 거짓이 아닌 행동 방식이다.

13. 둘째, 민족주의의 또 다른 위험은 이 문제에 대한 과도한 각성이다. 논쟁 지점은 민족적 형태의 문화가 자연스럽게 습득되어 자각하지 못하는 부분으로서 행동 구조 속으로 들어간다는 데 있다. 이런 뜻에서 심리학적으로나 교육학적으로 민족은 계급과 모순이지 않지만 둘 다 나름의 매우 중요한 심리적 기능을 담당한다.

마. 아동 발달에서의 변동

1. 아동이 발달한다는 것은 심리학의 기본 원칙이다. 아동은 만들어진 존재가 아니라 발달하는 유기체다. 그러므로 아동의 행동은 환경의 체계적인 충격의 독점적인 영향 아래에서, 나아가 반대 방향으로, 사람이 환경과 맺는 관계를 결정하는, 아동의 유기체 자체 발달의 특정 주기 또는 기간에 의존하여 쌓인다. 아동은 작은 변화의 축적을 통해 불균등하고 점진적으로 그러나 진동과 도약, 격동 속에서 발달한다. 그래서 아동의 상승하는 성장 기간 뒤에는 정체와 억제의 기간이

비고츠키의 교육심리학

이어진다.

2. 이런 주기적인 진동의 정지는 아동 행동의 기본 법칙을 이루며 매일의 진동과 매년의 진동에서도 나타난다. 예를 들어 모이만은 최고로 강렬한 아이의 정신은 가을과 겨울이라고 믿었다. 10월에서 2월까지 정신력의 가장 큰 긴장이 시작되고 3월에는 감소가 시작되어 여름에는 영에 이른다. 매년의 진동과 함께 매일의 진동도 관찰된다. 이에 근거하여, 교육학은 가장 어려운 학과 공부를 에너지가 증가하는 순간에 배치하는 방식으로 어린이 학과 공부를 분배해야 한다는 요구 사항을 제시한다. 야간, 저녁, 에너지가 가장 많이 감소한 순간, 그리고 소화 활동이 증가하여 머리에서 혈액이 크게 유출되어 위장으로 돌진하는 때인 저녁 식사 후에는 학과 공부의 훼손에 특히 유의해야 한다.

3. 이 주기성의 원리를 아동 발달에 적용하면 아동 발달의 변증법적 원리라고 할 수 있다. 왜냐하면, 발달이 느리고 점진적인 변화가 아니라 양이 갑자기 질로 바뀌는 지점에서 도약해서 진행하기 때문이다. 그리고 우리에게는 아동 발달의 질적 시기를 구별할 권리가 있다. 물이 고르게 식다가 어는 점에서 갑자기 얼음으로 변하기 시작하듯이, 그리고 물이 고르게 가열되다가 끓는 점을 넘어서면서 증기로 변하기 시작하듯이 발달은 바로 그렇게 진행한다. 바꾸어 말하면, 아동이 발달하는 과정은, 자연의 모든 것과 마찬가지로, 양질 전환과 모순으로 발달의 변증법적 경로를 따라 발생한다.

4. 아리스토텔레스도 일반적으로 모든 사람이 다소 동의하는 구분과 일치하여 한 단계에서 다른 단계로의 전환을 일반적 특징으로 확립했다. 우리는 어린이 발달에서 연령에 따른 네 가지 주요 단계를 구분한다. 각 단계에는 고유한 생물학적 뜻이 있으며, 결과적으로 어린이는 환경을 특유의 태도로 대한다.

5. 첫 번째 시기는 아동의 적극성이 거의 0인 초기 유년기다. 그의 생물학적 기능은 주로 영양에 의해 결정된다. 아이는 먹고 자고, 성장하고 호흡하며, 그의 행동은 전적으로 이 가장 중요한 기능들에 의해 결정된다. 그러므로, 아이의 행동 형태에서 이런 기능들을 수행하는 데 도움이 되는 형태가 발달한다. 이 시기 거의 모든 어린이 반응은 환경을 아주 편안하게 훑어보는 데로 향한다. 이미 이 시점에서 아이는 놀이와 연결된 일련의 반응을 찾아낸다. 그런 아이는 놀면서 환경에서 자신의 활동 방향을 고르며, 지각과 움직임의 가장 중요한 기관을 단련한다. 바로 이 시점에서 어린이의 삶에서 가장 큰 사건이 발생한다. 그는 움직임을 지시하는 방법을 배우고, 처음으로 눈과 손의 활동을 조절하고, 자기 앞에 있는 물체에 손을 뻗는 것을 배운다. 이 시점에서 아이는 그를 위해 환경에 적응하는 가장 중요한 기능을 실현하는 성인들에 의해 환경으로부터 차단된 듯 보인다. 그렇지만 이 시점에 아이는 자신이 사랑하는 사람들의 환경, 분위기 그리고 가장 중요한 환경이 그의 태도에 행하는 역할의 영향을 받는다.

6. 그러므로 엄마는 최초의 장소에서 아이를 위해 나서게 된다. 한 심리학자에 따르면, 바로 엄마가 아이에게는 최초의 사회적 환경으로 등장한다. 이 시기의 급격한 도약은 유치가 나오는 일로 이루어진다. 다른 음식을 섭취하게 되면서 아이도 환경에 대한 태도를 바꾼다. 일반적으로, 많은 일이 벌어지는 초기 유년기 전체 기간에 아이는 걷고, 말하고, 움직이는 것을 배우고, 환경에 대한 최초의 지향을 선보인다. 그리고 이런 양상은 초기 아동기를 이루며 6~7세까지 이어진다.

7. 지속적인 성장의 이 시기에 아이는 최종적으로 모든 움직임을 습득하고, 환경에 대한 아이의 태도는 환경이 성인을 통해 아이에게 침투한다는 사실에 의해 결정된다. 일부 심리학자들은 이 전체 시기를 놀이 시기라고 명명했다.

8. 이 시기에 어떤 위기와 성장의 정체가 이어진다. 이는 사실상 비등점 또는 어는점을 나타낸다. 이때를 넘어서면 새로운, 질적으로 다른 (7세에서 13~14세까지의) 후기 아동기가 시작한다. 이 시기에 아이는 환경에 즉각적인 태도로 대한다. 어른에게 필요한 모든 기술을 습득한다. 행동 형태는 더 복잡해지고, 주변 사람을 새로운 태도로 대한다. 마치 새로운 일인 듯, 두 번째 물결이 아이를 더 깊은 세계로, 더 정해진 범위의 태도로 몰아간다. 이 시기는 사춘기 시대에서 끝난다. 모든 심리학자가 사춘기 시대를 어린이의 삶에서 비극적인 시대로 인식하는 데 동의한다. 그 변화를 모든 면에서 쉽게 알아챌 수 있다. 목소리, 얼굴, 신체 구조에서 변화가 있다. 루빈스타인에 따르면, '모든 신체 부위가' 그들 간의 관계에서 갈림길에 있는 듯하다. 어린 시절의 전체성 단계를 끝냈지만, 아직 성숙한 신체에서 확실하게 일관된 조화를 확립하지 못했다.

9. 이 시기의 특징은 환경과 가장 큰 갈등을 겪는다는 것이다. 갈등은 내외의 충격을 동반한다. 종종 갈등은 악화해 평생 지워지지 않는 유기체의 질병과 장애의 원천이 된다. 갑자기 몸에 나타나는 폭풍우 같은 강한 본능이 활동하지 않기 때문이다. 그 결과 어린이와 환경의 심각한 갈등이 바로 그 어린이의 내부에서 발생한다.

10. 이 시기의 특징은 극도로 고조된 흥분과 어색함이다. 즉, 환경에 적응할 수 없는 자신의 무능력을 끊임없이 의식하는 것처럼 보인다. 그러므로 이 시기는 위기에 처한 나이라는 낱말의 뜻에 딱 맞는 시기다.

11. 이 시기는 또한 승화의 기본 형태, 즉 성 에너지의 분출 방식을 확립한다는 취지에서 교육에 결정적이다. 승화는 분출된 성 에너지를 교육의 작용을 거치며 받아들인다.

12. 이 정체는 13~18세의 청소년기로 이어지며, 이 시기의 특징은

환경에 대한 태도를 최종적으로 확립하는 데 있다. 이런 사실은 사춘기 동안 뇌 전체 무게의 마지막 1/3이 발달한다는 데서 확인할 수 있다. 첫 번째 1/3은 신생아에서 발견되고, 두 번째 1/3은 14세까지의 어린 시절을 통해 자란다. 이 시기를 거쳐 18세가 될 때까지 청년기가 이어진다. 환경에 참여하는 최종적인 시기가 도래하는 것이다.

13. 지금까지 말한 모든 시기 구분은 널리 알려진 관행적인 내용이다. 여기에는 딱 떨어지는 정확한 경계가 없다. 이런 각 시기에 두드러지게 드러난 일련의 일시적인 정신적 특성이 담겨 있을 뿐이다.

14. 예를 들어보자. 취학 전 어린이의 삶에서 가장 두드러진 특성을 담아 그 시기를 부정성의 시기라고 주목한다. 부정성의 가장 두드러진 표현은 논쟁, 부정, 무시하는 짓에 대한 사랑이다. 일부 심리학자는 이 시기를 3~5세 사이에 둔다. 하지만, 몇몇 이유로 7, 8세 아이에게서 더 미묘한 형태로 자주 발생하기에, 이 시기를 늘려 잡아야 한다고 생각해야 한다.

15. 그런 행동의 심리적인 뜻은 환경에 대한 아이의 능동적 태도가 늘어남에 따라 아동에게 쌓여가는 전환에 있다고 생각해야 한다. 그런 아이는 모든 것에 "내버려 둬"라고 말하고, 항상 '부정의 가려움증'으로 고통받는다. 날카롭고 단호한 "아니요!"라는 답을 듣고 싶다면 그 아이에게 다가가서 끈질기게 "네"라고 답하기만 하면 된다. 잠시 후 아이는 "네"를 뜻하는 단호한 어조로 당신에게 "아니요"라고 할 것이다. 흰색 옷을 입은 아이에게 다가가, "아니요, 검은 옷을 입고 있어요"라는 답을 듣고 싶다면 "오늘 흰색 옷을 입고 있네요."라고 하면 된다. 루빈스타인에 따르면, "이 시기에 종종", 아이들은 요청, 명령, 심지어 간단한 호소에도 "보로댜 아닌데요", "엄마 아닌데요" 따위로 이름을 부정하며 응답한다. 나는 해명하고자 한 어머니에게 접근한 적이 있는데, 이 여행자 시기의 격렬한 형태를 나타내는 다음과 같은 경우

비고츠키의 교육심리학

에 매우 당황했다. 그녀의 4세 된 아들은 편하고 불편한 일에 상관없이 모든 일에 부정으로 답하면서도 종종 시키는 일 하는 것을 거부하지 않았다. 어느 날 잠자리에 들기 전 어머니 대신 평소에 하는 기도문을 읽어 달라는 제안에 그는 전혀 예상치 못한 형태로 어머니의 요청에 따랐다. "아버지도 아니고, 우리도 아니고, 다른 사람도 아니고, 하늘에 계시지도 않는, …"

16. 그런 사실들은 덜 심각한 형태로만 종종 마주한다. 루빈스타인은 부정성 시기에 있던 한 소녀가 칠판에서 오른쪽에서 왼쪽으로 역순으로 글을 옮겨 적는 방식을 지켜봐야 했다. 학급 전체 학생이 그녀의 방식에 감염되었다. 대체로 학급 구성원에게 평화로운 태도를 견지했던 교사는 이 거부의 발작에 대처할 수 없었다. 그런데 신기하게도 루빈스타인의 권유대로 선생님이 칠판에 오른쪽에서 왼쪽으로 쓰기 시작하자 이 사건이 고통 없이 해소됐었다. 아이들은 그날부터 정상적인 글쓰기로 돌아갔다.

17. 이 부정성은 어린 시절의 주요 특징인 일반적인 적응하지 못함을 보여주는 개별적 사례일 뿐이다. 아이는 태어날 때부터 어린 시절 내내, 환경과 균형을 이루지 못한, 가장 적응하지 못한 유기체다. 이런 이유로 아이는 끊임없이 성인의 도움으로 인위적으로 균형을 찾아 적응해야 했다. 그래서 아이는 가장 정서적 존재이고, 웃거나 울어야 하고, 중립을 유지할 수 없다. 결국, 정서는 핵심에서, 우리가 환경에 짓눌리거나 환경에 대한 승리를 느낄 때, 우리 행동의 불안전한 지점이다.

18. 그러므로 비극의 흔적은 아동의 성장과 교육 과정에서 지울 수 없으며, 아동이 삶에 진입하는 일은 신체 조직이 파열되고 새로 생기는 항상 고통스러운 파괴와 생성의 과정이었으며 앞으로도 그럴 것이다. 뷜러가 "아이들이 사람으로 변형되는 일은 모든 발달 드라마 중

가장 위대한 장면"이라고 말한 것은 절대적으로 옳다. 잇몸을 뚫고 나오는 이빨처럼, 아이가 삶에 들어서는 길은 고통과 강제로 점철되어 있다.

| 12장 |

도덕적 행동

가. 심리적 관점에서 본 도덕의 성질

　1. 윤리 형성에 대한 의문은 심리학과 문화 분야에서 가장 단호하고 근본적인 방식으로 다시 고려하는 쟁점의 하나다. 천년에 걸친 종교와 윤리의 연결은 무너졌고, 분석의 압력 아래 윤리는 점점 더 세속적인 성격을 띠기 시작했다. 윤리의 세속적이고 경험적인 기원, 사회적이고 역사적인 조건에 대한 의존, 윤리의 계급적 성격을 명확하게 확립하는 일이 이제는 가능하다.

　2. 모든 시대에, 모든 계급과 마찬가지로 모든 인민은 사회 심리학의 산물인 그들의 고유한 도덕을 지니고 있다. 호텐토트 사람의 그 유명한 도덕은, 그에게 제기된 선으로 간주하는 것은 무엇이고 악으로 간주하는 것은 무엇이냐는 질문에 대한 답에 반영되어 있다. 그는 이렇게 답했다. "내가 강제로 나의 아내로 취한다면 좋은 것이고, 누군가가 나에게서 나의 아내를 가져간다면 나쁜 것이다."

　3. 윤리 개념과 윤리 표상은 모든 사회 환경에서 교체되었다. 그래서 한때 어떤 곳에서 나쁘게 여겨졌던 것이 다른 곳에서는 가장 바람직한 덕목으로 여겨질 수 있었다. 그런데 이 모든 다양한 도덕적 의식의 발현에서 어떤 공통된 경계선이 두드러진다면, 이것은 오직 이 사

실 때문이다. 사회 체계에 한때는 모든 인간사회에 통용되는 요소가 있었다.

4. 따라서 사회 심리학의 관점에서 보면, 도덕은 지배 계급의 이익을 위해 만들어지고 확립된, 계급마다 다른, 널리 알려진 형태의 사회적 행동으로 보아야만 한다. 그런 이유로 주인의 도덕과 노예의 도덕이 항상 동시에 있었고, 위기의 시대에는 도덕도 가장 큰 위기를 겪었다.

5. 다음 사례를 인용하여 스파르타의 학교를 비난조로 이야기한다. 어른들이 함께 저녁 식사를 할 때, 아이들은 공동 식탁에서 강제로 시중을 들어야 했다. 그 아이는 식탁에서 뭔가를 훔쳐 먹어야 했고, 이를 하지 못하거나 훔쳐 먹다 걸리면 벌을 받았다. 이 체험의 윤리적 과제는 도둑질하고 잡히지 않는 일이었다. 스파르타의 귀족에게만 제한된 공산주의 체제가 그런 이상을 전적으로 결정했다. 그런 체제에서는 재산을 돌보는 것이 도덕의 규범이 아니었기에 도둑질을 악덕으로 간주하지 않았다. 거기서는 힘, 기민함, 교활함, 자제력을 자신들의 이상으로 간주했지만, 자신을 억제하지 못해 다른 사람을 속이지 못하는 무능력은 가장 큰 죄악으로 간주했다.

6. 모든 학교의 도덕 교육은 여기서와 같이 학교를 관리하는 계급의 도덕과 완전히 일치한다. 윤리 교과서가 사용된 특별한 도덕 수업이 도입된 프랑스에서, 교육의 이상은 번영을 구가한 프랑스 중간 계급의 정신과 지성이 스며든 부르주아의 미덕이었다. 따라서 한 프랑스 윤리 교과서에서, 루빈스타인이 지적했듯이, 근검절약은 거의 "윤리의 척도"로 설정되었지만, 그 기준과 지표는 적금 통장이었다.

7. 그런 계급의 이상은 다른 모든 교육 체계에 내재한다. 권위주의적 시작으로 세워졌던 우리의 중등학교도 그랬다. 거기서 학생은 순종을 이상으로 여겼고, 도덕 교육의 일반 목표는 충성스러운 보통 사

비고츠키의 교육심리학

람 혹은 사무처리를 잘하는 공무원을 양성하는 것이었다.

8. 지금처럼, 세계가 사회 혁명이라는 정화의 격동적 사건을 경험하는 시기에, 부르주아 도덕의 근간은 흔들린다. 다른 어떤 분야보다도 윤리적 규범 분야가 막연하고 산산이 부서진 표상을 많이 지니고 있을 것이다. 위선과 허위로 가득 찬 부르주아 도덕의 규칙이 해체되고 있다. 부르주아 도덕은 위선적인 행동을 하게 할 뿐이다. 부르주아 도덕은 가르치는 것과 행하는 것이 다르기 때문이다. 부르주아 도덕은 폐쇄적인 계급 이익 위에 세워져서, 무덤 너머에 있는 하나님의 왕국을 설교하면서 지상에는 착취자들의 왕국을 보급하기 때문이다. 그런 도덕의 자연스러운 근원은 거짓과 위선이다. 바리새인은 부르주아 도덕의 피할 수 없는 동반자였다. 아이들이 삶에서 본 것과 다른 것을 듣는다면, 학교의 모든 노력은 이런 삶과 도덕의 불일치를 가능한 한 고통 없이 아이에게서 화해될 수 있는 방향으로 향해야 한다.

9. 그 아이는 이 두 가지를 조화시키는 방법을 몰랐거나, 그것들을 조화시키는 방법을 배웠다면, 매 순간 큰 어려움을 겪었으며 이미 이것 때문에 그는 도덕이 모든 사람에게 지키도록 요구하는 일종의 사회적 품위라는 사실에 익숙해졌다. 아이들의 도덕적 의식은 그리보예도프Griboyedov, 1795~1829 하녀의 신념으로 압축되었다. "죄는 문제가 아냐, 나쁜 소문이 문제야."

10. 여론 외에도 도덕의 의무적인 제재는 윤리적 보복에 대한 두려움을 낳았고, 도덕적 기준에 따라 행동한 사람은 심리적으로 똑같은 경찰 규칙을 쉽게 따랐다. '이것은 해서는 안 되고 저것은 가능하군' 하는 방식으로 사람은 자신의 모든 행동을 결정한다. 한 러시아 철학자는 이런 뜻으로 그런 도덕적 표상을 윤리적 경찰이라고 올바르게 명명했다. 윤리법의 힘은 양심의 고통과 윤리적 처벌에 대한 두려움이라는 강압적이고 굴욕적인 힘에 의존하기 때문이다. 강자와 약자 사이

에 특별한 도덕이 생겨난다. 외부 법칙과의 관계에서처럼 양심의 법칙과의 관계에서도, 약한 자는 도덕에 복종하고 강한 자는 이를 거역하고 위반한다. 부르주아 도덕에 반기를 든 유럽 철학은 부도덕을 자신의 근본 법칙으로 포고했고, 니체의 입을 통해 자신들이 선악의 저쪽 측면에 있다고 천명했다.

11. 셰스토프Шестóв, 1866~1938는 정언 명령에 대한 사람의 태도는 피터 대제가 절단을 금지한 돛대 숲에 대한 러시아 농민의 태도와 너무나 유사하다고 했다. 거기서나 여기서나 사람은 어떤 짓거리를 하는 데 끌렸지만, 어떤 경우에는 외적인, 또 다른 경우에는 내적인 처벌과 보복에 대한 두려움 때문에 그만두었다. "살인하지 말라"는 윤리적 계율을 항상 다음과 같은 뜻으로 이해했다. 죽이지 마시오. 인간이 가야 할 길이 아니기 때문이 아니라, 당신 자신이 양심의 고통으로 죽을 것이기 때문이오. 부르주아 도덕의 이런 내적 모순을 도스토옙스키는 『죄와 벌』에서 드러냈다. 니체의 반란에서, 부르주아 도덕에 반대하는 모든 부정적이고 비판적인 사고 작업은 내부로부터 기독교 도덕의 토대를 폭발시킬 다이너마이트의 힘을 담고 있다.

12. 새로운 도덕이 창조되면 새로운 인간사회도 함께 창조된다. 그러면 도덕적 행동은 일반적인 형태의 행동으로 완전히 녹아들 것이다. 모든 행동은 전체적으로 도덕적일 것이다. 한 사람의 행동과 전체 사회의 행동 사이에는 갈등의 근거가 될 것이 없기 때문이다.

13. 이제 도덕 교육학이 다루어야 하는 몇 가지 논점만 뽑아보겠다.

14. 첫째 논점은 도덕의 절대적이고 초경험적인 뿌리 또는 어떤 타고난 도덕적 감정을 부정하는 것이다. 심리적 관점에서 보면, 도덕적 행동은 다른 것과 마찬가지로 선천적이고 본능적인 반응을 근간으로 출현하고 환경의 체계적인 충격의 영향으로 생겨난다. 의심할 여지 없

이, 우리는 도덕적 감정의 근간에서 다른 사람에 대한 본능적 공감과 사회적 본능 따위를 발견하게 될 것이다. 우리는 성장 과정에서 각종 사실, 개념, 현상 효과의 집합에 직면하기에, 이런 타고난 반응들은 도덕적이라고 부르는 조건적 행동 형태로 바뀐다.

15. 이로부터 우리는 다음 결론을 이끌어내야 한다. 도덕적 행동은 다른 것과 마찬가지로 사회적 환경을 통해 정확히 같은 방식으로 교육된 행동이다. 경계를 이루는 둘째 선은 도덕이 겪고 있는 불안정에 놓여 있다. 한편으로 무슨 일이 일어나고 있는지, 그 진정한 의미가 무엇인지 분별하고 최근까지 모두가 흔들리지 않는 윤리적 독단으로 여겼던 편견을 버릴 수 있으려면, 평범하지 않은 사물에 대한 관점과 혁명적 용기가 필요하다. 이전 생활 방식의 썩은 유산, 부르주아 도덕과 같이 남아 있는 모든 것을, 학교에서 이 모든 것을 깨끗이 쓸어내야 한다. 그러나 다른 한편으로, 우리 시대의 이런 불안정한 도덕에 특정한 위험이 숨어 있다. 즉, 모든 도덕적 억제를 거부할 위험 그리고 어린이 행동에서 완전한 자의성을 쫓을 위험이 숨어 있다.

16. 그런 완전한 부도덕, 모든 제약하는 조치의 부재는 현대인이 동의할 수 없는 자연적 본능을 따르는 순진하고 오래 방치된 이상으로 우리를 돌아가게 한다는 점을 고려해야 한다. 우리는 본능의 요구를 맹목적으로 따르는 데 동의할 수 없다. 왜냐하면, 이전 시대에 생성된 이런 요구가 이미 사라진 환경 조건에 적응한 오랜 과거 경험의 잔류물임을, 그리고 결과적으로 우리를 미래로가 아니라 과거로 이끈다는 것을 우리가 알고 있기 때문이다. 그러므로 본능을 제한하여 새로운 삶의 조건에 적응시켜야 할 필연은 교육에 필요한 요구 사항이다.

17. 결과적으로, 현재의 도덕 상태를 나타내는 그 불안정한 혼돈 속에서, 인간의 사회적 행동의 기초가 될 어느 정도의 규범은 여전히 선별되어야 한다. 이런 도덕 규범의 내용과 질에 대한 정확한 결정을 공

부하는 것은 교육심리학의 과제가 아니다. 이것은 사회 윤리학이 걱정해야 할 일이지만, 이를 실행에 옮길 수 있는 형식적 가능성을 평가하는 것은 심리학의 몫이다.

18. 구식 생활 방식이 파괴되어 붕괴하는 혁명의 시대에는 종종 가장 다양한 도덕 문화의 믿을 수 없는 조합이 출현하기 때문에 때로 어린이가 이런 혼란을 이해하기가 매우 어렵다는 점을 명심해야 한다. 그러므로, 매 순간 도덕적 위기가 그를 기다리고 있기에 결과적으로 교육자와 교사는 도덕 교육을 어떻게 할 것이냐는 질문을 무시할 수 없다. 어떤 시대와 달리 우리 시대가 정말 위험한 도덕적 기형을 창조할 수 있었던 것처럼, 윤리적 영웅주의가 펼쳐질 너무나 화려한 기회도 창출했다.

19. 여기서 유일한 척도는 시대 정신에, 세계에 스며든 이런 거대한 흐름에 참여하는 것이다. 이렇게 보면, 블로크가 러시아 지식인에게 "몸과 마음과 의식을 다해 혁명에 집중하라고" 열정적으로 요청한 혁명적 음악에 대한 순수하게 미학적이고 수동적인 지각은 도덕 교육의 기초가 될 수 없다. 혁명적 음악을 듣기만 해서는 혁명과 생생하게 소통할 수 없기 때문이다. 우리 행동에 적용되어야 할 시인의 호소는 그 뜻이 혁명적 음악을 듣는 게 아니라 우리 스스로 혁명적 음악을 만들라는 요구로 들려야 하기 때문이다.

20. 우리 시대 도덕 교육의 세 번째 중요한 경계는 우리 눈앞에서 만들어지는 도덕을 특징짓는 진리의 경계선에 있다. 진실과 가장 어렵고 복잡한 삶의 모든 상황에 직면해 현실을 직시하는 불굴의 능력, 이것이 혁명적 도덕이 요구하는 첫 번째 사항이다. 결정적으로 밝혀지지 않은 모든 도덕적 '가치'가 위태로워지고 진정한 형태로 노출된 지금처럼 도덕 교육이 결정적이고 무자비한 진실에 도달할 수 있었던 적은 없었다.

21. 그리고 이 분야에서, 다른 모든 분야와 마찬가지로, 혁명적 시대는 이전 시대가 자랑할 수 있었던 완성된 도덕 체계를 제시할 능력이 거의 없다. 그러나 그와 반대로 우리는 우리의 도덕 교육에 대해 이전 시대의 요구를 능가하는 개별적인 요구를 할 수 있다. 우리는 다른 모든 영역에서처럼 도덕 영역에서도 전사와 혁명가를 준비하도록 요구할 수 있다. 우리는 완벽한 인격을 만든다는 추상적 이상에 얽매여서는 안 된다. 그런 인격은 존재하지 않고, 그런 교육은 현대적 목표를 버리고 말놀이하는 것에 불과하기 때문이다. 우리는 자신의 운명에 맞는 역사적 역할을 온전히 감당할 다음 세대 사람들, 다음 시대 사람들을 준비하는 구체적인 목표에 직면해 있다. 이런 까닭으로, 극도의 구체성과 진실성은 우리 시대 도덕 교육의 근간이 돼야 한다.

나. 도덕 교육의 원리

1. 여기서 제기되는 첫째 질문은 인격을 위한 도덕 교육과 일반적 계몽의 관계에 관한 것이다. 이 질문과 관련해 톨스토이는 문화를 부정하는 관점에서, 문화가 가장 번성하는 곳에서 부도덕도 번성했음을 발견했다. 이렇게 도덕적 이상은 문명의 부정과 자연으로의 회귀에 있다는, 우리 앞이 아니라 뒤에 있다는 루소의 정신에서 그 결말을 도출했다.

2. 이런 견해가 문화로 무장한 인간의 힘으로 자연을 지배하는 데 인류의 미래가 달렸다고 믿는 계급의 혁명적 사상과 근본적으로 모순된다는 것은 자명하다. 그래도 문화에 대한 톨스토이의 비판에는 건전한 낱알이 있다. 그래서 우리는 문화 일반이 아닌 특수한 자본주의 문화를 이야기한다고 사실을 약간만 수정하면 그의 비판을 받아들일 수 있다. 인간 문화의 가장 높은 수준에서 도덕적 모순이 극에 달하고 야만인의 진영이 유럽의 도시보다 정상적인 윤리적 상황을 나타낸다.

이는 당연하다. 그러나 이로부터 유럽 문화가 그 자체로 오래 살아남 았다는 결론만 도출할 수 있을 뿐, 문화가 일반적으로 도덕과 적대 관 계라는 결론을 도출할 수는 없다. 이와 반대로 소크라테스 시대부터 반대되는 의견이, 윤리적 행동과 윤리적 의식을 동일시하는 의견이 제 시되었다.

3. 소크라테스는 "도덕은 지식이고 부도덕은 무지의 열매"라고 했다. 여기에는 결론을 내야 할 심각한 심리적 문제가 있다. 잠시 이 문제를 살펴보자. 제임스는 다음과 같이 말했다. "윤리적 동요의 유명한 사례 로 유혹에 직면한 술꾼을 제시하겠다. 그는 술을 끊겠다고 결심하지 만, 다시 술병의 유혹에 넘어간다. 그의 윤리적 승리 또는 패배는 문 자 그대로 그가 전체 사태에서 올바른 명분을 발견하느냐에 달려 있 다. 그가 이렇게 말한다면 그는 결국 죽게 된다. '이미 따른 좋은 음료 를 버리는 건 예의가 아니지, 친구와 만나 친절하고 사교적이어야지, 새로 나온 보드카의 맛을 볼 기회를 놓칠 수는 없지, 축하하는 자리 에 참여해야지, 마침내 의견 통합을 이루었으니 마셔야지', 이렇게 그 럴듯한 명분을 찾는 데 골몰하면 죽게 된다. 갈증으로 흥분한 상상이 그에게 제안하는 모든 그럴듯한 명분에도 불구하고 그가 주저하지 않 고 나쁘지만 정확한 명분을 선택하며 자신에게 '나는 술주정뱅이, 나 는 술주정뱅이, 나는 술주정뱅이'라고 말하기 시작한다면, 그는 구원 의 길을 가게 된다. 그를 구원한 것은 옳다는 명분을 생각하는 것이 다." 이런 양상으로 여기서도 윤리적 행동과 윤리적 의식의 완전한 동 일성이 확립된 듯하다. "윤리적 노력은, 그 말의 정확한 뜻처럼, 상응 하는 표상을 고수하는 일이다. 따라서 가장 단순하고 기본적인 형태 로 축소된 윤리적 행위가 무엇으로 구성되어 있는지 묻는다면, 한 가 지 답만 할 수 있다. 우리가 알고 있는 표상을 염두에 두는 주의를 견 지하는 노력으로 구성되어 있다고. 왜냐하면, 그렇게 주의를 기울이는

비고츠키의 교육심리학

노력이 없다면, 이 표상은 그 순간에 역할을 하는 다른 심리 요소로 대체되기 때문이다. 한마디로, 생각하는 것은 기억의 비밀이듯이 의지의 비밀이다."

4. 이 곤란한 질문에서 벗어나는 길을 찾으려면, 의식과 도덕적 행동의 반대 관계를 정확히 말하는 사실이 있음을 덧붙일 필요가 있다. 어떻게 행동해야 하는지 아는 일 그리고 올바르게 행동하는 일, 둘이 별개라는 것을 누구나 안다. 술의 해로움을 충분히 이해할 수 있지만, 술을 끊을 힘은 아직 없다. 분명히 여기서 우리는 의식이 어떤 역할을 하지만, 결정적인 역할을 하는 게 아니라 계기의 하나일 뿐이며 다른 더 강한 본능적 충동에 매우 자주 굴복한다고 해야 한다. 결과적으로, 도덕적 행동을 보장하는 데 의식에 올바른 행동거지가 필요하다는 생각을 불러일으키는 것으로 충분하지 않다. 이 표상 뒤에 있는 의식에서 지배를 보장하고 그런 상황에서 아동의 의식을 조직화하는 수단을 제공하는 것이 훨씬 중요하다. 아동이 자신의 모든 충동과 갈망을 누르는 데 도움이 되는 수단을 제공하는 것이 훨씬 중요하다.

5. 다시 말하지만, 이렇듯 의식을 단 하나의 요소로 압축할 수 없다. 제임스가 술주정뱅이의 정신 상태를 분석하면서 그의 도덕적 승리와 패배는 전적으로 그가 그의 상태에 올바른 명분을 부여할 수 있는지에 달려 있다고 말한 것은 너무나 옳다. 그러나 우리는 이 의식이 무엇에 의존하는지 질문해야 한다. 물론 의식에 특정 표상이 출현하는 것은 그것에 선행하는 다양한 자극에 의존한다고 답할 수 있다. 대체로 강렬한 정서적 갈망이 일어나게 하는 게 그런 자극의 역할이다. 결과적으로, 의식을 신경계와 연결된 어떤 것으로 이해할 수 있다면, 우리는 의식적 영향을 모든 행동을 구성하는 똑같은 반응 체계로, 하지만 나머지 행동을 억제하고 조절하는 반응들만의 체계로 이야기할 수 있다. 다시 말해, 의식을 행동을 조직하는 예비적 형태로 이해하는

경우에만 올바른 행동에서 의식이 하는 역할을 설명할 수 있다.

6. 이런 논의에서 발견한 게 있다. 의식과 도덕적 행동 사이에 일방적인 종속 관계를 세울 수는 없지만, 의식은 의심할 여지 없이 결정적인 충격을 도덕적 행동에 행사한다. 이런 흐름에서, 모이만의 연구는 도덕 발달과 일반 교육이 함께 진행된다는 것을 보여주었고, 비트겝트는 학교의 성과가 배워야 할 전체 윤리적 삶에 확실한 가치가 있다는 규칙을 확립했다. 학교 성공과 행동의 종속 관계가 드러내는 방식을 질문할 필요는 있지만, 이것이 이 종속 관계를 설명하는 것은 아니다.

7. 그 이유는 도덕적으로 지체된 아이들을 유심히 살펴보면 알 수 있다. 우리는 지적 발달이 가장 큰 부도덕과 결합할 수 있으며 결과적으로 그 자체가 도덕적 행동을 보장하지 않는다는 것을 잘 알고 있다. 우리는 다른 경우도 알고 있다. 도덕적 행동은 심각한 지적 장애 상태에서도 훌륭할 수 있고, 장애 아동이 미묘한 지성의 진수를 보일 수 있다. 결과적으로 정신 발달은 도덕적 재능의 필요조건으로, 인식조차 할 수 없다. 그렇기는 하지만, 우리는 여전히 둘 사이에 깊은 의존 관계가 있으며 정신 발달이 도덕 교육에 유리한 조건이라고 당당하게 주장할 수 있다.

8. 정신 발달은 더 미묘한 삶, 더 복잡하고 다양한 형태의 행동을 뜻하고, 결과적으로 교육의 개입을 위한 더 많은 경우와 기회를 허용한다. 정신적으로 발달하지 않은 상태에서 행동 과정은 더 단순해 보이고, 결과적으로 이는 아동의 행동에 영향을 미치기 위해 아동에게서 불러일으켜야 하는 끝없이 복잡한 결합의 가능성을 나타내지 못한다.

9. 그러나 그 의식만이 윤리성을 결정짓는 것으로 판명되었다. 이것만이 행동과 직결되고 운동으로 구현된다. 그렇지 않다면 올바른 의식이 잘못된 행실로 이어질 수 있다.

비고츠키의 교육심리학

10. 그러므로 도덕 교수학습, 도덕 설교의 시도는 완전히 무익한 것으로 인식되어야 한다. 도덕은 뿌리부터 모든 교육의 불가결한 부분이어야 한다. 자신의 품행이 도덕적임을 알아차리지 못하는 사람이 도덕적 삶에 들어선다. 우리가 방해받을 때만 알아차리는 건강과 같이, 우리가 숨 쉬는 공기처럼, 도덕적 행동은 심각한 결함이 있을 때만 일련의 걱정거리를 불러일으킨다. 헤르바르트의 "너무 많이 교육하지 말라"는 규칙은 다른 교육보다도 윤리 교육에 적용할 수 있다.

11. 이런 까닭에 도덕을 가르치는 일은 무의미하다고 볼 수 있다. 도덕 규칙은 그 자체로 학생의 마음에서 행동에 완전히 연결되지 않은 순전히 언어적 반응 체계로 표상한다. 기껏해야 기제의 작동에 포함되지 않고 공회전으로 운동하는 엔진이 될 것이다. 이런 이유로, 기껏해야 아동의 행동들에서 그리고 도덕 규칙들에서 모두가 아는 갈등을 일으킬 수 있을 뿐이다. 예를 들겠다. 성적인 성질의 유치한 악덕에 대한 이전 교육학의 투쟁은 유용한 결과로 이어지기보다는 명백하게 해로운 충격을 일으켰다. 아동의 마음에 복잡하고 고통스러운 감정을 불러일으켰기 때문이다. 자신의 욕망에 대처할 수 없다고 느끼고, 그것에 대항할 수 있는 게 없는 어린이는 자책감, 두려움, 수치심을 의식하여 괴로워했다. 그 결과, 그 자체로는 매우 위험하다고 할 수 없었던 것이, 그런 우둔한 교육의 충격으로, 심각한 신경-심리적 파국으로 변했다.

12. 도덕 교수학습은 무익하고 해로운 것처럼 보일 뿐만 아니라, 윤리 교육을 어떻게든 할당하는 것은 이미 이 분야에서 누구나 아는 비정상의 증거로 보인다. 도덕 교육은 사회 환경에 의해 확립되고 규제되는 일반적인 행동 방식으로 누구도 알아차리지 못하게 철저하게 섞여야 한다. 학생과 교사는 전문적 도덕 교수학습의 이야기로 나아가는 것을 몰라야 한다. 윤리적 행동에 대한 이해가 크게 확장된다. 왜

냐하면, 우리는 좁은 의미의 도덕적 행동뿐만 아니라 사물, 우리 자신, 우리 몸 등에 대한 도덕적 관계에 대해서도 말할 수 있는 권리를 갖게 되기 때문이다.

13. 윤리적 행동은 사회적 행동 형태의 자유로운 선택과 연결된다. 스피노자는 나쁘다는 이유로 뭔가를 회피하면 그는 결국 노예처럼 처신하게 된다고 했다. 그에 따르면, 자유로운 사람은 똑같은 것을 회피하지만, 다른 것이 더 좋아서 회피하는 사람일 뿐이다. 이를 바탕으로 윌리엄 제임스는 너무나 올바른 윤리적인 교육 방식을 제시한다. 우리는 항상 악에서가 아니라 선에서 출발해야 한다. "학생들을 자유로운 사람으로 만들려 노력해야 한다. 가능한 한 선의 관점에서 사물을 고려하며 살아가도록 가르쳐야 한다. 그들에게 항상 진실을 말하도록 가르치시오. 그러나 이를 위해 거짓의 나쁜 면을 너무 많이 보여주려고 하지 마시오. 그저 그들에게서 정직과 진실에 대한 열정적인 사랑을 불러일으키시오. 술의 해로운 충격을 이야기해야 할 때도 책에 있는 술 취한 사람이 걸리는 위장, 신장, 신경의 질병을 강조하지 말고, 그가 사회에서 차지하는 낮은 위치를 강조하지 말고, 오히려 건강한 신체를 지닌 것이 얼마나 큰 축복인지를 강조하시오. 신선하고 건강한 혈액 덕분에 당신은 자극제를 멀리하며 평생 젊음의 유연성을 유지할 수 있음을 강조하시오. 매일 아침 마주하는 햇살과 공기와 이슬이 얼마나 정신을 강하게 고양하는지를 강조하시오."

14. 다시 말해서, 법을 집행하는 경찰을 염려하며 어떤 행위에 따를 처벌이 두려워 어떤 행위를 피하는 것처럼 윤리 교육에 임해서는 안 된다. 즉, 도덕을 내부의 정신 경찰로 바꾸면 안 된다. 물론, 두려움 때문에 뭔가를 피하는 일이 윤리적 범죄를 저지르는 것은 아니다. 이런 의미에서 보면, 에밀을 위험하고 더러운 사랑으로부터 구제하고 인체의 궤양, 악취, 수치심, 굴욕감을 이겨내게 하려고, 루소가 어린 에

밀을 성병 병원에 데려갔을 때, 루소는 정말 심각한 착각을 했다. 심리학적 관점에서 보면, 두려움의 대가로 산 순결은 노골적인 방탕보다 정신에 더 해롭다. 왜냐하면, 그것은 어린이의 심리에 있는 모든 나쁜 갈망과 동기를 파괴하지 못하고, 그의 심리에 이런 갈망과 굴욕적이고 노예 같은 두려움의 감정의 저급하고 사소한 투쟁을 일으키기 때문이다. 품행에 대한 긍정적인 태도와 순결의 진정한 본질의 이해를 토대로 한 순결만이 가치가 있다. 나쁜 결과를 두려워하여 어떤 일을 하지 않는 것은 그 일을 하는 것만큼이나 부도덕하다. 자유롭지 못한 사물에 대한 태도, 일종의 두려움과 의존에서 우리는 어떤 도덕적 감정도 찾을 수 없다. 심리적 의미에서 보면, 도덕적인 것은 언제나 자유롭다.

15. 이렇게 얽히기에, 현재의 일화 교수법은 종교적 도덕, 특히 기독교적 도덕과 근본적으로 모순된다. 종교적 도덕의 주요 수단은 엄포, 위협 따위다. "자신의 삶을 '아니요'라는 말에 토대를 둔 사람, 거짓말이 나쁜 것이어서 진실을 말하는 사람, 질투, 비겁함, 비열함 같은 성향으로 끊임없이 자신과 싸워야 하는 사람, 이런 사람은 모든 측면에서, 진리에 대한 사랑과 관대함을 근본적인 자신의 품성으로 하는 사람, 사악한 유혹을 경험한 적이 없는 사람보다 저급하다. 이런 세계에서는 고귀한 성향을 지닌 사람이 의심할 여지 없이 자신의 '타고난 악덕'에 자기 학대로 저항하는 어떤 괴물보다 가치 있다. 물론, 범기독교 신학자들에 따르면, 신의 눈으로 보면, 후자가 더 많은 공로를 모을 수 있다."(제임스)

16. 이런 종류의 교육에는 부인할 수 없는 세 가지 단점이 있다. 첫째는 우리는 그런 교육이 성공할 것을 확신할 수 없다는 것이다. 그런 교육은 약한 자를 위협하지만, 강한 자의 저항을 불러와 강한 자의 규칙 위반에 강인함, 용기, 도전 정신의 특별한 후광을 주게 될 것이다. 사람들이 꼭 집어 규칙에 대한 불복종, 굽히지 않는 자부심, 강인함에

사로잡혔기 때문에, 반란군과 규칙 위반자들이 항상 인간의 상상력을 매력적인 빛으로 채색한다는 사실은 도덕 심리학에서 특히 주목할 지점이다. 바이런의 반항적인 영웅들부터 가장 흔한 중학교의 장난꾸러기까지, 위협에 굽히지 않는 대범한 모든 저항은 자연스럽게 어린이의 동정심을 불러일으킨다. 이런 경우 그 아이는 사실상 사도의 말로 답한다. "나는 최선을 보고 그것을 인정하지만, 최악을 따른다."

17. 자유의 부재에 근거한 도덕 교육의 둘째 단점은 이렇다. 그런 도덕 교육은, 윤리적 존엄에 지나친 값어치의 부를 더하고 나쁜 것들에 대해 자화자찬과 경멸적 태도를 유발하는, 도덕적 가치에 대한 너무나 잘못된 표상을 조성한다. 모든 사람은 안드레예프Андреев, 1871~1919가 자신의 작품 『어둠』에서 묘사한 고통스러운 도덕적 갈등을 조만간 겪어야 하며, 근처에 계몽되지 못한 인간 정신이라는 무시무시한 어둠이 깔릴 때면, 누구나 때로 선한 것을 부끄러워하듯이, 부자가 된다는 게 얼마나 수치스러운 일인지 깨달을 수 있다. 그러면 불타오르는 박애의 위업으로 주변을 전부 밝힐 정직하고 순수한 사람은 어리석은 매춘부 앞에서 자신의 도덕적 순수성의 굴욕과 무의미함을 알게 될 것이며, 우리가 우리의 비참한 등불로 어둠을 밝힐 힘이 없다면 등불을 끄고 어둠 속으로 기어 올라가는 게 낫다고 생각하게 된다.

18. 마지막 위험은 학생의 마음에 일련의 표상을 생성하는 비행에 대한 묘사가 충동과 그것을 실현하려는 경향을 낳는다는 사실에 있다. 모든 의식은 시작된 움직임이며, 결과적으로 학생들에게 해서는 안 되는 일에 대해 경고하면서 이런 짓거리에 주의를 집중하여 학생들이 그것을 저지르도록 부추긴다는 것을 기억해야 한다. 금단의 열매가 달콤하다는 통상적인 표현에는 심리적인 진실이 많이 담겨 있으며, 여기서 말하는 내용도 약간 담겨 있다. 유리잔을 손에 든 아이가 유리잔을 깨게 강제하는 방법으로 계속해서 "잘 봐, 깨면 안 돼, 그러다 분

비고츠키의 교육심리학

명히 깨겠다."라고 경고하는 것보다 좋은 방법은 없다. 마찬가지로, 아이에게 어떤 반도덕적 짓거리를 하도록 밀어붙이는 데 그것을 자세히 묘사하는 자료를 제시하는 교수보다 확실한 방법은 없다.

19. 이런 이유로 손다이크는, 일부 프랑스 도덕 교과서에서 볼 수 있듯이, 자살의 동기, 방법, 기회를 어린이들과 상세하고 철저하게 토론하는 데서 오는 피해를 올바르게 지적했다. 그런 것은 학생의 마음에 유리한 조건과 재료를 만드는 일이기 때문이다. 이는 적절한 순간이 되면 아동을 장악하여 그의 행동을 자살에서 멀어지게 하는 게 아니라 자살로 향하게 할 수 있다. 손다이크는 "고양이 배에 무엇이 있는지 알아보기 위해 고양이를 찔러서는 안 된다."라는 식으로 아이들에게 말해서는 안 된다고 예를 들었다. 어떤 현상을 의식하더라도 모든 의식에는 특정한 운동 충동이 포함되어 있으며, 이 충동은 특히 어린이에게서 강하다. 쿠퍼와 메인 리드를 읽은 아이들이 인디언이 되기 위해 미국으로 도피했던 방식처럼, 책을 읽었을 뿐인 아이들의 행동이 얼마나 강력한지 우리는 알고 있다. 결과적으로, 어린 시절에 도덕 교수학습보다 위험한 것은 없다. 윤리를 교수하는 것이, 자연스러운 심리적 의존으로 인해 부도덕을 학습하는 일로 바뀌기 때문이다. 이제 우리는 오류에 빠질 위험 없이 말할 수 있다. 옳은 품행을 의식하는 일이 이 품행의 실행을 보장하는 것과는 거리가 멀겠지만, 잘못된 품행을 의식하는 일은 어떤 경우라도 그 실행을 촉진한다.

다. 어린이의 도덕적 일탈

1. 모든 교육자는 아동의 도덕적 비행을 다루어야 한다. 이런 비행은 가볍고 감지할 수 없는 잘못에서부터 살인, 방화 등과 같은 실제적이고 끔찍한 범죄에 이르기까지 매우 광범위하다. 마찬가지로 교사가 그러한 아동에 대해 취하는 조치는 가볍고 단순한 말로 하는 질책에

서 시작하여 아동을 감옥에 가두는 미성년 범죄자를 위한 식민지로 끝난다.

2. 그렇다면 이런 어린이의 도덕적 비행을 심리학적 관점에서 어떻게 봐야 할까? 도덕의 진정한 성질이 밝혀지기 전까지, 도덕적 행동은 생각의 논리 규칙만큼이나 행동에 객관적으로 필요한 어떤 것으로 여겨졌다. 그리고 도덕 규칙을 어긴 사람이나 어린이는 비정상적이고 병든 것처럼 보였다. 그런 경우 교육학은, 일반적으로 정신적·육체적 결함에 대해 말하는 것과 같은 뜻에서, 아동의 도덕적 결함을 질병이라고 했다. 여기서 도덕적 결함은 생물적 원인, 유전, 선천적인 난청 또는 실명처럼 신체 구조의 일부 결함인 생리적 원인으로 인한 선천적 결함이라 가정한다. 이런 방식으로, 태어날 때부터 도덕적인 사람과 부도덕한 사람이 있으며, 결과적으로, 시각 장애인이 시력 없이 태어나서 빛을 볼 수 없는 운명이듯이, 어떤 아이들은 범죄자로 태어났기 때문에 감옥에 갈 운명인 아이들이라는 주장이 제기되었다.

3. 말할 필요도 없이, 생리학적 관점과 심리학적 관점에서 보면, 그러한 표상은 터무니없다. 어느 생리학자도 인간의 신체에서 도덕을 담당하는 특별한 기관을 발견한 적이 없다. 지금까지도, 그 부분이 손상되면 필연적으로 범죄 사랑과 반도덕적 도피에 이르는 기관을 찾지 못했다. 인간 행동의 형태를 분석하고 그 형성 법칙을 조명하는 심리학자도 도덕적 행동 또는 부도덕한 행동을 결정하는 타고난 반응의 존재를 발견하지 못했다. 따라서 도덕적 불완전 개념은 생물학적 개념이 아니라 사회적 개념이다. 그것은 타고난 것이 아니라 획득한 것이다. 그것은 유기체와 유기체의 행동을 형성하는 생물적 요인에서가 아니라, 어린이가 살아야 하는 환경에서의 존재 조건에 맞게 그런 행동을 조정하고 적응시키는 사회적 요인에서 발생한다.

4. 따라서 도덕적 불완전은 체험에서 비롯된 것이고, 항상 선천적인

반응과 본능의 결핍을 의미하지는 않는다. 즉 유기체와 행동의 결함이 아니라, 환경 조건에 적응하는 조건부 연결의 결핍, 교육에서의 결함을 의미한다. 그러므로 도덕적 결함이 아니라, 사회에서 교육의 부족이나 아동 방임을 말하는 것이 훨씬 정확하다. 이렇게 보면, 그런 자녀의 교육에 관한 질문을 고려할 때 출발점이 되어야 하는 일반적인 결론은 매우 분명해진다. 그런 아이들에게 필요한 것은 특별한 교육학이나 보호적·교정적·처벌적 조치가 아니라, 그들에 대한 사회적 관심을 두 배로, 환경의 교육적 충격을 네 배로 늘리는 일이다. 아동의 사소한 것에서 가장 큰 것까지 모든 도덕적 비행에서 우리는 아동과 환경의 갈등을 다룬다. 주어진 환경에 제대로 적응하지 못한 반응을 지닌 채 세상에 태어났기에, 우리는 모든 아동이 타고난 도덕적 범죄자라는 사실을 인정해야 한다. 아무리 고상한 가정이라도 자신을 잘 이끌 준비된 능력을 지닌 아이는 태어나지 않는다. 반대로, 모든 아이의 자연스러운 실행과 행실에서 아이는 품위와 도덕의 규칙에 복종하지 않는다. 이런 관계를 고려하면, 교육의 모든 임무는 아동이 환경 조건에 적응하여 그의 반응을 확립하도록 이끄는 일로 응축된다.

5. 그런 반응을 적응시키는 단 하나의 수단은 아동을 둘러싼 환경에 영향을 주는 교육적 충격이다. 그리고 현대적 체제라는 조건에서 보면, 사회 환경은 가장 부조화한 방식으로 조직되어 있다. 그렇기에, 그 안에 내포된 모순으로 인해, 이런 불리한 조건의 영향을 받아 스스로 반사회적 형태의 행동을 갖춰가는 사람들은 필연적으로 있을 수밖에 없다. 그러므로 이런 경우 우리는 이 악과 투쟁할 유일한 교육적 수단으로서 사회적 재교육을 이야기해야 한다.

6. 그런 어린이를, 자신에게 확립된 반사회적 행동 형태 대신, 사람들과 새로운 형태의 교류를 되풀이해 가르쳐 자신의 존재 조건에 적응할 수 있는 환경에 배치해야 한다. 도덕적으로 불완전한 품행은 무

엇보다도 비사회적 품행이며, 도덕적인 교육은 무엇보다도 사회적인 교육이다. 이런 뜻으로 보면, 과학적인 교육학의 규칙은 사회와 국가에서 법 위반자와 관련하여 종종 적용하는 규칙과 정반대다. 거기서 자연스러운 조치는 사회적 환경에서 추방하는 것이다. 반대로 여기서는 자연스러운 조치가 사회적 환경에 가장 가깝게 포함하는 것, 가장 밀접하게 사회적으로 접촉하는 것이다. 거기서, 범죄자의 인격을 거의 돌보지 않고, 모든 관심은 그를 무력화하여 그의 영향으로부터 환경을 보호하는 데 집중된다. 반대로, 여기서는 어린이의 인격을 보존하고 변형하여 결과적으로 그를 가장 강력하게 재교육하는 데 관심을 기울여야 한다. 우리 시대에는, 국가조차도 범죄자에 대한 처벌 정책에서 협박과 징벌보다 재교육에 임해야 한다는 관점을 취한다. 그리고 사소하고 유치한 비행뿐만 아니라 심각한 범죄도 장기적으로 아동의 사회적 행동에서의 크고 작은 균열을 의미한다.

7. 그러므로, 일반 범죄와 청소년 범죄 모두 개인의 일반적인 발달 수준이 낮다는 것을 의미하지 않는다. 반대로 범죄는 흔히 두드러진 힘, 항의하는 능력, 거대한 의지와 민감하게 느끼고 많은 것을 원하고 많은 것을 성취하려는 능력을 나타낸다. 부르주아의 도덕과 법률 조건에서는 평균적인 판에 박힌 형식의 테두리를 넘어서, 스스로 자신의 힘을 느껴, 확립된 삶의 질서를 견딜 수 없는 모든 사람이 범죄자가 되었다. 『죽은 자의 집』에 대해 이야기하면서, 도스토옙스키는 사람들의 가장 재능 있고 강력한 힘은 징역살이하는 곳에 모여 있었지만, 망가지고 왜곡되어 악에 이용되었다고 언급한다.

8. 따라서 아이의 범죄는 어린이의 심리에 결함이 있다는 것을 의미하지 않을 뿐 아니라, 오히려 거대한 일반적 영재와 부합하고 잘 어울린다는 것이 사실이다. 도덕적 비행은 아동이 사회적 습관을 형성하지 못하는 무능력이나 사회적으로 공생할 수 없는 무력함을 의미하지

비고츠키의 교육심리학

않을 뿐 아니라, 오히려 그러한 아동은 매우 자주 놀랄 만한 교활함, 기민함, 총명함, 진정한 영웅심을 보여준다. 그리고 자신만의 도덕, 직업윤리, 선과 악에 대한 개념을 가진 거리의 도둑 또는 '소매치기'처럼, 독특한 도덕에 대한 끈질긴 집착을 보여준다.

9. 많은 경우, 이런 어린이의 도덕적 불균형은 두 가지 주요 원인 때문에 나타난다. 첫째 원인은 부랑이다. 이는 엄청난 사회적 중요성을 지닌 사실이고, 그것이 뜻하는 바는 모든 사회적 교육의 부재다. 즉, 환경에 적응하는 반응을 생성하는 데 관심이 없다. 다른 한편으로는, 정상적인 행동 형태에서 에너지의 배출구를 찾지 못한 어린이의 증가한 일반적인 영재다. 반대로 착한 아이들은 일반적으로 도덕적 태도에서 생생한 재능 부족의 사례다. 왜냐하면, 환경에 가장 쉽게 적응하는 노선을 따르는 착한 아이들은 너무나 흔히 창백하고 허약한, 무기력하고 덜 똑똑한 아이들이기 때문이다. 그들은 많은 것이 필요하지 않고, 너무나 안락한 유년기에 순조로운 생존의 비결을 이해하고 그것을 어떤 축복보다도 소중히 여긴다. 거대한 열정, 위대한 업적, 강력한 욕망을 지닌 사람, 심지어 대범한 사고와 강인한 성격을 지닌 사람조차도 그런 좋은 소년과 소녀에서 거의 나오지 않았다.

10. 전통적인 도덕 교육의 경계선 중 어떤 것도, 정확히 이런 경우만큼 이 체계의 문제를 그렇게 웅변적으로 증언하지 못했다. 다시 말해, 도덕 교육이 실패한 경우는 말할 것도 없고, 성공한 경우에서 더 자주 도덕 교육의 완전한 무능이 드러났다. 도덕 교육이 성취하려는 모든 것을 이룬 곳만큼 도덕이 추락한 곳은 없었다. 바로 여기서 도덕 교육의 진정한 성질이 드러났다. 우리는 도덕 교육이 실패한 곳에서, 이론으로 타고난 도덕적 결함의 개념을 만들고 실제로 책상을 창살로, 학교 체제를 교도 체제로 대체하고 교도관에게 교사의 일을 수행하게 하는 도덕 교육의 완전한 무능함이 나타남을 보았다.

11. 그러나 도덕 교육이 자신의 힘과 권위의 승리로 등장하여 완전한 성공을 거둔 곳에서도 그저 충성스럽고 신중한, 비겁하고 순종적인, 온순하고 비겁한 아이를 만들 수 있음을 발견했다. 그리고 이는 도덕 교육의 전 체계가 보상과 처벌, 위협과 복지의 승인으로 지탱하는, 권위주의 원칙에 따라, 즉, 부모나 교사의 권위 뒤에 있는 특정한 강제적 가치의 인식에 따라 세워졌다는 사실에서 기인한다. "연장자의 말을 잘 들으면 괜찮을 것이고, 그렇지 않으면 나쁠 것이다." 이것이 이 교육학을 거칠지만 정확하게 공식화한 것이다.

12. 가장 높은 도덕적 가치를 두려움으로 동기화된 복종으로 인정했다. 하지만, 심리학적 관점에서 보면 이런 복종은 도덕적으로나 교육적으로 힘이 없다. 사물과 품행에 대한 학생의 자유롭지 못하고 노예적인 태도를 전제로 하기 때문이다. 이런 양상으로, 도덕 교육의 기저에 놓인 중요한 심리적 기제는 너무나 심오한 교육적 오류였다.

13. 여기서 다음 사실에 주목하는 것은 너무나 중요하다. 이 기제는 너무 뿌리 깊게 박혀 있어서 진보적인 교사와 교양 있는 부모라도 이 고전적인 기법을 제거할 수 없었다. 어머니가 아이에게 다음과 같이 말할 때 그 내용에 주목하는 것은 너무나 중요하다. "하지 마. 그렇지 않으면 엄마가 너를 사랑하지 않을 거야." 이렇게 엄마는 경찰이 소년 도둑을 감옥에 가두는 것과 똑같은 가벼운 실수를 저지른다. 어린이는 이런 잘못을 하지 않을 수 있지만, 이 금욕의 도덕적·교육적 영향은 전혀 없거나 심지어 부정적이다. 어린이의 진정한 갱생의 대가가 아니라 두려움의 대가, 굴욕의 대가로 얻었기 때문이다. 이런 이유로, 순종의 도덕적 가치는 무시할 만한 것이다. 그런 대가로 얻게 된 착한 행동은 교육학적으로 바람직하지 않다.

14. 도덕의 권위주의 원칙은 이 권위가 누구에게서 왔는지에 관계없이 파괴되어야 하고, 완전히 새로운 원칙이 그 자리에 있어야 한다.

도덕 교육의 기초가 되어야 할 이 새로운 원칙은, 자신의 행동과 집단의 행동이 사회적으로 조정되어야 한다는 교육의 일반적 견해를 따르며, 가장 적절하게 정의될 수 있다. 여기서는 전체 노선에 맞게 복종은 자유로운 사회적 조정으로 대체되어야 한다. 공동체 모든 이에게서 유래하고 전체 공동체에 전달되는, 학교생활의 조직과 일상을 위한 가장 효과적인 기제에 의해 지원되는 규칙은 권위주의 체제에서 교사와 학생을 지배한 "교육의 이중창"을 대체해야 한다.

15. 누구에게나 혹은 어떤 것에나 복종하는 게 아니라 그런 형태의 행동을 자유롭게 채택하는 게 일반적인 행동의 올바름을 보장한다. 이 기제는 어린이에게 부과된 외부에 있는 것이 아니라 어린이의 본성 자체에 있다. 놀이는 이런 기술을 결합하고 발달시키는 자연스러운 기제다. 놀이처럼 어린이의 행동을 규칙으로 규정하는 것은 없으며, 놀이만큼 자유롭고 도덕적으로 교육적인 형태를 취하는 것도 없다. 이것은 어른이 아이에게 지시한 그 어떤 형태도 아니다.

16. 어른의 지시에 의한 행동과 반대로, 놀이는 미래의 도덕적 행동의 자연스러운 맹아다. 어린이는 놀이의 규칙에 복종한다. 처벌의 위협을 받거나 실패나 손실을 두려워서가 아니라, 규칙을 지키는 것이 그리고 자신의 다짐을 지키는 것이 놀이에서 내적 만족을 주고, 어린이가 놀이하는 집단으로 구성된 공통 기제의 일부로 작동하기 때문이다. 규칙을 지키지 않는 것은 놀이에 실패하고 흥미를 잃는다는 사실 외에 다른 어떤 위협도 되지 않는다. 그런데 이것이 아동의 행동을 충분히 강력하게 규제한다.

17. 이에 의존하여, 아동의 어떤 도덕적 위반에 대해 교사가 취해야 할 조치의 작용이라는 질문에 답해야 한다. 권위주의적 도덕 체계에서 모든 도덕 규칙에는 일정한 제재가 따랐다. 아동이 불순종할 경우 처벌하고 복종할 경우 보상하는 제재를 수반했다. 보상과 처벌은, 체

벌, 점심 식사 없이 방치, 처벌 방, 포상에서 다소 미묘하고 부드러운 형태인 견책, 책망, 칭찬 등 다양한 형태를 취했다. 이런 조치는 교육학적 유용성보다 매우 다양한 해악이 있지만, 이런 조치 모두가 거친 기계적 작용을 행사하는 수단으로 사용되었으며, 기껏해야 복종의 미덕, 즉 불쾌한 것을 피하라는 단 하나의 도덕적 규칙만을 가르쳤다.

18. 우리가 이 제재가 풀릴 것이라고 상상하고 어린이가 자신의 나쁜 품행이 주변 사람들로부터 조금도 반응을 일으키지 않을 것을 생각할 수 있다면, 그는 이 품행을 거부할 이유가 조금도 없을 것이다. 도덕적 행동은 외적 금지가 아니라 내적 억제, 즉 사람이 선하고 아름다운 것에 자연스럽게 끌린다는 사실에 근거해야 한다. 도덕적 행동은 자신의 성질이 되어야 하며 자유롭고 쉽게 수행되어야 한다.

19. 어린이의 최고의 교사는 자신이 겪은 고통이라는 신념은 교육학 영역에 여전히 살아 있다. 많은 교사가 이런 대중적인 견해를 취한다. 그런 교사는 아이들을 위험으로부터 보호하는 것이 아니라 아이들이 자기 품행의 고통스러운 결과를 경험하게 하여 알아서 피하는 방법을 배우도록 가르친다. 따라서 어린이가 본능에 따라 촛불이나 뜨거운 주전자에 손을 뻗으면, 이런 교사라면 어린이를 제지하지 않을 것이다. 나아가, 어린이가 자신을 태울 기회를 제공하는 게 필요하다고 믿는다. 이것이 다른 어떤 조치보다 화재를 조심하도록 배우게 하는 최고의 학교가 될 것을 확신한다. 고통이라는 심리 기제와 고통을 피하려는 마음에서, 교육자는 가장 강력한 수단을 찾았고, 방금 제시한 예가 그러한 교육의 전형적 사례다.

20. 이런 견해를 비판적으로 검토할 때, 우리는 고통스러운 작용이 품행과 직결되는 경우에도 이런 교육적 조치가 널리 채택될 수 없고 일반원리로 승격될 수 없다는 점을 명심해야 한다. 이 규칙에 따라 아이들 스스로 품행의 나쁜 결과를 경험하게 하고 싶다면 교사는 어떻

비고츠키의 교육심리학

게 해야 할까? 그 품행의 나쁜 결과가 즉시 영향을 미치지 않고, 오랜 시간 또는 오랜 세월이 지난 후 영향을 미친다면, 교사는 어떻게 해야 할까? 그렇게 이 시간 동안 어린이는 나쁜 습관에 빠질 시간을 갖게 된다. 이후 어린이가 발견하는 모든 해악은 스스로 나쁜 습관을 제거하는 데 도움이 되지 않을 것이다. 훈제 담배 한 갑의 해로운 영향은 실제로 무시할 수 있고 감지할 수 없을 수도 있지만, 어린이가 금연이 필요하다는 결정을 내리기 전에 그가 흡연의 피해를 경험하도록 해야 한다면, 우리는 어린이가 흡연 중독자가 되도록 교육할 위험이 있다.

21. 같은 방식으로 이런 경우도 가능하다. 나쁜 여파가 아동의 이해력으로 품행과 나쁜 여파의 종속 관계에 접근할 수도 없고 이해할 수 없는 방식으로 품행과 연결될 수도 있다. 마지막으로, 많은 품행이 교육적 충격을 신뢰하는 것이 극도로 위험할 정도로 비참한 여파를 초래한다. 아이가 창문에서 뛰어내리고 싶은 유혹을 느낀다면, 아이가 뛰어내려서 알 수 있는 해로운 여파를 발견하기 위해 아이가 그렇게 하도록 허용하는 것이 합리적이라고 생각할 것 같지는 않다. 신체적 손상뿐만 아니라 도덕적 손상의 측면에서 봐도 그런 경우는 매우 많을 수 있다.

22. 이렇게 이 원리의 적용은 위에서 언급한 종류의 사소한 경우에 국한될 수 있지만, 이 원리는 광범위한 교육적 의의를 얻을 수 없으며, 특히 도덕적 행동을 위한 교육에 너무나 적합하지 않다. 여기에는 도덕적 행동을 만드는 데 필수적인 선택의 자유가 빠져 있다. 나토르프 Natorp, 1854~1924 는 다음과 같이 말했다. 우리는 사람들에게 자유가 주어진다면 쉽게 천사가 될 수 있다고 생각하지 않는다. 우리는 그들이 노예가 되었다고 느낄 때 그들이 악마가 된다는 것만을 안다. 그래서 이런 뜻에서 보면 처벌을 정당화하는 이 고통의 원리가 부적합하다는 것은 매우 명백하고 분명해 보인다. 어린이는 처벌이 반드시 자

신의 비행과 연결되는 것이 아니라, 성인의 개입이라는 추가적인 중간의 계기가 부가된다는 것을 배워서 이해하여, 어린이는 이런 개입을 피하고, 자신의 품행을 숨기고, 거짓말하는 따위의 방법을 배운다.

23. 이에 더하여, 어떤 처벌이든 교육자와 학생 모두를 가장 힘들고 어려운 사태에 놓이게 한다. 벌주는 교사와 벌 받는 아이 사이에는 사랑도, 존경도, 신뢰도 보존될 수 없다. 모든 처벌은 교육자를 굴욕적인 위치에 놓이게 하며, 학생에 대한 사랑과 신뢰를 훼손한다. 헤르바르트는 이를 다음과 같이 말했다. "위협은 나쁜 교육적 수단이다. 즉, 위협은 강한 천성을 부추기고, 잘못에서 약한 천성을 저지하기 위해 거의 노력하지 않는다. 위협은 자신의 부정적인 욕망과 싸울 수 없기 때문이다. 자신의 욕망은 처벌에 대한 두려움에 구멍을 낸다."

24. 바꾸어 말하면, 어떤 처벌도, 심리적 관점에서 보면 해롭다. 그래서 현재의 학교에는 처벌의 여지가 없어야 한다. 어린이의 비행이라는 개념 자체는 항상 교육에서의 결함을 의미해야 한다. 남학생의 범죄는 무엇보다도 학교에서의 범죄이기에, 학교 자체의 사회적 조직화에서 이런 결함을 제거해야만 해결될 수 있다. 이런 뜻에서 보면, 학교에서 자치, 학생들의 자율적인 조직이 학교에서 도덕 교육을 펼치는 데 가장 좋은 수단이다.

25. 우리는 이런 자치 형태가 성인 행동의 단순한 모방으로 바뀌지 않도록 해야 하며, 외적 형식에 지나치게 관심을 둬 어린이의 생생한 공동체 의식을 죽이지 않도록 해야 한다. 이에 의존하여, 학교에서 사회적 환경을 조직한다는 것은, 학교 운영을 위한 교칙을 만들고, 정기적으로 어린이들을 총회에 소집하고, 선거로 대표를 뽑는 식으로 어린이들이 어른들에게서 쉽게 받아들일 수 있는 모든 공동체 형태를 보존하는 일을 의미하지 않는다. 이것은 오히려 이 환경에 스며들어야 하는 구체적인 사회적 연결을 배려하는 것이다. 친밀하고 우호적인 태

330

도에서 시작하여, 가장 작은 사회 집단을 포용한 다음, 동지적 성격의 더 넓은 결사체로 나아가, 가장 광범위하고 큰 형태의 학생 운동으로 끝나도록, 학교는 윤리적 성격 형성에 도움이 될 수천의 사회적 연결이 학생의 삶을 감싸 스며들게 해야 한다. 다른 어떤 영역보다도 바로 여기서, 교육은 삶을 조직한다는 것을 의미하고 올바른 삶에서 어린이는 올바르게 성장한다는, 교육에 관한 전반적인 규정은 정당성과 활력을 갖는다.

26. 이로써 우리는 교육과 삶의, 학교와 사회 제도의 연결을 이해할 수 있게 되었다. 그런 연결이 교육학의 출발점이 되어야 한다. 우리는 사회 제도의 문제를 완전히 해결한 후에만 교육 문제도 해결할 수 있다. 사회적 모순을 담고 있는 사회에서 교육의 이상을 구축하려는 모든 시도는 공상적 꿈에 불과하다. 왜냐하면, 이제까지 본 바와 같이, 아동의 새로운 반응을 확립하는 유일한 교육적 요소는 사회 환경이기에, 여기에 해결할 수 없는 모순이 가득 차 있는 한, 이런 모순은 제대로 준비된 활기찬 교육에도 균열을 일으키기 때문이다.

27. 이에 의존하여, 우리의 이행기 동안, 우리는 학교에서 아이들의 바람직하지 못한 행동에 늘 대처해야 하기에, 우리에게 닥칠 복잡하고 힘든 재교육 작업에 대비해야 한다. 여기서 교육적 조치로서 보상과 처벌 체계의 긍정적 측면을 대체할 수 있는 것이 우리의 교육학에서는 무엇인지 질문을 제기한다. 그것들의 해로운 충격 때문에 학교에서 그것들을 추방하려 해도, 그 작용의 몇몇 부분은 보존되어야 한다. 다시 말하면, 도덕적 교육 업무에서, 학생 품행의 강력한 원동력인 어린이다운 충동의 성질을 활용해야 한다. 이런 긍정적 측면은 어린이의 모든 품행이 주변 사람들에게 자신의 작용에 대한 인상의 형태로 그에게 돌아와야 하는 형태에 보존되어야 한다. 그것과 연결된 만족만큼 동기를 부여하는 것은 없다.

28. 이것이 제임스가 성적 체계에서 긍정적인 면을 발견하여 심지어 아이들에게 자신의 점수를 알게 하도록 요구한 이유다. 여기서 그는 심리학 법칙의 실현을 발견했다. 그 법칙에 따르면, 일의 순환에서, 우리의 품행은 우리에게 반영된 인상의 외관으로 돌아온다. "이런 양상으로, 우리는 감각 기관의 도움으로 우리의 품행과 그 결과에 대한 소식을 받는다. 우리는 우리가 한 말을 듣고, 우리 자신이 가한 타격을 느낀다. 우리는 다른 사람들의 눈에서 우리의 작용이 성공했는지 실패했는지 읽는다. 반영되어 돌아온 인상은 전체 체험을 완성하는 데 필요하다. 지금까지 도달할 수 있는 모든 심리학적 결론은, 학생이 자신의 진행 상황에 대한 정보를 얻고자 하는 욕망이 그의 영적 기능의 사슬에서 정상적이고 최종적인 연결 고리라는 것을 말해준다. 그리고 이 욕망은, 그것에 반대하는 아주 강력한 어떤 주장이 없는 한, 충족되지 않은 채로 남아 있어서는 안 된다. 그러므로 학생들에게 자기 작업의 결과와 그들이 가질 수 있는 희망을 알려야 한다. 특별한 실천적 고려 사항에 의해 중단된 개별 경우에만 이 규정에서 벗어나야 한다."

29. 우리는 학교의 점수 체계를 옹호하기 위해 이런 제임스의 사고를 인용하지 않았다. 오히려 이와 반대로, 위에서 언급한 처벌에 대한 논거를 보면 그 심리학적 부정확함이 확연히 드러난다. 성적은 전체 작업 진행과 너무나 이질적인 평가 형태지만 곧 교수학습에서 학생의 관심을 지배하게 되고, 학생은 나쁜 성적을 피하거나 좋은 성적을 받기 위해 공부하기 시작한다. 같은 양상으로 성적은 칭찬과 비난의 모든 부정적인 측면을 결합한다.

30. 그러나 이런 제임스의 사고에는 상당한 심리적 진실이 포함되어 있다. 이는 어린이는 항상 자기 품행의 최종 결과를 알아야 하고, 이 지식이 교사의 손에 들려 있는 강력한 교육적 수단이라는 내용으

비고츠키의 교육심리학

로 구성되어 있다.

31. 그러므로 우리는 학교의 사회적 교육을 서로 연결되는 게 없는 어린이의 집단을 대상으로 한다고 이해해서는 안 된다. 어떤 것으로도 연결되지 않고 공통의 이해관계로 결합하지 않은 수많은 어린이의 결사체가 모든 사람이 각자의 고립과 고독을 더 예민하게 느끼게 만든다는 것을 누구나 잘 알고 있다. 어떤 것도 자신과 연결되지 않은 군중 또는 사람이 사람을 사람으로 느끼거나 이해하지 않는 현대 자본주의 도시처럼 처절하게 고독함을 느낄 수 있는 곳은 없었다. 그런 체계는 어린이를 갑갑하게 하여 어린이에게 심각한 억압적 효과를 줄 수 있다. 분명히 학교에서 우리는 아이들 사이에 활발한 의사소통을 일으켜 아이가 자기 동료의 만족과 불만을 소중히 여길 수 있는 형태의 사회적 교육을 이야기해야 한다. 그리고 그런 조직화를 통해, 환경은 매 순간 자기 품행의 반영된 인상을 어린이에게 제공하는 강력한 기구가 된다.

32. 적절하게 조직된 사회적 환경에서 어린이는 항상 자신을 너무도 투명하게, 거대한 공명기에 반영된 것처럼 느낄 것이며, 끊임없이 자신을 향해 다가오는 자신의 품행을 반영한 이런 인상은 교사의 손에 들려진 가장 강력한 교육적 조치가 될 것이다.

33. 여기서, 어린이와 환경의 상호관계가, 소위 '자유로운' 교육이 그 자체에서 끌어낸 순조롭고 목가적인 성격을 언제나 갖는 게 아님을 이해하기 쉽다.

34. 자유 교육의 이상, 즉 단호하게 방해하지 않고 아이들의 품행을 따르는 것, 이것을 두 가지 관점에서 반대하지 않을 수 없다. 우선, 실천 측면에서 자유 교육은 거의 완전한 정도로 수행할 수 없으며, 따라서 언제나 다소 좁은 범위에서만 명백하게 상대적 강점을 지닌 교육학적 원리로 남을 수밖에 없다. 어린이의 욕망에는 늘 비참하고 해로

운 것이 많이 포함되어 있고, 이런 욕망에 방치된 어린이는 자신에게 너무 많은 해를 입히므로, 합리적인 교사라면 자유 교육의 원리라는 이름으로 그런 품행에서 어린이를 방치할 수는 없다.

35. 게다가, 이론 측면에서, 교육에서 완전한 자유는 모든 사전 고려와 사회적 적응을 포기하는 일이다. 바꿔 말하면, 모든 교육적 충격을 학생에게 행사하지 않는 것이다. 시작부터 교육한다는 것은 자유를 제한하고 제약하는 일을 의미한다. 그러므로 교육은 삶에서 떼려야 뗄 수 없는 과정인 만큼, 자유 교육은 일반으로 구속을 거부할 게 아니라, 구속을 어린이가 살아가는 환경의 자연발생적 힘으로 전달하는 것이어야 한다. 사람을 사람으로 교육하는 일을 거부한다면, 가구, 거리, 사물로 교육하는 일을 시작할 수밖에 없을 것이다.

36. 이런 양상으로, 자유 교육은 일반적 교육계획과 사회적 환경의 한계에서만 예외적으로 가장 자유로운 교육으로 이해해야 한다. 그리고 그것은 항상 이런 식으로 밝혀질 수 있으며, 사실상 어린이의 행동은 집단의 관심과 종종 다르다. 그러면 갈등이 발생할 수밖에 없고, 갈등은 어떤 것을 강제하지 않으면서도 아동이 사회적 관심에 맞게 그의 행동을 바꾸는 데 도움이 된다. 놀이에서 어린이에게 유익했던 것처럼, 어린이가 집단과 보조를 맞추는 것이 유익할 수 있는 방식으로 학교생활을 조직하는 것이 필요하다. 그래서 놀이에서 탈락하듯이 집단으로부터의 일탈은 학생에게서 삶의 의미를 박탈한다. 놀이와 마찬가지로 인생은 함께하는 움직임에서 생기는 끊임없는 기쁨으로 부단히 힘을 발휘하는 게 필요하다.

37. 최종적으로 정리하면, 자유 교육 이론은 타고난 윤리적 감정 이론의 반대 측면이다. 둘 다 어린이의 성장과 발달 과정에서 교육적 개입의 무능함과 무익함을 인정하고, 둘 다 아동의 윤리적 유기체에서 가장 중요한 것은 태어날 때 이미 정해져 있다고 믿는다. 이런 연유로,

두 이론은 태어날 때부터 본성에서 도덕적인 아이와 부도덕한 아이, 착한 아이와 나쁜 아이가 있다는 것을 자연스럽게 인정한다.

38. "윤리적 광기는 정신적 퇴화의 특별한 형태"라고 믿었던 가웁은 이런 신념을 확증하기 위해 자녀에 대한 부모의 말을 인용했다. "아이는 정상일 수 없다. 그는 다른 아이들과 너무나 다르다. 처음부터 그는 그들과 같지 않았다. 그에게는 악에 대한 지울 수 없는 애착이 있다."

39. 톨스토이도 어린이에게는 선에 대한 지울 수 없는 애착이 있다고 믿었다. 여기서 똑같은 실수를 범했다. 도덕적 행동의 선천성에 대한 믿음과 그것이 전적으로 교육의 산물이라는 것에 대한 이해 부족을 드러낸 것이다.

40. 교육은 "악에 대한 지울 수 없는 애착"을 알지 못한다. 바로 이런 애착도 선으로 바뀔 수 있다.

|13장|

심미 교육

가. 교육학 구현에서의 미학

1. 심리학과 이론 교육학에서 심미 교육의 본질, 뜻, 목표 및 방법과 관련된 질문은 아직 해결되지 않았다. 고대 초부터 현재까지 이 질문에 대해 극단적이고 반대되는 관점들이 표현되었으며, 각 관점은 모든 일련의 심리학 연구에서 10년마다 점점 더 새로운 많은 확증을 얻었다. 이런 양상이라, 이 논쟁은 해결되지 않고 끝나지 않았을 뿐 아니라, 과학적 지식이 진전한 것처럼 이 문제는 점점 더 복잡해졌다.

2. 많은 저자가 심미적 체험 뒤에 숨겨진 거의 모든 교육적 가치를 부정하는 경향이 있다. 이 저자들과 관련되고 그들과 똑같은 공통의 근원에서 진행한 교육학의 방향은, 심미 교육의 편협하고 제한된 가치만을 인정하면서 똑같은 사고를 계속 옹호한다. 이와 반대로, 다른 경향의 심리학자들은 미적 체험의 가치를 과장하여 교육의 모든 어렵고 복잡한 문제를 해결하는 거의 근본적인 교육적 수단으로 보는 경향이 있다.

3. 이런 극단적 지점 사이에 어린이의 삶에서 미학의 역할에 대한 다수의 온건한 견해가 자리한다. 이런 견해는 대개 미학의 가치를 재미와 기쁨에 국한하는 경향이 있다. 미적 체험의 진지하고 깊은 뜻이

비고츠키의 교육심리학

어떤 것을 위해 펼쳐져야 하는 모든 곳에서, 심미 교육은 목적이 아니라 미학의 외부, 교육적 성과 달성을 위한 수단이라고 말한다. 이 교육학 구현에서의 미학은 항상 타인의 의뢰를 이행하며, 교육자의 사고에 따르면 인식, 감정 또는 도덕적 의지 교육을 위한 경로와 수단으로 쓰여야 한다.

4. 의심할 여지 없이 확립된 것으로 볼 수 있는 것이 결국 그런 견해의 기만성과 비과학성일 뿐이다. 인식, 감정, 도덕이라는 외부에서 부과한 미학의 세 가지 목표는 역사에서 이 질문의 올바른 해결을 극도로 지연시키는 데 중요한 역할을 했다.

나. 도덕과 예술

1. 일반적으로 예술 작품에는 좋고 나쁜 효과가 있을 수 있겠지만, 즉각적인 도덕적 효과가 있다고 믿고 있다. 그리고 특히 청소년기와 어린 시절에 예술적 인상을 평가할 때 무엇보다 먼저 각 작품에서 뿜어 나오는 이 도덕적 충동을 평가하는 일부터 진행하는 경향이 있다. 어린이 도서관은 아이들이 책에서 교훈적인 도덕 사례를 끌어들이는 방식으로 선택되고, 교화, 지루한 자본주의 도덕, 거짓 교훈은 소위 인위적인 아동문학의 필연적인 양식이 되었다.

2. 흔히 어린이가 예술을 접하며 빼낼 수 있는 유일하고 심각한 교훈은 이런저런 도덕 규칙의 다소 생생한 실례라고 여긴다. 그 밖의 모든 것은 아동이 접근하여 이해할 수 없다고 선언되며, 도덕 밖에서 아동문학은 일반적으로 아동이 접근하여 이해할 수 있는 유일한 것으로 추정된 의미 없는 하찮은 시로 제한된다. 이로부터 아동문학에 고유한 어리석은 감상성은 독특한 윤곽선으로 나타난다. 성인은 어린이의 심리를 모방하려고 하면서, 심각한 감정은 어린이가 접근할 수 없다고 믿으며 서툴고 미숙하게 만들어진 상황과 인물을 결정한다. 감정

은 감수성과 정서, 감상을 대체한다. 감상성은 감정의 어리석음일 뿐이다.

3. 그 결과 아동문학은 일반적으로 나쁜 취향, 예술적 문체에 대한 심각한 위반, 아동의 마음 상태에 대한 가장 암울한 오해의 생생한 예를 제시한다.

4. 무엇보다 우선, 미적 체험이 도덕적 태도와 어떻게든 관련되고 모든 예술 작품은 말하자면 도덕적 행동을 추동한다는 견해를 버릴 필요가 있다. 미국 작가 비처 스토Beecher Stowe의 『톰 아저씨의 오두막』같이 명백하게 인도적인 책의 도덕적 충격에 관해 미국 교육학 출판물에 매우 흥미로운 사실이 보고되었다. 이 책을 읽으면서 느낀 욕망과 감정에 대해 질문을 받았을 때, 몇몇 미국 학생들은 그들의 가장 큰 후회는 노예제도의 시대가 지나고 지금 미국에는 노예가 없다는 점이라고 답했다. 그리고 이 사실은 훨씬 의미심장하다. 왜냐하면, 이 경우 우리는 어떤 종류의 예외적인 도덕적 어리석음이나 오해를 다루는 것이 아니라, 이런 결론의 가능성이 바로 어린이의 미적 체험의 본성에서, 이런저런 책의 도덕적 충격을 결코 미리 확인할 수 없기 때문이다.

5. 이와 관련하여 체호프가 놀라운 예술가의 재능으로 수도원 형제에게 악마의 힘, 방탕, 공포 및 유혹에 대해 그가 도시에서 우연히 본 것에 대해 말한 중세 수도승의 이야기는 유익하다.

6. 이야기 속 화자가 가장 진심 어린 분노에 영향을 받고, 그가 진정한 예술가답게 영감을 받아 아름답고 낭랑하게 이야기를 전달하며, 악마의 힘과 죄의 치명적인 유혹을 너무나 선명하게 묘사하여 청자들이 모두 도시로 도망가 아침에 수도원에는 한 명의 승려도 남지 않았다.

7. 예술의 도덕적 작용은 도덕적 설교의 운명과 흡사해서, 아이들

에게 적용할 때 우리의 논리적 계산이 늘 정당하다고 확신할 수 없다. 이와 관련하여 매우 유익한 것은 사례와 비유가 아니라 어린이가 크릴로프Крылов, 1769~1844의 우화를 이해하는 방법에 관해 문헌에 보고된 어린이의 삶과 심리학에서 얻은 사실이다. 아이들이 교사가 어떤 답을 기대하는지 추측하려 하지 않고 진솔하게 자신의 답을 말하는 경우, 그들의 판단은 교사의 도덕에 너무 어긋나기 때문에 어떤 교사들은 '도덕적인' 작품들이 어린이의 마음 상태에 들어갈 때 도덕적으로 해로운 작용을 할 수 있다는 것은 논쟁의 여지가 없다고 생각했다. 이 왜곡하는 환경의 법칙을 고려해야 한다. 그렇지 않으면 위에서 기술한 것과 같은 결과를 얻을 위험이 있다.

8. 예를 들어 여우와 까마귀 우화에서 아이들의 모든 동정은 여우에게 향했다. 여우는 아이들의 감탄을 자아냈고, 어리석은 까마귀를 현명하고 교묘하게 조롱하는 존재처럼 보였다. 그런 효과, 교사가 달성할 것으로 기대했던 아첨과 아첨꾼에 대한 혐오는 없었다. 아이들은 까마귀를 비웃었고, 여우의 행동거지는 가장 호의적인 빛으로 그들에게 나타났다. "그런 아첨은 악명 높고 해롭다." 아이들은 어떤 식으로든 이 사고를 우화에서 추론하지 못했으며 처음 생각했던 것과 반대되는 도덕적 감정에 이르렀다.

9. 너무나 똑같게 잠자리와 개미 우화에서는 여름 내내 노래하는 평온하고 시적인 잠자리가 아이들의 동정을 불러일으켰고, 우울하고 지루한 개미는 그들에게 역겹게 보였으며, 잠자리와 개미 우화 전체 내용은, 아이들의 의견에 따르면, 개미의 둔하고 자기 만족적인 인색함을 날카롭게 풍자한 것이다. 또다시 조롱의 화살이 엉뚱한 방향으로 흘러갔고, 효율성과 노동에 대한 존경심을 불러일으키는 대신 우화는 아이들에게 편안하고 근심 없는 삶의 기쁨과 아름다움의 영감을 주었다.

10. 마찬가지로, 사냥개 집의 늑대에서 아이들은 늑대를 영웅으로 삼았는데, 늑대가 자신의 구원을 위해 기도하지 않았을 뿐 아니라 거만하고 당당하게 개를 보호하며 후원했을 때, 아이들에게 늑대는 진정한 위대함, 개집과 개에 대한 조롱과 경멸로 가득 차 있었다. 그리고 전체 우화는 늑대의 처벌이라는 도덕적 의미 측면이 아니라 영웅의 죽음이라는 비극적인 웅장함 측면으로 어린이들에게 다가갔다.

11. 같은 사실을 확인하기 위해 비슷한 우화 또는 다른 우화에서 무한히 많은 예를 인용할 수 있다. 반면, 우리 학교는, 가능한 해석과 도덕적 결론의 다양성이라는 심리적인 사실을 완전히 무시한 채, 예술적 체험을 특정 도덕적 교리에 맞추려고 했다. 예술 교재는 종종 그 교리의 동화에 도움이 되지 않을 뿐 아니라 오히려 반대 방향의 질서에 속하는 도덕적 표상을 촉발할 수 있음을 의심하지 않은 채, 특정 도덕적 교리를 동화하는 데 만족했다. 블론스키가 우리의 문학 수업에는 시 자체가 없었고 크릴로프의 우화 교재와 그 내용의 산문 표현 사이의 차이가 없어졌다고 했을 때, 그는 우리의 심미 교육의 성격을 너무나 올바르게 표현했다.

12. 어떤 결과물의 중요한 사고를 찾고, "작가가 말하고 싶은 것"과 영웅들의 윤리적 가치를 설명하면서, 이것은 최고의 풍자 문예 형식에 도달했다. 솔로구프는 푸시킨의 시에서 "배고픈 암늑대와 함께, 늑대가 길에 나옵니다."라는 구절에 대한 교사 페레로노프의 다음과 같은 해석을 제공한다. 여기에, 모든 심미 교육의 기저에 놓인 문학 작품에서 비예술적 요소를 분리하고 상대적인 어떤 도덕 규칙이 이렇게 산출된 원인에 대한 추측으로 압축된 시의 체계적인 산문화에 대한 과장되지만 왜곡되지 않은 그림이 있다.

13. 이것이 미적 체험의 본성과 근본적으로 모순된다는 사실은 말할 것도 없고, 사물에 대한 예술적 지각과 미적 태도의 가능성 자체에

비고츠키의 교육심리학

치명적인 방식으로 작용한다는 점에 주목해야 한다. 그러한 견해에서 예술적 창작물은 그 자체의 독립적인 가치를 상실하고, 말하자면, 일반적인 도덕적 자세의 예시가 된다는 것은 말할 필요도 없다. 즉, 모든 주의가 정확히 이 후자에 집중되고, 예술 작품은 학생의 시야 밖에 놓인다. 그리고 실제로 그런 이해로는, 미적 기술과 능력이 만들어지고 교육되지 않을 뿐 아니라, 형식의 유연성, 미묘함 및 다양함이 미적 체험으로 소통되지 않을 뿐만 아니라, 이와 반대로 교육적 규칙에 따라 학생의 주의를 작품 자체에서 도덕적 뜻으로 옮기게 한다. 그런 교육의 결과는 미적 감정을 체계적으로 박멸하는 것이고, 도덕적 계기로 미학을 대체하는 것이다. 이런 연유로, 고전 문학을 경험한 중고등 학생의 거의 다(99/100)가 이를 자연스럽게 혐오한다. 학교 교수 과목에서 문학을 배제하는 것에 찬성하는 많은 사람은 바로 이런 관점을 공유한 것이며, 그들은 어떤 작가를 혐오하게 하여 그의 작품을 읽지 않도록 하는 가장 좋은 방법은 그의 작품을 학교 교육과정에 도입하는 것이라고 주장했다.

다. 예술과 실제 공부

1. 심미 교육에서 덜 해롭지 않은 또 다른 심리적인 잘못은 미학과 다른, 그러나 도덕적인 성격이 아니라 사회적이고 인지적 성격의 과제와 목표를 미학에 속박한 것이다. 심미 교육은 학생들의 지식을 확장하는 수단으로 받아들여지고 허용되었다. 이렇게, 예를 들면 문학사에서 우리의 모든 경로는 이 원칙에 따라 구축되었으며, 의식적으로 예술적 사실과 법칙 공부를 이런 작품들에 포함된 사회적·공적인 요소들 공부로 대체했다. 우리의 주요 문헌학자들이 행한 교수 정신에서, 러시아 문학사에 관한 가장 인기 있는 학교 교과서가 『러시아 지식인의 역사』와 『러시아 사회 사상사』였음은 깊은 의미가 있다. 이런 경우,

신중하고 의식적으로 문학적 현상과 사실을 공부하지 않고, 지성사와 사회 사상사를, 즉 심미 교육에 부차적이고 이질적인 것을 공부했다.

2. 이 모든 것은 학교가 사회 및 공공 분과와 격리되었을 때, 문학 수업에서 시민 및 공공 교육의 효과적인 기초원리를 받아들였을 때는 역사적 뜻과 가치가 컸다. 그러나, 이제 공공 분과가 적절한 위치에 놓였기 때문에, 심미적 가치를 사회적 가치로 그렇게 대체하는 것은 특정 과학을 다른 과학으로 대체하는 것과 똑같이 해롭다. 그리고 서로 다른 과학을 이렇게 섞는 것은 양쪽 당사자가 이혼에 똑같이 관심 있는 결합 중 하나다.

3. 무엇보다 먼저, 예술 작품은 결코 현실을—그 전체성과 진정한 진리를—온전히 반영하지 않고, 문학적 본보기는 실제로 있는 것의 요소를 처리한 극도로 복잡한 산물을 나타내며, 거기에는 이질적인 일련의 요소가 가미되기에, 문학적 본보기에 따라 연구되는 공공성은 항상 거짓되고 왜곡된 형태로 동화된다. 그리고 결국 오네긴과 채츠키에게만 러시아 지식인의 역사를 배우는 사람은 이 역사에 대한 완전히 잘못된 견해를 남길 위험이 있다. 따라서 역사적 문서, 편지, 일기 및 역사적 연구가 구축되고 문학 기념물이 가장 겸손하고 거의 마지막 장소를 차지하는 모든 자료를 기반으로 연구를 시작하는 사람이 훨씬 현명하게 행동할 것이다. 쥘 베른의 소설에서 지리학을 공부하는 것만큼 러시아 문학에서 러시아 지식인의 역사를 연구하는 것은 어리석은 짓이다. 물론 둘 다 문학에 반영되었다는 것은 의심의 여지가 없지만 말이다.

4. 이 견해의 토대에, 문학이 마치 집단 사진을 연상케 하는 전형적인 사진인 것처럼 실제로 있는 것의 복제물이라는 잘못된 표상이 있다. 같은 그룹에 속한 일련의 얼굴 전체를 같은 판에 찍을 수 있게 하는 이 집단 사진에는 한 얼굴의 윤곽선을 다른 얼굴의 사진에 겹쳐

놓는 결과로 흔히 볼 수 있는 전형적인 경계선이 나타난다. 그 결과로 이 집단에서 종종 발견되는 전형적인 경계선을 선명하고 명료하게 부각한다. 개별적이고 무작위적인 경계선은 모호하지만, 이 간단한 기제에 의해 환자 혹은 범죄자의 특정 가족, 특정 집단의 전형적인 초상화가 만들어진다. 문학적 이미지는 그러한 집단 사진의 생성에 있는 어떤 것이고, 말하자면 1920년대 러시아 지식인의 전형적인 특징을 흡수하여 담은 유진 오네긴의 인상은 이 시대 연구를 위한 신뢰할 수 있는 자료로 쓰일 수 있다고 가정했다. 반면, 이 인상의 예술적 진리와 실제로 있는 것의 진리는 다른 모든 것처럼 매우 복잡한 관계에 있음을, 그리고 예술에서 실제로 있는 일은 항상 너무 변형되고 수정되어 예술 현상에서 삶의 현상으로 뜻을 직접 전이할 수 없음을 보여준다.

5. 동시에 우리는 실제로 있는 일을 잘못 이해할 뿐 아니라 그런 교수에서 순수한 심미적 계기를 배제하는 위험에 처하게 된다. 1920년대 사람을 연구하는 일에 대한 흥미와 집중은 푸시킨의 시를 연구하는 일에 대한 흥미와 집중과 심리적으로 공통점이 없다. 그 흥미와 집중은 완전히 다른 반응, 정서 및 심리적 행위에서 실현되며, 완전히 다른 필요성에서 공통된 자료만 사용한다. 그렇게, 어느 건축물의 지붕은 비로부터의 보호, 전망대, 식당의 방 및 기타 용도로 사용할 수 있지만, 이런 모든 경우 예술적 전체의 세부로서의, 건축의 의도된 설계의 세부로서의 지붕의 미학적 가치는 망각된다.

라. 예술, 그 자체의 목적

1. 마지막으로, 전통적인 교육학이 미학을 즐거운 감정으로, 예술적인 창작물 즐기기로 환원시키고 그것을 그 자체의 목적으로 보는 경우, 즉 심미적 체험의 전체 가치를 창작물이 어린이를 흥분시키는 쾌락과 기쁨의 즉각적인 감정으로 환원시키는 경우 범하는 세 번째 오

해를 지적하는 일이 남았다. 여기서도 예술적 창작물은 쾌락적 흥분 반응을 촉발하는 수단으로 해석되며, 본질에서, 현실 세계의 다른 유사한 반응이나 안달과 완전히 같다. 이렇게, 쾌락의 원천으로 교육에 미학을 접목하려는 사람은 누구나 처음으로 방문해 작품을 감상하면서 가장 강력한 경쟁자를 만날 위험에 처한다. 천진한 어린이의 특수성은 어린이를 위한 현실의 구체적 체험의 직접적인 힘이 상상하는 힘보다 정서에 훨씬 영향력이 있다는 사실에 있다.

2. 따라서 우리는 전통적인 교육학이 심미 교육에 이질적이고 특이한 목표를 부과하려 했기에 심미 교육 문제에서 막다른 골목에 다다랐음을, 그리고 결과적으로 첫째, 그 자체의 가치를 간과했음을 둘째, 종종 예상했던 것과 정반대의 결과를 얻었음을 알 수 있다.

마. 심미적 체험에서의 수동성과 능동성

1. 이런 심리적 오해가 가능했던 것은 교육자의 무지 때문이 아니라, 미학에 질문한 심리 과학 자체의 훨씬 넓고 깊은 오류에 기인한다. 심리 과학은 오랫동안 심미적 지각이 수동적인 체험이고, 인상에 굴복하며, 유기체의 모든 강렬한 능동성을 정지시킨다는 견해를 유지했다. 여기서 심리학자들은 무관심, 담백한 감탄, 의지의 완전한 억제, 그리고 미적 대상에 대한 개인적인 태도의 부재가 미적 반응의 실행이 가능한 필요조건임을 지적했다. 깊게 보면 옳지만, 이 모든 것은 진실의 절반만 포함하며, 이 반응 전체의 본성에 대한 잘못된 생각을 제공했다.

2. 수동성과 무관심이 심미적 행위를 위한 심리적 전제조건임에는 의심의 여지가 없다. 관객이나 독자는 그가 지각하는 작품에 능동적으로 참여하는 즉시 미학의 영역을 완전하고 돌이킬 수 없이 떠나게 된다. 그림 속의 사과를 보며 진짜 사과를 맛보려는 의도와 관련하여

가장 발달한 활동을 펼친다면, 그 그림이 나의 지각 영역 밖에 남게 됨은 너무나 분명하다. 그렇지만 쉽게 확인할 수 있듯이 이런 수동성은 심미적 행위에 도움을 주는, 측량할 수 없을 정도로 신중한 또 다른 능동성의 뒷면일 뿐이다. 실제로 그렇다는 것은 모든 사람이 예술 작품을 지각하는 데 접근할 수 없고, 예술 작품 인식이 어렵고 힘든 심리적 일이라는 사실로 쉽게 판단할 수 있다. 예술 작품을 유기체의 수동성으로 지각할 수 없다는 것은 분명하다. 귀나 눈뿐만 아니라, 보고 듣는 것은 첫 번째 순간일 뿐인 기본적인 충동이 추동하는 복잡한 내적 활동을 통해 예술 작품을 지각한다.

3. 그림의 용도가 눈을 어루만지는 것이고 음악의 용도가 귀에 즐거운 체험을 주는 것이라면, 이런 예술을 인식하는 일은 어떤 어려움도 겪게 하지 않을 것이며, 눈과 귀가 정상인 사람은 이런 예술을 지각할 수 있을 것이다. 예술을 지각하는 동안, 안달을 감정으로 지각하는 순간은 더 복잡한 능동성을 각성하는 데 필요한 최초의 추동일 뿐이며 그 자체로는 어떤 심미적 뜻도 담고 있지 않다. 크리스티안센Xристи ансен, 1910~1985은 "감정을 즐겁게 하는 것은 예술적 기획의 궁극적인 목표가 아니다. 음악에서 가장 중요한 것은 들리지 않는 것이고, 조형 예술에서는 보이지 않고 감지할 수 없는 것이다."라고 말했다.

4. 이 보이지 않고 감지할 수 없는 것은 외부에서 오는 감각적 인상에 반응하는 순간의 심미적 과정에 주된 강조점을 두는 것으로 이해해야 한다. 이런 뜻에서, 심미적 체험은 세 가지 계기[안달, 처리, 대응]의 존재를 전제로 하는 통상적인 반응이라는 정확한 모형을 기반으로 생겨난다고 할 수 있다. 형태를 감각적으로 지각하는 순간, 눈과 귀가 하는 일은 심미적 체험이 최초로 시작하는 순간에 펼쳐질 뿐이다. 고려할 것이 아직 두 가지가 남았다. 우리는 예술적 창작물이, 유기체에 미친 외적 인상이나 감각적 충격을 특별한 방식으로 조직한 체계

일 뿐임을 알고 있다. 그렇지만 이런 감각적 충격은 유기체에서 평소
와 다른 반응을 일으키는 방식으로 조직되고 건축되며, 심미적 체험
의 본질을 이루는 것은 미적 안달과 묶인 이 특별한 능동성이다.

5. 심리학의 분석이 아직 그 성분에 대해 최종적인 낱말을 언급하
지 않았기에, 무엇이 그것에 포함되어 있는지 정확히 말할 수 없지만,
우리는 관객이나 독자의 가장 복잡하고 건설적 활동이 여기서 진행되
고 있음을, 그리고 그 내용이 지각자 자신이 제시된 외부 인상에서 자
신의 모든 후속 반응이 이미 다른 심미적 대상을 만들고 창작하는 것
임을 알고 있다. 바로 이런 경우, 그림은 단순히 일정량의 물감이 덧대
어진 사각형의 캔버스 조각이 아니다. 관객이 이 캔버스와 이 색상들
을 사람 형상으로 혹은 사물로, 또는 행동거지로 해석할 때, 그려진
캔버스를 그림으로 전환하는 이 복잡한 일은 지각자의 심리에서 펼쳐
진다. 어떤 윤곽으로 닫고, 서로 연결해 묶고, 그럴듯하게 해석하고, 공
간으로 옮기는 식으로 선들에서 어울리는 것을 찾는 일이 필요하다.
그래야 선들을 통해 사람의 모습이나 풍광의 전경이 드러난다.

6. 나아가, 그림에서 어떤 사람이나 풍경을 묘사하고 있는지, 다양
한 부분들이 어떤 관계인지 이해하기 위해서는 회상, 생각을 연상하
는 복잡한 일이 필요하다. 이에 필요한 모든 일은, 지각자가 예술 전체
의 이질적인 요소들을 모아 종합하기에, "두 번째 창조적 종합"이라고
부를 수 있다. 선율이 마음에 뭔가를 말한다면, 그것은 우리가 외부에
서 흐르는 소리를 조합하는 방법을 알고 있기 때문이다. 심리학자들
은 오랫동안 우리가 예술 대상과 연결한 모든 내용과 감정은 그 대상
에 포함되어 있지 않고, 우리가 받아들인 것이고, 우리는 그것들을 예
술의 형상에서 느낀다고 했으며, 심리학자들은 바로 그 지각 과정을
감정 이입이라고 했다. 감정 이입의 이 복잡한 활동은, 본질만 언급하
면, 일련의 내부 반응의 재개, 그것들의 일관된 조정, 그리고 우리 앞

비고츠키의 교육심리학

에 놓인 대상을 어느 정도 창조적으로 처리하는 활동으로 압축할 수 있다. 이 활동이 기본적인 심미적 능동성을 이룬다. 그렇지만 이 능동성은 본질적으로 외부 안달에 반응하는 유기체의 능동성이다.

바. 심미적 활동의 생물적 가치

1. 심미적 활동의 생물적 가치도 논쟁적이고 혼란한 질문에 속한다. 심미적 활동이 발생하는 가장 낮은 단계에서만 그 생물적 의의를 파악할 수 있다. 예술은 삶의 요구에서 발생했다. 리듬은 노동과 투쟁을 조직하는 최초의 형태로 출현했고, 장식물은 성적 구애의 한 요소로 등장했다. 이렇게 예술은 실용적이고 공식적인 성격을 지녔다. 그렇지만 새로운 예술, 현대 예술의 진정한 생물적 의의는 그보다 더 먼 어딘가에 있다. 야만인에게 전쟁의 노래가 전투의 지휘와 조직을 대신하게 했다면, 장례의 흐느끼는 소리가 고인의 영혼과 직접 교감하는 것이었다면, 그런 직접적인 일상적 기능을 현대 예술에서는 인정할 수 없다. 따라서 심미적 활동의 생물적 가치를 다른 곳에서 찾아야 한다.

2. 여기서 가장 큰 인기는 스펜서에서 나온 창조력의 경제 법칙의 몫이었다. 그 법칙에 따르면, 정신력의 경제, 즉 예술 인식에 따르는 주의의 절약이 예술적 창작물의 가치와 그것이 전달한 즐거움을 전적으로 설명한다. 예술적 체험은 유기체에 가장 경제적이고 유익한 체험이다. 그것은 에너지의 최소 소비로 최대 효과를 주며, 이런 에너지 획득은 예술적 쾌락의 기초가 된다. 알렉산드르 베셀로브스키Веселóвск ий, 1838~1906는 "문체의 장점은 바로 여기에, 가능한 한 적은 낱말로 가능한 한 많은 사고를 전달하는 데 있다."라고 말했다. 여기서, 이 법칙의 두드러진 예로, 그들은 보통 대칭의 촉진적 가치, 리듬으로 얻게 되는 휴식을 지적했다.

3. 그렇지만 이 법칙은, 사실이라 하더라도, 본질을 짚으면, 예술의

질문과 거의 관련이 없다. 창조가 발현하는 모든 곳에서 힘의 절약을 찾을 수 있기 때문이다. 예를 들면, 수학 공식과 물리 법칙에서, 식물의 분류에서, 혈액 순환의 가르침에서도 예술적 창작물에서처럼 힘의 절약이 있다. 이것이 심미적 충격의 힘이라면, 모든 창조적 활동에 공통된 힘의 절약과 심미적 활동에서의 힘의 절약을 구분하는 것을 이해할 수 없을 것이다. 이 법칙은 심리학적 진실을 표현하지 못하고 문예 분야에서의 정확한 검토에 반한다. 예술 활동의 형식을 연구한 결과에 따르면, 예술 활동 경험에서 우리는 현실의 쉬운 재현이 아니라 어려운 재현을 다룬다. 그래서 극단적인 일부 연구자는 대범하게 대상을 '낯설게 하기'가 예술의 기본 법칙이라고 한다. 어쨌든 시적인 말이 산문적인 말보다 어려운 말이고, 시적인 말의 예외적인 낱말 배열, 운문으로의 분해, 율동성은 누구에게나 분명하다. 이런 특성은 이런저런 일에서 주의를 기울이는 부담을 덜어주지 못하고, 도리어 반대로, 일상적인 말에는 없고 시에 처음 등장한 낱말들에 대한 끊임없는 긴장 상태를 요구한다.

4. 오늘날, 예술사에서 예술 창작물의 모든 요소에 대한 지각이 무의식 행위에서 사라지고 의식을 갖춰야 유형화된다는 것은 뻔한 말이 되었다. 이런 식으로 예를 들어보겠다. 우리는 일상적 말에서 낱말들의 음성적 측면에 주의를 기울이지 않는다. 소리를 무의식으로 지각하여 다 아는 그 뜻과 자동으로 연결한다. 제임스는 우리가 모국어를 이해하지 않고 귀를 기울인다면 모국어가 외국어처럼 얼마나 이상하고 예외적인 외관을 지니게 될지에 주목했다. 바로 이 지점에서, 시적인 말의 법칙은, 의식이 빛나는 지역에서 소리의 출현이 그에 주의를 기울이면서 그에 대한 정서적 태도를 유발하는 것임을 기억해야 한다. 이런 양상으로, 시적인 말의 지각은 촉진되지 않을 뿐 아니라 어렵기까지 하다. 일상적인 말의 지각보다 추가 작업이 필요하기 때문이다.

다른 사람의 작업을 통해 이루게 되는 정신적 힘의 절약을 통해 모든 심미적 쾌락을 얻게 된다면, 필연적으로 기생하는 것이다. 심미적 활동의 생물적 가치는 그런 기생에 있지 않다.

5. 심미적 행위의 생물적 뜻은, 현대 심리학이 그러하듯이, 예술가의 창작활동에 대한 심리를 밝히고 지각을 창작 과정에 더 가깝게 하는 데서 찾아야 한다. 왜 읽는지를 묻기 전에, 먼저 사람들이 왜 쓰는지 고민해야 한다. 창작활동과 그 심리적 기원을 묻는 것도 마찬가지로 너무나 어려운 것이라 여기서는 이 장애물을 지나쳐 다른 것으로 넘어가겠다. 그렇지만, 특정 하위 유형의 에너지를 승화한다는 뜻에서 창조는 심리의 가장 심층의 필요를 반영한다는 일반적인 입장은 의심의 여지가 없음은 확실히 하고 넘어가겠다. 창조를 승화로 이해하는 것, 즉 사용하지 않고 유기체의 정상적인 활동에서 배출구를 찾지 못한 하등 유형의 심리 에너지를 고등 유형의 심리 에너지로 변형하는 과정으로 이해함은 현대 심리학에서 가장 그럴듯한 이해 방식이다. 이미 앞에서 본능의 가르침과 연결하여 승화의 개념을 설명했으며, 특히 창조적 과정과 성 에너지의 승화 사이의 밀접한 연결에 대한 의견을 제시했다. 어떤 심리학자에 따르면, 창조력이 풍부한 사람도 있고 부족한 사람도 있다. 부족한 사람은 일상생활을 유지하는 데 에너지를 전적으로 공급하여 소비하는 반면 풍부한 사람은 에너지를 저장하고 저장하여 충족해야 할 필요의 범위를 넓힌다. 그렇게 여기서, 직접적인 목적에 사용하지 않아서 실행되지 않은 특정 에너지가 활용되지 않고 남아 의식의 문턱을 넘어 사용되어 새로운 유형의 활동으로 변형되는 순간 창조가 발생한다.

6. 앞에서 자세히 설명했듯이, 가능성은 활동을 능가하고, 신경계에서 발생하는 모든 흥분의 극히 일부만이 삶에서 실현되며, 나머지 흥분은 가능성과 실현 사이, 곧 잠재성과 실제성 사이에 머물고 전적으

로 창조에 던져진다. 이런 양상으로, 예술에서 창조 행위와 지각 행위의 동일성은 주요한 심리적 전제조건이 된다. 셰익스피어 같은 작가가 되는 것과 셰익스피어의 저작을 읽는 것은 확연히 다르지만, 유리 아이켄발트Айхенва́льд, 1872~1928 가 제대로 설명했듯이, 본성에서 완전히 똑같은 현상이다. 독자는 시인과 같은 정신 활동을 한다. 예술 작품을 지각할 때마다 우리는 사실상 그것을 매번 새롭게 재창조한다. 이렇게 보면, 지각 과정을 창조가 반복되어 재생산되는 과정으로 정의할 수 있다. 나아가 만일 그렇다면, 창조 과정과 같은 특정 유형의 정신 에너지로 승화하는 생물적 유형과 창조 과정이 똑같다는 결론을 도출할 수밖에 없다. 실제로 신경계에서 흥분 형태로 발생했는데 신경계가 적절히 대응할 수 있는 것보다 많은 안달을 감지하기 때문에 활동에서 실현되지 않은 채로 남아 있는, 삶의 부분들이 우리를 위해 실현한 것이 예술이다.

7. 핵심을 짚으면, 실현되지 않은 행동의 잔재, 삶에 대한 가능성의 이런 우월성은, 공동 동기 장을 위한 투쟁의 가르침에서 확인할 수 있듯이, 항상 존재하며 탈출구를 찾아야 한다. 이 잔재물이 적절한 배출구를 찾지 못하면 인간 심리와 갈등하게 되고, 그러한 실현되지 않은 행동을 기반으로, 정신병과 신경증의 형태로 비정상적인 행동 형태가 발생한다. 이렇게 비정상적인 행동 형태는 실현되지 않은 잠재의식의 갈망과 행동의 의식적 부분의 충돌일 뿐이다. 삶에서 실현되지 않고 남아 있는 것은 승화되어야 한다. 성취되지 않은 것을 위한 길은 두 가지뿐이다. 승화 아니면 신경증이다. 이런 양상을 고려하면, 심리적 관점에서 볼 때, 문예는 실현되지 않는 흥분을 제거하기 위해 생물적으로 언제나 필요한 기제이며 인간 생존의 이런저런 형태에 불가피한 동반자다.

8. 이런 승화는 예술적 활동과 관련된 창조에서, 예술적 활동과 관

비고츠키의 교육심리학

련된 지각에서, 즉 우리에게 오는 안달물 체계를 완화하고 단순화하여 미리 준비한 형태에서, 극도로 격렬하고 장대한 형태로 실현된다. 이로부터 잠재의식의 승화를 위한 영구적인 기술을 창조하는 것으로서 심미 교육의 중요한 독립적 가치가 분명해진다. 미학적 측면에서 보면, 누군가를 교육한다는 것은, 교육받는 사람에게 잠재의식의 내적 압력을 유익하고 필요한 것으로 향하게 하며 올바르게 기능하는 통로를 만드는 것이다. 승화는 수면과 질병이 개별적이고 병리적 형태로 수행하던 것을 사회에 유용한 형태로 한다.

사. 심미적 반응의 심리 묘사

1. 심미적 반응의 궁극적인 목표는 이런저런 실제 반응을 되풀이하는 것이 아니다. 그것을 극복하여 승리하는 것임을 확인하려면, 심미적 반응을 피상적으로 한 번 살펴보는 것으로 충분하다. 슬픔에 관한 시가 슬픔만을 말하는 것을 궁극적인 목표로 삼는다면, 이는 예술에 극도로 슬픈 일일 것이다. 명백하게도, 이런 경우 서정시의 임무는, 톨스토이의 표현처럼, 다른 사람의 감정(위 경우라면 다른 사람의 슬픔)을 우리에게 전염시키는 게 아니라, 슬픔을 직시하게 하고 그와 맞서 싸워 승리하여 마침내 슬픔을 극복하게 하는 데 있다. 이런 뜻으로 보면, 예술이 감정의 사회화라는 부하린Буха́рин, 1888~1938의 정의와 한 사람의 삼성을 많은 사람에게 전염시키라는 톨스토이의 가르침은, 심리적 측면에서 너무나 잘못되었다.

2. 이 경우 예술의 '기적'은 암울한 복음의 기적을 떠올리게 한다. 성경에 따르면, 빵 다섯 개와 물고기 두 마리로 여성과 어린이를 제외한 성인 오천 명이 배불리 먹고도, 남은 조각을 거두니 열두 바구니를 채웠다. 여기서 '기적'은 놀라운 체험의 곱셈에 있지만, 빵과 생선, 생선과 빵만으로 식사한 사람은 그들 각자였다. 이런 식으로, 예술에서

감정의 사회화가 이루어질 때 한 사람의 감정은 수천 배로 증가하지만, 여기서 감정은 심리 체제의 가장 보편적인 정서로 남게 되며, 예술 작품은 이렇게 거대한 정서의 한계를 넘어 표현될 수 없다. 이 경우 예술의 목적이 극도로 비참하다는 것은 충분히 이해할 수 있다. 왜냐하면, 모든 현실의 대상과 정서가 몇 배나 더 강하고, 예리하고, 강렬하기 때문이며 예술의 모든 즐거움이 빈곤과 굶주림에서 유래하기 때문이다. 하지만 실제에서 예술의 목적은 풍요에서, 즉 사람이 삶에서 이룬 것보다 더 많은 것을 이룰 수 있다는 사실에서 유래한다.

3. 이렇기에, 예술은 삶을 보충하는 것이 아니라 인간 내면의 삶을 능가하는 것의 결과물이다. 예술의 '기적'은 오히려 물이 포도주로 변하는 것과 비슷하므로, 모든 예술적 창작물은 주제가 되는 어떤 현실의 사물 또는 세상에 대한 통상적인 정서를 담고 있다. 그렇지만 거기서 문체와 형식의 과제는 바로 주제가 되는 이 현실의 사물 또는 사물의 정서적 채색을 극복하고 완전히 새로운 무엇을 담는 것이다. 그런 연유로, 심미적 활동이 의도하는 바는 고대부터 카타르시스, 즉 그 격정의 고통에서 정신적으로 해결되어 해방되는 것으로 이해되었다. 고대 심리학에서 이 개념은 정신을 치유한다는 순전히 의학적·위생적 의미를 부여받았고, 현대의 여러 이론보다 예술의 본질에 훨씬 근접해 있음은 의심할 여지가 없다. "괴로워하는 정신을 치유한 합창"—시인의 이 문구는 문예와 질병을 나누는 분수령을 정확하게 표현했다.

4. 많은 심리학자가 둘의 공통된 경계를 찾아, 천재성이 미친 것과 비슷하다고 선언하여, 창조와 광기를 모두 규범의 한계를 넘어선 것이라 추론하려는 유혹에 쉽게 빠지는 데는 나름의 이유가 있다. 이 길에서만 우리는 예술의 교육적, 도덕적, 정서적 값어치를 이해할 수 있을 것이다. 의심할 여지 없이, 그들 모두는 존재할 수 있지만, 예술 작품의 심미적 작용이 완전히 실현된 후에만 발생하는, 일종의 예술 작품

으로 인한 후유증처럼, 항상 부차적인 계기에서만 존재할 수 있다.

5. 예술의 도덕적 여파는 의심할 여지 없이 존재하며, 다른 어떤 것에서도 찾을 수 없지만, 정신세계의 내적 명료성, 내밀한 갈등의 점차적 근절, 결과적으로 족쇄처럼 억압한 어떤 힘, 특히 도덕적 행동의 힘에서 해방이 펼쳐지는 곳에서 찾을 수 있다. 『집에서』라는 체호프의 단편 소설에서 그 적절한 예를 발견할 수 있다. 평생 온갖 억압과 경고와 처벌을 실행해 온 검사인 아버지는, 가정교사의 말대로 아버지의 식탁에서 담배를 훔쳐 피운 7세 아들의 사소한 범죄 행위에 직면해 극도로 난처한 상황에 놓인 자신을 발견하게 된다. 담배를 피우면 안 되는 이유, 남의 담배를 훔치면 안 되는 이유를 아들에게 아무리 설명해도 그의 훈계는 목표에 이르지 못했다. 왜냐하면, 세상을 독특하고 완전히 특별한 방식으로 지각하며 해석하는 그 아이의 심리에 있는 극복할 수 없는 장애물에 직면했기 때문이다. 아버지가 다른 사람의 물건을 가져갈 수 없다고 설명하자 아들은 그의 노란 강아지가 아버지의 탁자 위에 있어도 이를 전혀 신경 쓰지 않는다고, 아버지의 물건에서 필요한 게 있으면, 강아지에게 주저하지 않고 갖게 한다고 응수한다. 아버지가 그에게 흡연이 해롭고 그레고리오 삼촌이 담배를 피워서 죽었다고 설명했을 때, 이 예는 아이에게 정반대의 영향을 미친다. 삼촌의 이미지가 그에게 일종의 시적 느낌과 연결되기 때문이다. 그는 삼촌이 바이올린을 아름답게 연주하던 것을 회상하면서, 이 삼촌의 운명에도 불구하고 아이는 삼촌이 했던 것을 피할 수 없었을 뿐 아니라, 오히려 흡연에 새로운 매력적인 의미를 부여했다.

6. 그래서 아무것도 이루지 못한 채, 아버지는 아들과의 대화를 중단했다. 잠자리에 들기 직전에 습관대로 아들에게 동화를 말하기 시작했다. 그는 머리에 떠오르는 첫 번째 생각을 전통적인 동화 이야기 형식과 어설프게 결합했다. 그의 동화는 갑자기 아들이 있는 늙은 왕에

대한 소박하고 재미있는 이야기로 바뀌었다. 그 아들은 담배를 피우고 건강이 나빠져 병에 걸리고 어린 나이에 사망했다. 적들이 와서 궁전을 파괴하고 노인을 죽였다. 그래서 "지금 정원에는 체리, 새, 초롱꽃이 없다." … 이 이야기는 아버지에게는 순진하고 우스꽝스러워 보였지만 아들에게 예상치 못한 효과를 미쳤다. 아들은 신중하고 낮은 목소리로 아버지에게 아주 뜻밖에도 더는 담배를 피우지 않겠다고 했다.

7. 이야기의 바로 그 작용으로 아이의 심리에 새로운 힘이 일어나 명확해졌으며, 앞선 아버지의 끈질김이 추동한 도덕적 여파와 같은 새로운 힘으로, 아들은 자신의 건강에 대한 아버지의 두려움과 관심을 모두 느낄 수 있었다. 그 도덕적 여파는 예기치 않게 아버지가 전에 얻고자 했지만 실패했던 효과를 미쳤다.

8. 그러나 여기서 이 여파를 구별하는 두 가지 본질적인 심리적 경계를 기억할 필요가 있다. 첫째는 그것이 바로 그 아동의 내밀하고 내적인 주의 과정의 형태로 발생하며, 도덕이나 훈계를 우화나 동화에서 논리적으로 추출하여 달성할 수 없다는 것이다. 반대로, 미적 인상의 작용이 일어나는 분위기에서 흥분과 열정이 강할수록, 그에 수반되는 정서적 고조가 높을수록, 도덕적 여파에서 더 많은 힘을 끌어내어 더 확실히 그 여파가 작동한다.

9. 둘째 경계는, 이런 관점에서도, 미학의 도덕적 작용은 우발적이고 부차적일 수 있으며, 미학에 기반해 도덕적 행위를 교육하는 것은 아무리 좋게 봐도 어리석고 취약하다는 데 있다. 이야기 속의 아버지는 "약은 달고 진리는 아름답다."라는 말이 얼마나 정확한지를 충실하게 되새겼다. 소설과 시에서 신념을, 오페라와 서사시에서 역사적 지식을, 우화에서 도덕을 얻는 사회는 그들 영역에서 견고하고 단단한 단계에 도달하지 못할 것이다. 체호프가 이를 아담 시대 이후 인간이 멋대로 행한 변덕스러운 마음이라고 불렀고, 이런 견해에서, 진실에 기

비고츠키의 교육심리학

반한 엄격한 어린이 도덕 교육을 요구했던 교육학과 완전히 일치한다.

10. 마찬가지로 예술의 인지적 여파는 가능하다. 예술 작품을 경험한 내용은 현상의 어떤 영역에 대한 우리의 시야를 넓히고, 그것을 새로운 눈으로 보게 하며, 종종 완전히 분산된 사실들을 일반화하고 통합할 수 있게 한다. 바로 이 작업에서, 어떤 강력한 체험과 마찬가지로, 심미적 체험은 후속하는 작용에 매우 확실한 유형의 설정을 생성하고, 당연하게도, 진행하면서 미래의 행동을 위한 흔적을 남긴다. 매우 정확하게 많은 사람이 시 창작의 산물을 나중에 힘을 소비하는 축전지나 에너지 저장 장치에 비유한다. 똑같이 모든 시 창작 경험은 미래의 작용을 위해 에너지를 축적하고 에너지를 보낼 새로운 방향을 제시하며 새로운 눈으로 세상을 바라보게 한다. 좀 더 극단적인 심리학자들은 이런저런 산물이 불러일으키는 순전히 운동적인 설정을 이야기하기도 한다. 그런 경우, 예외 없이 모든 심미적 안달에는 다 아는 운동 충동이 있음을 알아차리기 위해, 댄스 음악 같은 예술 형식의 존재를 떠올리는 것으로 충분하다. 여기서, 운동 충동은 때로 춤추는 듯한 움직임이나 두드리는 리듬으로 즉각적이고 거칠게 실현되며, 이는 낮은 수준의 예술에 속한다. 그렇지만 때로 이 안달의 복잡성이 가장 높은 수준에 도달하는 경우에, 이들 충동의 운동적 복잡성으로 인해 운동 충동이 즉각적으로 완전히 실현되지 않고 오히려 후속 행동을 위한 극도로 미세한 준비 작업으로 표현된다. 심미적 체험은 행동을 조직한다. 연구원 중 한 명은 "공연장에서 사람이 걷는 것을 보면, 그가 듣고 있는 것이 베토벤인지 쇼팽인지 알 수 있다."라고 말했다.

11. 회화 작품에서 생기는 시각적 안달을 연구한 심리학자들은, 그림을 체험하는 체계에서, 공공연한 역할이 운동 감각 부분에, 즉 운동 반응에 할당되고 우리가 눈보다 근육으로 그림을 읽는다는 유사한 결론에 이르렀다. 그림의 심미적 영향은 눈만큼이나 손가락 끝에 있다.

그림이 시각적인 상상 못지않게 촉각적이고 운동적인 상상에 말을 하기 때문이다.

12. 마지막으로, 예술의 산물에서 쾌감이나 즐거움을 만끽하는 순간은 그런 여파의 질에 참여하고 감정의 경과에까지 교육적 영향을 확대할 수 있다. 그러나 여기서 그것은 시와 예술의 기본적 작용에 부차적인 순간으로 존재한다. 이것은 심리학자들이 "더 높은 정서의 추방하는 힘"이라고 부르는 것에 가깝다. 그리고 고대에 주술이 영혼을 쫓아내고 운율 있는 말과 시적 문체의 힘으로 치유한 것처럼, 현대 시도 유기체에 적대적인 내적 힘을 쫓아내고 해결한다. 이런저런 말을 하면서 우리는 내부 갈등을 일정하게 해소하기 때문이다.

13. 여기서 시 창작물을 즐기는 일이 간접적이고 모순된 방식으로 성립하며, 대상과 예술의 직접적인 인상을 극복함으로써 진행된다는 점을 떠올리는 것은 흥미롭다. 이 심리학적 법칙의 두드러진 예로 비극과 희극을 떠올려 보자. 비극은 항상 죽음에 대해 말하고, 아리스토텔레스의 정의에 따르면 두려움, 공포, 연민을 불러일으킨다. 이런 감정들의 높이가 아니라 약간의 웃음을 지으며 비극을 음미한다면, 그 비극적 작용을 알 수 없다. 어떻게 고통스러운 모습 그 자체가 아름다움을 경험할 대상이 될 수 있는지, 그리고 왜 타인의 죽음에 대한 관조가 비극을 보는 사람에게 그렇게 큰 즐거움을 줄 수 있는지, 고대인들도 이런 문제를 고민했다. 그들은 이를 생물적 대조로 소박하게 설명했고, 비극에서 경험하는 즐거움을 다른 사람에게 불행이 닥칠 때마다 느끼는 위험과 쾌감의 감정에 국한하려고 했다. 이런 심리학 이론에 따르면, 오이디푸스의 비극은 관객에게 최고의 즐거움을 준다. 관객이 거기서 자신들의 안녕과 안목을 존중하도록 학습했기 때문이다. 그러나, 같은 저자가 인용한, 해안에 서서 침몰하는 배를 바라보는 관중이 자신의 안전을 의식하며 거기서 최대의 즐거움을 경험해야 하는

비고츠키의 교육심리학

아주 단순한 예는 그러한 가르침을 완전히 부인한다.

14. 가장 단순한 심리학적 고려로도 우리는 알 수 있다. 비극을 체험할 때, 작가는 우리가 영웅에게 동정적 태도를 지니도록 구성하며, 동정적인 태도는 죽음이 가까워짐에 따라 자라나고 두려움과 열광의 감정을 키운다. 그러니까 우리는 이 즐거움의 원천을 다른 곳에서 찾아야 하는데, 물론 예술의 궁극적인 목표인 카타르시스에서만, 비극이 불러일으킨 열정의 해결에서만 이를 찾을 수 있다. 크리스티안센 Christiansen, 1869~1958에 따르면, "공포는 공포 그 자체로 묘사되는 것이 아니라 그것을 극복하려는 충동으로 묘사된다."

15. 정확히 같은 방식으로 희극적인 것 그 자체가 역겹고 저급하며 언뜻 보기에 완전히 이해할 수 없는 방식으로도 고귀한 즐거움으로 이어진다. 고골의 『검찰관』에는 아름답게 들리는 단어가 하나도 없다. 아름다운 단어를 찾기는커녕 저자는 러시아어에서 삐걱거리고 번지지 않고 무례한 모든 단어를 찾으려고 했다. 역겹지 않은 얼굴이 없고, 천박하지 않은 상황이 없고, 조금이나마 해맑은 생각은 하나도 없다. 그리고 이 모든 저속하고 역겨운 더미에서 고골이 웃음에서 아주 정확하게 본 어떤 특별한 뜻이, 시청자가 자신에게서 가져오고 희극 자체에 담겨있지 않고 관객이 스스로에서 취하는 심리적 반응에서 등장하고 펼쳐진다. 희극에는 웃음이 없다. 반대로 그 안에 있는 모든 사람은 진지함에 몰두하지만, 이 모든 자료는 관객에게, 일련의 서정적인 움직임으로 만들어진 그리고 고골이 자기 희극의 유일한 정직한 얼굴이라 올바르게 명명한, 큰 웃음의 반응을 불러일으키도록 조직된다.

16. 독일 미학은 오래전에 문예의 이런 심리적 특이점을 추한 것의 미학이라 불렀고, 이런 사례를 통해 설득력 있게 심미적 체험의 변증법적 성격을 보여주었다. 모순, 내적 적대, 극복, 승리, 이 모든 것은 심

미적 행위를 조합하는 불가결한 계기다. 나중에 추악함을 뛰어넘으려면 모든 힘을 다해 추악함을 직시해야 한다. 모두 함께 그 위로 올라가려면 비극의 영웅과 함께 죽음의 모든 절망을 경험하는 게 필요하다. 이런 변증법적이고 행동을 재건축하는 정서는 예술에 의해 수반되며, 이런 정서는 카타르시스로 해소되는 내적 투쟁의 가장 복잡한 활동을 의미한다.

아. 창조, 심미적 판단 및 전문적 기술 교육

1. 교육으로 장소를 옮기면, 이 위치는 자연스럽게 세 가지 개별 문제로 나뉜다. 아이들의 창조 행위를 교육하고, 아이들에게 예술의 이런저런 전문적 기술을 직업으로 교수학습하고, 심미적 판단(즉, 예술작품을 경험하여 지각하는 능력)을 교육하는 과제가 놓여 있다.

2. 아이들의 창조 행위에 관한 질문은 의심할 여지 없이, 그 독자적 심미적 가치가 0에 가깝더라도, 그 놀랄 만한 교육적 값어치를 음미하며 답해야 한다. 어린이의 그림은 때로 미적 측면에서 보기 흉하기도 하지만 늘 교육적이고 만족스러운 사실 자료다. 그림 그리는 일은 아이가 자기 체험을 체계적으로 숙달하여, 그것을 극복하고 정복하도록 가르친다. 아름답게 표현된 그림에서 아이는 심리를 고양하는 방법을 배우게 된다. 개를 그리는 아이는 그렇게 개를 그리면서 개에 대한 직접적 체험 위로 올라서 직접적 체험을 극복하고 이겨낸다.

3. 그리고 이런 취지에서 교육적 주요 요구는 어린이 그림의 심리적 특성, 즉 획과 선 자체에 대한 객관적인 평가가 아니라 그림으로 표현되는 체험의 점검과 통제를 따지는 것이다. 그러므로 아이의 그림을 정렬하고 수정하는 일은 아이가 한 체험의 심리적 배열에 대한 심한 간섭을 의미할 뿐이며 이를 방해하는 역할을 할 위험이 있다. 어린이들의 선을 바꾸고 수정함으로써, 우리는 우리 앞에 있는 종이 위에 엄

격한 질서를 도입할 수 있지만, 어린이의 심리에 불안을 가져와 혼란스럽게 할 뿐이다. 따라서 어린이 창조 행위의 완전한 자유, 성인 의식과 동일시하려는 갈망의 거절, 독창성과 특수성의 인정이 심리학의 주요 요구가 된다.

4. 앞서 언급한 체호프의 단편 소설(『집에서』)에 나오는 소년은, 사람이 집보다 키가 클 수 없다는 것을 잘 알면서도 왜 군인을 집보다 높게 그렸냐는 아버지의 질문에, 군인을 작게 그리면 그의 눈을 볼 수 없기 때문이라고 단호하게 답했다. 어린이를 점유하고 있는 주요한 것, 즉 그림의 중심 장소를 강조하고 거기에 다른 모든 것을 비율에 맞춰 종속시키려는 갈망에 어린이 그림의 주요 특징이 있다. 그리고 어린이가 대상의 실제 형태에서 벗어나 독립하려는 경향은, 본질을 짚자면, 어린이가 대상을 사실대로 보는 방법을 모른다는 사실에서 비롯되는 것이 아니라 어린이가 대상을 매우 진지하게 대한다는 사실에서 비롯된다. 성인의 요청에 따라 만들어지지 않는 한, 어린이의 모든 그림은 어린이 심리의 주요 속성으로 간주해야 하는 어린이의 내적 열정에서 비롯되므로, 어린이는 가장 중심적이고 중요한 것에 우호적으로 주제의 중요하지 않은 측면들을 왜곡한다.

5. 톨스토이가, 창조적 행위의 최종 산물을 수정하는 일은 그것을 낳은 내적 동기를 왜곡하기에, 성인이 어린이의 글쓰기에서 철자조차도 고치지 말아야 한다고 했을 때, 똑같은 규칙을 자신의 교육학에 제시한 것이다. 톨스토이는 「누가 누구에게서 글 쓰는 법을 배워야 하는가: 우리가 농민의 어린이들에게, 아니면 농민의 어린이들이 우리에게」라는 유명한 글에서, 언뜻 보기에 역설적이게도 "괴테 수준일 수는 없지만 반 문맹 농민 소년은 엄청나게 높은 발달 수준으로 예술가의 의식적 힘을 보여주었다."라고 했다. 톨스토이는 이렇게 말했다. "러시아 식자층에서 예술적 재능을 인정받고 성공했다고 자부하는 『아동

기』의 저자인 제가 글쓰기 문제에서 11세인 심카와 페드카를 도와줄 수 없고 어쩌다 그들이 행복으로 안달히는 순간에나 의미를 파악하고 그들을 이해할 수 있었다는 사실이 너무 이상하고 모욕적으로 보였다." 톨스토이는 문학의 가장 훌륭한 대표 작품보다 이들의 작문에서 더 시적인 진실을 확인했다. 그리고 그들의 작문에 저속한 구절이 있다면 그것은 톨스토이 자신의 잘못 때문이었다. 그런데 아이들이 그들 자신이 알아서 하도록 맡겨진 곳에서는 그들은 단 하나의 거짓된 소리도 내지 않았다. 이로부터 톨스토이는 도덕 교육의 이상과 같이 심미적 교육의 이상이 앞이 아니라 뒤에, 즉 어른의 영혼에 어린이의 영혼이 접근하는 게 아니라 어린이의 영혼에 있는 타고난 자연적 속성에 있다고 결론지었다.

6. "교육은 사람을 고치는 것이 아니라 타락시킨다." 이런 뜻으로 보면, 교육적 배려는 거의 전적으로 아이의 영적 풍요로움을 망치지 않는 것으로 귀결되며, "아이처럼 행동하라" 같은 계명은 미학과 관련하여 가장 높은 교육적 이상인 듯 보인다.

7. 이 견해로는 잘 알려진 위대한 진실로 결론을 맺게 된다. 즉, 어린이의 창조에서 우리는 성인의 전문적인 정교함의 요소가 없는 완전히 청결한 자연발생적인 시 사례를 갖게 된다는 결론에 이른다. 거의 대다수가 이를 논박하지 않는다. 그러나 이런 창조적 행위가 매우 특별한 체제라는 사실을 인정해야 한다. 말하자면, 그것은 객관적인 값어치를 창출하지 않고 주변 사람들보다 아이 자신에게 더 필요하며 일시적인 창조적 행위일 뿐이다. 어린이의 놀이처럼, 그것은 치유하고 점점 거세어지지만, 외부가 아니라 바로 유기체 내부에 있다. 톨스토이가 언급한 심카와 페드카는 성장했지만, 톨스토이의 권위 있는 호평에 따르면, 그들이 11세에 자신의 소설보다 우월하고 괴테의 가장 성공적인 낱말에 필적하는 낱말을 구사하게 되었지만, 위대한 작가가 되지는 못

비고츠키의 교육심리학

했다.

8. 이로부터, 이 견해의 의심할 여지 없는 오류가 아동의 창조 행위의 사례를 과장하고 숭배하는 데 있으며, 창조적 행위의 자연발생적인 힘이, 비록 가장 큰 긴장의 사례를 창출할 수 있지만, 영원히 가장 기본적이고 원시적이며 본질에서 빈곤한 형태로 제한된 원 안에 머물 운명임을 제대로 이해하지 못한 데 있다는 것을 확인할 수 있다.

9. 이런 뜻에서, 어린이의 창조적 행위 교육에 관한 교육적 규칙에 따르면, 항상 그 유용성을 순전히 심리적 관점에서 셈해야 하며, 시를 짓는 아이를 미래의 푸시킨으로 혹은 그림 그리는 아이를 미래의 미술가로 바라보지 말아야 한다. 어린이가 시를 쓰거나 그림을 그리는 것은, 미래의 창작자가 될 기질이 그에게서 출현하기 때문이 아니라, 그런 활동이 지금 필요하기 때문이며, 우리 각자가 누구나 인정하는 이런저런 창작할 가능성을 지니기 때문이다. 천재와 영재를 선별하는 바로 그 과정이 여전히 너무 모호하고 제대로 탐구되지 않아 이해할 수 없어서, 교육학은 미래의 천재를 모아 교육하는 데 어떤 조치가 도움이 되는지 정확하게 말할 수 없다.

10. 이것은 미학 교육의 가능성 자체에 혼란스러운 질문을 제기한다. 우리는 이 질문에 대한 톨스토이의 견해가 성인과 어린이의 예술적 창조 행위를 제대로 구분하지 못했다는 것을 보았다. 그런 이유로, 톨스토이는 무엇보다도 예술에서, 당연하고 명확하게도 모든 이에게 교육의 결과인, 뛰어난 솜씨의 계기에 담긴 엄청난 가치를 고려하지 않았다. 뛰어난 솜씨에는 기교적인 예술의 기술뿐만 아니라 훨씬 많은 것, 예를 들면 예술 자체의 법칙에 대한 미묘한 지식, 문체 감각, 구성하는 재능, 취향 등이 포함된다. 전에는 숙련한 자라는 개념이 예술가라는 개념을 완전히 덮었다.

11. 그러나 이 외에도 영감, 강림 등의 신비로운 본질에 대한 표상

은 창조적 행위의 본질에 대해 과학과 완전히 다른 견해를 낳았다. 그리고 "태어난 사람은 조화, 진리, 아름다움과 선함의 원형이다"라는 톨스토이의 가르침은 과학적 진리가 아니라 전설로 인식해야 한다. 어린 시절에 즉각적인 충동과 창조가 성인보다 더 많고 강렬한 것은 사실이지만, 위에서 살펴본 바와 같이 그 성질은 성인의 것과 다르다. 그리고 심카와 페드카의 창조적 행위가 아무리 고상하고 아름답더라도, 본질에서 괴테와 톨스토이의 창조적 행위와 확연히 다르다.

12. 문학이 학교에서 가르쳐야 할 교과가 될 수 없다는 아이헨발트 Айхенваа́льд, 1872~1928와 게르셴존 Гершензо́н, 1869~1925 등이 지지하는 의견은 별개의 논쟁거리다. 그러나 이 의견은 옛날 수업 방식을 염두에 둔 학교에 대한 편협한 시각에서 나온 것이다. 여기서는 새로운 학교에서 교육이 다양하게 펼쳐질 가능성을 간과했다. 미적 감정은 다른 모든 것과 마찬가지로 교육의 대상이지만 특별한 형태로만 그렇다.

13. 바로 그런 관점으로 이런저런 문예 기법을 전문적으로 교수학습하는 것이 필요하다. 이 기법을 형성하는 일의 가치는 모든 노동의 복잡한 활동과 마찬가지로 극단적으로 크다. 그 언어의 기법을 제대로 모른 채, 예술 작품에 제대로 몰입하는 것은 불가능하다. 예술 작품에 대한 인식을 교육하는 수단으로서 특히 그 가치는 지금도 증대되고 있다. 이런 이유로, 모든 예술의 구조에 있는 최소한의 기법들에 대한 지식은 일반교양 체계에 확실히 포함해야 한다. 이런 측면에서 여러 예술 분야의 기법을 습득하는 것이 양성의 필수 조건인 학교들은 교육적으로 올바르게 나아가고 있다.

14. 그렇지만, 예술을 전문적으로 교수학습하는 일에는 혜택보다 훨씬 많은 교육적 위험이 있다. 최근 수십 년 동안 유럽과 러시아의 중산층에 수칙이 된, 모든 어린이에게 음악을 교수학습하는 무익한

대규모 경험을 보며 심리학자는 우울해졌다. 피아노 연주에 필요한 그 복잡한 기법을 익히려고 얼마나 많은 시간과 돈을 허망하게 낭비했는지를 고려한다면, 나아가 이를 수년간의 작업 끝에 얻은 미미한 결과와 비교한다면, 우리는 이 엄청난 경험이 전체 사회 구성원에게 가장 치욕적인 실패로 끝났음을 인정할 수밖에 없다. 음악 예술은 이 일에서 값어치 있는 어떤 것도 얻지 못했으며, 음악에 대한 이해와 지각 및 체험에 대한 단순한 음악 교육조차도 인정하듯이, 피아노 연주법을 가르치는 게 좋은 양육의 필수 규칙이 된 환경보다 음악을 배우는 환경이 더 나빴던 적은 찾아볼 수 없다.

15. 일반적인 교육학적 영향에 관해 언급하면, 이렇게 교수학습하는 것은 그야말로 파괴적이며 해로웠다. 어린이의 직접적이며 본능적인 흥미와 관련이 거의 없었기 때문이다. 흥미와 연결되더라도 그것은 불확실하고 이질적인 흥미의 미명으로, 많은 경우 어린이 주변 환경의 흥미에 어린이의 흥미를 종속시키고 다른 사람들의 가장 저급하고 저속한 일상적인 표상으로 어린이의 심리를 굴절시켰다.

16. 따라서 각각의 예술에 있는 기법을 전문적으로 교수학습하는 일은, 일반적인 양성과 교육의 문제로, 제한된 범위로 도입해야 하고, 최소한으로 축소해야 하며, 가장 중요한 것은 미학 교육의 두 노선(첫째, 아동 자신의 창조적 행위, 둘째, 그의 예술적 지각의 문화화)과 일치해야 한다. 이들 기법을 넘어 나아가며 창조적인 학습으로 이어지도록 (즉, 창조하거나 지각하도록) 가르치는 경우에만 기법을 교수학습하는 일이 유용하다.

17. 마지막으로, 예술적 지각의 문화화라는 질문은 최근까지도 가장 덜 진척된 상태로 남아 있었다. 교육자들은 질문의 복잡성 전체를 의심하지 않았고 여기에 문제가 있다고 생각지 않았기 때문이다. 보고 듣고 즐기는 것은 특별한 교수학습이 필요하지 않은 단순한 심리 작

업처럼 보인다. 실은 이것이 바로 일반 교육의 주요 목표이자 과제다.

18. 일반 제도인 사회적 교육은 개인적이고 제한된 경험의 한계를 최대한 확장하는 것을, 그리고 가능한 한 가장 넓은 삶의 연결망에 어린이를 포함하게 하여, 축적된 사회적 경험의 가장 광범위한 영역과 아동의 심리가 접촉하게 하는 것을 목표로 한다. 이런 일반적인 과제들은 또한 심미 교육의 경로를 결정한다. 예술에서 인류는 거대하고 예외적인 경험을 축적해 왔다. 가정에서의 창조와 개인적 성취의 어떤 경험도 그것에 비하면 한심하고 비참해 보일 정도다. 따라서 일반적인 형성 체계에서 심미 교육을 이야기할 때는 다음 내용을 염두에 두어야 한다. 어린이에게 인류의 미적 경험을 소개한다는 것은, 주된 양상을 보면, 어린이가 기념비적인 예술 작품에 접근하도록 이끄는 것이며, 이를 통해 인류가 수천 년 동안 예술에서 자신들의 심리를 고양하고자 해왔던 그 시기 일반적인 세계적 작업에 어린이의 심리를 접하게 하는 것이다. 바로 이것이 주요 과제이자 목표다.

19. 그리고 예술 작품에 대한 이해는 논리적 해석을 받아들이는 것으로 실현될 수 없다고 입증되었기 때문에, 그것은 예술 작품을 재현하는 특별한 사람, 전문적 훈련, 독특한 능력을 요구한다. 이런 뜻에서 그림을 보는 수업은, 일부 유럽 학교에 도입된 '미독' 수업처럼, 심미 교육의 한 사례다.

20. 여기에 미학 교육에서 가장 중요한 과제를 해결할 열쇠가 있다. 즉, 심미적 반응을 삶 자체에 도입할 단서가 있다. 예술은 환상을 불러일으키면서 그리고 사물, 대상, 위치를 현실처럼 가공하면서 실제를 변형한다. 주거와 의복, 대화와 독서, 학교 축제와 산책, 이 모든 소재가 아름답게 처리할 가장 소중한 자료가 될 수 있다.

21. 아름다움은 희귀하고 떠들썩한 것들에서 일상적 생활양식의 요구로 바뀌어야 한다. 그리고 창조를 위한 노력은 아이의 모든 움직

비고츠키의 교육심리학

임, 낱말, 미소에 스며들어야 한다. 포테브냐는 전기가 천둥 치며 비가 내릴 때만 있는 것이 아니듯이 시는 위대한 예술 작품에만 있는 것이 아니라 인간의 말이 있는 곳에는 어디에나 있다고 잘 지적했다. 미학 교육에서 가장 중요한 과제는 바로 이 '매 순간'의 시일 것이다.

22. 그러나 여기서, 어린이의 가식과 장난으로 쉽게 변하는, 삶에 도입된 거짓된 작위로 인한 심각한 위험을 고려할 필요가 있다. 얼굴 놀이, 걸음걸이 놀이 등등에 들어온 이 '귀여운 예쁜 짓'만큼 무미건조한 것은 없다. 여기서 규칙은 삶을 치장하는 게 아니라 실제를 창조적으로 처리하는 것이다. 예를 들면, 사물 그리고 사물 고유의 움직임을 명확히 하여 일상 체험을 창조적 행위 수준으로 높이는 것이다.

자. 동화

1. 동화를 대체로 어린 시절의 예외적 공급품으로 간주하며, 여기에 이 관점을 옹호하는 두 가지 심리학적 고려 사항을 제시하겠다.

2. 첫째로, 어린이가 아직 실제를 과학적으로 이해할 만큼 성장하지 않았기 때문에 잘 알려진 대용품을 통해 세상을 관찰할 필요가 있다고 단언한다. 그러므로 어린이는 실제에 대한 동화 같은 해석을 쉽게 받아들이고, 거기서 성인이 종교나 과학 및 예술에서 발견한 것을, 즉 세계에 대한 최초의 설명과 이해, 이 모든 일치하지 않는 혼란스러운 인상이 난일하고 일관된 체계로 된 정보를 발견한다. 즉, 어린이에게 동화는 철학, 과학, 예술이다.

3. 둘째로, 어린이는 발달하면서 생물 발생의 원리에 맞게, 인류가 발달 과정에서 겪은 주요 단계와 시기를 축약되고 축소된 양상으로 반복한다고 단언한다. 여기서 어린이의 심리와 창조가 야만인과 원시인의 심리와 창조로 수렴한다는, 매우 인기 있는 단정이 나오게 된다. 또한, 어린이는 전체로서 인류와 마찬가지로 애니미즘, 보편적 물활론,

의인론의 시간을 겪을 거라는 주장도 나오게 된다. 그러므로, 이 주장에 따르면, 발달의 특정 단계에서는 이런 모든 원시적 견해와 믿음을 제거하고 한때 문화의 동반자였던 악마, 마녀, 마법사, 악한 영혼과 선한 영혼에 대한 모든 표상을 어린이 세계에 도입하는 것을 고려할 필요가 있다. 이런 식으로 보면, 우리는 동화를 필요악으로, 그 나이에는 심리적 측면에서 양보할 것으로, —한 심리학자의 표현처럼— 미적인 진정제로 받아들여야 한다.

4. 이 두 시선은 모두 근원부터 철저히 잘못되었다. 첫 번째 단정과 관련하여, 이를 추종하는 교육학은, 대용품들이 가져오는 피해가 항상 예상되는 이익을 넘어서기 때문에, 오랫동안 다양한 대용품을 찾았지만 결국 체념했다. 쟁점은 이 이익이 일시적 성격을 지닌다는 것이다. 즉, 이 이익이 아이가 자라서 세상에 대한 대체적 설명이 더는 필요하지 않을 때까지만 존재한다는 것이다. 하지만 그 피해는 영원히 남게 된다. 세상사처럼 심리에서도 어느 것도 흔적도 남기지 않고 사라지지 않고 모든 것은 고유한 익숙함을 조성하며, 이는 평생 삶에 흔적을 남기기 때문이다. 제임스에 따르면, "과학적 엄격함으로 표현하면, 우리가 한 것 중 어떤 것도 완전히 흔적을 지울 수 없다." 이것은, 신경 물질의 가소성과 유연성이 우세한 정도에 이르고 때로 두세 번의 반응만으로도 평생 각인되는 어린 시절에 적용될 때, 특히 옳은 지적이다. 이때 아이들이 거짓되고 고의로 잘못된 표상과 시선의 영향을 받아 자신의 행동을 규제하고 인도하게 되면, 이들 시선이 행한 잘못된 인도에 따라 행동거지를 하는 버릇에 빠질 것이다. 그리고 그때, 즉 어린이가 이런 표상과 시선에서 벗어날 때가 오면, 우리는 그에게 맞춰졌던 모든 표상의 부정확함을 논리적으로 설득할 수 있다. 그가 수년 동안 겪었던 기만을 그에게서 도덕적으로 용서받을 수도 있다. 그러나 어린이의 버릇, 본능, 자극으로 키워져 깊이 자리 잡은 것의 흔적을 지

울 수 없다. 이런 것들은 최상의 경우라도 그에게 고취되고 있는 새로운 것들과 갈등을 조성할 뿐이다.

5. 주된 관점은 행동이 없으면 심리가 존재하지 않는다는 것이며, 진실과 실제에 부합하지 않는 잘못된 표상을 심리에 도입하면 우리는 잘못된 행동을 교육하게 된다는 것이다. 이로부터 진실이 아주 어릴 때부터 교육의 기반이 되어야 한다는 결론을 끌어낼 필요가 있다. 잘못된 표상이 잘못된 행동거지를 낳기 때문이다. 어린이가 어린 시절부터 "나쁜 아이를 잡아먹는 귀신", 자루를 지닌 거지, 마법사, 아이를 데려오는 황새의 존재를 믿는 데 익숙해지면 이 모든 것은 어린이의 심리를 질식시킨다. 더 나쁜 것은, 이런 것들이 그의 행동에 자리 잡는 것이다. 어린이가 이 마법의 세계에 겁을 먹거나 끌리는 식으로 수동적이지 않음은 명확하다. 공상이나 욕망으로, 어린이 담요 아래나 어두운 방 안, 잠 또는 두려움 속에서 어린이는 이런 표상에 극도로 고조된 방식으로 반응한다. 당연하게도, 이는 어린이가 체계적으로 잘못되고 거짓된 행동을 교육받은 만큼, 이들 반응 체계가 환상적이고 거짓된 기반 위에 공고해졌기 때문이다.

6. 이 환상적인 세계 전체가 어린이의 감정을 끝없이 억누른다는 사실과 그 억압적인 힘이 어린이의 저항 능력을 능가한다는 사실을 추가해야 한다. 환상으로 어린이를 둘러싸 두면, 어린이가 사실상 영원한 정신병 속에서 살게 히는 것이다. 그래도 부족하다면, 어른이 아이에게 가르치는 것과 똑같은 것을 갑자기 진지하게 믿는 모습을 상상해보자. 그 어른의 심리에는 얼마나 엄청난 침울과 혼란이 침입할까. 우리가 어린이에게 사고를 옮길 때는 이 모든 침울과 혼란이 여러 번에 걸쳐 증가한다. 어린이의 손상되기 쉬운 약한 정신은 이 어두운 자연력 앞에서 훨씬 무력하기 때문이다. 어린이들의 두려움에 대한 심리적 분석은 비극적인 영향을 어린이에게 확실히 남겼다. 그것들을 보

면, 항상 어른들이 이야기와 함께 아이들의 영혼에 심는 표현할 수 없는 공포의 싹을 증언하고 이야기한다.

7. 자루를 일상생활에 도입한 노인이 제공한 교육적 이익은 협박의 즉각적인 이득으로 소진된다. 이런 협박으로 어린이가 일시적인 장난을 멈추게 하거나 개별적 명령을 실행하게 할 수 있다. 이로 인해 발생하는 피해는 수십 년 후 사람을 업신여기는 행동 형태로 나타날 수 있다.

8. 동화에 대한 전통적인 관점에 반하여 마지막으로 지적할 점은, 그런 동화를 체계적으로 교육하여 실제를 지나치게 경멸하고, 보이지 않는 측면에 무게를 두게 한다는 사실이다. 어린이는 어리석고 실제 세계에 둔감한 상태로 있으며, 건강에 나쁘고 고리타분한 분위기에, 주로 환상적인 허구의 왕국에 자신을 가두게 된다. 그는 나무나 새 어느 쪽에도 흥미가 없고, 그에게는 모든 다양한 경험이 존재하지 않는 것처럼 남아 있다. 우리는 그런 교육의 결과를 세상을 대하는 태도에서 어린이의 눈, 귀, 입을 닫게 하는 교육이라고 해야 한다.

9. 이 모든 것에서, 어린이가 일반적으로 교육되는 모든 환상적이고 어리석은 표상을 깨끗이 추방해야 한다는 견해에 동의해야 한다. 여기서 동화가 가장 해로운 것으로 판명되었음을 지적하는 일은 너무나 중요하다. 그리고 보모가 아이들을 놀라게 하는, 대부분의 교양있는 교육자가 자유로울 수 없는 어리석고 전통적인 허구도 해롭기는 마찬가지다. 아이와의 논쟁에서 자신은 어떤 식으로도 부조리한 말을 하지 않았다고 당당하게 나설 교육자는 거의 없을 것이다. 이런 부조리가 어린이에게 진실로 통하고, 상황을 타개하는 가장 쉬운 길, 즉 최소 저항의 교육 노선이기 때문이다. 예를 들어보자. "거기 가지 마세요, 거기 가면 집이 무너질 거예요.", "울지 마세요, 울면 경찰이 잡아갈 거예요." 이런 것이 환상적 부조리를 대체한 '자연과학적' 부조리의

비고츠키의 교육심리학

사례다.

10. 그리고, 최종적으로, 좀 더 일반적인 형태로 말할 필요가 있다. 교사가 아동의 심리에 맞추는 것은, 심리학적 관점에서 보면, 교육적으로 해로운 현상이다. 왜냐하면, 이렇게 해서는 목표 달성이 어렵고, 이것이 어린이가 교육자의 사고와 부딪쳐 자신의 반응을 깨고 파괴하면서 교사가 지시한 것에 다가가야 할 필요를 생성하지 못하기 때문이다. 이를 이해하는 가장 쉬운 방법은 어린이 말의 사례를 살피는 것이다. 어린이와 이야기할 때 성인은 그가 더 쉽게 이해할 수 있으리라고 생각하면서, 그가 말하는 소리를 모방하려 한다. 성인은 [r] 대신 [l] 소리를 따라 하기 쉽도록 불완전하게 천천히 소리를 낸다. 어린이에게는 그러한 말보다 더 이해하기 쉬운 것이 없다. 어린이가 잘못 발음한다면, 그것은 그가 그렇게 들었기 때문이 아니라 올바르게 발음하지 못하기 때문이다. 그리고 어른의 왜곡된 말을 들으면서, 그는 완전히 길을 잃고 이 왜곡된 말에 자신의 말을 더 가까이 가져가려고 노력한다. 대부분의 아이들은 부자연스러운 어른이 왜곡한 말을 한다. 이 부서진 말보다 더 거짓된 말을 상상할 수 없다.

11. 축소하거나 애정을 표현하는 말 그리고 장난감 말을 말로, 개 일반을 멍멍이로, 오두막을 집으로 바꿔 어린이와 이야기하는 버릇이 된 거짓의 방식도 이런 것에 포함된다. 성인이 보기에 어린이에게는 모든 게 당연히 작게 보일 것 같지만, 실은 그 반대다. 어린이가 표상한 물건의 자연스러운 크기를 과장하거나 과소평가하지 않는다면, 누군가는 훨씬 더 심리적으로 올바르게 그것을 취급한다. 아이가 그에게 엄청나고 거대해 보이는 말에 대해 들었을 때, 이렇게들 말한다. 장난감 말의 가치는 그런 경험을 통해 손상되고, 그런 언어 체계가 확립한 모든 것에 대한 잘못된 달콤한 태도는 말할 것도 없고, 말의 참된 느낌과 말에 대한 표상도 비틀어진다. 언어는 사고의 가장 예민한 도구

다. 우리는 언어를 비틀어서 사고를 비틀 수 있다. 그리고 단 한 명의 교사일지라도 "개를 때리자!", "개에게 물리겠다."라고 어린이에게 말할 때 교사의 발화가 얼마나 정서적으로 터무니없는 언행인지를 생각한다면, 교사는 어린이의 사고에 일으킨 정신적 혼란으로 공포를 느낄 것이다. 그리고 아동문학과 예술에서 참을 수 없어 반발해야 할 어떤 것이 있다면, 이것은 성인이 아동의 심리에 기만적으로 맞추는 것이다.

12. 아이들이 동화에 나오는 원시적 믿음과 표상을 차츰 제거해야 할 필요를 주장하는 다른 견해도 심각한 비판에 맞설 수 없으며, 그 근거가 되는 발생의 법칙과 함께 소멸해야 한다. 어린이가 아동 발달에서 인류의 역사를 반복한다는 사실을 보여준 사람은 아직 없었으며, 과학은 개별적 비교들보다, 아동의 행동과 야만인의 행동 사이의 다소 동떨어진 유추와 유사성보다 나아간 어떤 것을 말할 근거를 갖지 못했다. 오히려 반대로, 교육 그림에서 본질적인 변화는 아이가 태어난 순간부터 시작되는 생명의 일반적인 본능적인 힘보다는 사회적 상황과 환경에 의존하면서 펼쳐진다. 이 모든 것은 발생의 법칙과 어긋난다. 어떤 경우에도 생물적인 것에서 심리적인 것으로 직접 전이하지 않는다. 물론 모든 것을 즉시 철저하게 설명할 수는 없지만, 아이는 현상에 대한 실제적이고 진실한 해석을 할 수 있음이 확실히 밝혀졌다. 혼자 남겨진 아이는 결코 물활론을 믿거나 정령을 숭배하는 자가 되지 않았다. 이런 경향이 아이에게서 발달한다면, 거의 언제나 아이 주변의 어른들 책임이다.

13. 마지막으로 가장 중요한 것은 이것이다. 실제로 어떤 심리적 조건이 아이에게 격세유전을 생기게 한다 해도, 즉 그의 심리가 지나간 역사의 단계로 돌아가더라도, 그 아이가 실제로 야만인의 뭔가를 담고 있다면, 정말 그렇다면 교육의 과제는 아동의 심리에 있는 야만인

비고츠키의 교육심리학

의 이들 요소를 지원하고 영양분을 공급하며 강화하게 하는 것으로 귀착할 수밖에 없을 것이다. 그러나 이와 반대로, 현실의 교육이 지향하는 바는 가능한 한 모든 방법을 사용하여 이들 요소를 삶과 더 밀착된 강력한 요소들에 종속시키는 것이다.

14. 이것이 결국 동화는 타협했으니 비난받아야 한다는 것일까? 심리적으로 해로운 것으로 판명된, 세상에 대한 거짓된 환상적인 표상과 함께 어린이 방에서 동화를 완전히 추방하자는 의미일까? 이것은 전적으로 사실이 아니다. 의심할 여지 없이, 우리 동화의 상당 부분은 정확히 이 해로운 환상에 기초하고 다른 가치를 포함하지 않기에 가능한 한 빨리 버리고 잊어야 한다. 그러나 이것은 환상적인 작품에 담긴 값비싼 심미가 어린이에게 금지된다는 의미는 아니다.

15. 이와 반대로, 예술의 기본 법칙은 실제로 있는 요소들의 자유로운 조합, 세상의 진실로부터의 원칙에 따른 독립을 요구한다. 따라서 미학에서 환상과 진실을 구분하는 경계선은 지워진다. 예술에서 모든 것은 터무니없거나 사실적이다. 모든 것은 조건에 따르고 예술의 현실성은 어떤 예술 작품과 관련된 이들 정서의 현실성만을 의미하기 때문이다. 이런 경우, 동화에서 이야기되는 것이 실제로 존재하는지는 전혀 중요하지 않다. 더 중요한 것은, 어린이가 이것이 실제로 일어난 적이 없고 동화일 뿐임을 알고, 동화답게 그것에 반응하는 데 익숙해져, 결과적으로 유사한 사건이 실제로 가능하든 그렇지 않든 그런 질문이 저절로 나타나는 것을 멈추게 하는 것이다. 동화를 즐기기 위해 동화가 말하는 것을 믿을 필요는 없다. 반대로 동화 세계의 현실성에 대한 신뢰는 미적 활동의 가능성을 배제한 모든 것에 깔끔한 세속적 태도를 설정한다.

16. 이 분야에서 가장 중요한 법칙인 환상의 정서적 현실성 법칙을 설명할 필요가 있다. 이 법칙에 따르면, 우리에게 작용하는 실제가 현

실인지 비현실인지와 무관하게 이 작용과 묶인 우리의 정서는 언제나 현실이다. 내가 빈방에 들어가 환각을 일으켜 구석에 서 있는 강도를 본다면, 물론 이 인물은 망상이고 그 체계에 얽힌 나의 표상은 현실이 아니다. 나의 표상에 대응할 어떤 실제도 없기 때문이다. 그러나 이런 대면에서 내가 겪은 두려움, 이 환각과 묶인 나의 정서는, 이 경우에도, 착각을 진정시키려는 의식이 내 정서를 억압하더라도, 완벽하게 현실이다. 우리가 느낀 감정은 언제나 현실이다.

17. 이런 이유로, 환상은 감정의 현실성 법칙에서 정당화를 발견한다. 아이들에게 환상적인 동화를 들려줄 때, 여기서 생긴 아이들의 감정이 삶으로 바뀌기만 한다면, 우리는 아이들을 실제에서 멀어지게 하는 것이 아니다. 그러므로 환상적인 작품에 대한 유일한 정당화는 그것의 기반이 현실 정서라는 데 있다. 동화에서 해로운 환상을 추방하여, 모든 동화가 여전히 어린이 예술의 한 형식으로 남아 있어야 한다는 사실을 인정하는 것은 놀라운 일이 아니다. 그러나 동화가 담당한 역할은 완전히 다르다. 즉, 동화는 아동의 철학과 과학이 아니라, 오직 배타적으로 솔직한 동화여야 한다.

18. 동화의 우선적 가치는 어린 시절의 매우 이해하기 쉬운 특성에 근거한다. 핵심은, 모든 행동과 심리가 최종 셈법에서 이렇게 압축되는, 유기체와 세계의 상호작용 과정이 아동에게 가장 섬세하며 새롭게 형성되는 단계라는 것이다. 그러므로 아동은 어떤 정서 형태를 조직할 필요를 특히나 절실하게 느낀다. 왜냐하면, 그렇지 않으면 어린이가 대처할 수 없을 만큼 그에게 쏟아지는 엄청난 양의 인상이 그를 억압하여 그의 심리를 혼란에 빠뜨릴 것이기 때문이다. 그런 뜻에서, 현명한 동화는 아이의 정서 생활에 치유와 회복의 가치를 지닌다.

19. 정서의 본성에 관한 최근의 가르침 중 가장 흥미로운 것은 여기서 설명한 법칙과 일치한다. 정서가 어떤 외적인 신체 표현으로 나

비고츠키의 교육심리학

타남을 오래전부터 언급했지만, 훨씬 후에야 그것이 어떤 '정신적' 또는 심리적 표현도 지니고 있음을, 다르게 표현하면, 감정이 다 아는 얼굴의 작위적 표정 및 외부적 증후뿐만 아니라 사람의 마음에 남는 모습, 표상 및 '정서적 생각'과 연결되어 있음을 알았다. 어떤 감정은 밝은 색상과 따뜻한 색조의 옷을 좋아하고 다른 감정은 차가운 색조와 희미한 색상의 옷을 선호한다면, 이것이 여기 나타난 바로 그 정서의 심리적 표현이다. 슬픔의 감정 때문에 나는 내 몸을 특정한 방식으로 유지할 뿐만 아니라, 심리적 영향을 받게 되어 슬픈 기억, 슬픈 환상, 슬픈 꿈에서 그 표현을 찾게 한다. 본질을 지적하면, 꿈은 가장 순수한 양상으로 자신에게 정서의 이런 정신적 표현을 표상한다. 연구에 따르면, 자연스럽게 발생하는 감정은, 예를 들면 공포감은, 꿈의 가장 다양한 일화와 부조리한 세세한 내용을 꿰어 하나로 통합하는 실이다.

20. 이렇게 보면, 상상의 정서적 가치는 분명하다. 삶에서 실현되지 못한 정서는 실제로 있는 요소들의 임의적 조합에서, 무엇보다도 예술에서 탈출구를 찾고 표현한다. 여기서, 예술은 이런저런 정서의 배출구와 표현을 제공할 뿐 아니라 정서를 해소하고 심리를 정서의 어두운 영향에서 해방한다는 점을 기억해야 한다.

21. 이것이 동화의 심리적 행동거지와 놀이를 같은 범주에 속하게 만든다. 놀이의 심미적 가치는 율동 같은 어린이 움직임에, 군무 따위와 같은 놀이에서 미발달한 선율의 습득에도 반영된다. 훨씬 심각하게 고려해야 할 것이 있다. 생물적 관점에서 삶을 위한 준비인 놀이가 심리적 관점에서는 어린이 창조 활동의 한 형태라는 사실이다. 위에서 언급한 법칙을 일부 심리학자들은 '감정의 이중 표현 법칙'이라고 부른다. 그리고 여기서 이 '이중 표현'은 놀이에 복무한다. 놀이 속 어린이는 창조적으로 실제를 바꾼다. 놀이에서 어린이는 사람과 사물로 쉽

게 새로운 뜻을 취한다. 놀이에서 의자는 기차, 말, 집을 형상할 뿐만 아니라 실제로 놀이에서 그런 것으로 참여한다. 그리고 놀이에서 이런 실제의 변형은 어린이의 정서적 필요 때문이다. "우리는 어린아이이기에 노는 것이 아니라, 아동기 그 자체가 주어졌기에 노는 것이다." 칼 그로스의 이 공식은 놀이의 생물적 본성을 정확하게 표현했다. 놀이의 심리적 본성은 움직임과 놀이의 조직화에서 실현되는 정서의 이중 표현이 전적으로 결정한다. 놀이와 마찬가지로 예술적 동화는 어린이를 위한 자연스러운 심미 담당 교육자다.

차. 심미 교육과 영재

1. 우리는 완전히 다른 두 가지 심미 교육의 체계, 곧 재능 있는 영재를 위한 체계와 보통 사람을 위한 체계를 이야기해야 한다는 의견이 있다. 이런 사고는 영재를 위한 심미 교육이 모든 보통 사람을 위한 심미 교육과 일치할 수 있다는 사실과는 화해할 수 없다. 그러나 과학의 자료를 보면, 그런 관점에서 점점 멀어지고 정반대 의견에 찬성하는 증거를 점점 많이 갖게 된다. 즉, 과학이 말하는 바는, 두 체계 사이에 차이가 없으므로, 단 하나의 교육 체계를 만들러 나서야 한다는 것이다.

2. 성량 교육에서 모든 사람은 태어날 때부터 성악의 최고 성취보다 몇 배나 뛰어난 가능성을 포함하는 이상적인 성량을 부여받았다는 견해가 점점 뿌리를 내리고 있다. 정상적으로 조직된 인간의 후두는 세상에서 가장 위대한 악기다. 이런데도 끔찍한 목소리로 말한다면 그것은 비명, 적절하지 못한 호흡, 발달 조건 및 의복으로 인해 원래 주어진 성량을 망쳤기 때문이다. 그리고 성량에 가장 재능있는 사람은 처음부터 최고의 성량을 부여받은 사람이 아니라 우연히 그 성량을 유지한 사람이다. 불딘 교수에 따르면, "샬리아핀의 목소리는 드문 선물

이 아니라 일반적인 선물을 보존한 드문 경우다. 성량이 음악적 완벽함에 도달하면 천사의 언어에 대한 모든 우리의 표상은 훨씬 현실에 가깝게 될 것이다."

3. 인간 유기체의 타고난 영재성에 대한 이런 관점은 교육학의 다양한 분야에서 점점 더 많은 지지자를 발견하기 시작했다. 영재성에 대한 일반적인 표상은 이렇게 뒤집혔고, 전과 같은 방식으로 문제를 제기할 수 없었다. 왜 어떤 사람들은 더 재능이 있고 다른 사람들은 그렇지 않은지 물어볼 필요가 없다. 왜냐하면, 타고난 재능의 정도가 높다는 것은 겉으로 보기에도 심리의 모든 결정적인 영역에서 근본적인 사실이며, 결과적으로 이 재능이 감소하고 상실되는 경우를 설명해야 했기 때문이다. 지금까지는 이런 사실을 과학적 가정으로만 이야기할 수 있었지만, 이제 많은 사실이 이 가정을 매우 강력하게 뒷받침했다. 이것이 흔들리지 않는 사실로 확립된다면, 교육학에는 무한한 가능성이 열리고, 어린이의 창조적 영재성을 보존하는 문제가 전면에 등장한다.

4. 이 질문을 최종적이고 일반적인 형태로 해결하지 못한 것으로 볼 수 있다 하더라도, 일반 교육에 심미 교육을 어떻게 개별적으로 첨부하느냐는 질문에서는 다음과 같은 취지에서 적어도 현재는 해결했다고 볼 수 있다. 모든 창조 교육과 마찬가지로 심미 교육의 과제는, 정상적인 모든 경우, 인간 본성의 풍부한 영재성의 실재로부터 그리고 인간 존재에 위대한 창조적 가능성이 실재한다는 가정에서 유래하고, 따라서 이들 가능성이 발달하고 이를 보존하기 위해 교육적 충격을 배치하여 학생을 인도해야 한다. 이런 양상으로, 영재성 또한 이제는 교육의 과제가 되었지만, 이전 심리학에서 영재성은 영재성의 조건과 사실만 다루었다. 심리학의 다른 어떤 분야도 이런 사고를 예술심리학만큼 생생하게 확신하지 못했다. 각자 지닌 창조적 가능성으로 우리

가 셰익스피어의 비극을 읽고 베토벤의 교향곡을 들으며 그들의 공범자가 될 수 있음은 셰익스피어와 베토벤이 될 소질이 우리 각자에게 내재한다는 가장 선명한 지수다.

5. 톨스토이는 음악을 창작하는 자와 청취하는 자, 예를 들면 베토벤과 우리의 심리적 차이를 완벽하게 정의했고, 예술의 실제에 관한 사고, 모든 인상에 대응할 필요에 관한 사고를 예술 교육에 가장 중요한 것으로 지적했다.

6. "결국, 적어도 베토벤 바이올린 소나타 9번을 작곡한 사람인 베토벤은 자신이 왜 그런 상태에 있는지 알고 있었다. 이런 상태이기에 그는 특정한 행동을 하게 되었고, 따라서 그에게는 이 상태가 뜻하는 게 있었지만, 나에게는 전혀 그렇지 않았다. 당연하게도, 음악은 짜증만 나고 끝나지도 않았다. 글쎄, 행진을 마치 군인들이 행진하듯이 호전적으로 연주했고, 하여간 음악이 춤을 출 지점에 이르렀다. 음악에 맞춰 그들은 춤을 추었고, 나도 춤을 추었다. 음악이 새롭게 흘러나왔다. 글쎄, 그들은 미사를 불렀고 나도 불렀다. 음악은 그렇게 계속 흘러갔지만, 그것은 짜증일 뿐이고, 이런 짜증으로 할 일이 없었다. 이것이 바로 음악이 무서운 이유다. 때로 음악은 끔찍하게 작용한다.

7. 예를 들어, 최초의 프레스토, 크로이처 소나타를 어깨와 목을 많이 드러낸 여성이 있는 거실에서 연주할 수 있을까? 프레스토를 연주하고 그에 맞춰 춤추고, 아이스크림 먹고 최근 풍문을 이야기할 수 있을까? 이런 것들은 특정하고 중요하며 의미 있는 상황에서만, 이 음악에 해당하는 이런저런 작업이 필요한 바로 그때만 펼쳐진다. 이 음악이 조율한 것에 맞춰 시간을 보내며 무엇을 하는 것이다."

비고츠키의 교육심리학

|14장|

연습과 피로

가. 습관

1. 제임스는 이렇게 말했다. "일어난 순간부터 저녁에 잠자리에 드는 순간까지, 우리는 행동거지의 99%나 99.9%를 자동으로 혹은 습관으로 행한다. 옷 입고 벗는 것, 먹고 마시는 것, 만나고 헤어지며 인사하는 것, 모자를 벗고 숙녀들에게 자리를 양보하는 것, 이 모든 작용과 심지어 대부분의 일상적 말은 반복을 통해, 반사 움직임처럼 보이는 전형적인 형태로 우리 안에서 공고하다. 모든 종류의 인상에 우리는 자동으로 제공하는 준비된 대응이 있다."

2. 이미 이것만으로도, 습관의 확립이 교육에서 어떤 중요한 위치를 차지해야 하는지를 알 수 있다. 이런저런 작용이 습관이 되어 자동적인 움직임이라는 독특한 특성을 갖추어 가는 과정을 연습이라고 한다. 우리는 행동 자체를 일종의 여러 반응을 조직화한 것으로 판단했지만, 이제 습관이 아닌 어떤 것은 이런 반응 중 0.001개만을 결정한다는 사실을 증명했다. 제임스에 따르면, 사람은 단순히 생동하는 습관의 복합체이므로, 교사의 목표는 학생에게 그에게 도움이 될 수 있는 습관을 몸에 익게 하는 것이다.

3. 이로부터 연습 과정에 특별한 주의를 기울여야 한다는 가장 중

요한 교육학 규칙이 나온다. 연습 과정을 단순한 기억의 과정으로 간주하지 말아야 한다. 오히려 연습이 이런저런 작용을 최상으로 펼치려는 성향을 만든다고 해야 한다. 연습 능력 연구에서는 크레펠린 Kraepelin, 1856~1926의 방법에 따라 한 자리 숫자의 추가가 일반적으로 제안된다. 가웁Gaupp, 1870~1953은 이렇게 말했다. "시간당 수행된 추가 숫자에 주의를 기울이면, 일의 생산성이 더 많은 부분에서 증가한다는 것을 알 수 있다. 초기의 생산성과 이어지는 여러 날의 생산성을 비교할 때, 이를 더욱 명확하게 알 수 있다. 생산성에서 이런 증가는 알다시피 모든 유형의 육체적 및 정신적 일을 촉진하고 가속하는 연습의 영향 때문이다. 연습은 어떤 종류의 기억을 출현하게 한다. 연습할 때 일의 성과는 개별적인 각각의 인상을 유지하는 게 아니라, 오직 활동의 방향을 촉진하는 것, 비유적으로 말하면 길을 닦는 것이다."

4. 실험적 연구에 따르면, 연습이 처음에는 천천히 진전하다가 점점 빨라지고 박차를 가하며 발생한다. 이것이 의미하는 바는, 연습으로 뇌 분자의 배열에 약간의 변화가 일어났다는 것이다. 이런 뜻으로, 제임스는 이렇게 이야기했다. "모든 교육의 주요한 부분은 신경계를 반대자가 아닌 협력자로 만드는 것이다. 이에 다다르기 위해 이른 나이에 가능한 한 많은 유용한 작용을 습관으로, 자동으로 만들어야 하며, 해로울 수 있는 습관의 형성에 맞서 싸워야 한다. 노력 없이 할 수 있는 평범한 작용이 많을수록 드높은 정신 능력은 그 활동에서 더 많은 자유를 갖게 될 것이다." 이런 뜻에서 보면, 습관은 제2의 천성이라는 속담은 매우 옳다. "아이들이 얼마나 빨리 자신이 살아있는 습관의 복합체가 되는지 상상할 수 있다면, 그들은 여전히 유연한 나이에 자신들의 행동에 더 많은 관심을 기울일 것이다. 우리의 운명은 우리 자신의 손에 달려 있고, 그것이 좋든 나쁘든 전에 했던 것을 결코 바꿀

비고츠키의 교육심리학

수 없다. 우리에게 최소한의 흔적도 남기지 않는 덕행이나 악행은 없다. 제퍼슨의 코미디에서 주정뱅이 립 반 윙클은 '이번에는 세지 않겠다'라며, 술을 새로 마실 때마다 사과한다. 글쎄, 그는 세지 않을 수도 있고, 자비로운 신이 이번에도 그가 마신 것을 세지 않을지 모르지만, 여전히 이번에도 주목할 것이다. 신경 세포와 섬유의 깊숙한 곳에서 분자는 흔적을 세고, 운반하고, 저장하여 다음 유혹에서 윙클에 저항하도록 사용할 것이다. 과학적으로 엄밀하게 말하면, 우리가 했던 것에서 어떤 것도 완전히 지워질 수 없다."

5. 체호프의 단편 소설 중 하나에서, 주인공은 기만적인 사랑을 겪은 후 그의 일기에 다비드 왕이 낀 반지에 "모든 것은 지나가리라"가 새겨져 있다고 적었다. 이에 대한 대응으로 그는 일기에 다음과 같은 말을 적었다. 나 자신을 위해 반지를 주문하고 싶다면 "어떤 것도 그냥 지나가지 않으리라"라고 새길 것이다. 우리의 작은 발걸음 하나하나가 미래에는 나름의 의미를 갖기 때문이다.

6. 심리학적 관점에서 보면, 이 두 모순된 진술은 똑같이 사실이다. 심리적으로, 모든 것은 지나가고, 반복되는 모든 움직임은 정확히 첫 번째 움직임보다 앞서 일어나기 때문에, 이미 뭔가를 잃고 새로운 것을 얻는다. 그러나 심리적으로 어떤 것도 지나가지 않는다는 진술도 사실이다. 모든 것은 흔적을 남기고 현재와 미래의 삶에 영향을 미친다.

7. 이 법칙으로 아무리 하찮은 행동거지라도 습관화되면 거대하고 의미심장한 뜻을 취할 수 있다는 사실에 교사의 주의가 향해야 함을 알 수 있다.

8. 부주의한 몸짓, 우발적인 움직임, 순진한 장난은 저질러졌기 때문에 이미 신경계에 흔적을 남겼고, 이 흔적을 지각할 수 없지만, 유기체가 지각할 수 있어 그 흔적은 우리에게 영향을 미친다.

9. 제임스는 습관 교육을 위한 5가지 규칙을 설정했다. 심리학자 알렉산더 베인Bain, 1818~1903이 도덕적 습관을 논의하면서 제시한 것이지만, 우리는 제임스의 자료를 참고할 것이다. "새로운 동기를 강화하는 데 도움이 될 수 있는 모든 것을 활용하라. 새로운 길에서 당신을 지원할 그런 조건에 계속 자신을 두라." 두 번째 규칙은 다음과 같다. "새로운 습관이 확고하게 뿌리 내릴 때까지 새로운 습관을 절대 포기하지 마라. 새로운 습관을 어기게 되는 일은 우리가 그 위에 실을 감고 있는 공이 떨어지는 일과 비교할 수 있다. 일단 떨어지면, 떨어지기전 형태로 돌아오기까지 공 위에 여러 번 실을 돌려야 한다. 연습을 계속하는 게 신경계의 활동을 완벽하게 만드는 주요 수단이다." 세 번째 규칙이다. "일단 내린 결정을 실행에 옮기기 위해 오는 최초의 기회를 포착하고, 습득하고 싶은 습관을 향해 일어나는 모든 정서적 갈망을 충족시키려고 노력하라. 결정과 노력은 그것이 일어날 때가 아니라 이런저런 운동 효과를 낼 때 뇌에 어떤 흔적을 남긴다. 작용하려는 충동이 우리 안에 강하게 자리 잡을수록, 실제로 작용을 더 자주 그리고 계속 반복할수록 그 작용을 일으키는 뇌의 능력은 더 증가한다. 고귀한 결정이나 진지한 감정의 충동이 우리 잘못으로, 흔적도 없이, 실질적인 결과로 이어지지도 않고 사라졌을 때, 우리는 작용할 유리한 기회를 놓쳤을 뿐만 아니라 더 나쁘게도 긍정적인 지연을 만든다. 미래에는 이런 긍정적인 지연이 우리의 결정을 방해할 것이고 정서는 일반적으로 작용의 형태로 방출된다. 평생 섬세한 감정 표현에 탐닉하고 진정으로 용감한 행동을 한 적이 없는 무력한 감상주의자이자 몽상가보다 더 비열한 유형의 인간 성격은 없다." 이것은 우리를 네 번째 규칙으로 인도한다. "학생들에게 너무 많이 설교하지 말고 추상적인 성격의 좋은 것을 너무 많이 말하지 마라."

10. 다섯째이자 마지막 규칙으로 다음을 설정하겠다. "약간의 자발

비고츠키의 교육심리학

적인 매일의 연습을 통해 자신의 노력하는 능력을 유지하라. 당신에게 필요하지 않은 작은 일을 하며 체계적으로 영웅적 자질을 보여주시오. 그저 그걸 하는 게 어려워서 매일 그런 일을 하도록 하시오. 그래서 진짜 필요할 때 약하고 준비되지 않은 감정이 들지 않도록 하시오."

11. 이미 순전히 생리학적 연구를 통해, 움직임을 반복하는 습관이 얼마나 큰 가치가 있는지 그리고 우리 행동의 정상적인 흐름에서 생기는 피로가 그것과 단단히 묶여 있음을 알았다. 그것은 가장 중요한 신경 기제의 작용, 즉 공동 운동의 장을 위한 투쟁과 연결되어 있음이 밝혀졌다. 셰링턴은 이 투쟁의 결과를 결정하는 네 가지 요인을 나열했다. 그는 경쟁하는 안달의 상대적인 강도와 반사 신경의 정서적 채색과 함께 펼쳐지며 두 가지 방식으로 작용하는 피로를 언급했다.

12. 첫째, 피로하면 최종적인 공동 장을 지배하는 반사의 힘은 약해진다. 반사는 "시간이 흐름에 따라 이 장과 연결을 유지하는 능력을 스스로 상실한다." 이 경우 가장 주목할 만한 점은 전체적으로 최종장 자체가 거의 피로를 보이지 않는다는 것이다. 분명히 피로는, 작업 기관에 국지화되지 않고, 똑같은 반사의 장기간 우세를 배제하려고 신경계가 확립한 '합리적인 순응'이다. "이 덕분에 유기체는 다양한 반사 반응을 확립하고, 다양한 반응은 환경의 매우 다양한 현상을 고려할 때 필요하다. 피로 기제가 있기에, 동물 유기체는 눈, 귀, 입, 팔 또는 다리와 같은 여러 기관을 발달시킬 수 있었다. 그래서 동물 유기체는 자신을 특징 짓는 놀랍도록 다양한 수용체 기관을 갖고 있다."

13. 둘째, 피로의 영향은, 같은 한 반사가 장기간 작업 후 길항 반사의 출현을 촉진하고 심지어 강화한다는 사실에 있다. 셰링턴은 이런 현상을, 괴링이 시각 유도라고 부르는 시각 기관의 유사한 현상을 유추하여 '척수 유도' 현상이라고 했다.

14. 이런 양상으로, 단조롭고 안정적이며 다소 일정한 환경의 안달

에 대한 합리적이며 고정된 반응으로서, 습관적 작용의 생물적 유용과 함께, 신경계에 생물석으로 제법 중요하지만, 의미와 뜻에서 완전히 반대되는 반응이 있음을 알 수 있다. 즉, 피로 기제의 목적은 습관을 파괴하여 그 신경 경로를 닫고 새로운 반응의 출현을 촉진하는 것이다.

15. 두 기제의 필요성은 매우 명확하다. 습관이 없었다면 인간 유기체는 엄청나게 비경제적인 행동 방식을 지녔을 것이다. 우리는 모든 생각을, 즉 익숙하지 않은 행동, 새로운 조건에 대한 순응, 새로운 반응의 고안을 다 기억한다. 이는 필연적으로 어려움을, 다소 장기간의 지연을, 즉 모든 움직임의 정지를 초래한다. 습관이 없어 이런 행동 양식을 사용하지 못하는 동물은 모든 일에서 어려움을 겪을 것이고 모든 일에 결정적으로 지연된 반응을 할 것이다.

16. 이번에는 반대로, 피로가 없다면, 공동 운동의 장에 대한 투쟁도 없고, 한 수용기에서 다른 수용기로의 이행도 없을 것이다. 환경에 대한 순응에서 동물의 모든 기능적 다양성은 사라지고, 단조롭고 자동적인 반응으로 대체된다.

17. 이 두 기제의 변증법적 모순과 연결은 생명체 발달의 일반 법칙과 일치한다.

나. 연습의 교육적 가치

1. 의식적 행동은 다음과 같은 특별한 경계로 구별된다. 이런저런 행동거지를 취하기 전에 매번, 행동거지의 결과를 예측하고 후속 반사와 관련하여 안달 역할을 하는 드러나지 않고 억제된 반응이 있다. 바꾸어 말하면, 자명한 사고가 모든 의지적 행동거지에 선행한다.

2. 뮌스터베르크는 이에 대해 다음과 같이 말한다. 책을 잡으려 손을 뻗기 전에 나는 책을 잡는 것을 생각한다. 여기서도 기본적인 사실

비고츠키의 교육심리학

은 목표에 대한 이전 표상이 최종 결과와 일치한다는 것이다. 하지만 가장 본질적인 게 빠져 있는 듯하다. 책을 어떻게 하려는 내 사고와 일어나서 책을 꺼내는 움직임 사이에는 중간 과정, 즉 내적 충동의 감정, 결정 행위가 있다. 의지의 모든 비밀이 여기에 감춰진 채 담겨 있다. 그러나 올바른 심리학은 그 비밀과 아무 관련이 없다. 신중한 분석은 또한 그런 충동으로 인한 체험을 해부할 수 있다. 실제로 최종 목표를 달성하기 위해 수행되어야 하는 첫 번째 움직임에 선행한 표상만이 여기서 역할을 한다는 것을 쉽게 알 수 있다.

   3. 책을 집는 것을 생각할 때, 마지막 단계는 의자에서 일어나는 첫걸음에 달려 있다. 첫 번째 움직임의 실행에 따라 전체 작용이 실행될지가 결정된다. 결과적으로, 전체 과정에 대한 유효한 대꾸로 첫 번째 움직임에 대한 표상이 나의 의식에 당연히 있어야 한다. 움직임 자체보다 앞선, 첫 번째 움직임에 대한 이런 표상은 우리가 충동의 감정이라고 부르는 것의 내용이다.

   4. 충동의 감정은 수행해야 할 최초의 육체적 움직임의 결과에 대한 일종의 사전 표상이다. 다른 말로 하면, 결정하려는 감정과 충동을 포함한 모든 체험과 욕구는 목표에 대한 다른 표상의 비교를 통해 이루어진다. 이런 표상 중 하나는 지배력을 달성하고, 수행할 최초 움직임의 표상과 연합한다. 그리고 이 마음의 상태는 움직임으로 바뀐다. 수행한 최종 결과가 목표에 대한 이전 표상과 일치하기 때문에, 이 움직임이 우리 자신의 의지로 발생했다는 감정이 우리 안에 있게 된다.

   5. 이런 양상으로, 모든 행동의 성공은 목표에 대한 명확한 표상에, 즉 밝혀지지 않은 앞선 반응이 의식에서 얼마나 견고하고 단호하게 지배하는지에 달려 있다. "거기에는 훈련할, 타고난, 특별한 의지 능력이, 목표에 대한 관념과 그 실현 사이의 전환을 배열하는 특별한 정신력이 없다. (…) 어린이가 자신의 발달을 통해 천천히 학습해야 하는

과제는 그의 정신에 행위의 목표를 유지하는 힘이다. (…) 실천적으로 여기에 교육적 영향력의 중심이 놓인다. 우리가 정말로 의지하는 바를 하는 것은 의무를 다하는 것을 의미한다. 교육이 도달하려는 바는 우리의 가장 깊은 곳에 있는 의지에 따라 하고자 하는 것을 정신에 유지하는 힘을 유지하는 것이다."

6. 이 분석 결과로, 연습의 교육적 가치는 분명해졌다. 아동의 다른 기능들은 수년을 걸쳐야만 발달하는 반면, 아동의 주의는 체계적이고 세밀한 부분에 신경을 쓰는 연습을 통해서만 발달한다고 뮌스터베르크가 지적했다. 그의 말은 옳다. 연습이 주의를 기울이는 행위에서 왜 그런 역할을 하는지 설명하겠다. 우리는 주의가 유기체의 적응적이고 조정적인 반응에 포함되어 있다는 것을 기억한다. 여기서, 내적으로 생각하는 반응 때문에 소위 자발적인(제 마음대로의) 주의가 난데없이 나타난다. 결과적으로, 자발적 주의가 더 자주 나타날수록, 자발적 주의는 더 많은 내적 안달과 연결된다. 바꾸어 말하면, 자발적 주의가 발생하려면, 자발적 주의는 많은 내적 안달의 공급이 필요하다. 주의를 연습한다는 것은 그런 내적 반응을 통해 매번 주의를 불러일으키는 것을 의미한다. 이것을 더 자주 할수록, 그런 사건이 더 많이 일어날수록, 우리는 내부 안달과 주의 반응의 연결을 더 강하게 고착한다. 이는 너무나 분명하다. 이런 이유로, 뮌스터베르크는 이런 행동에 영향을 주는 데 무의미한 움직임을 억제하고 합리적인 움직임을 강화하여 외적인 행동거지를 엄격하게 조절하는 것보다 더 결정적인 방법은 없다고 말한다.

7. 이런 식으로, 의식적인 행동은 주의를 전제로 하고, 주의는 연습을 통해 확립된다. 즉, 이런 움직임에 대한 표상과 조건 반사의 방법으로 고정된 이런저런 움직임의 반복 습관 덕분에 주의는 확립된다.

8. 그러나 이것은 질문의 한 측면일 뿐이다. 다른 하나는 습관의 문

비고츠키의 교육심리학

제에 놓여있다. 질문하겠다. 습관이 좀 더 의식적인 우리의 행동에 도입한 새로운 것이 무엇인가? 편하게 말해도 된다면, 습관은, 큰 노력을 들이지 않고도 행동의 선견지명을 길게 만들고, 우리의 사고가 더 큰 움직임의 무리를 처리하고, 서로 연결하여 흐르게 해준다.

9. 누구라도 그 어떤 습관적인 작용과 익숙하지 않은 작용을 비교하기만 하면, 자동화로 얼마나 많은 힘을 절약할 수 있는지 쉽게 알 수 있다. 1부터 100까지 세는 일이 얼마나 쉬운지, 100부터 1까지 거꾸로 세는 것이 얼마나 어려운지 해보면 누구나 안다. 왼쪽에서 오른쪽으로 일반적인 순서로 읽는 일이 얼마나 쉬운지, 그리고 단어의 끝에서 처음까지 읽기 시작할 때, 비록 똑같은 철자를 추가하는 일을 할 수 있지만, 같은 과정이 얼마나 어려운지 우리는 다 안다.

10. 구절을 거꾸로 읽을 때와 비교할 때 일반적인 순서로 같은 구절을 읽을 때 우리가 성취한 이런 절약은 전적으로 연습으로 생긴 절약이다.

11. 실험적 연구에 따르면, 글을 읽을 때, 간헐적으로 안구를 움직이고 갑작스럽게 지각하며 똑같은 속도로 눈을 움직이며 글을 읽지 않는다. 눈꺼풀의 움직임을 영상으로 기록하거나 눈꺼풀에 매단 용수철을 기록함으로써 우리는 눈의 떨리는 선을 명확하게 볼 수 있었다. 그 결과에 따르면, 우리는 눈을 움직이지 않고 고정한 채 글을 읽는다. 다른 말로 하면, 매 순간 우리는 전체 철자 무리를 지각한다. 첫 철자를 알아차리면, 우리는 통째로 낱말을 추측한다. 반면, 낱말의 철자를 거꾸로 읽을 때, 우리는 각 철자를 의식적으로 더해야 한다. 이것은 습관의 작용이다. 이는 일련의 반응을 자동으로 서로 연결한다는 사실에서 그리고 그렇게 하여 의식을 그 반응을 돌보아야 할 필요로부터 구제해준다는 사실에서 잘 드러난다. 습관이 더 많은 반응에 확장할수록, 의식이 더 먼 목표를 설정하고 그 목표에 고착할 수 있다.

예를 들어, 침대에서 일어나 옷을 입는 모든 작용이 습관으로 연결되어 있다면, 나의 의식적인 결정은 일어나야만 한다는 사고로만 끝나게 된다. 이 사고가 첫 움직임과 연결되면 모든 과정이 수월하고, 옷 입는 동안 무엇이든 생각할 수 있다. 아침 식사, 아침 산책, 출근이 습관에 포함되어 있다면, 최초의 나의 의식적 설정은 일하러 가야 한다는 사고로 즉각 표현할 수 있다. 그리고 이런 양상으로, 기본 설정은 더 긴 일련의 작용을 포함할 수 있다.

12. 이 습관의 절약은 이렇게 끝날 수밖에 없다. 우리는 우리의 움직임이 정확히 어떻게 만들어지는지 결코 깨닫지 못한다는 사실로 이어질 수밖에 없다. "… 책장에서 책을 꺼내는 데 어떤 근육이 필요한지 모르겠다. 나는 책을 꺼내는 일을 생각하고 그것을 꺼내는 움직임을 지각한다. 하나가 다른 것에 어떻게 이어지는지는 나의 의식적 의지와 관련이 없다. 나의 의지는 이 기제가 올바르게 작동해야 펼쳐진다. 그런데 관념(표상)의 움직임도 이와 똑같다. 이 모든 경우, 내적 작용, 낱말들, 억제, 내적 사고의 흐름, 필요한 관념들의 배치는 목표와 맞게 이루어진다. 우리는 목표에 대한 관념이 어떻게 이런 부드러운 수행을 보장하는지 자각할 수 없다."

13. 습관 형성은 의지의 처분에 점점 더 강력한 기제를 제공하고 의지가 점점 더 먼 목표를 설정하게 한다. 습관은 의지의 부담을 덜어 주고, 이런 식으로 의지가 더 높은 목표를 향할 수 있게 해준다. "읽고 쓰는 과정이 습관이 되지 못한다면, 그것은 모든 의지적 기운을 흡수할 것이다." 그것은 읽고 쓰는 과정 내내 드러내야 할 뜻에 집중할 여력을 줄 수 없다. 습관이 적용되는 활동의 범위가 넓을수록, 의도한 목표를 달성하기 위해 드러내야 할 의지적 기운이 줄어든다.

14. 위험은 습관이 항상 기계적인 행동 방식을 의미하므로 조건이 일치하는 경우에만 유용할 수 있다는 사실에 놓여있다. 예비적이

고 새로운 조정이 필요한 경우 습관적인 행동은 해로울 수 있다. "습관은 우리를 풍요롭게 하고 자유롭게 하여 우리의 노력을 더 높은 목표로 나아가게 한다. 그러나 습관은 우리를 노예로 만들고 우리의 노력을 방해하기도 한다. 교육은 습관 형성의 두 측면을 매우 신중하게 고려해야 한다."

15. 습관의 이런 양면적 성격은 연습 과정과 기억 과정 사이에 존재하는 의심할 여지 없는 연결을 떠올리면 매우 분명하게 드러난다. 기억은 순전히 반사적으로, 자동으로 작동한다. 제임스는 "단서가 없다면 우리는 아무것도 떠올릴 수 없다."라고 말했다. 기억 반사의 작용으로 촉발된 이 단서는 두 종류가 있다. 안달에 작용하는 그것이 어느 정도 일정하고 고정적인 수에 속하고, 똑같이 진부하고 틀에 박힌 대응을 요구한다면, 습관적 작용은 각각의 조건 반응에, 단서에 따라 정당하며 올바른 대응에 일일이 출두해야 한다. 단서가 새롭고 예상치 못한 비정상적 사정에 해당한다면, 정형적인 반응 과정에 이런저런 장애물도 포함하고 있다면, 습관적인 작용은 그것에 대한 최악의 대응이 되며 생각하는 데 방해만 될 것이다.

16. 연습을 올바르게 이해하는 데 매우 중요한 심리학의 규칙이 있다. 연습은 내적 만족을 수반할 때만 완전히 성공한다는 것이다. 그렇지 않으면 그것은 유기체가 반발할 지루한 반복으로 변한다. "성공적인 노력은 앞으로 나아가는 데 가장 필수적인 조건이다. 모든 만족스러운 결과는 새로운 설정과 신경 적응의 안정으로 이어진다. 이것은 교육적으로 매우 중요하다. 성공적인 연습만이 중추 신경계에 원하는 설정이 정착하는 데 도움이 되는 것만큼이나 단순한 반복으로는 진전을 보장하지 못한다. 똑같은 움직임이 단순하게 반복되면 실패의 결과를 낳게 된다. 이는 새로운 최소 저항의 경로 형성을 방해한다."

다. 피로의 가르침

1. 가웁에 따르면, 피로는 연습의 경쟁자다. 사실, 연습 과정에는 일련의 기관이 동시에 참여하는 공동 활동이 필요할 수 있다. 예를 들어, 글을 쓰거나 걸을 때, 눈의 일이 손이나 다리의 움직임을 조절하고 결정한다. 우리는 눈을 감고 글을 쓰거나 걷는 것이 얼마나 어려운 일인지 안다. 이런 양상으로, 모든 활동은 하나의 이런저런 기관이 아니라 일련의 기관들이 함께 참여하는 일을 일으키며, 주의를 기울이는 모든 행위에서 능동적으로 다른 모든 반응을 지연하고 억제한다. 이것은 일하는 기관에서—가령 글 쓰는 손에서— 발생하는 순수한 근육의 피로 외에도, 광범위하게 퍼져 신체 전체가 활동을 계속할 수 없게 만드는 일반적인 신경의 피로 현상을 유발한다.

2. 여기서 피곤, 피로, 과로 이 세 가지 주요 개념을 구분해야 한다. 우리는 피로가 엄습할 생리적 근거가 없을 때도 우리에게 발생할 수 있는 신경 상태를 피곤이라고 부를 것이다. 피곤은 푹 자고 난 후에도 올 수 있고, 우리 앞에서 일어나는 과정에 관심이 부족하고 지루함을 느끼기 때문에 올 수도 있다. 정상적인 경우라면 피곤은 피로가 시작될 신호다. 피로는 순전히 생리적 요인으로 나타나며, 일부 연구자들은 피로가 신경계에 특별한 독이 출현하는 것과 관계있다고 했다.

3. 한동안 격렬하게 장기간 일하는 중에 몸의 조직을 독살하는 특별한 피로 독이 있다고 믿었다. 그러나 그런 독의 존재는 어떤 식으로도 증명될 수 없었고, 피로의 생리적 성질은 여전히 철저하게 규명되지 않았다. 어쨌든 단순하며 일반에게 알려진 사실은 모든 신경의 일이 신경계의 특정 물질을 사용하면서 행해지고, 결과적으로 이들 물질이 고갈되면 조만간 몸 안에서 일어나던 일이 멈춘다는 것이다.

4. 그런 다음 소비된 영양분을 복원해야 하는 신경계는 약간의 비활성 상태에 빠지며, 확산 형태로 수면의 성격을 띠는 마비 상태에 빠

진다. 이 현상을 조사한 파블로프는, 수면이 대뇌 반구에 널리 퍼진 내부 억제 과정이라는 결론에 도달했다.

5. 이런 양상으로, 피로는 유기체에 해로울 때 일을 중단한다는 뜻에서 행동을 규제하는 정상적이고 필요한 사실이다. 그리고 이런 뜻에서 피로의 정상적인 도래는 모든 유형의 일에 엄격하게 적용되는 강제 법칙이다. 교사는 피로를 두려워할 필요가 없고, 피곤하지도 않은데 극심한 피로가 시작되는 경우에만 주의하면 된다. 극심한 피로는, 의지의 노력으로 피곤을 극복하려 할 때, 이런저런 복잡하고 어려운 일이 앞에 있을 때, 큰 긴장으로 흥분하여 잠들지도 못할 때 발생한다.

6. 분명히 피곤은 주관적인 반응이고 피로는 유기체의 객관적인 상태다. 피로는 즉각적으로 영향을 미치지는 않지만, 일은 잠깐 멈추어 쉼과 고용 형태에서의 변화로, 피로는 점진적으로 마비로 이어질 수 있다. 그래서 교사가 학생이 피로에 빠지지 않고 연속으로 일할 수 있는 최대 시간을 알고 확보하는 일은 매우 중요하다.

7. 어린이의 피로도는 나이 많은 아이들보다 훨씬 높다. 그런 이유로, 여덟 살과 열여섯 살 학생에게 피로도가 고르지 않음에도, 초등학교 1학년과 고등학교 3학년의 수업 시간이 같은 것은 교육적 대실수임을 인정해야 한다.

8. 일의 단조로움이 너무 빨리 피로로 이어지지 않게 하자는, 변화에 대한 요구가 있다. 즉, 일을 자주 중단하고 한 종류의 노동에서 다른 노동으로 옮겨가자는 요구가 있다. 피로는 그 자체가 일하는 데 최악의 조건이다. 피로는 일을 그만하자고 유기체가 항의를 선언하는 것 같다. 피로는 일을 무질서하게 만들고, 일의 속도를 늦추고, 일의 정확도를 떨어뜨리고, 연습의 질과 성과를 낮춘다.

9. 따라서 가장 중요한 요구 사항은 아동의 활동이 아동을 정상적인 피로로 이끄는 방식으로 배포하는 특별한 교육적 일의 위생이다.

그러나 아동이 이미 피로하다면 그에게 일의 부담을 주지 않아야 한다. 이런 뜻에서 피로 자체는 바람직한 요인이다. 피로는 안정, 휴식, 수면에 대한 강력한 자극을 생성하여, 그런 방식으로, 가장 활기찬 방식으로 지친 힘을 회복하게 해주기 때문이다. 이런 뜻에서 학생을 피로의 문턱까지 이끌고 학생을 피로에서 몇 걸음 떨어뜨리지 않는 일은 매우 유익하다.

10. 이와 반대로, 과로란 힘을 완전히 회복할 수 없을 정도로 비정상적으로 소비하는 것을 의미한다. 그래서 항상 약간 부족하다. 대체할 수 없을 정도로 기운을 소진했기 때문이다. 이렇게 되면 유기체는 고통스러운 결과에 처할 위협에 빠진다. 이것은 과로를 유발하는 일에 전체 유기체가 참여하는 가장 심대한 반작용을 조성한다.

|15장|

비정상적인 행동

가. 비정상적인 행동의 개념

1. 규범의 개념은 가장 어렵고 모호한 과학적 표상에 해당한다. 실제로는 어떤 규범도 존재하지 않는다. 거기에는 규범으로부터의 다양한 변이와 회피만이 무수히 존재한다. 이 회피가 비정상적인 영역이 시작되는 경계선을 넘어서는 지점을 말하기는 매우 어렵다. 그런 경계선은 어디에도 존재하지 않으며, 이런 뜻에서 규범은 어떤 중간값의, 현상의 가장 빈번한 사례의 순수하게 추상적인 개념이다. 실제로 규범은 그 순수한 형태로 발생하지 않으며, 항상 비정상적인 형태의 일부 불순물이 섞인 채 발생한다. 이처럼 정상적인 행동과 비정상적인 행동 사이에 정확한 경계선은 존재하지 않는다.

2. 그러나 이런 회피는 때로 양적으로 인상적인 크기다. 우리는 이를 근거로 비정상적인 행동에 대해 말할 권리가 있다. 이런 형태의 비정상적인 행동은 정상인에게도 순간적이고 일시적인 행동 형태로 발생할 수 있다. 그러나 정상인에게도 오랫동안 지속하는 행동 형태로도 나타날 수 있다. 이런 관점에서 보면, 모든 비정상적인 행동 형태는 다음과 같이 세 무리로 나눌 수 있다. ① 단기간의 무작위 형태(실언, 오기, 건망증, 섬망, 취기 따위), ② 장기간의 지속적인 상태(신경증, 정신병,

정신 질환의 일부 형태), ③ 평생에 걸친 영구적인 행동 결함. 맨 마지막 깃부터 시작하겠다. 하지만 비정상적인 형태의 행동이 정상적인 것과는 완전히 다른 것이라는 오래된 견해가 옳지 않다는 점을 먼저 경고하겠다. 모든 곳에서 우리는 이 견해와 충돌할 것이며, 정상과 비정상을 구분하는 경계가 얼마나 얇은지, 정신 병리학적 경계선이 일상적인 행동의 경계선을 침범하는지를 보여주려고 할 것이다.

나. 신체장애 아동

1. 신체장애는 선천적일 수도 있고 후천적일 수도 있으며 결함이 어떻게 표현되는지에 따라 다양한 형태를 취할 수 있다. 예를 들면, 신체장애는 팔다리 같은 이런저런 작동할 기관이 없을 때 표현할 수 있으며, 이런 점에서 불구자가 보이는 행동의 결함을 보인다. 여기서, 이 기관에 속박된 모든 반응 무리는 아동의 행동에서 떨어져 나가고, 아동 행동의 비정상성은 결핍을 보상하여 빠진 행동 형식을 채우려는 노력에 반영된다. 유기체는 모든 사람과 다르게 다른 기관에 새로운 기능을 할당하여 그 행동을 조직한다. 예를 들어, 다리가 없으면 신체의 움직임을 돕는 데 손이 많이 참여하게 된다.

2. 그런 결함의 두 번째 결과는 자신의 결핍에 대한 의식으로 나타나며, 이는 아동을 총체로 사회 전체와 구분 짓고 다른 모든 아동보다 덜 유리한 처치에 놓이게 한다. 이렇게 보면, 이 결함의 다른 결과를 가능한 한 고통 없이 해결하는 것이 교사의 관심사여야 한다. 어린이 생활의 올바른 조직화와 공적인 기능의 현대적 차별화 때문에 신체적 결함은 절름발이에게 절대적 불완전이나 사회적 무능의 이유가 될 수 없다.

3. 요점은 그런 경우의 교육적 조치는 개별 사례에 따라 개별화해야 한다는 것이다. 한편으로는 보상 방법으로, 다른 한편으로는 적응

비고츠키의 교육심리학

도구로 고통 없이 문제를 해결할 수 있다. 절름발이의 경우 합리적인 교육을 통해 그의 사회적 가치의 전체 금액을 보존할 수 있다. 그의 결핍의 영향을 거의 0으로 줄일 수 있다.

4. 절름발이가 추해 보이는 겉모습 때문에 삶에서 쫓겨나고 그의 사회적 기능은 타인의 연민을 희생시키면서 전적으로 기생적인 존재로 축소되던 때가 바로 얼마 전이다.

5. 사회 적응 교육의 기적은 절름발이에게 일을 가르치고, 청각 장애아에게 말을 가르치고, 시각장애아에게 책을 읽게 한다는 사실에 있다. 그러나 이 기적은, 아래에서 볼 수 있듯이, 이런 결함에 대한 교육적 보상의 완전히 자연스러운 과정으로 이해해야 한다.

6. 비정상적인 행동은 소위 감정 기관이나 분석 기관의 결함과 묶일 때 훨씬 어려운 형태를 취한다.

7. 선천성 실명 또는 청각 장애는 다른 유형의 결함보다 더 복잡한 교육학적 문제를 제기한다. 이 사례에서 이런저런 한 집행 기관이 아니라 외부 세계와 매우 중요한 연결을 설정하는 인식 기관이 아이에게 충격을 미친다.

8. 여기서 모든 것은 해당 분석 기관이 일반적인 행동 체계에서 갖는 중요성에 달려 있다. 후각과 미각 같은 기능의 상실은 행동을 이루는 전체에 그다지 심각한 후유증을 가져오지 않을 것이며, 존재의 현대적 조건에서는 거의 혹은 완전히 감지할 수 없는 결함일 뿐이다. 현대의 생활 조건에서 후각은 극히 드문 경우에 사용하며, 그 생물적 기능은 점점 더 무의미하다.

9. 그러나 이런 후각과 미각 같은 고립된 기능의 상실은 극히 드물며, 촉각과 운동 감각의 상실도 그렇다고 보아야 한다. 이와 반대로, 선천적 형태의 시각, 청각, 말하는 기능을 상실한 경우는 매우 흔하다. 이런 형태에서 장애 아동 교육의 원칙을 제시하는 일은 너무 쉽다.

10. 우선 눈먼 사람들을 생각해 보자. 실명은 다른 모든 형태의 행동을 방해하지 않고 외부 세계와 미묘하고 복잡한 관계를 설정할 수 있게 해주는 가장 중요한 분석 기관 중 하나를 비활성화한다. 이에 따라 시각 장애인은 일반인이 할 수 있는 형태의 움직임이 불가능하다. 그래서 시각 장애인은 비참한 사회적 역할을 담당했다. 한편으로는 언제 어디서나 이를 수행해야 했고, 다른 한편으로는 이를 통해 수년 동안 변함없는 동반자가 된 내적 억압의 감정과 상태를 지녔다.

11. 자선 단체의 손에 집중된 교육의 원칙은, 일반적으로 "가난한 사람들을 불쌍히 여기고", 공적 비용으로 이들을 지원하고, 비참한 존재가 간신히 연명하도록 도와야 한다는 견해였다. 자신을 위해, 자신들은 자신의 불행을 하나님의 형벌이나 시험으로 여기고 가장 겸손하게 받아들여야 한다는 사고에 가능한 모든 방법으로 영감을 받았다. 여기서 결핍과의 화해를 넘어서려는 시도는 없었으며, 주요 교육 규칙은 이 결핍을 극복하는 것이 아니라 교육을 이 결핍에 적응시키는 것이었다. 이렇게 해서, 자연에 대한 현명한 사고에 따라 어둠을 뚫고 들어갈 수 있는 시각 장애인의 비범하고 신비한 막대를 사용하는 감각에 대한 그리고 그 강함과 미묘함에서 보통 사람들의 촉각을 능가하는 촉각의 비범한 발달에 대한 심리학의 전설이 만들어졌다.

12. 이 모든 것은 크게 잘못된 것이다. 그 경우 시각 장애인의 행동은 하나를 제외하면 정상인과 똑같은 방식으로 조직된다. 그들에게 없는 눈과 연결된 분석 기관이 경험을 축적하는 과정에서 다른 분석 경로로, 주로 촉각과 운동 감각으로 대체된다는 점만 정상인과 다르다.

13. 이런 뜻에서 시각 장애인의 독서는 매우 흥미롭다. 이들을 위한 책은 글자로 인쇄되지만 마치 종이에 양각으로 새긴 것처럼 볼록하고 양각으로 인쇄되어 있어, 시각 장애인은 어린 시절부터 이런 소리, 저

비고츠키의 교육심리학

런 소리를 발음한 반응을 주어진 볼록한 철자에서 나오는 촉각적 안달과 연결하는 방법을 배운다. 일반적인 사람의 독서와의 모든 차이는 여기서 시각적 감각이 촉각적 감각으로 대체된다는 사실로 압축된다. 그러나 우리는 조건 반사의 형성이 우리가 다룰 새로운 안달을 촉발하는 것이 무엇인지에 무관심하다는 점을 기억해야 한다. 개의 타액 반사는 청색광, 긁힘 또는 메트로놈 소리에 의해 안달을 받은 상관없이, 새로운 연결을 똑같이 조건화하고 새로운 연결로 닫힌다.

14. 더 자주 시각 장애인은 시각 장애인을 위해 만든 특별한 알파벳으로 된 특수 점자 글씨를 사용한다. 이 알파벳에서 각 철자는 종이에 볼록하게 겹쳐진 6개의 점의 다양한 조합으로 구성된다. 이 서체에 익숙하지 않은 사람이 이 지면을 손으로 만져보면, 그는 무질서하게 배치된 많은 점을 느끼며 무의미한 여러 가지 감각을 얻고 이 점들의 숫자와 위치조차 말할 수 없을 것이다. 시각 장애인의 경우, 이들 점은 소리의 표상과 연결되고, 그를 위한 소리는 단어에 추가되며, 단어는 구로 결합하여 결국 어떤 뜻을 지니게 된다.

15. 이를 통해, 모든 읽기가 조건 반사의 성격을 지니며 모든 안달체계가 인간의 말을 기록하기 위한 철자 역할을 할 수 있음을 쉽게 알 수 있다. 이를 위해서는 조건 반사의 방법에 따라 새로운 안달이 이전 소리와 연결되는 것이 필요할 뿐이다. 이것으로부터, 시각 장애인의 촉각은 볼 수 있는 사람보다 낫거나 섬세한 것이 아니라, 훨씬 많은 연결로 이어져 더 많은 경험을 축적하고 있을 뿐임이 분명해진다. 글을 읽을 줄 아는 사람과 글을 모르는 사람이 인쇄된 지면 위의 읽을거리를 어떻게 보는지를 고려하면 쉽게 이해할 수 있다. 읽고 쓸 수 있는 사람에게는 천 개나 되는 철자를 빠르고 정확하게 파악하는 것이 어렵지 않을 것이다. 처음으로 책을 본 사람에게는 지면들이 수천 개의 기호가 뒤죽박죽처럼 섞여 밀림처럼 보이므로, 그의 눈은 속수

무책으로 길을 잃을 것이다. 이런 양상으로, 시각적 예리함과 촉각이 아니라 이전에 축적된 경험, 즉 다수의 외부 안딜을 무리로 묶고 연결 이전에 조건 반응으로 확립된 연결이 철자의 순서와 뜻을 가져온다. 시각 장애인을 가르치는 전체 임무는 일부 안달을 다른 안달과 연결하는 것이지만, 교육을 구축하는 다른 모든 심리적·교육적 법칙은 여전히 유효하다.

16. 여기서 잊지 말아야 할 것은, 그런 연결의 폐쇄는 시각 장애인이 다른 사람의 사회적 경험에 익숙해지는 것을 궁극적인 목표로 가져야 한다는 점이다. 이런 익숙함은 시각 장애인의 조건화된 안달 체계를 일반적으로 받아들여지는 사회의 소통 체계에 가능한 한 근접하게 할 때 성취할 수 있다. 이런 양상이라, 비록 점자가 가장 경제적이고 편리해 보이지만, 심리적인 관점에서 볼 때 점자가 적합하다고 볼 수는 없다. 점자는 시각 장애인과 일반 대중을 구분하기 때문이다. 점자로 쓴 글은 시각 장애인만 이해할 수 있어 시각 장애인과 일반인의 폭넓은 소통을 위해서가 아니라 시각 장애인의 좁고 닫힌 세계를 위해서만 역할을 한다. 그러므로, 우리의 모든 단호한 요구는 시각 장애인의 경험을 그의 결함의 좁은 한계를 넘어 인류의 사회적 경험과 가능한 한 광범위하고 밀접하게 연결하는 방향으로 향해야 한다는 것이다.

17. 그런 이유로, 심리학적 관점에서 볼 때, 시각 장애인을 위한 특별한 교수학습을 축소하고 시각 장애인이 일반 학교(중학교와 고등학교)에 가능한 한 빨리 접근해야 한다는 요구를 내세울 필요가 있다. 시각 장애인을 특수하고 특별한 학교에 격리하는 것은 좋은 결과를 가져올 수 없다. 이 교육에서는 모든 것이 학생의 주의가 향할 다른 방향을 제시하는 대신 학생의 주의를 실명에 고정하기 때문이다. 이런 조치는 시각 장애인 특유의 분리주의 심리를 강화하고 그들을 좁고

비고츠키의 교육심리학

답답한 세계에 가둔다. 시각 장애인도 특수한 정신적 기질로 차이가 난다는 의견이 널리 퍼져 있다. 이런 식으로 그들은 시각 장애인의 특수한 감수성, 억측에 대한 열정, 폭식 등을 지적한다. 올바른 관찰에서 비롯되기 때문에 그들은 이 모든 것을 쉽게 진실로 받아들였다. 그러나 이 모든 실명의 원인을 선천적 결함으로 여기는 것은 근시안적이다. 의심할 바 없이, 이 모든 것은 학생의 결함이 아니라 교육의 결함, 즉 시각 장애인의 행동의 두 번째 특질일 뿐이다. 그것들은 시각 장애인 인격의 내적 구조가 아니라 시각 장애인이 교육받은 사회적 상황이 그것들을 훨씬 많이 만들었다.

18. 이런 뜻에서 코롤렌코Короленко, 1853~1921의 이야기 "시각 장애인 음악가"는 호기심을 자아낸다. 이 영웅은 빛에 대한 즉각적인 욕망과 결핍에 대한 자의식으로 고통받고 있다. 시각 장애인인 슈퍼비나 교수는 시각 장애인의 시력에 대한 그런 판단은 잘못된 것이고 시각 장애인은 어둠 속에 있다는 감각이 없다는 것을 절대적으로 정확하게 지적했다. 실명이 아무것도 볼 수 없는, 어둠 속에 머무는 상태라고 상상하는 것은 정상인의 관점에서 시각 장애인을 판단하는 것일 뿐이다. 그러나 코롤렌코 자신의 개인사에서 진실은 심리적 이론과 완전히 일치하는 것으로 결론이 났다. 시각 장애인 음악가는 자신의 개인적이고 이기적인 고통의 좁은 굴레에 갇힌 채 희망 없는 고통으로 괴로워했다. 그가, 가난한 시각 장애인과 함께 방황한 후, 일반 인민의 슬픔의 바다에 자신의 개인적인 슬픔을 격침했을 때, 그제야 그는 내면적으로 그리고 정신적으로 자신을 인간으로 대면하게 되었다. 그에게 어떤 효과도 내지 못했던 바로 그 똑같은 음악이 이제는 새롭게 고통에서 그를 구원한다는 사실은 매우 신기하다. 그의 어머니가 색상의 세계를 소리의 언어로 번역하려고 했을 때, 이것은 결함의 감각을 더욱 강조하고 강화했다. 음악이 시각 장애인에게 광범위한 사

회적 경험의 원천이 되었을 때, 그것은 그의 결함을 극복하는 데 도움이 되었다.

19. 시각 장애인 교육의 기본 원리는 그들의 결함을 사회적으로 보상하는 방법이다. 우리는 여기에서도, 다른 곳과 마찬가지로, 개별화 교육과 사회적 구상으로 제시된 이 문제에 대한 고통 없는 해결책의 근본적인 무력함을 보게 된다.

20. 농아 아동에서 그 상황은 더욱더 어렵다. 많은 경우, 본질을 언급하면, 여기서 선천적 결함으로 인한 청각 장애 하나를 보게 된다. 언어 장애는 이차적 현상일 뿐이다. 이는 외부에서 낱말 자료를 공급받지 못하고 어린이 자신이 통제하지 못한 어린이의 말이 울음 반사 단계에서 얼어버렸기 때문이다. 태어날 때부터 청각 장애인은 다른 사람의 말이나 자신의 말을 듣지 못하기 때문에, 말 중추와 말하는 기관이 손상되지 않았음에도 말을 할 수 없게 된다. 이런 양상으로 들을 수 없음에서 우리는 볼 수 없음과 완전히 다른 유형의 결함을 직면하게 된다. 외부 세계가 귀보다 눈을 통해 더 많은 것을 드러내고, 소리가 세계의 전체 그림을 그리는 데 상대적으로 덜 중요한 역할을 하지만, 듣지 못하고 말하지 못하는 상태는 볼 수 없는 상태보다 훨씬 치명적이고 끔찍한 결함이 된다.

21. 시각 장애인에게는 자연의 세계가 닫혀 있지만, 사회적 세계는 열려 있다. 반면, 청각 장애인에게는 자연 세계에 대한 지각이 거의 완벽하게 보존되지만, 사회적 소통 가능성은 배제된다. 여기서 우리는 현시대에 자연보다 사회와의 연결이 얼마나 더 본질적이고 중요한지를 확인할 수 있다. 본질을 보면, 소리를 통해 인간의 말을 듣는 일에 연결되는 것뿐이지만, 바로 이것이 인격의 내적 발달에 절대 필요한 것으로 밝혀졌다. 우리의 의식이 순전히 사회에서 기원하고 다른 사람들과 소통하는 자료에 따라 발달한다는 것을 농아의 사례처럼 명확하게

비고츠키의 교육심리학

볼 수 있는 곳은 없다.

22. 농아에게서는 매우 일찍 흉내 내는 말이 발달하지만, 농아는 매우 빠르게 청각 안달을 시각적 안달로 대체한다. 우리가 소리로 말하는 것처럼 농아는 수화로 대화하며, 여기저기서 우리의 반응을 표시하기 위해 조건적 안달물 체계를 확립한다. 그러나 이 모방 언어는 말과 의식 발달의 가장 낮은 정도와 가장 편협한 형태를 나타낼 뿐이다. 이렇게 단정하는 세 가지 까닭이 있다. 첫째, 모방 언어는 청각 장애인이 청각 장애인과만 소통하게 하고 그를 자신의 결핍으로 인해 제한된 좁은 범위에 가두기 때문이다. 둘째, 이 말은 유치한 원시적 생각의 흔적을 지니고 있어 복잡하고 미묘한 현상을 표현하고 지각하는 도구가 될 수 없기 때문이다. 셋째이자 가장 중요한 것은, 말은 사회적 의사소통 기능에다 의식을 건설하는 기능도 하기 때문이다. 우리가 알고 있듯이, 모든 생각하는 반응과 조정하는 행위를, 본질을 이야기하면, 내적 말로 수행한다. 이런 양상으로 전개되기에, 말할 수 없다는 것은 발달한 생각의 부재를 나타내기도 한다.

23. 농아 교육의 원리는 시각 장애인을 위한 규칙과 같다. 즉, 사회적 경험의 확장을 통해 결함을 보상하는 것과 농아가 정상적인 행동 형태에 근접하는 것이다.

24. 이는 보다 복잡한 교육학적 조치를 통해 달성할 수 있다. 여기서 청각적 안달 체계를 시각적 안달 체계로 대체하는 것만으로는 충분하지 않다. 여기서도 끊어진 반응의 서로 보완하는 기제를 회복하는 것이 필요하다. 사실상, 말을 의식하는 능력과 말을 제어하는 능력을 발달시키기 위하여, 자신의 반응이 새로운 안달의 형식으로 바로 자신에게 돌아오는 과정이 필요하다. 이것은 말할 때 자신의 말에 귀 기울임으로써 이루어지며, 이를 통해 말을 의식하는 능력이 발달한다. 청각 장애인에게 반응을 서로 보완하는 기제는, 말할 때 발생하고 귀

를 대체하는, 운동 감각을 통해 작동한다. 학생의 정신에 말하는 움직임이 일어날 때만, 그는 자신의 말을 제어하고 말을 의식적으로 건설하는 방법을 학습하게 된다. 여기서 그는 그것을 단어의 시각적 윤곽과 타인의 발음에 대한 시각적 인상과 연결하는 방법을 배우게 된다. 그 결과, 우리가 종이 위의 말을 읽는 것처럼, 청각 장애인은 타인의 말을 입술의 움직임에서 읽어 이해하고 말하는 방법을 배우게 된다.

25. 이런 말 발달에서만 청각 장애인의 사회적 퇴보를 막고 그의 정신 발달을 보장한다. 말의 도움을 받지 못한 채 홀로 남겨진 농아는 극단적인 정신지체를 겪으며 미발달 단계에 머물게 된다. 헬렌 켈러 같은 청각 장애인의 개체 발달사는 심리적·교육적 측면에서 매우 교훈적이다. 많은 사람이 알고 있듯이, 그녀는 다양한 논쟁에 대해 여러 가지 흥미로운 책을 쓸 수 있는 의식 단계에 도달했다.

26. 모든 교육 과정의 본성을 드러내는 것은 시각 장애인과 농아의 대화를 위한 장치다. 이 장치에는 6개의 해당 버튼을 누를 때 상승하는 6개의 점자 점이 포함되어 있다. 시각 장애인은 버튼을 누르고 필요한 점 조합을 호출하여 청각 장애인이 읽을 수 있는 단어를 추가한다. 반면에 같은 일을 하는 농아는 시각 장애인에게 떠오르는 점들을 느끼게 하여 자기 뜻을 전한다. 여기서 우리는 새로운 조건부 연결을 확립함으로써 교육이 자연적 결핍을 극복하여 사회적 교류의 가능성을 창출하고 결과적으로 자신의 발달 가능성을 창출하는 간단한 방법을 확인했다.

다. 정신 결함과 정신병

1. 정신 결함이 있는 학생을 교육하는 문제는 더 어렵다. 여기서는 정신 결함이 있는 어린이를 세 가지 주요 집단으로 묶을 수 있다.

2. 이들 중 첫째 집단은 천치에서 가벼운 지체에 이르기까지 서로

다른 정도와 형태의 다양한 형태의 선천성 지적 장애에 해당하는 사람을 포함한다. 이런 현상은 대부분 신경계의 일부 기관의 결점이나 내분비의 선천성 질환과 묶여 있다. 여기서 이런 결핍은 개인 경험을 축적하는 형태가 약화한 것으로 드러난다. 그런 아이들은 일반적으로 새로운 조건 반사의 형성이 느리며, 풍부하고 다양하며 복잡한 행동 방식을 행할 가능성이 제한된다.

3. 이런 이유로, 그런 아이들을 교육하며 제기되는 자연스러운 과제는 이런 아이들이 환경에 최소한으로라도 적응할 수 있도록 삶에 필요한 반응을 확립하는 것이고, 그들을 유용한 사회 구성원으로 만들어, 주체적으로 삶을 이해하고 노동할 수 있게 하는 것이다. 일반적으로 그런 어린이를 대상으로 한 교수학습 방법은 정상적인 어린이를 대상으로 한 방법과 일치하며, 속도만 다소 약하게 하고 느리게 하면 된다. 여기서 그런 아이들을 특별한 폐쇄 집단으로 격리하지 않는 것과 다른 아이들과의 소통을 더 광범위하게 연습할 수 있게 하는 것은, 심리적 관점에서 보면 매우 중요하다.

4. 교육의 합목적성에 대한 교육 실천적 고려는 때로 심리적 요구와 모순된다. 예를 들면, 보조 학교의 원리가 제기되는 경우가 그렇다. 일부 교육자는 특수학교에 지체 아동을 배정하는 것이 항상 유용한 것은 아니지만, 프로그램의 관점에서 볼 때, 지체 아동으로부터 일반 학교를 구제하는 것이 바람직하다고 생각한다.

5. 그래도, 가장 심한 장애 정도로 인해, 그런 아이들의 교육을 이에 적합한 전문적인 학교에 맡겨야 한다는 데 의심의 여지가 없다. 그런 학교의 모든 교육적 특징은 일반적인 심리적 규칙 하나로 다룰 수 있다. 그 학교는 완화된 사회적 환경이 조성된 학교여야 한다. 즉, 관계의 수와 복잡함이 어린이의 약한 정신을 압도하지 않고, 필요로 하는 조건적 연결을 천천히 침착하게 연결할 수 있는 학교여야 한다.

6. 둘째 집단인 신경질적인 어린이, 간질 환자, 히스테리 환자 등은 그들의 행동 형태에서 병적인 회피를 드러내며, 이들은 교육보다 치료가 필요하다. 그러나 여기서, 본질에서 교육과 치료, 교수와 정신요법 사이에 명확한 경계선을 그을 수 없다는 잘킨트 교수의 지적은 특히 옳다. 둘은 다른 형태의 사회적 상담, 즉 체계적이고 계획적인 사회적 창조 활동이다. 그리고 아픈 아이들을 관찰하면서 결국 올바른 교육으로 가는 길은 교육의 도움으로 필요로 하는 연결을 잇는 데 도움이 될 환경을 조직화하는 데 있음을 알았다. 이런 종류의 교육을 위해 해야 할 교육학적 요구는, 다시 말하지만, 학생의 신경 질환에 적합한 환경을 구축하는 것이다. 따라서, 그런 아이들이 날카롭고 시끄러운 안달을 견딜 수 없다면, 아이의 유기체에 평화와 고요함을 보장하도록 그들의 삶을 조직해야 한다. 누구도 비정상적인 행동이 그런 교육적 책략에 의해 마침내 정상적인 방향으로 들어서게 될 수 있다고 생각할 정도로 낙관적이지 않다. 우리는 아직 사회교육의 가능성을 100분의 1도 모른다고 생각할 뿐이다. 모든 결함의 완전한 극복을 말할 수 없다면, 그런 교육이 없다면, 이 비정상적인 행동을 사회적으로 유용한 형태로 전환할 수 있는 다른 교육도 없다고 주장할 이유는 충분하다.

7. 비정상적인 행동의 마지막 집단, 즉 어린이의 신경 쇠약의 행동이 남아 있다. 이 마지막 형태에 속하는 행동을 일반적으로 일시적이고 단기간의 질병으로 취급한다. 다음과 같은 기준으로 정신병과 신경증을 구별하는 것이 제안되었다. 정신병은 인격과 환경의 갈등에서, 인격의 내적 충동과 환경 조건이 갈등을 일으키면서 발생한다. 그리고 신경증은, 어떤 내부 열망이 개인의 기본적인 도덕 수준과 모순될 때 '자아' 자체 내의 갈등에서 비롯된다. 어쨌든 여기저기서 우리는 내부 갈등에서 발생하는 질병이 있으며, 이는 유기체와 환경의 상호 작용에

서 어떤 문제가 발생했다는 사실을 증언한다. 갈등을 치유하려면 갈등의 원인을 제거해야 한다는 것은 말할 필요도 없으며, 이 경우 정신신경증 환자의 치료는 그의 재교육으로 귀결된다.

8. 환경과 아동 사이에 확립되어 고통 없이 갈등을 제거할 수 있는 새로운 상관관계가 이런 재교육으로 이루어진다. 예를 들어, 전쟁 중 어린 시절 정신병의 성격과 본성에 대해 곰곰이 생각해 보면, 이것은 특히 분명하다. 거대한 사회적 격변인 전쟁은 엄청난 변화와 붕괴를 일으켰고, 자연스럽게 이른바 일련의 신경질적인 갈등을 일으켰다. 이를 통해 '신경증으로의 도피'가 벌어진다. 즉, 자신의 갈등을 제거하기 위해 섬망, 상상, 비정상적인 형태의 행동, 환경으로부터의 도망 등의 시도를 한다. 그런데 이런 종류의 정신병에 대한 유일한 올바른 탈출로는 사회적 위생과 치료다. 즉, 갈등을 사회에서 용인하고 유용한 형태로 해결하도록 강제하는 것이다.

9. 신경쇠약증의 재교육은 일반적으로 조건 반사를 형성하는 사회 교육의 모든 법칙에 따른다. 억제되고 막힌 에너지를 위한 잘 알려진 출구를 제공하는 것뿐이다. 따라서 현대 심리학은 아동기 정신병을 사회적 현상으로 보고 이를 아동의 반사회적 표현으로 국한하는 경향이다. 잘킨트 교수는 다음과 같이 언급했다. "많은 '순환' 환자가 외부 조건의 영향으로 자신의 주기를 잃고, 많은 정신 분열 환자가 계속 악화하지 않았으며, 이전의 손실을 회복하기까지 했다. 정신 병리학적 진단의 적절성은 대략적인 정도로만 받아들여야 한다. 사실 그렇다. 우리가 자주 보는 것처럼 총체적이고 명백하며 뚜렷하게 특별한 형태의 사이코패스는 서로 다른 사회적·교육적 조건에서 그들 발달의 완전히 다른 속도와 깊이로 종속한다."

라. 일상생활의 정신병학

1. 그러나 비정상적인 행동은 신천적 이상이나 일시적인 질병의 형태로만 영향을 미치는 것이 아니다. 그것은 가장 일상적인 삶에 뿌리내리고 스며들어, 모든 사람의 매 걸음에서 이를 발견한다. 이런 현상은 오랫동안 과학의 관심을 끌지 못했다. 과학과 대중이 그것을 사고로 간주하고, 삶에서 중요한 역할을 하지 않는 것처럼 보였기에, 그것을 중요하게 취급하지 않았기 때문이다.

2. 프로이트는 이런 현상을 일상생활의 정신병학이라고 불렀고, 여기에 잘 알려진 성이나 지명을 잊었을 때의 우발적인 건망증, 이어서 어떤 것의 우연한 상실과 손상, 자신의 의도를 망각하는 것, 마지막으로 우리가 말할 때, 어떤 물건을 가지고 놀 때, 종이를 잘게 찢을 때, 말실수, 오타, 낙서 등의 징후를 드러내는 행동거지와 같은 형태의 행동을 포함했다. 신중하게 접근한 연구를 통해, 이런 모든 사례는 엄격하게 결정된 과정으로 드러났다. 우연이라는 개념 자체는 과학 연구에서 추방되어야 한다. 인과가 아닌 무작위 행동이 없으며, 행동의 가장 무작위적이고 사소한 형태도 본질에서 명확한 인과적 연결로 형성되었고 설명된다는 것을 가정해야 하기 때문이다.

3. 예를 들어, 당신이 어떤 사람에게 마음에 떠오르는 첫 번째 숫자의 이름을 정하도록 했는데 그가 3448이라고 하면, 정신 분석의 도움으로 거의 항상 이 특정 번호의 이름을 지정한 이유와 그 뒤에 놓인 원인을 파악할 수 있다. 또한 정신 분석은 무엇이 모든 사소한 실수, 건망증, 말실수 등을 일으키는지 정확히 보여 줄 수 있다. 이를 통해, 그런 행동 형태의 저변에 이들 경우에 발생한 잠재 의식적 욕망이나 열망이 있음이 밝혀졌다. 그런 것이, 예를 들어, 말실수의 의미다. 이는 화자 자신도 예기치 않게 자신의 은밀한 사고나 무의식적 의도를 배신하는 경우가 많다.

4. 그런 경우 우리가 정신병의 기초적인 형태를 다루고 있음이 분명하다. 말실수와 이름을 깜박하는 일은 주요 신경증과 마찬가지로 갈등의 산물이기 때문이다. 이는 사소한 두 가지 사고의 가벼운 충돌로 생긴 갈등일 뿐이다. 하지만 그런 행동 형태를 연구하는 일은 심오한 가치가 있다. 심리적 인과 관계의 일반적인 기초와 신경증으로 진전될 기제를 가장 단순한 형태로 연구하여 밝힐 수 있기 때문이다. 교실에서 수업하면서 교사는 이런 현상에 걱정을 조금만 해도 되지만, 여기서도 교사는 자신이 다루는 것이 무엇인지 알고 있어야 하며, 갈라진 땅처럼 말실수를 통해 볼 수 있는 잠재의식을 언제나 분별할 수 있다는 것을 이해해야 한다.

마. 최면 상태

1. 최면은 교사가 실천하며 큰 관심을 기울이지 않는 형태의 행동에 속하지만, 행동의 기본 형태를 연구하는 데 매우 중요하다. 최면은 이런저런 사람에게 인위적으로 유도한 상태다. 이는 수면과 유사하고, 최면에 거의 항상 수반하는 놀랄 만큼 선명한 암시의 표현에 의해서만 수면과 다르다. 최면술사와 최면에 드는 사람 사이에는 교감이라는 일정한 연결이 확립된다. 교감으로 최면에 드는 사람은 최면술사에게 종속적 태도를 보인다. 최면술사는 자기 재량에 따라 일반적으로 최면에 드는 사람에게 환각과 부정적인 환각을 유발할 수 있으며, 여러 수작과 행동거지로 그를 고무시킬 수 있다.

2. 이 분야에서 이루어진 많은 연구에도 불구하고 최면의 본성을 아직 완전히 이해하지 못했다. 그러나, 가장 일반적인 용어로 추정하면, 최면은 대뇌 반구에서 광범위하게 발달한 내부 제동 이상을 의미하지 않는다. 최면술사는 자신의 말로 처음에는 한 방향에서, 다음에는 다른 방향에서 제동을 건다. 그러므로 어떤 날카롭고 강하고 압도

적인 안달 혹은 한 지각 기관의 조용하고 약하고 길고 단조로운 안달이 최면을 유발한다는 것은 놀랄 일이 아니다.

3. 최면 행동의 가장 흥미로운 형태는 최면 후 암시다. 최면술사는 최면에 걸릴 사람에게 잠에서 깨어났을 때 상당한 시간이 지난 후 이런저런 행동거지를 할 거라고 암시한다. 이런 것을 예로 들 수 있다. 최면에 걸릴 사람에게 3개월 안에 이런저런 내용의 편지를 쓰게 되거나 어딘가를 찾아갈 거라고 암시하거나, 그가 집을 나갈 때 해가 되지 않는 터무니없는 수작을 부릴 거라고 암시하거나, 누군가가 '물'이라는 단어를 말하거나 어떤 숫자를 부를 때 이런저런 움직임을 하도록 암시하는 것이다. 그런 다음 최면술사는 그에게 암시된 수작을 잊어야 한다고 암시한다. 실제로 잠에서 깨어난 후 암시된 일을 할 때까지도 최면에 걸린 사람은 자신이 해야 할 일을 기억하지 못한다. 그러나 암시된 행동거지가 순간적으로 정확하게 행해지기 때문에 제안된 시간이 다가오거나 조건화된 기호가 출현하는 것으로 충분하다.

4. 이와 관련된 가장 흥미로운 점은 최면에 걸린 사람이 대개 자신이 일정한 행동거지를 취하도록 이끌리는 것처럼 느끼고, 자기 수작질의 이상함을 정당화하려는 구실을 제시한다는 것이다. 이런 양상으로 우리는 최면술사가 묶어 놓은 조건 반사 연결이 완전히 무의식적일 수 있음과 그가 설명할 수 없음을 알 수 있다. 사람은 암시의 존재를 인식하지 못할 수도 있지만, 오차 없이 그것을 정확하게 행할 수 있다.

5. 최면은 종종 교육과 비교되며, 귀요Guyau, 1854~1888 같은 일부 교육자는 일반적으로 교육이 일련의 조정된 세뇌일 뿐이라고 주장하는 경향이 있다. 이로부터 최면에 대한 암시와의 화해가 나오고, 어떤 경우에는 교육하기 어려운 어린이를 위해 실제로 최면을 사용했다.

6. 암시는 교육에서 정말 중요한 역할을 한다고 해야 한다. 하지만, 이런 연결이 경험 과정에서 자연스럽게 발생하도록 하는 대신, 학생의

신경계에 종종 인위적이고 외부적인 연결을 창출한다는 점에서 일반적인 교육 조치와 다르다.

7. 최면 경험의 원리적 중요성은 그것이 무의식의 현실을 처음으로 완벽하게 명료하게 드러냈다는 데 있다. 이를 통해, 우리는 일정한 의도적 행동을 할 수 있고, 무의식적인 암시에 숨겨진 진정한 원인을 완전히 인식하지 못하고 거짓의, 잘못된 동기를 인식할 수 있음을 알게 되었다.

8. 일반적으로 비정상적인 행동은 연구자가 찾아야 할 많은 기회를 감추고 있다. 카를 뵐러에 따르면, "유치원, 정신병원, 정신 결함이 있는 자를 위한 학교는 정신의 구조와 정신 발달의 일반적 경로를 가장 잘 배울 수 있는 곳이다."

| 16장 |

기질과 성격

가. 용어의 의미

1. 심리학이 발달한 초기부터 개별적인 행동 문제와 마찬가지로 기질과 성격 문제는 대체로 인간 행동 전체를 포괄하는 문제로 제기되었다. 이들 용어는 지금까지 여러 번 내용이 변경되었으며, 지금도 당신이 이들 낱말을 발음하는 동안, 개별 연구자가 이들 낱말에 다양한 내용을 집어넣어 다른 뜻으로 이들 낱말을 사용하기 때문에, 당신의 말을 올바르게 이해할 거라고 확신할 수 없다. 단 한 가지만이 이 모든 경우에서 서로 다른 이해를 통합하고 서로 다른 개념에 똑같은 낱말을 사용하는 것을 정당화한다. 이 공통점은 인간 유기체가 대체로 행동의 특별하고 고유한 방식과 성격을 지니며, 이런 행동의 특수성은 개인차에도 불구하고 여전히 누구나 아는 유형들로 국한될 수 있다는 생각에 담겨 있다.

2. 다시 말해, 이들 특수성의 모든 다양성은 유형적인 사례들의 기본적 분류에 따라 소진될 수 있다고 가정한다. 이것이 사실로 판명된다면, 이는 개별 표현도 자명한 합법칙성을 따르며 어떤 일반 법칙의 적용을 받을 수 있음을 의미한다.

3. 이 질문은 교사에게 매우 중요한 가치가 있다. 교사는 아동의 개

별 반응이 아니라 전체로서의 행동을 다루어야 하기 때문이다. 동시에, 교육학에는 아동 인격의 이런 일반적인 정신 구조 양성의 원인에 대해, 아동 인격의 경계선이 유전에 따른 특수성을 따르는지 아니면 교육에서 만들어지고 습득한 것인지, 가장 모순적인 표상이 지배한다. 바꾸어 말하면, 즉, 기질과 성격이 교육의 전제 조건인지 아니면 그 결과인지 가장 모순적인 표상이 교육학에서 팽팽하게 맞서고 있다.

4. 이어지는 서술에서 이 두 낱말을 현대 심리학의 가장 통상적인 뜻에 맞게 사용할 것이다. 기질이라는 표현으로, 우리는 유기체의 유전적 조성인 모든 태생적인 유전적 반응의 정신 구조의 특수성을 이해할 것이다. 따라서 기질은 가장 생리학적이고 생물학적인 개념으로 본능적, 정서적, 반사적 반응에서 드러난 인격의 영역을 포괄한다. 행동의 모든 세세한 부분에서, 일반적으로 비자발적이고 유전적인 것으로 인식되어 널리 통용되는 개념이 기질이다.

5. 성격이라는 표현으로, 기질과 반대로, 우리는 획득한 반응의 영향으로 세워진 인격의 특별한 정신 구조를 이해할 것이다. 성격은, 바꾸어 말하면, 무조건적 형태인 기질과 같은 타고난 행동에 대한 개별적인 상부 구조다.

6. 이런 양상이라 질문은 기질이 교육 과정에서 활용할 수 있는 전제 조건인지 그리고 성격이 교육 과정의 최종 결과인지로 제한되어야 한다. 물론 이런 식으로 단어를 사용하는 것은 약간의 조건이 붙는다. 그러나 첫째, 성격을 의지의 영역에, 기질을 감정의 영역에 귀속시키는 심리학적 전통을 크게 벗어나지 않기 때문이고, 둘째, 인간 행동의 두 가지 기본 지층인 선천적 지층과 후천적 지층을 매우 정확하게 구별하기 때문에 이는 정당하다. 달리 표현하면, 그런 사용은 실제로 존재하는 사실과 일치하기 때문에 정당하다.

나. 기질

1. 기질에 대한 가장 오래된 가르침조차도 기질을 신체 구조에 가깝게 만들었고 기질의 운반자라고 추정되는 신체의 조직이나 액체를 그런 것으로 확립했다. 따라서 한 기질의 지배는 유기체의 담즙 우세와 얽매여 있고, 다른 기질의 지배는 혈액의 우세 등과 엮인다.

2. 그 후 똑같은 순서의 다른 사실이 드러났다. 예를 들면, 레스가프Лесгафт, 1837~1909는 혈관 폭과 혈관 벽의 두께가 개인의 기질에 결정적으로 중요하다는 점을 지적했다. 다른 저자들은 기질을 신체의 다른 내부 조직에 가깝게 가져갔지만, 이들 견해의 이 모든 차이에도 불구하고, 그들은 기질적 특수성의 근원을 신체의 개별 구조의 특수성에서 찾아야 한다는 공통된 신념을 공유했다.

3. 일부 연구자는 이 가르침을 버렸고, 완전히 잊었으며, 그 자리에 기질의 심리적 본질에 관한 이론을 제시했다. 이 이론은 기질에서의 차이를 유기체의 심리적 힘의 서로 다른 상관관계로, 예를 들면 높은 열정과 낮은 열정страсть, 감각적 욕망과 이상적인 욕망, 추상적인 표상과 구체적인 표상으로 설명했다. 문제점을 지적하지 않을 수 없다. 기질을 설명하려는 첫 번째 시도들이 그들이 추정한 연결을 옹호하여 입증할 수 없었기 때문에 무익했다면, 후자의 시도는 그들이 찾고자 하는 것을 해결책으로 제시했기 때문에, 즉 문제와 답을 혼동했기 때문에 무익했다.

4. 사실상 다른 결합의 심리적 특성으로 기질을 설명한다는 것은 같은 것으로 같은 것을 설명하는 것을 의미한다. 왜냐하면, 한 사람의 심리에서 열정과 관념의 존재와 우세를 그리고 다른 사람의 심리에서 다른 것의 존재와 우세를 설명하려고 기질의 전체 문제를 구성하기 때문이다. 이런 양상으로 논리의 순환은 기질에 관한 거의 모든 심리학 이론에 담긴 불가피한 결함이었다. 이것은 이 문제가 어떻게든

비고츠키의 교육심리학

과학 심리학의 배경으로 물러나 어설픈 소설과 같은 인류학적 기술의 주제가 되었다는 사실 때문이다. 또한, 이 문제가 진지한 심리학 체계 내에서 논의를 위한 자리를 잡지 못하고 그저 지나가듯 가볍게 다루어졌기 때문이다.

다. 신체 구조와 성격

1. "젠장, 사람들의 표상에 따르면, 마른 사람은 좁은 턱에 가늘고 뾰족한 수염을 기른다. 뚱뚱한 악마는 선량한 어리석음의 흔적을 지니고 있다. 흥미로운 사람은 일반적으로 혹과 기침으로 상상된다. 늙은 마녀는 마른 새 같은 얼굴이다. 명랑하고 화려한 곳에 반짝이는 대머리에 코가 빨간 뚱뚱한 기사 팔스타프가 나타난다. 상식이 풍부한 여성은 공처럼 땅딸막하고 엉덩이에 손을 얹는다. 성인들은 팔다리가 긴 고딕처럼 날씬하고 투명하며 창백하게 묘사한다. 요컨대, 현자와 마귀는 코가 날카롭고, 유머가 풍부해야 한다. 이에 대해 무엇을 더 말할 수 있을까!"

2. 크레치머의 『신체 구조와 성격』은 위에 인용한 내용으로 시작한다. 이는 기질과 성격에 대해 질문하며 신체 구조가 확실히 성격을 결정한다는 너무나 오래된 견해로 돌아간 것이다. 이런 식으로 그는 인간 신체에 대한 통속적인 관점에 굴복했다.

3. 이 이론은 초기 단계에 불과하지만, 그것이 일구어낸 자료는 그 안에 진실의 낱알이 있음을 설득력 있게 제시했다.

4. 그 연구는 정신적으로 고통받는 자들로 시작했고, 그는 얼굴과 두개골 구조, 신체의 외형, 신체의 골격 구조가 환자가 고통을 겪는 심리 질환의 형태와 직접적이고 명확하게 연결된다는 것을 보일 수 있었다.

5. 크레치머는 이 연구를 심적 질환을 유발하는 두 가지 주요 형태

인 순환기질과 조현병에서 시작했다. 그는 이런 사례에서 체격과 성격의 상관관계를 확립한다. 이 두 질병은 신체 구조의 선명한 특징뿐만 아니라 극도로 예리하고 고상한 형태의 성격 형성을 동반해서, 악마와 성인이라는 대중적인 경우와 마찬가지로, 이 경우 이런 의존성은 선명하고 비범한 설득력을 갖출 수 있었다. 그러나 크레치머의 결론은 정신병학의 범위를 넘어 너무 나아갔다. 그의 사고는, 성격을 결정짓는 모든 것을 포함하여 고려하기 위해, 정신병학의 경계를 넘어갔다. 거기서 그는 모든 성격은 순환성 성격과 분열성 성격이라는 두 유형에 기반을 둔다고 주장했다. 이 두 성격은 서로 크게 다르며 극단적인 표현 양상으로 심적 질환을 일으키지만, 일상생활에서는 다소 희석되고 완화된 형태로 발견된다.

6. 이런 흐름에서 기본적인 크레치머의 분류 결과를 통달하는 것은 매우 중요하다. 그의 연구에서 세 개념이 기저를 이룬다. 그는 체격을, 유전형으로 고정된, 즉 유전으로 인한 모든 개별 속성의 총체로 개념화했다. 그는 성격을, 사람의 반응에 담길 수 있는 가능한 모든 정서적이고 의지적인 총체로 개념화했다. 이런 반응의 형태들은 평생에 걸쳐 유전적 자료와 모든 외인성 요인으로 생성된다. 즉, 신체적 영향, 심리 교육, 환경 그리고 체험으로 생성된다. 이런 양상이라, 이 성격의 개념은 그의 감정적 측면을 포함하는 전체인 정신적인 인격을 포괄한다. 따라서 지적인 측면에서 어떤 식으로든 성격을 분리하는 것은 불가능하다.

7. 마지막으로, 기질이라는 굳어진 표현은 크레치머에게는 아직 완결한 개념이 아니며 일시적인 의미로만 역할을 할 뿐이다. 그의 견해에 따르면, 기질의 영역을 다 모르지만, 기질은 생물학적 심리학과 확실하게 차별화하는 출발점이 되어야 한다. 여기서 그는 겹치는 주요한 두 작용 영역을 구별한다. "첫째 영역은 심리 기관이다. 대략 심리 반

사궁이라고 지칭할 수 있다. 여기서 체강에 연결되는 것은 뇌의 각 영역이며, 그 경로는 감각기관 및 운동 기관과 밀접하게 연결된다. 즉, 외부 감각, 뇌, 운동 영역이 통합된 기관이다. 둘째 영역은 기질이다. 그것들은 경험적으로 확립된 것처럼 혈액의 화학적 성질, 즉 체액에 의해 완전히 결정된다. 체강에서 이를 대표하는 것은 뇌와 선 기관이다. 기질은 신체 구조와 체액으로 연결되어 분명히 존재하는 심리의 부분이다. 기질은 정신 기관의 기제에 영향을 미쳐, 정서에 색깔을 부여하여 정서를 억제하거나 자극한다.

8. 경험적으로 알아낸 것에 따르면, 기질은 정신의 특성에 다음과 같은 영향을 미친다. 첫째, 정신 감각을, 즉 정신의 안달을 과도하게 민감하거나 무감각하게 한다. 둘째, 기분의 채색에, 정신의 체험에서 쾌락 또는 불쾌의 색조에, 주된 양상으로, 유쾌함과 슬픔의 정도에 차이가 나게 한다. 셋째, 심리의 속도에, 일반적으로, 정신 과정을 가속하거나 감속하게 한다. 넷째, 심리 운동 영역에, 즉 일반적인 움직임 속도에 이동하게 하거나 차분하게 한다. 그리고 움직임의 특수한 성격에 움직임을 느리게, 멈추게, 성급하게, 활기차게, 부드럽게, 원만하게 한다. 기질은 이런 영향을 미친다."

9. 크레치머는 체액에서 호르몬의 영향이 신체의 나머지 구조에 적용되는 방식과 똑같이 뇌의 해부학적 구조에도 적용된다는 점을 인정했다. 그에 따르면, "이런 이유로, 모든 질문은 어지러울 정도로 복잡해졌다. 내 생각에 우리가 당분간, 외인(모르핀, 알코올)과 내분비 둘 다의 예민한 화학적 충격에 특히 쉽고 자주 대응하는 심리 기관의 주변에, 즉 정서 상태와 일반적인 심리 속도 주변에, 기질의 개념을 무리 짓는다면 제대로 한 것이다."

10. 이런 양상으로 크레치머는 기질 형성과 신체 구조에 내분비선이 가장 중요하다는 점을 지적하면서 출발했다.

11. 이미 언급했듯이, 몸에는 분비물을 외부로 분비하는 선(예: 눈물, 타액, 위액, 땀 등)과 함께 정확히 똑같은 구조이지만 외부 배설관이 없는 많은 선체가 있다. 오랫동안 이들 기관의 용도는 신비한 것처럼 보였다. 이제는 경험과 실험으로 그런 선을 제거하고 이식하게 되어, 선의 본질이 분비물을 혈액으로 직접 분비하는 것임을 확정할 수 있다. 이렇게 해서 이것을 일반적으로 내분비, 내분출 또는 내부에 분비하는 선과 같은 혈액 선이라고 명명한다. 이 경우 관찰의 출처는 첫째, 샘(선) 중 하나의 선천적 또는 후천적 결핍이나 과잉 발달의 병리학적 사례였다. 둘째, 한 동물에서 다른 동물로 샘을 제거하고 이식하는 실험을 위한 수술이었다. 셋째, 가장 최근에 행해진 회춘을 위한 실험적 수술이다. 이 모든 관찰을 통해, 우리는 우리에게 알려지지 않은 몇 가지 병원체를 혈액으로 분비하는 이들 내분비샘의 활동이, 일반적으로 호르몬(그리스어 '흥분하게 하다', '작동하게 하다'에서 유래)이라고 명명한 것의 활동이, 혈액의 화학적 조성을 변화시키고 혈액을 통해 전체 유기체와 그 안에서 일어나는 모든 과정에 우선해서 강력한 영향을 미친다는 데 합의했다.

12. 여기서 추가 연구를 통해 셋째 방식의 선도 발견했다는 것을 언급하지 않을 수 없다. 러시아 연구원에 따르면, '두 전선에서 작업하는' 것처럼 한편으로는 특수한 배설관으로 분비되는 외부 분비가 있고, 다른 한편으로는 내부 호르몬 분비가 있다. 이들 샘에는 무엇보다도 남성과 여성의 생식선이 포함된다.

13. 내분비 활동은 신체의 성장과 구조, 뼈, 연골, 근육 및 조직의 크기와 모양, 뇌와 신경계의 기능, 나이와 관련된 신체 변화 및 성적 특성을 조절한다. 선천적인 갑상선 부재로 크레틴병(저능)과 우둔이 발생하지만, 환자에게 새로운 갑상선을 이식하여 치료할 수 있었다. 생식선 거세는 신체 전체 구조의 변화로 이어진다. 남성의 경우 남성성

상실과 함께 여성의 형태를 취하고, 여성의 경우 남성성이 강화된다. 모든 관찰자가 증언한 것처럼, 이에 동반하여 알아볼 수 없을 정도로 변하는 목소리와 기질의 모든 속성의 재탄생이 이어진다. 실험 생물학은 거세된 동물에 이성의 생식선을 접목하는, 말하자면 실험적인 성전환에 성공했다. 즉, 모든 결정적인 이차 성징을 급격하게 사라지게 하는 데 성공한 것이다. 자바도프스키Завадовский, 1891~1957의 실험에서, 실험용 암컷 병아리는 암컷의 모든 징후를 잃고 볏이 자라며 박차를 가하고 수탉의 외침을 보였고, 때로는 암컷에게 매력이 있으며 일반적으로 행동의 본질과 신체 구조 측면에서 수컷임을 드러냈다. 반대성으로, 남성을 여성으로 전환하는 실험도 가능하다.

14. 대뇌 부속 부분 또는 뇌하수체의 비대는 거대한 성장과 개별 기관의 추악한 증식을 수반한다. 이 선의 발달 저하는 왜소한 성장으로 이어진다.

15. 마지막으로, 회춘 실험은 삶에서 특정 나이에 연결된 신체 및 성격의 모든 변화가, 본질을 언급하면, 생식선의 내분비 작용의 직접적인 결과임을 입증했다. 외분비를 희생시키면서 내분비를 강화한다는 뜻에서, 외과적 개입으로 생식선의 활동을 조절함으로써 신체와 성격 전반을 젊어지게 하는 놀라운 효과를 빠르게 얻을 수 있다.

16. 동물과 사람을 대상으로 한 약간 조잡한 실험에서, 예를 들어, 중립 기관인 귀 뒤에 있는 선을 이식하면, 훨씬 놀라운 형태로 똑같은 효과가 나타난다. 우리는 한편으로 내분비 기관과 그에 의해 결정되는 혈액의 화학적 성질 사이의, 그리고 다른 한편으로는 사람의 전체 심리와 신체 구조의 직접적이고 밀접한 연결을 완전히 확정한 것으로 간주할 수 있다.

17. 지금까지 연구는 이 하나의 의존성만을 확립하는 데 성공했지만, 이제 문제는 해결의 다른 단계로 나아가고 있으며, 질문은 신체 구

조와 성격의 상관관계를 확립하는 방법에 행해진다. 둘 다 그것들을 일으킨 공통된 원인이 분비 기관의 작업이기 때문이다.

18. 이런 뜻에서 보면, 우리는 영혼에 대한 고대의 관점으로 돌아가고 있으며, 이 관점에 따라 우리는 영혼을 혈액에 국한하고, 심리에 혈액이 진정으로 가장 중요함을 확인한다. 정확하게 지적하면, 바로 이 혈액이 뇌, 신경계, 내분비샘의 작업을 통합하는 기관이다.

라. 기질의 네 가지 유형

1. 전통 심리학은 오랫동안 기질을 기술하면서 인간 행동의 주요 유형에 관한 고대의 가르침에 기반한 네 가지 유형을 다루었다. 이들 유형을 다양한 방식으로 기술했지만, 그것에 대한 정의가 다양했음에도, 주요 경계선 두 개는 흔들리지 않았다. 첫째, 이들 유형 각각이 잘 알려진 신체를 표현한다는 것, 하나의 유형은 예처럼 기질을 해설한다는 것이다. 둘째, 사람의 외적 행동에서 그의 심리를 해석하는 데로 전환하는 근거로 잘 알려진 움직임들과 그 속도를 제시한다는 것이다. 아래 제시한 내용은 어린이와 관련하여 이들 네 유형을 코르닐로프 교수가 편집한 것을 요약한 것이다.

2. "이들 기질 각각의 특성을 서술한 내용은 다음과 같다.

3. 여기 다혈질 아이가 있다. 그는 마르고 날씬하며 우아하다. 그가 움직일 때, 너무 빠르게 움직이며 심지어 부산하다. 그는 간절히 새로운 것을 하려 하지만 그것을 끝까지 해낼 인내가 없고, 빨리 포기한다. 그의 두뇌는 활기차고 예리하지만, 사려 깊고 진지하지는 않다. 그의 감정은 빠르게 성장하고 있지만, 너무 피상적으로 포착한다. 그는 쾌활하고 즐거움을 사랑하며 이를 얻고자 한다. 일반적으로, 과거에 대한 깊은 후회가 없고 미래에 대한 불안한 마음이 없는, 달콤하고 매력적인 아이다.

비고츠키의 교육심리학

4. 점액질 아이는 다소 다른 기질을 지녔다. 그는 몸집이 통통하고, 움직임이 느리고, 무기력하고 게으르기까지 하다. 두뇌는 일관되고 사려 깊고 관찰력이 뛰어나며, 독창적이거나 창조적이기보다는 반짝이는 인식이 돋보인다. 그의 감정은 뜨겁지 않지만 일관된다. 일반적으로 부모와 교육자에게 문제를 거의 일으키지 않는 선량하고 균형 잡힌 아이다.

5. 이 두 가지 약한 유형의 아이와 뚜렷이 대비되는 두 가지 유형이 있다. 여기에 담즙질, 담즙 유형 아이가 있다. 마르고 날씬한 그는 너무 단호하고 빠르다. 그래서 종종 움직임이 무모하다. 그는 자신의 계획을 실행하는 데 대담하고 끈기 있고 예리하다. 그의 예리하게 꿰뚫고 조롱하는 두뇌는 결론을 내리는 데 너무 범주적이다. 그의 감정은 좋아하는 것과 싫어하는 것을 표현하는 데 너무 열정적이고 가혹하다. 그는 권력에 굶주리고 복수심이 강하며 온갖 투쟁에 참여한다. 아이는 불안하고 균형이 맞지 않아 그의 지도자에게 많은 걱정을 끼치지만, 다른 한편으로 유리한 교육 조건에서 자란다면 미래에 많은 성취를 기대하게 한다.

6. 우울질 아이는 또 다른 유형이다. 그는 나이에 비해 우울하고 진지하며, 의지를 표현하는 게 느리지만 철저하다. 그는 강하고 깊이 있고 사려 깊은 두뇌를 지녔다. 선호하는 견해에 광신적일 정도로 단호하고 끈기가 있다. 극도로 감수성이 예민하고 우울하며 자제하기에 감정을 거의 드러내지 않는다. 명랑한 아이와 너무 다른 이런 어린아이는 그를 지도하는 사람들이 아이의 미래에 대해 비자발적 존중과 드러낼 수 없는 두려움을 갖게 한다."

7. 기질을 너무 일반적이고 추상적으로 기술하는 것에서 깊이 연구하는 것으로 나아가기 위해, 기질이 철저하고 완벽하고 확실하게 구현될 수 있는 몇몇 기본 징후를 찾고, 이런 기질의 외적 증상을 객관적

으로 연구하도록 전환할 필요가 있다.

8. 이전의 모든 기술을 봐도 너무 자명하다. 결국, 우리는 기관이 생성한 움직임의 유형에 따라 기질을 결정하거나 신체의 외형에서 추측한 움직임의 가능성 또는 준비 상태에 따라 기질을 결정했다. 결과적으로, 이제 행동의 모든 형태를 구성하는 주요하고 통합적인 요소인 반응 행위를 우리가 관찰할 토대에 놓아야 한다. 기질을 반응 유형과 연결해야만, 이 질문의 적절성을 판단하는 데 필요한 실험심리학의 방대한 자료들을 모을 수 있다. 기질과 반응 유형을 연결하여 실험하면, 반응 시간에 따른 역동적 특성을 서술한 실험심리학 자료를 얻을 수 있기 때문이다.

9. 우리는 각기 친숙한 반응 속도를 가지고 있다는 것이 오래전에 확인되었다. 이런 견해에 빗대어, 개개인이 보인 반응의 성격에 따라 빠른 사람과 느린 사람으로 나눌 수 있다. 여기서 더 많은 분화가 가능하다. 반응의 특성을 기술할 때 새로운 계기를, 가령 역동성 또는 강도의 계기를 도입한다면, 그에 따라 두 계기를 교차하여 조합하면 네 가지 주요 인간 행동 유형을 자연스럽게 얻을 수 있다. 코르닐로프 교수는 네 유형의 특징을 다음과 같이 서술했다. ① 타고난 성향이 빠르고 강한 반응 방식인 사람, 근육 활성형. ② 타고난 성향이 빠르지만 약한 반응 방식인 사람, 근육 수동형. ③ 타고난 성향이 느리지만 강한 반응 방식인 사람, 감각 활성형. ④ 타고난 성향이 느리고 약한 반응 방식인 사람, 감각 수동형.

10. 기질에 대한 가르침에 조금도 의존하지 않고 확립된 이 네 가지 유형이 완전히 다른 과학적 방법으로 똑같은 것에 이르고 최종 결론에서 기질에 대한 고전적인 가르침과 일치한다는 것을 알아차리기는 너무나 쉽다.

11. 빠르게 반응하여 쉽게 흥분하지만, 자신의 반응을 온전한 힘과

표현으로 가져가지 못하고 발화하자마자 꺼져버리는 근육 수동형의 사람이 일반적으로 낙관적이고, 성급하고, 격분한다는 것을 쉽게 관찰할 수 있다. 담즙질인 사람의 특성을 서술한 것은 강하고 빠른 반응, 즉 근육 활성형을 서술한 것과 일치하며, 이 기질을 위대하고 활기찬 역사적 인물, 인내와 의지의 인간들에 할당한 것은 당연한 일이다. 우울질인 사람은 느리지만 강하게 반응하기에 감각 활성형과 일치한다.

12. 이런 이유로, 우울질인 사람의 지속성, 바꾸어 말하면, 느림, 막힘 또는 지연, 긴장, 수년 동안 하나의 사고나 관념에 집착하는 능력, 그들의 명백한 부동성은, 일종의 심각한 결단과 용감한 긴장과 연결된다. 그리고 마지막으로, 담즙형인 사람은 타고난 성향이 느리고 약한 반응 방식인 사람, 감각 수동형인 사람과 일치한다.

13. 이 네 가지 유형의 설정은, 그것을 억지를 쓰는 것으로 보고 예비적이고 잠정적인 과학적 도식으로만 취급하더라도, 부인할 수 없는 장점이 있다. 이 장점으로 우선 객관적 토대에 근거하여 질문을 제기할 수 있고, 나아가 기질을 교육적 충격의 적응 여부에 근거해 연구할 수 있다.

14. 기질을 재교육할 수 있는 경계선을 어디로 정할 것이냐는 어려운 질문이다. 반응 측면에서 기질을 연구하는 것으로 이행해야만, 타고난 성향이 네 가지 유형의 반응 중 하나인 사람을 교육적 훈련, 운동, 설정의 변화 따위를 통해 다른 유형의 반응을 하는 사람으로 만들 수 있는지 실험으로 연구할 수 있다. 이런 식으로 연구해야만, 실험 연구의 일반적인 결론이 기질을 재교육하기 위한 모든 규칙이 교육학에서 가장 중요한 일반 법칙과 연결될 수 있음을 보여준다.

15. 모든 사람은 반응의 약한 유형에서 강한 유형으로 쉽게 넘어간다. 즉 수동적인 반응 양상에서 능동적인 반응 양상으로, 느린 반응양상에서 빠른 반응 양상으로 나아간다. 확인한 바와 같이, 빠른 유

형에서 느린 유형으로, 강한 유형에서 약한 유형으로 넘어가는 것은 극히 어렵고 많은 경우 거의 불가능하다. 이로부터 감각 수동형의 사람, 즉 활동적인 담즙 성향의 행동 형태를 쉽게 동화시키는 점액질인 사람을 재교육하는 게 가장 쉽다는 것이 분명해졌다. 심리학자 중 한 사람의 재치 있는 말에 따르면, 모든 '멍청한' 역사적 인물은 담즙질인 척한 점액질이다. 점액질에서 우울질 또는 다혈질로의 중간적인 전환도 가능하다. 네 유형 각각은, 재교육이 접근 가능할 수 있는 특정 방향으로 단 하나의 특징적인 계기가 변화한 것일 뿐이기 때문이다. 점액질은 움직임이 빨라지면 쉽게 다혈질로 변하고, 자신의 반응을 강화하면 우울질에 가까워진다.

16. 담즙질 그룹은 재교육이 가장 어렵고, 담즙질인 사람이 결코 할 수 없었던 것은 어떤 상황에서도 평정을 유지하도록 가르치는 것이었다. 그러나 담즙질인 사람은 점액질로 이행하는 형태에도 거의 도달할 수 없었으며, 이런 아이는 오랜 시간을 들여도 교육하기 어려운 어린이에 속한다. 교육학 문헌을 보면, 이런 유형의 어린이는 환경과 어울리지 못하거나 반항적인 성격이다.

17. 재교육의 뜻에 빗대면, 두 가지 다른 기질이 점유한 중간적 위치는, 거칠게 말하면, 딱 절반만 재교육한 결과로 간주할 수 있다. 바꾸어 말하면, 우울질은 그 반응이 빨라지면 쉽게 담즙질에 가까워진다. 다혈질도 특정 조건에서 그 반응을 강화하면 쉽게 담즙질로 넘어갈 수 있다. 확실하게 자신의 감정을 느끼고 권위 있게 말하고 자신이 강하게 원하는 것을 한 번에 인식하고 이를 달성하려 노력하는 방법을 학습한 다혈질인 사람은 더는 담즙질의 징후를 보이지 않는다.

18. 교육적 판단이 일반적이고 모호한 결론과 지나치게 다르다면, 그럴 때는 네 가지 유형의 기질 같은 도식이 직업적 소명을 다루는 심리-기술적 결론 및 판단에 훨씬 중요할 수 있다.

마. 소명의 문제와 심리-기술

1. 모든 노동은 인간이 지닌 반응의 특별한 조합으로 구성된다. 한 직업이 다른 직업과 어떤 식으로든 다르다면, 그것은 그 직업에 적합한 심리적 조성의 일반적인 성격 때문이 아니라, 그 직업에 포함된 개별 반응의 질과 차례 때문이다. 그러므로, 어떤 직업에 필요한 노동을 그 노동의 요소들을 구성하는 최초의 요소로 분해하는 일은 매우 쉽다. 즉, 모든 노동 활동을 알려진 유형의 반응 대열과 그 조합으로 취하는 일은 매우 쉽다.

2. 누가 어떤 직업에 적합한지를 규정하는 일은 너무나 중요하다. 이것은 업무의 이익뿐만 아니라 올바른 인격 발달의 이익을 위해서도 필요하므로, 이런 두 가지 관점에서 그들은 이 질문의 해결에 접근하기 시작했다. 처음에 심리-기술은 기업을 올바르게 조직하려는 관심에서 비롯되었으며 소위 '부정적 요인을 선별하여 도태'라는 실천적 과제를 제시했다.

3. 그 과제는 심리 테스트를 통해 작업을 위한 모든 지원자 중에서, 작업을 확실히 처리할 수 없고 작업 속도를 늦출 뿐인, 자격 없는 사람을 선별하는 것이었다. 이에 따라, 심리-기술의 모든 주의는 처음에는 이런 최소 요구 사항을 작성하는 데로 향했으며, 이를 준수하지 않는 것은 이 작업에 해당 지원자가 부적합하다는 것이다. 그 후 이 과학 분야에 관심이 가파르게 확장되었다. 부정적인 것뿐만 아니라 긍정적인 것을 선택하는 것에 대해서도 이야기하기 시작한 것이다. 무가치함뿐만 아니라 영재의 긍정적인 정도와 직업에 대한 소명을 판단할 수 있는 심리 테스트를 확립하는 것에 대해서도 이야기하기 시작했다. 이에 따라, 심리학은 필요충분한 요구의 최소 사항을 만드는 대신, 직업 업무 각각의 유형을 사이코그램으로 작성하는 일에, 즉 이 유형의 노동을 구성하는 모든 요소를 상세하게 심리적으로 분석하는 일에 열

중했다. 여기서, 가장 다양한 유형의 직업 노동에 대한 심리적 분석은 노동 과정의 일반적이고 전형적인 범위에서 행해졌다. 서로 다른 직업 전체의 다양성을 총괄할 수 있는 몇 가지 기본 유형을 확립하려 했다.

4. 노동 반응 전반에서, 코르닐로프 교수의 도식에 따르면, 노동 과정의 몇몇 유형이 구별된다.

5. 첫째는 노동 과정이 자연스러운 유형이다. 이 유형은 강도가 센 육체적 일이나 집중적인 정신노동이 필요하지 않은 직업에 해당한다. 그런 직업에는 가정의 하인, 기술직 근무자, 문지기, 파수꾼, 청소부 등이 있다. 이 모든 직업에서 노동 반응은 일상생활에서 친숙한 일련의 움직임으로 구성된다. 작업 조건은 특별히 집중할 필요 없이 모든 작업이 일상적이고 자동으로 진행된다. 마지막으로 가장 중요한 점이다. 여기서 작업자가 특별한 힘과 속도를 발휘할 필요가 없어, 거의 항상 편안하고 자연스러운 상태에서 그 직업의 일을 진행한다. 물론 노동 과정의 이런 자연스러운 유형을 심리-기술적 선택을 하는 일이 가장 쉽다. 왜냐하면, 각 작업자가 반응의 이런저런 유형에 대해 자연스러운 취향을 보이겠지만, 모든 사람이 작업의 과제를 쉽게 대처할 수 있기 때문이다.

6. 소위 육체노동 과정이 복잡한 두 번째 유형은 작업할 대상이 아니라 주로 자신의 움직임에 주의를 기울여야 한다. 이 작업을 하며 작업자는 엄청난 근육의 긴장과 상당한 주변 에너지의 소모를 겪게 된다. 예를 들면, 채석장, 대장장이, 광부, 망치 세공인, 나무꾼 등이 그런 직업이다.

7. 이미 여기서 심리-기술의 요구 사항은 활력이 넘치는 근육질 유형의 반응을 발현하는 데 도움이 될 기질을 곰곰이 숙고할 것을 절대적이고 명확하게 지적한다. 달리 표현하면, 점액질인 사람과 다혈질인 사람은 약한 반응에 익숙한 사람이다. 즉, 행위를 하는 동안 약간의

비고츠키의 교육심리학

에너지를 방출하게 되면, 그들은 그런 작업자의 역할에서 벗어난다. 더 중요한 지점이다. 힘든 삶의 조건에서 계속 그런 일을 한다면, 그들은 자신의 유기체적 기본 취향과 심각한 갈등을 겪게 된다.

8. 나머지 두 가지 유형 중 가장 적합한 유형을 우울질 유형의 행동과 기질로 인식해야 할 것이다. 그의 느린 지각은 작업에서 정확함, 지치지 않음, 차분함, 끈질김을 보장하기 때문이다. 그리고 각 움직임에 담긴 엄청난 힘은 원하는 효과를 보장한다. 반면, 발화하자마자 꺼지는 담즙질인 사람은 이런 측면에서 덜 완고하고 자제하며 일한다.

9. 셋째 유형의 노동 과정은 조건부로 감각적 유형으로 지정할 수 있으며, 이전 유형과 정확히 반대되는 경계를 특징으로 한다. 여기서 주의는 주로 작업할 대상에 집중된다. 반응은 이를 위한 필수 불가결한 조건으로 외부로 최소한의 에너지를 방출하는 게 필요하지만, 매우 느리고 복잡하게 외부 안달을 인식하는 일이 필요하다. 시계공, 기계공, 선반공, 재단사 등이 이런 직업에 해당한다.

10. 다시 말하지만, 이런 유형의 작업에 가장 적합한 기질 유형은 바로 이런 특성, 즉 반응이 느리고 약함을 특징으로 서술했다. 점액질인 사람은 시계 제작자와 훌륭한 재단사가 될 수 있다. 그는 누구보다 이런 직업에서 성공할 자질이 있다.

11. 여기서, 이런 유형의 직업에, 심리-기술 훨씬 이전에 단순한 관찰로 확립했듯이, 부적합한 반응 뭉치인 사람은 특히나 비참한 것으로 입증되었다. 그런 예를 들어보자. 그들은 활기차고 강한 움직임에 너무 익숙해서, 일반적으로 충분한 지적 발달에도, 예를 들어, 몇 년 동안 배워도 시계를 수리하는 방법을 통달할 수 없었다. 태엽을 구부리거나 펼 수 있지만, 그 움직임을 조절할 수 없어 미세한 약점을 남겼기 때문이다. 이 미묘한 차이가 시계공의 일에서는 그의 솜씨가 유용하고 효율적인지를 판별한다. 이런 뜻에서, 일상적인 관찰은 심리-기술

적 데이터와 일치한다. 안타깝게도, 어떤 사람에게는 유리잔을 씻으라고 할 수 없다. 그가 깨지기 쉽고 부서지기 쉬운 물건을 손에 쥐는 방법을 모르기 때문이다. 그는 유리잔도 구리 도구처럼 세게 쥐기 때문이다.

12. 넷째 유형의 노동 과정은 복잡한 유형의 반응, 소위 식별한 반응을 요구한다. 그런 것에, 예를 들어, 인쇄소 식자공의 작업이 있다. 작업하기 전에 그는 활자판 위와 철자 통 안의 여러 안달을 정확하게 구분해야 하며, 이런 구분이 정확하고 확실하게 이루어지자마자 대응해야 한다. 변덕스러운 기질의 한 가지 징후만으로 누군가가 이런 유형의 노동 과정에 적합한지를, 우리가 더 단순한 종류의 모든 직업에 대해 위에서 결정한 것처럼 명확하게 결정할 수 없다는 것은 분명하다.

13. 뇌 중추 과정 때문에 여기서 반응은 복잡해진다. 작업 효과를 고려하기 위해 생각, 주의 등과 같은 복잡한 중추 과정의 흐름이, 기질에서 발견되는 반응의 초보적인 속성보다 훨씬 큰 역할을 한다. 이들 직업과 관련된 다양한 사람과 그들의 다른 적합성에 의존하여, 가장 거친 심리-기술적 선택이 이루어지는 도식의 도움을 받아, 변덕스러운 네 꼬리보다 복잡한 도식으로 특징을 서술해야 한다. 여기서 우리는 그런 복잡한 기제가 작용하는 영역으로 들어간다. 그 작업은 기질보다 성격에 관련된다. 즉, 유전적인 반응보다 교육받은 후천적인 반응과 관련이 있다.

14. 그러므로, 일반적으로 모든 후속 유형에 똑같이 적용할 수 있는 일반 규칙을 제시할 수 있다. 가정컨대, 성격을 조성하는 보다 복잡한 기제의 작업에 의존하면, 일반적으로 모든 기질의 사람이 이런 종류의 직업에 동등하게 적합할 수 있다.

15. 그러나 여기서도 다른 조건이 똑같다면 반응이 느리고 약하게

펼쳐지는 사람들이 가장 높은 직업 적합성을 보일 것이다. 그런 직업에서 감각적 계기는 대단히 증가하고, 운동적 계기는 작업의 최종 효과에 상대적으로 무관심하기 때문이다. 그러나 대체로 약한 흐름에서의 반응은 그렇지 않은 경우보다 집요한 사고 및 집중한 주의와 더 밀접하게 연결된다.

16. 그건 그렇고, 이 규칙은 일반적으로 모든 노동의 경향을 나타낸다. 노동의 경향은 점점 더 정신 에너지의 거대하고 낭비적인 발산 형태에서 약하게 발산하는 형태로 나아가지만, 더 복잡하고 현명한 반응으로 나아간다. 그러므로 일반적인 교육학의 규칙은 다음과 같이 말한다. 더 높은 형태의 노동에 학생이 적절하게 반응하도록 가르치려면, 약한 움직임을 가르쳐야 한다. 약한 움직임이 가장 '현명한' 움직임이기 때문이다. 이 규칙은 확고부동한 진실이다.

17. 다섯째는 선택 유형의 노동 과정이다. 선택은 안달을 지각하는 과정뿐만 아니라 응답하는 움직임 과정에서도 식별이 필요하다. 이런 유형의 작업에서, 그 어떤 작용을 하기 전에 두 계기를 정확하게 설명하고 구분해야 한다. 첫째는 안달의 계기이고 둘째는 대응의 계기다.

18. 운전사, 기계공, 마차 운전사, 타자수, 조종사 등의 노동은 이런 직업에 포함된다. 운전자는 자동차 경로에서 자기 앞의 물체를 정확하게 인지해야 하지만, 더 중요한 것은, 핸들을 좌우로 어느 정도 돌리느냐, 속도를 얼마나 줄이거나 늘려야 하느냐를 올바로 선택하는 것이다. 이런 양상에서, 우리는 가장 순수한 형태로 제시된 이중의 식별 또는 반응의 선택을 얻게 된다.

19. 여기서, 대응 속도의 계기는 중요한 가치를 얻는다. 왜냐하면, 운전자가 위험을 목격했을 때 어떤 속도로 줄이느냐 늘리느냐, 타자수가 지시된 텍스트를 어떤 속도로 따라가느냐, 조종사가 가장 작은 기울기로 회전 장치를 돌려 반응하는 순간에 무관심할 수 없기 때문

이다.

20. 여기시 기본이 되는 기질의 특성을 분석할 때, 우리는 이 사람과 저 사람 중에 누가 더 적합한 가라는 질문에 명확한 답을 얻지 못한다. 복잡한 행동의 반응을 더 정확하게 분석할 때까지 이 결정을 늦추어야 한다. 그러나 이미 우리는 이 일반적인 경로를 어렴풋이 확인했다. 그 경로를 따라가면 그 질문에 올바르게 답할 수 있다. 이 경로는 특정 직업에 필요한 반응 유형을 실험으로 연구하는 것이다. 달리 말하면, 그 직업에 필요한 작업 요소가 선택 반응인 마차 기수나 조종사의 반응을 실험으로 연구한다면, 피실험자가 그 직업에 적합한지를 판단하고자 한다면, 피실험자를 관찰하여 매번 선택 반응이 어떻게 진행되는지, 즉 어떤 속도와 강도로 반응했는지 실험해야 한다. 그리고 다음과 같은 경우라면 누구에게나 완벽하게 분명하다. 다른 모든 면에서 동등한 두 사람이 있다. 한 사람이 더 신속하게 선택 반응을 한다. 한 사람이 0.120~0.130초에 올바르게 이해된 안달에 필요한 올바른 움직임으로 반응한다. 다른 사람은 0.160~0.180초에 반응한다. 그러면, 더 신속하게 선택 반응한 사람이 이 작업에 더 적합하다.

21. 이것은 모든 유형의 복잡한 노동 과정에 똑같이 적용된다. 그래서, 심리-기술 연구는 매번 하나 또는 다른 복잡한 반응을 겪는 유기체의 통합적인 작업을 실험할 수 있다.

22. 여섯째는 인식 유형의 노동 과정이다. 인식 유형은 작업자에게 사전에 알려지지 않은 이런저런 안달을 인식하는 반응이 필요하다. 이 유형이 단순한 식별과 다른 점은, 식별이 사전에 알려진 가능한 안달의 전체 무리를 전제로 하지만, 인식은 사전에 고려할 수 없는 무한한 수의 안달을 다룬다는 사실에 있다. 예를 들어, 인쇄된 텍스트에서 이런저런 오류를 알아차린 후 움직여야 하는 교정자의 작업이 그런 것이다. 이렇게 명확하다. 인식이 필요한 노동과 교정자의 노동이

다른 점은, 식자공은 미리 정해진 수의 철자 요소들을 다룬다는 사실이다. 반면 교정자는 가장 가까운 곳에서 어떤 오류를 만날지 예측할 수 없다.

23. 이제 마지막 유형의 노동 과정이다. 여기에 가장 복잡한 노동 과정인 연합 유형이 위치한다. 지적인 직업이 연합 유형에 가장 가깝다. 거기서 필요한 작업은 자유롭거나 제한된 연합의 흐름을 이용하여 주어진 재료를 가장 다양하게 조작하는 것이다. 아니면, 일단 제시된 과제를 해결하는 방향으로 정신적 선택을 하는 작업이 거기서 실행된다. 이런 유형의 과정은 가장 복잡하다. 당연하게도 그 직업에 적합한지를 결정하기 위해 심리-기술 연구의 가장 복잡한 방법이 필요하다.

24. 그런 심리-기술 연구의 일반적인 결과는 하나의 규칙으로 압축될 수 있다. 코르닐로프 교수는 이런 양식으로 이 규칙을 공식화했다. 주변적 에너지 소비에서 중심적 에너지 소비로의 전환은 그 역방향으로의 전환보다 어렵다. 즉, 정신노동에서 육체적 일로의 전환은 육체적 일에서 정신노동으로의 전환 과정보다 훨씬 쉽다.

25. 심리-기술의 교육학적 가치는 물론 위에 주어진 이 기본적인 분석에 국한되지 않는다. 그러나 이 분석으로도 교육학의 심리-기술적 문제와 이를 해결하는 주요 방법에 대한 일반적인 표상을 얻는 데는 충분하다는 것이 밝혀졌다.

26. 여기서 이 문제에 담긴 내용이 직업 적합성의 결정에 국한되지 않고, 교수학습 및 교육 과정에서 훨씬 중요한 역할을 한다는 점을 잊지 말아야 한다. 이 연구를 통해 우리가 제공할 충격의 목표로 선택한 방향으로 얼마나 성공적으로 학생들의 반응을 교육하고 학생들의 반응이 발달하는지 추적할 수 있다. 이런 양상으로, 교육 과정의 시작과 끝을 결정할 때, 심리-기술에서 예비적인 자문뿐만 아니라 권위 있

는 판단도 가능하다. 이를 통해 어떤 학생에게 특정 직업을 가르치는 일이 가치 있는지 그리고 이떤 학생이 특정 직업을 배운 게 가치 있는지, 이런 질문에 답할 수 있다.

27. 또한, 우리는 심리-기술에서 우리의 교육 과정에서 변함없는 동료이자 안내자를 얻었다. 그는 객관적으로 정확하게 우리가 교육한 반응이 오늘 어떤 위치에 있는지, 이미 성취한 것이 무엇인지와 앞으로 성취해야 할 것이 무엇인지, 이들 반응의 어떤 측면이 어떤 순서로 우리의 염려와 교육적 배려의 대상이 되어야 하는지를 알려줄 수 있다.

28. 다음을 지적하는 것도 필요하다. 통상적인 이해에서, 심리-기술의 문제는 다소 엄격하게 한정된 뜻으로만 취급되었다. 흔히 말하기를, 삶은 직업 선택으로 제한될 수 없기 때문이다. 교육은 전문가 생산보다 더 광범위한 과제가 있다. 궁극적으로 보면, 학생이 성장하여 완전한 인격체가 되어야 하는 것과 학생이 어떤 직업을 선택해야 하는 것은 종종 너무나 무관하다.

29. 그런 견해는, 노동 선택에 대한 낮은 평가에서 비롯된 것이기에, 교육의 주요 목표를 '저 멀리 있는 어느 곳'으로, 조화롭게 발달한 완벽한 인격이라는 이상의 땅으로 향했던 구식 학교의 가장 해로운 유산이다. 그런 견해는 결국 헛되이 노동을 박멸했다. 그리고 그런 견해는 그렇게 가장 추악하고 무능한 양식으로 주변에다 삶을 조직했다. 그런 일상적인 업무, 그 끊임없는 노동, 이것이 매 순간 사람을 질식하게 했고 결국 그의 모든 힘을 빼앗아갔다.

30. 바로 이 사실이 각 학생의 근본적이고 치명적인 실패를 미리 결정하고 승인했다. 학생은 생생하게 살아가는 삶을 준비하지 못했다. 다른 어떤 것의 도움도 받을 수 없을 때, 이 실제 삶은 학생에게 무관심하다고 선언했다. 이 근본적이고 치명적인 실패는 흔히 삶의 드라마의 형태를 취했다. 일에 대한 불만, 인생의 지향과 모든 생기의 상실,

비고츠키의 교육심리학

바로 이게 얼마 전까지 러시아 지식인의, 구식 학교에 다닌 전형적인 학생의 정신 구조에 담긴 특징이다.

31. 여기서 아득히 멀고 추상적인 이상의 공허와 무미는 소부르주아적 존재의 수치심과 편협함과 부합했다. 개인 존재의 가장 중요한 측면을 결정하는 노동은 가장 굴욕적이고 비인간적인 노예적 형식이었다. 그러므로 노동 교육의 관점에서 직업적 적합성 문제에 전혀 다른 방식으로 질문을 제기할 필요가 있다. 순전히 실용적인 성격의 부차적이고 이차적인 질문에서, 개별 학생의 교육을 위해 설정할 수 있는 개별적인 구체적 목표에 대한 일반적인 이론적 질문을 가장 중요하게 제시해야 한다.

32. 일반적인 교육적 추론과 관점에서 주어진 학생에 대해 구체적으로 생각하고 개인의 인격을 돌보는 것으로 넘어갈 때, 우리는 순전히 교육학적 문제에서 심리-기술적 문제로 넘어가게 된다. 이런 식으로 심리-기술의 문제는 개인 교육학의 문제를 거의 완전히 다루지만, 영재성을 연구한 결과를 담은 장에서 각 학생의 개별 특성을 고려하며 별도로 논의하겠다.

바. 성격의 내생적 특성과 외생적 특성

1. 교사에게 결정적으로 중요한 것은 성격의 내생적 특성과 외생적 특성을 정확히 구분하는 것이다. 한편으로, 아동의 신경 심리 조직에 의해 결정되고 출생 순간부터 기성품 형태로 작용하는 특성 그리고 다른 한편으로, 외부 영향의 산물이고 후에 교육적 특성이라고 할 수 있는 획득한 특성을 구분해야 한다. 다시 말해, 질문은 다음과 같다. 성격에서 무엇이 유기체의 선천적 구성에 그리고 무엇이 교육에 속할까?

2. 이 질문은 여전히 가장 뜨겁고 치열한 논쟁의 대상이다. 연구자

들은 관찰이 이루어지는 영역에 따라 성격의 이런저런 측면이 지배적이라고 주장하는 경향이 있다. 특히 생물학자와 생리학자는 타고난 체세포 계기에 결정적인 중요성을 부여하고 성격의 가장 복잡한 형태도 다양한 생리학적 과정과 직접 연결하는 경향이 있다. 그래서, 예를 들어, 위에서 간략하게 설명한 이론을 제시한 크레치머Kretschmer, 1888~1964는 이런 성격 무리를 제시했다. "조용하고 선량한 사람, 고상하고 세련된 사람, 세상과 동떨어진 이상주의자, 냉정하고 오만한 성격과 이기주의적 성격 기타 등등"이 그가 준비한 성격 무리다. 이렇게 그는 배타적으로 체질의 생물적 계기로 성격을 격하했다.

3. 여기서부터, 이 견해는 자연 과학에서 대중화되었으며, 그 본질은 유전이 가장 미묘하고 중요한 경로에서 인격의 전체 더미를 분명히 결정한다는 사실로 귀결된다. 여기서 교육의 역할, 특히 인격 형성과 확립이 이루어지는 사회적 환경의 역할은 거의 제로에 가깝다.

4. 사회 심리학자들은 이들과 반대 입장을 취했다. 그들의 연구는 구체적인 역사적·사회적 현실의 영역을 꿰뚫었다. 그들은 일상에서 수천 개의 사실을 취하여 정반대 의미로 결론을 내려서 맞서고 있다. 이들 관찰은 논박할 수 없는 설득력으로 인격의 일반적인 그림에서 최종적인 선뿐만 아니라 인격의 모습을 확정하는 가장 기본적인 지형마저도, 다른 방식이 아니라, 환경의 절대적인 영향을 받아 발달한다는 것을 보여주었다.

5. 이 두 극단의 관점 사이에 어떤 화해도 불가능할 것처럼 보였고, 과학은 유전 아니면 환경을 인정하는 양자택일에 직면했다. 그래서 항상 논쟁은 정확히 이 단면을 따라 흘러갔다. 그리고 조건 반사의 가르침 덕분에 이 질문에 빛을 비추어 완전히 새롭게 그 질문을 제시하고 그것을 실험할 수 있게 되었다. 이 가르침으로 양극단을 조화시켰고, 실험적 자연 과학의 정확성으로 이 두 계기 각각의 참된 역할을 확정

430   비고츠키의 교육심리학

할 수 있었다.

6. 오래된 교육학을 지배했던 아이에 대한 표상만큼 거짓된 것은 없다. 그 표상에 따르면, 아이를 하얀 종이 한 장으로, 즉 절대적으로 순수한 가능성의 복합체로 묘사했다. 이는 아직 누구에게서도 스스로 실현했다는 증언을 얻지 못했다. 그렇게 생각한다는 것은, 탄생과 성장의 모든 과정뿐 아니라 인간 본성의 창조와 제작으로 이어진 유기체의 모든 진화의 경로를 건너뛰는 것을 의미한다. 유전이나 환경 어느 쪽도 주의의 영역에서 배제될 수 없을 뿐 아니라 솔직히 가능해 보이지도 않는다. 그런 과정의 결과로는 불모의 가능성만을 얻게 된다. 거기서 이들 과정의 성격을 미리 결정할 수 있는 것은 하나도 없다.

7. 논란의 여지가 없게 지금 이 모든 영향을 고려하겠다. 다음과 같은 과학적 진리에 최대한 접근하겠다. 인간과 동물 조상의 삶에서, 또는 엄마와 태아가 경험한 영향에서 어떤 사실도 신생아 유기체에 흔적도 남기지 않고 지나칠 수는 없다는 것, 그리고 신생아는 어머니와 태아에 의해 축적된 오랜 경험의 결과, 그의 아버지와 어머니에 연결된 마지막 고리를 담고 있다는 것이다.

8. 이런 뜻에 맞게 우리는 가족의 범위로 이어지는 좁은 유전을 많이 이야기할 것이 아니라 가장 넓은 형태인 보편적 인간 경험의 유산을 이야기해야 한다. 이런 뜻에 따라 우리는 유산의 계기와 아이의 행동에 절대적인 중요성을 부여한다. 그리고 우리는 미래의 삶에서 단 하나의 사소한 움직임도 아이가 능력과 반응으로 획득한 유산이 아니라 다른 출처에서 유래하지 않는다고 단정한다. 우리는 이 세계상의 미래 인간과 세계 시민이 평생 발휘하게 될 모든 방식과 움직임이 그가 무엇을 잡지도 못하고 눈동자를 조절하지도 못하며 요람에 누워 힘없이 허둥댈 때 이미 주어졌다고 단정한다.

9. 실제로, 그의 이후 삶에서 새로운 운동 가능성은 어디서 생길

까? 그의 몸에 새로운 기관이 생길 곳이 없듯이 그것들도 생길 곳이 없다. 그러나 의심할 여지 없이, 주어진 속의 모든 개체가 보이는 다 아는 완전히 틀에 박힌 진부한 행동 형태로 압축되는, 상속된 이 경험은 고정되고 영구적인 것이 아니라 끊임없이 변화하는 경향이 있다.

10. 그리고 이전 단정이 진리였듯이, 우리의 두 번째 단정도, 아이가 요람에서 취하는 움직임 중 어떤 것도 그의 후속 생애 동안 상속으로 주어진 것과 같은 형태로 남아 있지 않다는 단정도 진리다. 조건 반사의 교육 기제를 연구하여 이 법칙을 발견했다. 이 법칙의 영향을 받으며 상속된 경험이 환경의 개별 조건에 적응한다. 성인의 행동이 어린이의 행동과 다르다면, 그것은 오직 환경, 조직 방식, 의도한 뜻, 절차 및 일관성의 체계적인 교육적 영향으로 혼란에 빠진 신생아의 조정하지 못한 비조직적인 움직임 때문이다. 아기의 무력하게 허둥대는 몸짓은, 비극적이고 고상한 뜻을 가득 담은 채, 세상과 인간의 그리고 바로 자신과 인간의 투쟁으로 변한다.

11. 이것으로, 과학적 정확성을 담보하며, 사회교육의 뜻은 아이에게 내포된 많은 가능성 중에서 오직 하나만 교육이 실현할 수 있게 만든 악명 높은 사회적 선택이라는 뜻으로 정해진다. 프랭크에 따르면, 아이가 군인, 강도, 말 역할을 한다. 그 까닭은 아이에게 강도, 군인, 말의 성향이 담겨 있기 때문이다. 교육이 뜻하는 바는, 감금된 이 많은 인격 성향 중에서, 체계적인 충격과 선택을 통해 하나만을 석방하는 데 있다.

12. 이런 양상으로, 교육 과정은 아이에게 귀속되었던 '본성을 돕는' 그리고 아이를 배려하는 순조롭고 평화로운 성격을 잃었다. 부연하면, 새로운 각도에서 보니, 사회적 가능성을 위해 다른 가능성을 희생시키면서 가능성이 끊임없이 소멸하는 변증법적이고 비극적인 과정이, 유기체 내에서 유기체를 위한 세계 여러 부분의 끊임없는 투쟁이, 유

기체 자체 내에서 펼쳐지는 가장 다양한 힘들의 끊임없는 충돌이 드러났다.

13. 이 모든 투쟁을, 첫째 장에서 보여준 것처럼, 그 투쟁 결과와 마찬가지로, 태어난 순간부터 아이가 자신을 발견하게 되는 삶의 체재가 가장 본질적인 방식으로 정한다. 이런 양상으로, 화해의 관점은 두 계기를 인정하는 것에서 생긴다. 하지만 화해의 관점은, 서로 논쟁하는 두 입장에 영향의 절반 또는 일부를 제공하는, 질문에 어중간하게 타협한 해결을 제시하는 것을 뜻하지 않는다. 진정한 화해의 관점은 그들의 대립물을 인정하고 그들을 변증법적으로 결합하는 것을 뜻한다.

14. 바꾸어 말하면, 우리는 유전과 환경의 모순을 부정하지 않는다. 도리어 우리에게는 이 모순만이 사고뿐만 아니라 삶 자체에도 존재한다. 그리고 바로 이 토대에서, 정확히 이 모순에서 교육이 시작된다. 아이가 미래의 삶에 해당하는 모든 형태의 행동을 지닌 식물처럼 태어난다면, 교육은 조금도 필요하지 않을 것이다. 손다이크에 따르면, 교육의 필요성은 "존재하는 것이 존재해야만 하는 것이 아니다."라는 사실에서 발생한다. 그러므로 교육은 항상 변화를 의미한다. 결과적으로 타인의 산물과 승리라는 이름으로 어떤 행동 형태를 부정하는 것을 의미한다.

15. 이런 불빛으로 조명해야만 교육은 삶의 다른 모든 과정과 똑같은 뜻을 갖는 과정으로 자신을 드러낸다. 그리고 이런 뜻에서 보면, 삶의 다른 모든 과정과 공통으로 지닌 이 교육 과정의 비극적 성격을 내세우며 제기한 사정은 심오하게 사실이다. "고통 없이, 아이의 분만도, 유명인의 분만도 해결되지 않는다."

16. 마찬가지로 성격을 정적인 것으로 이해할 수는 없다. 특성이 선천적 반응이든 후천적 반응이든 관계없이, 이런저런 준비된 특성의 총합의 형태로 성격을 이해할 수 없다. 어떤 반응이 다른 반응과 역동적

으로 투쟁하며 움직이는 흐름으로 이해해야 한다. 다시 말해, 성격은 있는 그대로 취한 유기체의 유전적 특성에서 발생하지 않으며, 환경의 사회적 영향에서 취한 특성과 독립적으로 발생하지도 않는다. 모순적인 어떤 반응과 다른 반응의 충돌로, 변증법적인 유전적 행동의 개인적 행동으로의 변형으로 이해해야 한다.

17. 이로부터 우리가 성격에 있는 이런저런 요소가 존재함을 인식하도록 하는 사정을 이해할 수 있게 된다. 바로 여기서 성격 재교육을 어떻게 할 것인가라는 질문에 대한 해결점을 찾을 수 있다. 성격이 전적으로 교육에 의한 것인지, 아니면 교육이 성격을 미리 주어진 불변의 조건으로 간주해야 하는지, 이런 식으로 과학적 심리학에서는 질문을 제기할 수 없다. 우리가 조건적으로 성격으로 이해하는 것은, 개인적인 삶과 상속된 경험의 끊임없는 붕괴와 갈등이다. 교육자는 이 붕괴와 투쟁 과정에 매 순간 개입할 수 있다. 교육자는 실제로 이 두 사정 모두가 동시에 진실로 나타날 수 있음을 확신한다.

18. 투쟁은 교육으로 인한 것이 아니라 교육보다 먼저 시작되어 교육과 독립적으로 진행된다. 이로부터 이 투쟁에 개입하는 일은 그 순간 투쟁의 사정을 좌우하는 모든 결정적 요소에 대한 가장 완벽하고 정확한 고려를 전제로 한다는 것은 분명하다. 그리고 이 같은 상황은 교육적 수동성을 극복할 수 있게 한다. 임의로 환경 요소를 새로운 방식으로 조직함으로써, 새로운 힘을 이 투쟁에 투입하는 것을, 아니면 반대로, 우리에게 바람직하지 않은 체재에서 힘을 꺼내어 봉쇄하는 것을 가능하게 만든다.

19. 그리고 이런 양상이라, 우리는 종종 가장 적게 개입하고 가장 큰 결과를 얻는다. 앞에 있는 움직이지 않는 물체를 움직이려면 엄청난 힘으로 밀어야 한다. 하지만 움직이는 힘의 복잡한 체계에 영향을 미치기 위해 전체 결과물이 새로운 방향과 새로운 뜻을 갖도록 그중

하나를 약간 강화하거나 약화하면 된다. 그래서 전쟁에서 미미한 힘의 개입이 때로 결과를 좌우하여 승리를 가져오기에 충분하다. 이런 뜻에서 제임스는 교육의 기법을 전쟁의 기법에 비유했고, 어떤 뜻에서 교육한다는 것은 전쟁하는 것을 의미한다고 했다. 교육학은 어떤 뜻에서 전략을 의미한다.

20. 따라서 교육의 일반 규칙은 여기서도 그대로 유지된다. 성격 형성에 직접적인 간섭은 있을 수 없다. 모든 사람이 학생의 성격 형성에 도덕적 영향을 줄 온갖 이야기를 한다. 훌륭한 교사는 학생의 마음을 밀랍처럼 빚고 바람직한 형태를 부여한다. 하지만 이 모든 이야기는 터무니없고 잘못된 대화로 남아 있거나 가장 중요한 것을 알아차리지 못한다. 완전히 다른 힘이 현실에서 달성한 것이 학생에게 도덕적으로 영향을 미친다.

21. 성격 형성에 대한 교육자의 직접적인 영향은, 정원사가 기계적으로 땅에서 나무를 끌어 올려 나무의 성장을 촉진하겠다는 발상을 그의 머릿속에 집어넣는 것처럼 터무니없고 우스꽝스러울 것이다. 그러나 정원사는 식물의 발아에 영향을 끼친다. 직접적으로는 식물을 지면 위로 끌어당기지 않고, 간접적으로 환경에 적절한 변화를 제공한다. 정원사는 흙을 촉촉하게 적시고 비옥하게 하여 주변 환경을 조성하고, 온도, 빛, 공기 등을 변화시키고, 이를 통해 현실에서 원하는 결과를 얻는다. 같은 방식으로, 교육자는, 환경에 영향을 미치고 적절한 방식으로 환경을 조성하여 학생의 성격을 결정한다. 이 성격이 허락한, 아동의 상속된 행동 형태와 환경의 충돌은, 예상처럼 결과적으로 학생의 성격 형성에 영향을 미칠 가능성이 크다.

22. 교사는 다른 곳과 마찬가지로 여기서도, 학생이 어떤 것을 잊게 되고 흔적을 남기게 된다는 점을 명심해야 한다. 그리고 교사는 유전뿐만 아니라 과거의 모든 경험, 즉 누적된 반응 자본과 이들의 영향

을 모두 고려해야 한다.

23. 이런 뜻으로 질문을 명확하게 하려고 우리는 기질이라는 이름으로 순수한 상속된 성격 요소를 괄호 안에 넣자고 제안했다. 이들 성격 요소는 처음부터 성격의 기본 특성의 형태로 주어진 것이다. 그 후 정적인 성격이라고 할 수 있는 것을 선별해야 한다. 즉, 습관적인 행동 형태를 선별해야 한다. 이는 개인적 경험의 결과로 만들어지고 사실상 개인적 경험의 총합이다. 마지막으로, 동적인 성격을 별개로 구분하는 작업이 필요하다. 과학이 아직 이것에 정확한 이름을 부여하지 않아 유동적이지만, 아동에게는 이것이 가장 현실적이고 진실하고 본질적인 실재를 이루기 때문이다.

비고츠키의 교육심리학

| 17장 |

재능의 문제, 인격 교육의
개인별 목표, 교육

1. 교육 과정의 사회적 성격에 대한 끊임없는 지적은 학교에서 인격 문제의 폐기 또는 그것에 대한 무관심을 의미하지 않는다. 궁극적으로 교육은 학생들의 개별적인 인격을, 만들어진 사회적 환경을, 혹은 더 정확하게는 개별적인 개인들 사이에서 실현된 사회적 환경을 다룬다.

2. 교육 과정에서 학생들의 인격이 담당할 역할과 지도적 가치는 교사와 학생 사이에서 완결되는 과정인 개인주의 교육에서 만나는 '교육적 이중주'와 어떤 식으로도 닮을 수 없다는 것은 말할 필요도 없다. 학생의 인격 앞에 교육 세계의 중심을 놓는다면, 학생의 인격은 새로운 의미와 새로운 뜻을 지니게 된다.

3. 사회적 교육에서 인격 문제는 여러 개의 개별적인 질문을 의미할 수 있다. 첫째는 학생에게 고유한 개인적 차이에 관련된다. 인체 구조와 행동의 호모 속의 공통성을 보면, 각 체질은 특별하고 독특하며 단일한 그 체질에 속하는 질과 특성에서만 다르다. 본질을 이야기하면, 각 체질은 '인간 일반'의 평균 유형의 한 변형이다. '인간 일반'은 현실에 존재하지 않고 편리한 방법론적 장치를 통해 추상화해 만든 것이다.

4. 인간 일반은, 이에 더하여 인간 일반의 개별적인 부분과 측면, 말하자면, 인간의 골격, 심리 등은 추상적 사고에만 존재한다. 사실, 현실에는 이 사람 또는 저 사람, 이 사람 또는 저 사람의 골격과 심리만 있다. 따라서 개별적인 인간 각각의 구체적인 이들 특성에 주의를 기울이는 일은 교사와 심리학자에게 의무가 되어야 한다.

5. 어느 경우라도, 교육은 기반도 없이 건축을 시작할 수 없으며, 새로운 반응 만들기를 시작할 수도 없으며, 첫 추진력을 제공할 수도 없다. 반대로 교육은 항상 주어지고 만들어진 행동 형태에서 진행되며, 행동 형태의 변화를 말하고, 항상 대체하려 하지만, 완전히 새로운 것을 창조할 수는 없다. 이런 뜻에서 보면, 모든 교육은 이미 이룬 것을 다시 교육하는 노동이다. 그러므로 모든 교육의 첫째 요구 사항은 상속된 행동 형태에 대한 정확한 지식이다. 이에 근거하여 개인적인 경험 영역을 구축하는 일이 필요하다. 우리가 학생을 위한 개인적 경험을 구축하도록 계획하는데, 개인차를 아는 것은 특별한 힘을 발휘한다.

6. 이것은 평균 유형에서 개인이 매우 선명하고 명백하게 벗어난 경우 특히 두드러진다. 청각 장애인, 시각 장애인, 농아 또는 중추 신경계에 타고난 결함이 있는 아이, 예를 들어 천치 같은 아이를 상상해 보자. 모든 형태의 교수학습과 교육은, 교육학의 기본 법칙을 위반해서는 안 되지만, 이런 어린이들과 관련하여 여전히 특별한 방향 제시와 뜻을 받아야 한다는 것은 분명하다. 예를 들어, 시각 장애인은 시각 정상인과 똑같은 조건 반사를 한다. 하지만 그 조건 반사를 시각이 아닌 촉각으로 한다. 돋은 형태로 된 것에 손가락을 올려 읽는다는 점에서만 다르다. 즉, 글자를 손가락으로 만져보고 느끼지 눈으로 인식하지 못한다. 읽기 그리고 이와 연결된 행위, 이 모든 과정에서 시각 장애인은 특별한 성격과 편향을 지닌다.

비고츠키의 교육심리학

7. 마찬가지로 농아와 백치가 훈련받아 노동의 삶에 적응하는 과정은 교사가 꼼꼼하게 살펴봐야 할 명백한 차이가 있다. 예를 들어, 청각 장애인은 일반적으로 태어날 때부터 말하는 법을 훈련받지 못했다. 그들은 다른 사람의 말도, 자신이 말하는 소리도 듣지 못하기 때문이다. 그들에게 인간의 언어를 소개하여 정상적인 사람들과 소통할 수 있게 하려고 이런저런 단어를 발음할 때마다 우리는 그들에게 우리가 하는 입술의 움직임에 그들의 주의를 기울여, 본 낱말의 형태와 알려진 낱말의 의미를 연결하는 방법을 가르쳐야 한다. 그 후 우리가 종이 위에 인쇄된 말을 보며 읽는 것과 똑같은 방식으로 그들이 눈으로 입술을 보며 사람의 말을 읽도록 가르쳐야 한다. 청각 장애인에게 말하기를 가르치려면 자신이 말한 것을 경청할 기회와 자신의 말-운동 반응을 통제할 기회를 주어야 한다. 귀를 통해 일반적인 방법으로는 이렇게 하는 것이 불가능하다. 이런 경우에는 귀를 신체 운동과 촉각의 안달로 대체하는 게 필요하다. 학생의 손을 목에 대고 그가 말하는 중에 발생하는 움직임을 느끼도록 가르쳐야 한다. 그리고 자신에게 말하면서 의식적인 말을 하도록 도와야 한다. 우리는 귀의 도움으로 우리가 말하는 것을 발음할 뿐 아니라 듣고 따라서 평가하며 한다.

8. 같은 양상으로, 천치를 교육할 때, 그에게 조건화된 반응을 고정하고 확립하기 위해서는 정상적인 아이를 교육할 때와 다른 심리적 수법에 의존해야 한다. 그에게 필요한 행동 형태를 가르치기 위해 종종 그의 가장 원초적인 본능과 필요를 사용해야 한다. 예를 들어, 어떤 백치에게 빨래나 옷 입는 것을 가르치기 위해서는 이를 먹이는 행위와 연결해야 한다. 왜냐하면, 굶주림이라는 가장 강력한 안달로 압력을 가해야만, 그 아이가 움직이지 않던 상태에서 벗어나 어떤 활동을 하게 할 수 있기 때문이다.

9. 그리고 그런 수법, 정상적인 아동에게 적용한다면 혹독한 비난을

받아야 할 그런 수법이 심리적으로 지체되어 장애가 있는 아동의 교육에서는 유일하게 합리적이고 필요한 수법으로 판명되었다.

10. 같은 양상으로, 다른 극단, 즉 영재성을 지닌 아이들을 예로 든다면, 여기서도 그들과 관련하여 교육의 일반적인 수법들과 규칙을 바꿀 필요가 있음을 알게 될 것이다. 다시 말하지만, 이것은 아주 조잡하고 단순하게 특정한 형태의 영재, 가령 그림, 음악 또는 춤의 영재로 나타난다. 아주 어린 나이에 시작하는 조기 전문적 교수학습만이 아이가 지닌 가능성의 실현을 보장할 수 있다고 믿던 때였다.

11. 그러므로 오랫동안 교육학에서 비정상인, 신체장애가 있는, 재능 있는 사람을 교육하는 곳을 치외법권의 영역으로 간주했다. 즉 교육의 일반 법칙을 적용할 수 없는 곳이었다. 이 견해는 매우 잘못되었으며, 이 지역의 그런 치외법권은 교육에 속하지 않고 실수로 할당되었다고 해야 한다. 이는 전적으로 아직 연구되지 않은 현상에 대한 오해로 인한 것이다. 교육학의 일반 법칙은, 교육의 전 영역에 이를 똑같이 적용할 수 있을 때만 과학적인 법칙이 될 수 있다. 압력 법칙과 중력 법칙은 산속 터널의 레일에서 적용하든 늪지대의 레일에서 적용하든 언제나 똑같다. 철도 부설과 관련된 작업은 지역에 따라 완전히 다른 형태를 취하지만, 두 지역의 물리학은 정확히 똑같다. 그러나 각 지역에 따른 작업의 독특한 형태에 대한 이런 요구 사항은 각각의 지역에 따라 적용되는 별도의 법칙이 존재하는 것을 의미하지 않는다. 이는 오직 똑같은 법칙이 양적 가치의 다른 정도와 표현을 지닌다는 것을 나타낸다.

12. 이런 양상으로, 천재와 천치는 다른 어린이와 마찬가지로 똑같이 어린 시절에는 교육 대상이다. 교육의 일반 법칙은 같은 나이의 모든 어린이와 같은 정도로 이들에게도 적용된다. 오직 이런 일반적인 교육학 법칙에 기초해서, 그들 각자의 교육에 통지해야 하는 개별화의

올바른 형태를 찾을 수 있을 것이다.

13. 같은 양상으로, 개별화의 문제가 규범을 넘어서는 경우에만 발생한다는 사고는 잘못된 것으로 판명되었다. 이와 반대로, 우리가 눈먼 것, 천재적인 것, 귀먹은 것, 바보 같은 것으로 뚜렷하게 강조해서 표현하지는 않지만, 개별 어린이는 모두가 인정하는 형태의 개별화를 지니고 있다. 그러나 개별화 형태의 양적 정도가 줄어든다고 해서 그 현상 자체가 사라지는 것은 아니다. 그래서 개별화를 위한 교육 수법에 대한 요구는 교육학의 일반적인 요구 사항이다. 모든 어린이에게 확대하여 이를 적용해야 한다.

14. 이렇게 교사에게는 두 가지 과제가 놓여 있다. 하나는, 개별 학생의 모든 독특한 속성을 개별적으로 연구하는 것이다. 다른 하나는, 각각의 학생에게 모든 교육 수법과 사회적 환경의 충격적 영향을 개별적으로 적용하는 것이다. 모든 사람을 같은 붓으로 대하는 것은 교육학의 가장 큰 오해다. 교육학의 기본 전제가, 개별화의 계기를, 즉 개별 학생을 위한 교육의 개인별 목표에 대한 의식적이고 정확한 결정을 요구하기 때문이다.

15. 심리학은 교육에서 개인별 목표의 구체화에 대한 이런 사고에 점점 더 물들어가며, 이와 연결하여, 영재에 대한 전통적인 가르침을 추상적이고 일반적인 능력으로 수정하거나 어떤 경우에도 전통적인 가르침을 크게 변경하고 있다. 따라서 벌트가 지적 영재 개념을 학교 적합성의 개념으로 대체하여 전체 문제에 심리-기술적 편향을 부여했다. 이 경우, 한 직업 혹은 다른 직업의 요구 사항을 따르느냐는 관점에서 심리-기술이 작업자를 연구하는 것과 똑같은 방식으로, 학교에서 제시하는 실제 작업의 요구 사항을 따르느냐는 관점에서 학생을 연구한다. 추상적인 능력의 자리에, 이 관점은 구체적이고 실용적인 연구와 쓰기, 셈하기, 읽기와 같은 현실적인 기술에 대한 시험을 제시

한다.

16. 또 다른 중요한 수정안은 일반적이고 추상적인 영재의 개념을 전문적이고 구체적인 적합성의 개념으로 대체한 것이다. 이 수정은 장애 아동과 훌륭한 작가 모두에게 똑같이 정당화되었다. 모든 영재는 필연적으로 어떤 것에 대한 전문적인 영재다. 예를 들어, 톨스토이는 작가의 재능을 조사하면 첫 번째 위치 중 하나를 차지하겠지만 연구가 음악적 능력, 공학 활동에 대한 적합성, 수학적 재능에 관한 연구라면 그는 매우 초라하고 마지막 위치 중 하나를 차지할 것이다. 체호프는 평범한 의사이자 위대한 예술가였다. 천재들도 부러워할 정도의 경이로운 기억력을 지닌 준 천치들도 있다. 이 모든 것은 한 가지를 시사한다. '재능 일반'은 없지만, 이런저런 활동에 대한 다양한 전문적 소질이 있다.

| 18장 |

아동의 인격 연구의 주요 형태

1. 현재 심리학에는 아동의 인격을 연구하는 데 세 가지 주요 형태가 있다.

2. 첫째는 과학적으로 정렬된 관찰로 정의할 수 있다. 그것은 우리가 학생의 개별적인 표현을 관찰하지만, 과학적으로 정렬된 형태로만 관찰한다는 데 있다. 이 방법의 뜻과 목적을 이해하려면 과학적 관찰과 일상적 관찰의 차이를 기억해야 한다.

3. 우리는 매일 엄청난 양의 사실을 관찰한다. 여기서 과학적 관찰은 몇 가지 본질적인 경계선에서만 후자와 다르다.

4. 첫째, 일상적 관찰과 달리 과학적 관찰은 해당하는 관찰된 사실을 정해진 방식으로 선택하는 것을 전제로 한다. 주민, 천문학자, 동물의 행동에 관심 있는 동물학자, 심리학자 등이 일식을 관찰했다고 해보자. 과학적 관찰은 일식과 연결된 수많은 현상에서 특별한 일련의 사실을 골라낼 것이다. 그리고 일반인은 자신의 관심과 임의적인 사실의 순서에 따라 겁에 질린 소에서 세례를 받는 사람으로, 어두워진 태양의 원형 모습에서 물에 비친 잿빛 반사로 눈을 돌리겠지만, 과학적 관찰자는 매번 한 무리의 사실로만 관찰을 제한하고 그 한계를 지키며, 단 1분도 외출하지 않으려고 할 것이다. 천문학자는 태양이 점차

어두워지는 것만을, 동물학자는 동물의 행동만을 관찰할 것이다. 과학적 관찰은 이런 식이다.

5. 이런 양상으로, 과학적 관찰자의 첫째 능력은 다른 모든 것과 구별되어야 하는 사실의 범위에 대한 지식에 있다.

6. 과학적 관찰을 위한 둘째 조건은 관찰한 사실을 분류하는 능력, 즉, 유사한 것을 한 무리로 분류하는 능력, 각각의 사실에 담긴 개별성을 극복하고 다른 사실들과 같은 전형적인 뜻과 의미를 찾는 능력이다. 완전히 신뢰할 수 있게 관찰하여 얻은 방대한 더미의 사실은 과학의 가장 원시적인 자료조차 만들지 못한다. 이런 사실들을 수집한 이유를 알아야 한다. 바꾸어 말하면, 이들 사실에서 필요한 특성을 중심으로 새로운 이차적 선택을 할 필요가 있다. 이런 특성이 뚜렷하고 명확하게 두드러지는 방식으로 이들 사실을 주워 모아야 한다.

7. 과학적 관찰의 셋째 규칙은 사실들을 묶은 개개의 무리에서 모두가 인정하는 연결을 확립하라는 요구 사항이어야 한다. 즉, 이 모든 사실의, 이질적인 무리를 포괄한 연구 과정의 어떤 측면을 일관되게 통합하여 그림을 만드는 능력이 필요하다.

8. 마지막으로 넷째 경계선이다. 이는 사실을 서술할 뿐 아니라 설명하는, 즉 이런 사실의 근간에 놓인 원인과 종속성을 발견하는 과학적 관찰 능력이다.

9. 과학적으로 심리를 관찰할 때도 똑같은 일반적인 요구 사항을 적용해야 한다. 여기서 우리는 심리를 관찰하는 방법에 대한 일반적인 질문이 아니라 교육학에서 심리를 관찰하는 방법에 대한 특수한 질문에 관심이 있다는 점에 주목해야 한다. 즉, 우리는 교사가 심리를 관찰하는 일이 교사에게 제시할 수 있는 뜻과 의미에 관심이 있다. 여기서 우리는 이렇게 가정한다. 우리는 매번 심리학자가 아니라 오직 보조적인 조력을 얻고자 심리학에 도움을 요청하는 사람을 다룬다.

비고츠키의 교육심리학

10. 그리고 이런 뜻으로만, 교사는 모든 종류의 도식, 인격 관찰 프로그램, 어린이 마음 연구 계획의 도움을 받을 수 있다. 세 가지가 다른 이름이지만 똑같은 과제다. 즉, 교사의 손에 수단을 제공하는 것이다. 이런 수단을 이용하여 교사는 매일 행하는 많은 관찰을 위에서 설명한 네 가지 규칙에 따르게 하여 그의 관찰을 학생들의 인격에 대한 과학적 심리 관찰로 바꿀 수 있다.

11. 특히 이들 계획의 하나하나를 건드리지 않고, 지시한 각 계획의 일반적인 원리와 토대를 따라야 한다. 그런 계획은 실제로는 교사에게 전달하는 일련의 질문이며 별도의 장, 하위 장, 단락 및 번호로 나눌 수 있다. 예컨대, 다섯째 장이 기억 기능의 어떤 측면(예: 기간, 정확도, 기억 용량 등)과 관련된 기억에 관한 것이라고 하겠다. 차례로, 이런 각 하위 장은 주어진 사례에 따라 교사에게 지적해야 하는 이들 현상을 교사에게 지시하는 여러 구체적인 개별 질문으로 나눌 수 있다. 예를 들면 이런 질문이 있다. 학생은 배워 암기한 자료를 얼마나 오래 유지할까? 학생이 이 시 또는 저 시를 습득하기 위해 얼마나 많은 반복이 필요할까? 여기서 계획은 일반적으로 페이지의 절반만 인쇄된 책이나 공책의 형태를 취하고, 나머지 절반에는 여백만 있다. 거기에 교사는 모든 질문에 대한 적절한 관찰 결과를 입력한다.

12. 이 인쇄본은 질문, 문단, 장에 해당하는 번호 아래 별도의 공책에 기록을 보관하는 방식으로 학교 전체에서 사용할 수 있다. 교사는 계획을 포착하기 위해 계획을 전체적으로 미리 숙지해야 한다.

13. 그 후 심리적 관찰의 축적 과정은 가정생활이나 학업 과정에서 눈에 띄지 않게 진행된다. 교사, 교육자 또는 학부모는, 전에 공책에서 적절한 위치와 해당 질문 번호를 찾았기 때문에, 자신이 인지한 아동의 행동에 대한 모든 사실을 공책에 입력한다. 그런 사실에 대한 적절한 질문이 없다면, 이는 이 사실이 등록할 관찰 대상이 아님을 의미한

다. 그렇게 기록한 사실의 축적은 장기간—반년 또는 심지어 1년에 걸쳐 발생하며, 그 결과 많은 양의 자료를 축적할 수 있다. 여기서 이미 과학적 관찰의 처음 두 가지 요구 사항을 자연스럽게 충족했다. 첫째, 필요한 사실의 선택이 이미 자체적으로 행해졌다. 계획의 존재 덕분에, 중요하지 않거나 부차적인 사실을 주의의 영역에서 제거했다. 게다가, 수용한 기록 체계 덕분에, 우리는 사실을 축적할 뿐만 아니라 자연스럽게 분류까지 했다. 사실을 적절한 위치에 놓았고, 그 결과 사실의 전형적이고 공통적인 의미를 규정했기 때문이다.

14. 이런 뜻에서 일기는 사실을 준비된 구획에 그대로 추가하는 수집 상자의 역할을 한다. 이런 양상으로, 교육자는 과학적 관찰의 마지막 두 계기, 즉 축적된 관찰 결과의 체계화와 그에 대한 설명만 남겨두었다. 견고한 과학적 연구라 할지라도 피하기 어려운 넷째 항목의 특별한 어려움과 관찰된 사실에 대한 완벽한 설명의 특별한 어려움을 고려한다면, 이 요구 사항을 가장 해석하기 쉬운 부분에서 부분적으로만 충족할 수 있음을 인정해야 할 것이다. 관찰 결과를 체계화하는 작업만을 적절하게 해낼 수 있다.

15. 그런 체계화에는 여러 가지 방법이 있지만, 이들의 모든 경계를 통일하는 것은 많은 구체적인 사실에서 행동의 이런저런 측면에 대한 일반적인 결론 및 공식화로 옮겨가는 일로 압축된다. 1년 동안 학생이 예외적으로 많은 중요한 교육 자료를 암기할 때마다 수십 개의 사실을 축적했다고 해보자. 여기서 우리가 연중 관찰했다는 단 하나의 사실이 암기 기간을 뒷받침하지 않는다는 것은 자명하다. 우리의 관찰을 체계화하면, 다루어지고 동화되는 반응의 수량이라는 뜻에서, 특정 학생의 반응 강화가 발달하여 특히나 활발하다고 인식해야 한다는 그러나 특정 학생의 반응 강화가 그 반응이 고착된 기간을 잣대로 보면 극단적으로 미미하다는 자연스러운 결론에 다다른다.

비고츠키의 교육심리학

16. 이 예는, 본질을 이야기하면, 체계화가 어떤 새로운 계기도 포함하지 않는다는 것을 완벽하고 분명하게 보여준다. 체계화하며, 과장이나 억측 및 추측 등을 적거나 소개하지 않고 피하는 일은 매우 중요하다. 체계화는 사실 자체 말고는 어떤 것도 포함하지 않아야 하지만, 개별적인 사실을 기술하는 일을 넘어 일반적인 공식화로 이행해야 한다.

17. 동시에 인과적 설명은, 사실들을 체계화할 때 발생하는 사실들의 개별적인 무리를 비교하는 일 자체가 하나의 사실 무리와 다른 무리에 인과적 의존이 존재한다고 추정하는 발상을 촉발할 때만 가능하고 바람직하다. 반응을 예민하게 수용하는 계기를 담당하는 부분에서 학생의 시각 수용체가 약하고 느리게 작동한다는 사실에 근거하여 우리가 결론에 도달한다면, 게다가 이에 병행하여, 기억을 수용하면서, 모든 유형의 기억에서 학생의 시각적 기억이 최악으로 발달했다는 사실을 확립하게 된다면, 당연하게도 다음과 같이 결론을 내리게 된다. 이 경우 현상들이 인과적으로 연결되어 있으며, 이는 학생이 시각적 수용체가 약하기 때문에 학생의 시각적 기억이 제대로 발달하지 않았다고 결론을 내리게 된다.

18. 이런 형태의 과학적으로 정렬된 관찰의 장점은 첫째, 여기서 진행된 관찰의 자연스러움, 둘째, 사실을 과학적으로 분류함, 셋째, 모든 학교 일에서 진행한 관찰과 병렬할 수 있음에 있다.

19. 사실, 우리는 학생이 작업하는 자연스러운 조건에서 매번 학생을 관찰하며, 우리가 축적한 사실은 학생에게 친숙한 직접적인 작업과 관계가 있다. 둘째, 우리는 그 사실이 발생한 작업의 자연스러운 분위기에 따라 이들 사실을 다시 분류한다. 그리고 마지막으로, 학생은 자신이 관찰 대상이라고 의심하지 않아야 한다. 이번에는 우리 차례로, 우리는 전문적 관찰을 위한 교육학 작업을 멈추지 않고, 교육 수법의

일반적인 과정에 통합적인 부분으로 전문적 관찰을 포함해야 한다.

20. 그러나 제시된 체계는 여러 가지 큰 단점도 있다. 첫째이자 가장 중요한 단점은, 그 관찰 체계가 불확실하고 자연발생적이라는 것이다. 이 경우 우리는 상황의 주인이 아니다. 필요한 사실이 저절로 나타날 때까지 우리는 침착하게 기다리기만 할 뿐이다. 그러므로 오랜 시간, 때로는 몇 년 동안 필요한 사실을 기다려야 하며, 때로는 학교 작업에 전혀 나타나지 않는 경우가 있다. 따라서 한 부분 또는 다른 부분에 다른 사실이 없다는 것은 학생이 그런 형태의 행동을 하지 않는다는 것을 나타내지 않고, 학교 또는 가족 환경에서 관찰할 수 없었다고만 말해야 한다.

21. 둘째 단점은 교사와 교육자에게 요구되는 주의를 둘로 나누어야 한다는 것이다. 교사와 교육자는 심리학자로, 교육자로 자신의 고유한 일을 할 뿐 아니라 관찰도 해야 한다. 누구나 명확히 알 수 있다. 그렇게 둘로 나누어진 주의로 인해, 해야 할 일의 두 지향점이 쉽게 훼손될 수 있다. 즉, 관찰의 정확성과 교육적 창조가 손상된다.

22. 마지막으로, 이 체계의 셋째 단점은 동시에 몇몇 또는 다수의 학생이 교사의 주의를 산만하게 한다는 것이다. 이는 장기간에 걸쳐 관찰할 때 교사가 한 학생의 어떤 측면을 기억할 기회를 주지 않는다. 교사는 그 학생에 관찰을 충분히 고정했지만, 교사의 기록에는 아직 제시되지 않았다. 때로 날마다 이런 우발적이고 비체계적인 관찰은 눈에 띄는 적극적인 성격을 관찰하는 일도 방해한다.

23. 이런 단점을 피하려는 갈망에서 영재 연구와 밀접하게 연결된 또 다른 대중적인 심리적 관찰 형태가 생겼다. 이 두 번째 형태에 '학생의 인격을 규명하려는 실험 연구'라는 이름이 주어질 수 있다.

가. 아동의 인격을 규명하려는 실험심리학적 연구

1. 실험심리학적 연구 방법은 아이를 특수한 조건에 놓는 것이다. 그 조건에서 아이는 자기 인격의 몇몇 측면을 평가받도록 이런저런 과제를 해결한다. 이를 위해 여러 가지 기법이 있다. 그중에서 우리는 실천에서 가장 널리 사용한 두 체계에 중점을 둘 것이다. 여기서 모든 심리적 실험 방법이 쉽게 세 가지 주요 무리로 분류된다는 점을 명심해야 한다. 첫째는 안달의 방법이다. 이 방법은 안달 요소의 강도, 구성 및 조합을 바꾸어 외부 원인과 그로 인한 반응의 이런저런 연결과 상관관계를 결정한다. 둘째는 표현 방법이다. 이 방법은 이런저런 심리 상태를 표현하는 맥박, 호흡, 표정, 말의 변화 같은 증후를 연구한다. 셋째는 반응 방법이다. 이 방법은 신호에 따라 미리 약속한 반응을 불러일으킨다.

2. 이들 방법 중 어느 것도 순수한 형태로는 아동에게 적용할 수 없다. 그런 연구에 필요한 것은 사실에 대한 상세한 분석적·학문적 기술이 아니라 복잡한 전체 행동의 형태와 무리를 다소 통합적으로 확립하는 일이다. 이에 의존하여, 반응을 매번 다른 여러 반응과 연결하고 행동을 전체적이고 일관된 형태로 연구한다.

3. 비네와 시몽은 나이에 따른 어린이의 영재성을 연구하기 위해 측정 척도를 만들었다. 이 척도는 나이 수준에 맞게 작성된 일련의 시험 문제나 과제로 이루어졌으며, 요구된 모든 시험 문제를 올바르게 해결하는 것은 주어진 나이에 맞는 아동의 정상적인 발달을 표현하는 일이라 가정했다. 비네 시험의 정확한 나이는 근사치일 뿐이다. 비네 시험은 이 나이의 어린이 중 50%가 모든 문제를 올바르게 풀고, 25%는 그 나이 수준보다 앞서고, 25%는 뒤처진다는 계산에서 진행된다. 그리고 일반적으로 어린이의 나이는 우리가 객관적이고 정확하게 판단할 수 있는 발달 과정에서 정확하게 표시한 크기가 아니다. 그러나

이것은 이 체계의 근본적인 단점은 아니다. 모든 측정과 마찬가지로 그 단위를 조건부로 선택할 수 있기 때문이다. 아이들을 서로 비교하기 위한 정확한 규범을 갖추는 것은 중요하다. 그리고 여기서 이 규범은 아동 발달의 실제 나이 단계와 어느 정도만 일치할 수 있다.

4. 실험 자체는 어린이가 한 단계의 모든 시험 문항을 완료하게 하는 방식으로 행해진다. 여기서 그 해결 결과의 경계선을, 한편으로는 단 하나의 문제도 해결하지 못한 단계, 다른 한편으로는 모든 문제를 해결한 단계를 찾는 일이 필요하다. 이렇게 하려면 자녀의 신체 나이에 해당하는 단계부터 시작하여 나이별 단계를 따라 앞뒤로 이동해야 한다. 두 경계선 사이에는 일부 문항을 해결하고 일부는 해결하지 못한 단계들이 있다.

5. 그런 다음 계산은 다음과 같이 이루어진다. 예를 들어보자. 소년이 8세에 해당하는 모든 문제를 해결한 다음, 9세에 해당하는 3문제를, 10세 해당하는 1문제를, 11세에 해당하는 2문제를 풀었지만, 12세에 해당하는 문제는 하나도 해결하지 못했다. 각 나이 단계에서 해결한 모든 문제에서 그 나이의 1/5을 곱한 값에 해당하는 점수를 받는다. 이런 식으로 계산하면, 전체 점수는 다음과 같은 형식을 취한다. 8+3/5+1/5+2/5=9와 1/5세.

6. 이 수치가 '아동의 정신 연령'을 결정한다. 이제 정신 연령과 신체 연령의 차이를 찾고 아이의 지체 또는 과잉 발달을 표현하는 일만 남아 있다. 이것이 신체 나이와 정신 나이의 차이다. 따라서 우리의 사례에서 9와 1/5 − 8 = 1과 1/5이다. 이 아이는 실제 나이보다 1과 1/5년 앞서 있다. 그런 다음에는 신체 나이에 대한 정신 연령의 비율도 계산할 수 있다. 그 값이 그 나이 아동의 지체 또는 영재 정도를 나타내는 지표다.

7. 마지막으로, 경계선 사이에 있는 나이 단계의 수에도 주의를 기

울여야 한다. 아동의 정신 연령은 현재 나이와 같거나 더 높을 수 있지만, 아동의 발달은 정상적인 것으로 인식할 수 없다. 왜냐하면, 아동의 정신 연령 수치가 아동 발달이 명시적으로 균등하다고 전제한 여러 나이 단계에 흩어져 있는 개별 과제들을 해결한 값으로 산출되었기 때문이다.

8. 지금까지 비네-시몽 방법을 요약했다. 이 방법의 특징은 복잡한 성격의 정신 과정 연구에 자신의 시험 문항을 적용하려 노력했다는 데 있다. 특히 이 과정에서, 기억, 주의, 다른 기능들을 개별적으로 연구했을 때처럼 해부된 형식이 아니라 삶에서 발생하는 형식으로 개개의 행동 형태를 취했다는 데 있다. 비네는 주어진 나이 단계를 특징짓는 반응의 조합이 표현할 수 있는 행동거지를 선택했다. 그 때문에 비네의 시험은 다른 국가에서 쉽게 적용할 수 있으며, 이를 대체할 새 시험 문항이 만들어질 때까지 세 가지 새로운 것을 조건부로 이해할 수 있는 대략적 수단이 될 수 있었다. 첫째, 정상적인 아이들의 집단에서 지체로 인해 비정상으로 인식될 수 있는 집단의 아이들을 선별하여 특수 교육 기관에 배정해야 한다. 그런 다음, 나머지 어린이 집단의 발달 정도를 확인해야 한다. 셋째는, 매년 우리 아이가 얼마나 진전했는지 측정하여 아이의 발달 과정을 계속 살펴야 한다.

9. 똑같은 목표를 로솔리모의 방법도 추구했으며, 저자는 이를 심리적 프로필이라고 명명했다. 여기서는 통합적인 형태의 행동을 연구하지 않고, 기억, 주의, 의지, 감수성, 총명 등 개별 심리 기능을 연구하기 때문이다. 여기서는 각 기능에 대해 10개 문항으로 시험을 치른다. 해결한 문항을 플러스로, 해결하지 못한 시험 문항을 마이너스로 표시한다. 제시된 한 기능과 관련된 플러스의 총점이 그 기능의 점수다. 그런 다음 이것을 10개의 셀로 나뉜 시트에 점을 찍어 그림으로 표시하며, 점은 해당 점수에서 해결한 시험 문항 수를 나타낸다.

10. 그런 다음, 아동의 전반적인 영재성을 특징 짓는 산술적 평균이 도출된다. 평균은 세 주요 무리에 대해 별도로 파생된다. 즉, 의지 과정, 기억 과정, 연합 과정의 산술적 평균이 각각 도출된다.

11. 어린 나이에 속하는 어린이의 기본적인 표상 연구를 위해 거의 같은 형태의 시험이 존재한다. 이런 종류의 실험적 연구의 일반적인 단점은 그것이 일반적인 지능의 재능에 대한 잘못된 표상에 기반한다는 것이다. 의심할 여지 없이 그런 가르침은, 능력 심리학의 메아리인, 과학적으로 폐기된 표상에 기반한다. 지능의 재능이라는 개념 자체를 전문적 적합성이라는 개념으로 대체해야 한다.

12. 나아가 구식 학교와 모든 교육 방법이 지능 훈련에 기반을 둔 이들 체계의 연결을 보이는 것도 가능하다. 이런 양상이라, 이들 체계는 학생의 정서적 영역과 의지적 영역을 제외하고 학생의 지성만 연구했다.

13. 그러므로 그런 체계는 아이의 인격을 일방적으로 지능화하여 잘못된 시각으로 제시했다. 마지막으로, 이들 체계는 모든 실험적 연구의 단점, 즉 인위성을 지닌다. 피실험자를 늘 비정상적인 상태에 배치하기 때문이다. 이것은 학생의 기억이나 주의가 실험실에서 작동하는 것과 똑같은 방식으로 학교에서 작동한다는 것을 보장하지 못한다. 따라서 실험 연구가 학생의 행동에 마음대로 변화를 일으킬 수 있다는 점에서 특별한 이점이 있음에도, 이는 모든 실험이 앉고 있는 이들 단점을 보일 수밖에 없다. 즉, 실험은 학생을 새로운 조건에 놓고 행해지기에 누구라도 절대적으로 올바른 결론을 얻을 수 있다고 확신할 수 없다. 이런 양상으로 실험 방법은 관찰의 단점을 피할 수 있었지만, 새로운 결점을 가져왔다.

14. 둘 모두에서 벗어나는 출구는 심리학 연구의 세 번째 체계에, 소위 자연스러운 실험이라는 체계에 있다.

비고츠키의 교육심리학

15. 실례를 제시하기 위해 베셸로브스카야가 제시한 비네 방법을 안내하겠다.

나. 비네-시몽 방법

1. 연령대가 다른 어린이의 영재성 및 지체 정도를 파악하기 위해 비네와 시몽은 다음과 같은 질문 순서의 윤곽을 그렸다.

2. 3세의 경우: 입, 코, 눈을 보여 보세요. 6음절로 된 문구를 반복하세요. 세 쌍의 숫자 중 하나를 반복하세요. 그림에 있는 것 중에서 아는 몇 가지의 이름을 말해보세요.

3. 4세의 경우: 성별을 말해보세요. 칼, 열쇠, 동전처럼 집에 있는 물건을 세 가지 말해보세요. 이어지는 세 개의 숫자 행을 반복해보세요. 두 선(5cm와 6cm)의 길이를 비교하고 더 긴 선을 가리켜보세요.

5. 5세의 경우: 3그램과 12그램, 6그램과 15그램인 두 쌍의 상자를 비교하고 어느 것이 더 무거운지 표시하세요. 사각형을 그려보세요. 10음절로 된 문구를 반복하세요. 네 개의 간단한 동전 무리를 세어보세요. 두 개의 평행사변형 조각을 합쳐 보세요.

5. 6세의 경우: 지금이 몇 시인가요. 다섯 가지 항목을 정의하거나 간단히 묘사해보세요. 마름모를 그려보세요. 13개의 똑같은 동전을 세보세요. 미적 관점에서(비네와 시몽이 작성한 특별한 그림 앨범에 있는) 두 얼굴을 비교해보세요.

6. 7세의 경우: 오른쪽 손과 왼쪽 귀를 표시해보세요. 그림에 있는 내용을 적어 보세요. 세 가지 간단한 과제를 완료하세요. 3개의 단순한 동전 무리와 3개의 두 배의 동전 무리를 합해 전부 몇 개인지 말해보세요. 4가지 색의 이름을 말해보세요.

7. 8세의 경우: 기억에 있는 세 쌍의 물체를 비교해보세요. 20부터 0까지 거꾸로 세어보세요. 그려진 얼굴에서 빠진 부분을 지적해보세

요. 오늘이 몇월 며칠인지 말해보세요. 이어진 5개의 숫자 행을 반복해보세요.

8. 9세의 경우: 20개의 동전 무리에서 16개의 동전을 돌려주세요. 5개 물건의 공통점을 찾으세요. 국내 통화 체계의 모든 동전 중 한 가지 유형을 말해보세요. 달을 순서대로 나열하세요. 세 가지 쉬운 추상적인 질문에 답하세요.

9. 10세의 경우: 무게가 다른 상자 5개를 무거운 순서대로 배열하세요. 기억하는 것을 그림으로 간단하게 그려보세요. 4개의 문구에서 부조리한 문구를 찾아보세요. 더 어려운 추상적인 질문에 답하세요. 이 세 단어를 사용하여 두 문장을 만드세요.

10. 12세의 경우: 제안에 저항해보세요: 어린이에게 6쌍의 선이 표시되고 첫째 쌍의 크기는 4cm와 5cm, 둘째는 5cm와 6cm, 셋째는 6cm와 7cm이다. 다른 쌍들의 길이 합은 모두 70cm다. 피실험자가 다섯 번째와 여섯 번째 쌍을 비교하면서 오른쪽 선이 더 크다고 계속 주장하면 제안한 응답으로 간주한다. 주어진 세 단어로 간단하거나 복잡한 문장 하나를 만드세요. 3분 안에 60단어 이상을 말하세요. 세 가지 추상적인 개념을 정의하세요. 의도적으로 잘못된 단어의 순서를 바로잡으세요.

11. 15세의 경우: 일련의 7개의 숫자를 반복하세요. 이 단어와 어울리는 두 개의 운율을 찾으세요. 26음절로 된 문구를 만드세요. 세 그림의 뜻을 설명하세요. 일련의 사실로부터 결론을 도출하세요.

12. 주어진 연령대의 모든 과제를 완료한 사람은 정상으로 간주한다. 이전 연령대의 작업만 완료한 사람은 1년 처진 것으로 간주한다. 내년의 과제를 완수한 사람은 동료보다 1년 앞서 있는 것으로 간주한다.

다. 자연스러운 실험

1. 이 방법의 이름 자체는 역설적으로 들린다. 왜냐하면, 실험은 항상 인위적인 형태의 연구를 포함하고, 문자 그대로의 뜻에서 자연스러운 실험은 마른 물이나 둥근 사각형과 똑같이 들리기 때문이다. 그러나 라주르스키 교수가 제안한 이 방법은, 두 과정의 부정적인 측면을 피하고 긍정적인 측면을 보존하기 위해, 관찰과 실험을 변증법적으로 종합한 것이다.

2. 라주르스키에 따르면, 연구 중인 현상이 더 높고 복잡할수록 적용된 방법은 단순하고 실제에 가까워야 한다. 사실 행동의 다양한 요소는, 종합적 형태의 관찰을 선택해야 할 만큼 복잡한 조합으로 발생한다.

3. 자연스러운 실험에서 관찰을 원하는 교사는 일반적으로 러시아어, 물리학, 그리기, 체조, 놀이를 지도할 때 하는 것처럼 아이들과 하는 수업을 위한 교육 자료와 계획을 미리 작성해야 한다. 여기서 학생들은 자신들을 대상으로 실험하고 있다고 의심하지 않은 채 정상적으로 수업이 진행되고 있다고 생각해야 한다. 이렇게 해야 학생은 자기 일을 정상적인 조건에서 진행하고, 계속 자기를 집중해서 보는 실험자의 눈을 느끼지 않는다.

4. 그러나 교사는 실험자로서 수업을 진행하고 사전에 수업 자료를 개발해서, 각 학생의 대답에서 학생의 행동을 하나 혹은 둘의 해석만 제공하는 확정적 표현을 확인할 수 있어야 한다. 교실의 한 모둠은 4~5명의 학생으로 구성한다. 질문은 극도로 다양할 수 있으며, 그래야 실험 계획을 다양하고 유연한 형태로 적용할 수 있다.

5. 최종 결과가 통합적으로 학생의 성격을 평가하는 방식으로 작성된 여러 개별 계획을 결합할 수 있다. 여기서 얻은 데이터는 세 가지 평정(정상, 정상 위, 정상 밑)으로 매번 특징지어진다. 결과는 세 가지

평정 등급에 해당하는 세 개의 동심원으로 구성된 특별한 형태에 표시된다. 원은 여러 부문으로 나뉘며 각 부문은 행동의 한 측면에 해당한다. 해당 기능이 받은 평가에 따라 해당 원에 점으로 그 결과를 표시한다. 모든 점을 연결하면 일반적으로 '라주르스키의 별'이라는 닫힌 파선이 나타난다. 이는 돌출부와 골로 학생 행동의 어떤 측면 발달을 시각적으로 판단하는 데 도움이 된다.

6. 이 방법은, 교육학 실험의 발달에 중요한 역할을 하게 될 중간선이라고 해야 한다. 그렇지만, 세 가지 아동 심리 연구 방법은 모두 아직 초기 단계다. 그 방법을 사용해야 한다면, 임시 조치로만 사용해야 한다. 그래서 세 가지 형식 모두를 검토하는 작업은 불가피하다. 여기서 개혁의 근간에 공인된 반응의 개념을 놓아야 한다. 즉, 학생과 환경의 상호작용에서 학생 인격의 특성을 파악해야 한다.

비고츠키의 교육심리학

| 19장 |

심리학과 교사

가. 교수 노동의 심리적 본성

1. 지금까지 초등학생과 중고등 학생의 관점에서 교육 과정의 심리학을 다루었다. 교육이 아동과 관련되는 만큼, 교육에 적용되는 법칙과 영향을 찾으려고 했다. 교육 과정의 심리적 원천은, 아동의 심리에 이것이 내재하는 한, 지금까지 모든 논의의 대상이었다. 이는 대부분의 현대 교육심리학 과정에서도 마찬가지다.

2. 그렇지만, 이 가르침은 극히 불완전하고 일면적이다. 통합적인 전체 교육 과정을 완전히 다루고, 그 과정의 가장 중요한 모든 측면을 심리학의 빛으로 조명하려면, 교사 노동의 심리를 고려하며 거기에 적용되는 법칙을 보여주는 게 필요하다. 이것을 결론적이고 간략한 이 마지막 장의 과제에 포함할 수 없으며, 오히려 교육심리학의 전체적이고 상세한 과정에서만 그 작업을 할 자리를 찾을 수 있다. 이는 미래에 할 일이다.

3. 과학은 교사의 심리에 대한 열쇠를 찾을 수 있을 만큼의 데이터와 발견물에 도달하지 못했다. 오히려 우리에게는 단편적인 데이터, 아직 체계를 갖추지 못한 단편적인 발언, 심지어 교사의 심리-기술을 선택하는 일과 관련된 실천적인 성질을 담은 몇몇 시도만이 있었다. 여

기서 심리-기술 분야에서 교사의 심리를 분석하는 자료를 제작하는 일은 다른 직업보다 교직에서 훨씬 큰 어려움이 있었음을 지적해야 한다.

4. 이런 현실에 따라, 우리는 교육심리학에서 교사의 노동에 대한 과학적 장을 거의 쓸 수 없다는 것을 인정해야 한다. 그렇지만, 지금도 이 질문에 대한 가장 일반적인 고려 사항을 개괄적으로 살필 수 있으며, 이런 고려 사항을 빠뜨린다면 이 책은 불완전할 것이다. 이 문제를 해결하여 마무리하기 위해, 이런 기본적인 고려 사항에 대한 결론을 위해 약간의 지면을 할애하겠다.

5. 모든 교육 이론은 그 이론에 따른 독특한 요구 사항을 교사에게 제시한다. 이는 너무나 자명한 이야기다. 루소의 교육학에서 교사는 타락과 나쁜 영향으로부터 어린이를 지키는 파수꾼이자 보호자일 뿐이다. 톨스토이에게 교사는 자신의 개인적인 모범으로 아이를 감염시키는 고결한 사람이어야 한다. 금욕적 교육학에서 교육자는 "당신 자녀의 의지를 꺾어버려라, 그래도 아이는 죽지 않는다."라는 계명을 이행하는 방법을 아는 사람이다. 다마스뜨로이에는 교육자에게 다음과 같은 새로운 자질을 추가로 요구한다. "네 아들을 어려서부터 처벌하라. 그리하면 그가 네 노년에 평안을 주고 네 영혼을 아름답게 하리라. 그리고 아기를 때리면서 약해지지 마라. 하나님의 막대기로 자식을 때리면 그는 죽지 않고 더 건강해지리라. 자식의 몸을 더 많이 때리면 그의 영혼을 죽음에서 구하리라." 귀요에게 교사는 최면전문의이고, 좋은 교사는 최면전문의처럼 보이며, 다른 사람의 의지를 고취하고 복종시키는 방법을 아는 사람이다. 페스탈로치와 프뢰벨에게 교육자는 아이를 위한 정원사다. 블론스키에게 교육자는 식물 재배 및 동물 사육과 함께 동종 과학으로 존재하는 인간 양육 공학인 인류 공학 또는 아동 공학의 기사다.

비고츠키의 교육심리학

6. 많은 사람이 교사의 작업을 예술가의 작업과 비교했으며, 개인의 창조 활동이 무엇이냐는 질문을 최전선에 놓았다. 이와 반대로, 코메니우스처럼, 몇몇 사람들은 다음과 같이 주장했다. "인간 교육의 방법이 기계적이기를 바라야 한다. 배우고 행하는 모든 것이 반드시 성공할 수 있도록 모든 것을 확실하게 규정해야 한다." 그는 교수학습을 가르치기 위한 엔진이라고도 불렀다. 페스탈로치도 같은 견해를 가졌다.

7. 이런 양상에서 우리는 교육 과정에 대한 각각의 개별적인 표상이 교사 노동의 본성에 대한 특별한 견해와 연결되어 있음을 확인할 수 있었다. 그러므로, 교육학에서 태동하여 새로운 교육 체계를 만들려는 새로운 관점이 교육심리학의 새로운 체계, 즉 그 과학적 분과를 정당화하는 새로운 체계를 소환하는 것은 명확하다. 단 하나의 사고로 교육 과정의 모든 측면과 요소를 설명하려는, 새로운 교육심리학 체계, 즉 교육 과정의 본성에 대한 새로운 견해는 자연스럽게 교사의 노동을 새롭게 이해하는 일로 이어진다.

8. 우리는 어느 장에서 자신의 노동과의 관계에서 교사가 본질을 이야기하면, 다른 인간 노동과 똑같이 이중적 현상으로 표상함을 지적했다. 즉, 교사는 한편으로는 단순한 지식의 원천, 참고서 또는 사전, 교과서 또는 시연자, 한마디로 줄이면, 교육을 보조하는 수단 및 도구로 등장한다. 여기서, 정확히 교사 노동의 이 측면이, 위에서 살펴본 바와 같이, 이전 학교에서 교사의 전체 작업 내용의 9/10에 해당한다는 것을 쉽게 알 수 있다. 이제 이 역할은 점점 사라지고 있으며, 학생 자신의 적극적인 에너지가 가능한 모든 방법으로 이 역할을 대체하고 있다. 학생은 언제 어디서나 스스로 지식을 찾고 갖추어야 한다. 선생님이 학생에게 지식을 제공할 때도 그렇다. 학생은 교사가 그에게 제공한 준비된 음식을 삼키지 않는다.

9. 우리는 교사가 교육해야만 한다는 편견과 결별했다. 우리는 사람

이 스스로 자신의 짐을 운반해야 한다고 믿는 관점과 마찬가지로 이런 관점과도 멀리 거리를 둬야 한다. 이런 뜻에서 보면, 엘렌 케이가 교육의 진정한 비밀은 교육하지 않는 것이라고 지적한 것은 옳다. 발달 과정은, 자연의 다른 모든 것과 마찬가지로 강철 같은 법칙에, 필요의 법칙에 따른다. 결과적으로, 부모와 교육자는 "별을 보며 그 길을 보는 것만큼이나 이 새로운 존재에게 이 법칙을 규정할 권리나 권한이 많다."

10. 학생이 자신을 교육한다. 교사가 완성된 형태로 제시하는 강의도 많은 것을 가르칠 수 있다. 하지만 그런 것은 아무것도 하지 않고, 심지어 점검도 하지 않고 다른 사람의 손을 빌려 어떤 것을 사용하려는 능력과 욕구만 키울 뿐이다. 오늘날의 교육에서는 어느 정도의 지식을 가르치는 것보다 지식을 습득하여 이용할 수 있는 능력을 교육하는 것이 훨씬 중요하다. 그리고 이것은 인생의 다른 모든 것과 마찬가지로 바로 일하는 과정에서 지식을 성취할 때 달성된다.

11. 해안에 서서 수영하는 방법을 배울 수 없다. 이를 위해서는 수영하는 법을 모르더라도 반드시 물에 몸을 던져야 한다. 마찬가지다. 이런저런 일을 배우는 것도, 즉 지식을 습득하는 것도 이 일을 행함으로써만, 즉 이 지식을 얻는 일에 나섬으로써만 가능하다.

12. 새롭게 등장한 책임 있는 역할은 교사의 몫이다. 교사는 사회적 환경의 조직자가 되어야 한다. 학생이 속한 사회적 환경이 유일한 교육적 요소이기 때문이다. 교사가 학생들에게 지식을 불어넣는 단순한 펌프 역할을 하는 곳에서는 교과서, 사전, 지도 또는 야외 체험 활동이 교사를 성공적으로 대체할 수 있다. 교사가 강의하거나 수업을 할 때, 이 모든 경우 교사는 부분적으로만 교사의 역할을 한다. 정확히는 아동에게 영향을 미치는 환경 요소와 아동의 관계를 설정하는 노동에 해당하는 부분만이 진정한 교사의 역할이다. 교사가 단순히 준비한

비고츠키의 교육심리학

것을 말하는 곳에서 그는 교사일 수 없다.

13. 교사의 심리와 연결된 가장 큰 위험은 바로 이 두 번째 측면이 교사의 인격에서 우세해야 한다는 사실에 있다. 교사는 교육에서 도구 역할을 하는, 즉 레코드가 학생에게 말하는 것에 자신의 노래와 고유한 음색이 없는 축음기 역할을 하는 자신을 자각하기 시작했다. 이 지점에서, 모든 가르치는 직업은 사적 소유자에게 지울 수 없는 전형적인 개성을 부과하여 진리를 전파하는 사도의 역할을 연기하는 가련한 인물을 만든다고 솔직히 말해야 한다. 교사가, 이 살아있는 교본이, 항상 유머러스한 인물로 보였고, 농담과 조롱의 대상이었으며, 고대 희극에서 현대 단편 소설에 이르기까지 항상 우스꽝스러운 등장인물이었던 것은 괜한 일이 아니다. 체호프의 "상자 속의 사나이" 또는 그 주인공은 항상 "볼가강은 가스피해로 흐르고 말은 귀리와 건초를 먹는다."라고 말했다. 이 표현이 무서운 까닭은 이것이 바로 완벽하게 인격이 부재한, 감정과 사고가 사라진 섬뜩한 표본이기 때문이다.

14. 볼가강이 카스피해로 흘러든다는 사실은 교육적으로 매우 중요한 과학적 사실이다. 하지만 재미있는 것이 그 사실에는 없다. 재미있는 것은 이 사실이 한 사람을 둘러싼 상자가 되었다는 것, 이 사실을 평생 우려먹었다는 것, 이 사실을 마주한 사람이 존재하지 않는다는 것이다. 진리의 전달자가 대체로 멍청하다면 진리는 그리 슬기로운 것이 아니다. 이는 상자 속의 교사 같은 이를 다룬 고대 희극에서 말한 내용이다.

15. 여기에 캐리커처로 제시된 것은, 본질을 말하자면, 교육의 도구로 변하는 한 교사의 변함없는 특징이다. 30년 동안 미학을 읽고 그것에 대해 아무것도 이해하지 못하고, 중요한 것은 셰익스피어가 아니라 그에 대한 주석이라고 확신하는 교수를 같은 유형의 교사로 체호프가 그려냈다는 것은 매우 신기한 일이다. 요컨대 문제의 본질은 소량

의 지식, 제한된 지평, 사실 자체의 무의미함에 있지 않다. 문제의 본질은, 사람이 항상 얕은 곳에서 수영하고 매우 조금만 알고 있다는 것이 아니라, 심리적인 성질로 인해, 사람을 교육에 유익한 기계 같은 사람으로 변형하는 바로 그 일이 그 사람을 멍청한 바보로 만든다는 것이다.

16. 이런 양상이라, 새로운 조건에서는 교사에게 주요하게 요구하는 사항이 상자를 완전히 거부하는 것과 활동과 삶을 생동하게 만드는 모든 측면을 발달시키는 것이다. 전자 유형의 모든 교사의 노동에서, 정체되어 썩은 물과 같이 필연적으로 곰팡이와 부실함이 생겨난다. 그리고 이상적인 목표를 의식하게 하는, 교사의 신성한 사명을 강제하는 통상적인 가르침을 따르면 이런 요구 사항을 피할 수 없다.

17. 심리학자들은 교사에게 교육적 열정을 요구했다. 그들이 보기에는 교육적 열정이 교사의 인격을 결정했다. 그들의 말은 선생님 내면의 따뜻함으로 이어진다. "자신의 소명에 대한 아름다움과 신성함을 느끼지 못하는 교사, 젊은이들을 가르치고 싶은 마음이 아니라 직업을 갖고 생계유지를 위해 출근하는 교사, 그런 교사는 학생들에게 해를 끼치고 자신에게는 더 많은 해를 끼친다."라고 뮌스터베르크는 말했다. 이는 이런 견해를 가장 분명하게 표현한 것이다. 교사로부터 끌어낼 영감이 필요하다. 그런 영감으로 교사는 학생에게 자양분을 제공한다.

18. "강단의 사제처럼 책상에 앉아있는 교사에 대해, 흔히 마음에 믿음이 없으면 정죄를 받는다고 할 수 있다. 영감이 영혼에 닿으면 모든 것이 살아나고 활력이 넘친다. 이것을 위해 관점을 왜곡해 이야기할 필요가 없고, 불규칙 동사가 정신세계의 중심인 것처럼 이야기할 필요가 없다. 각각의 것이 그 자리에 머물 수 있으며 전체로서 취해진 지식의 중요성이 모든 작은 부분에서 느껴지는 방식으로 해석되어야

비고츠키의 교육심리학

한다. 물론 교사는 이 개별적인 자료에 관심을 둬야 한다. 다른 것보다 광범위한 문제들과 그 자료가 가진 다양한 관계를 알고 있기 때문이다. 교사의 진정한 관심은 학생에게 보여줄 수는 없지만, 자신이 설명하는 요소의 일반적인 배경 역할을 하는 것에 있다. 반면, 학생의 관심은, 그 자체로는 무심한, 가르치는 자료에 교사의 영감을 전이하기 때문에 고양된다."

19. 심리 공학의 창시자 중 한 명인 뮌스터베르크가 이들 말을 했다. 교사의 작업을 인류의 이상 위에 놓는 것을 정당화하기 위해, 그는 인류 이상의 가치에 대한 열렬한 믿음보다 좋은 어떤 것도 찾지 못했다. 이 견해에서 진리는 거짓과 뒤섞여 있다. 그가 심리학에 근거하여 말하면서 선생에게 어떤 타고난 정서적 기질을 요구할 때, 그는 전적으로 옳았다. 뜨겁지두 차갑지도 않고 따뜻하기만 한 사람은 결코 좋은 스승이 될 수 없다. 그가 가르치는 노동이 점점 더 여성들에게 전가되는 현상의 위험을 지적했을 때도 그는 옳았다. "남성적 특성이 발달하는 시기에 남자아이의 교육이 주로 여자의 손에 달려 있다면, 이는 사회에 위험이 될 수밖에 없다."

20. 사회 여러 세력 사이의 경제적 균형 덕분에, 교직이 삶의 모든 영역에서 부적응한 자, 불우한 자, 파산한 자들이 모이는 곳이 된 것도 사실이다. 학교는 삶에서 부서진 배가 찾아가는 부두다. 그 때문에 교직에서 약하고 무가치하며 불구가 된 인간 제료의 자연 선택이 이루어졌다. 퇴역 군인이 교사가 되었다는 것은 상징적이다. 은퇴한 군인들이 여전히 교사 계급의 4분의 3을 채우고 있다. 교사 중 한 사람은 이런 기록을 남겼다. "교사들에 두 성 중 늙은 하녀들이, 일반적으로 온갖 패배자가 많다는 것은 끔찍한 일이다. 삶에서 성공하지 못한 사람에게 어떻게 자녀의 삶을 맡길 수 있는가?" 종합해서 솔직하게 말해야 한다. 교사가 되기에 가장 적합한 자를 제외하고 모든 사람이 교사

가 될 수 있었다.

21. 이 모든 것이 지금 언급한 관점과 일치한다. 게다가 이 관점은 선생님이 많이 알아야 한다는 사실과도 일치한다. 교사는 자신이 가르치는 교과에 정통해야 한다. 뮌스터베르크에 따르면, "교사는 다양한 출신에서 끌어와야 한다. 자신에게 요구하는 것처럼 학생들이 알아야 하는 내용을 알고 있고, 다음 날 아침에 받을 수 있는 질문에 대한 답을 저녁에 서둘러 준비하는 것만으로는 충분하지 않다.

22. 자신이 정말로 해야 할 것보다 백 배나 더 흥미로운 대답을 제공할 수 있는 사람은 그뿐이다. 교사가 시를 설명할 때, 그가 모든 문학에 친숙한지 아닌지는 큰 차이를 만든다.

23. 자연사에 대한 그의 수업은 가장 단순한 요소만으로 교실에서 이루어질 수 있지만, 이들 요소를 가지고 교사는 학생의 눈앞에 현대 과학의 광대한 전망을 펼쳐야 한다."

24. 이를 걷는 과정에 비유할 수 있다. 우리 앞의 천 보를 볼 수 있다면, 우리는 자신 있게 한 걸음 나아갈 수 있다. 그러나 다음 한 걸음이 나아가야 할 길이 어디인지는 열려 있다. 이 사례는 오늘날 교육학에서 전문적 지식에 할당한 역할을 완벽하게 설명한다. 그렇지만, 실제로 한 걸음을 위해, 우리의 발을 제대로 내딛기 위해, 당신에게는 극히 좁은 공간이 필요할 뿐이다. 그런데 왜 우리는 넓고 탁 트인 도로가 필요할까? 다리의 움직임을 지시하고 조절하기 위해서는 발만큼이나 눈이 필요하다. 그래서 교사의 의무에서 벗어난 교사가 전보다 훨씬 많은 것을 알아야 할 필요가 있다는 지적은 정확하다. 결론을 내린다면, 가르치기 위해 교사는 전문적 지식을 조금만 알아도 되지만 명확하고 정확하게 알아야 한다. 학생 자신의 지식을 인도하기 위해 교사는 이전보다 훨씬 많은 것을 알아야 한다.

25. 지금까지 학생은 언제나 교사의 어깨 위에 있었다. 교사가 모든

비고츠키의 교육심리학

것을 눈으로 보고 지혜로 판단했다. 이제 학생이 자신의 발로 나아가야 할 시간이 다가왔다. 교사가 학생에게 강의로 그리고 교사의 예술적 걷기의 가장 신중한 시연으로 걷는 방법을 가르치는 것이 불가능한 것처럼, 이제는 교사가 학생에게 어떤 지식도 가르칠 수 없음을 이해해야 할 시간이 다가왔다. 학생 스스로 걷다 넘어지도록, 타박상으로 인한 고통을 견디도록, 스스로 나아가야 할 방향을 선택하도록 해야 한다. 그리고 걷는 것의 진리는 자신의 발과 넘어짐으로만 배울 수 있다는 것이다. 이것을 교육의 모든 측면에 동등하게 적용해야 한다.

26. 그러나 교사의 이상적 열정에 관한 가르침에는 과거의 교육학 노선과 새로운 교육학 노선 사이에 깊은 차이가 있다. 개별적인 사실과 전체 교과의 일반적인 값어치의 상대적인 연결에 대해 뮌스터베르크가 말하는 것과 값어치의 체험은, 심지어 불규칙 동사를 배울 때도, 학생에게 전달되어야 한다는 것은 사실이다. 오류는 심리학자들이 원하는 성공을 위해 사용하기를 희망하는 수단을 결정하는 데에만 있다.

27. 심리학자들은 교사를 감염시키는 열정에서, 교사 자신의 지혜에서 형성되는 배경에서, 열정에 찬 교사를 보며 학생이 갖게 되는 흥미에서 이런 성공의 열쇠를 보았다. 이것은 가장 중요한 심리학의 착각이다. 우선, 열정은 심리적으로 매우 드물고 조절하기 어려운 과정이라 그것만으로는 어떤 종류의 중요한 일도 구축힐 수 없나. 교사가 불규칙 동사를 세상의 중심인 것처럼 말할 때, 그것은 거짓 열정, 거짓 정념의 이미지로 밝혀졌다. 진심으로 걱정하며 눈물을 흘리지만, 관중을 웃게 만드는 배우처럼, 그것은 전염되지 않는 열정으로 밝혀졌다. 가늠할 수 없을 정도의 열정에 찬 교사는 이런 처지에 있는 자신을 발견한다.

28. 우리 각자는 리비아 양식 또는 마다가스카르 외형을 한없이 존

경하여 학생들에게 더없이 큰 즐거움을 선사했던 또 다른 고귀한 유형의 교사인 이상주의자 돈키호테를 기억한다.

29. 요점은 교사에게 열정이 있어야 한다는 것이 아니다. 교사에게 열정이 있어도, 이 열정이 늘 학생에게 전달되는 것은 아니다. 요점은 오히려 제자들이 같은 것을 감탄하게 만드는 것이다. 열정을 얻지 못했을 때 상황은 더 나빠졌고, 냉정한 배우처럼 교사는 가장된 수사적 감탄의 어조를 드러낸다. 이것은, 학생의 감정과 상상을 공략하기 위해 역사나 지리가 고상한 양식으로 설명할 때, 우리의 구시대 교과서에 담긴 몇몇 양식에서 그 웅장한 표현을 발견한다. 그러나 열정이 학생들의 의식에 도달했을 때도, 그것은 항상 잘못된 곳으로 향했고 교사에 대한 숭배로 바뀌었다. 이는 교육에 매우 반대되는 형태를 취했다.

30. 공개적인 전쟁 대신 학생과 교사 사이에 우호적인 관계가 발생하는 경우들처럼, 이전 교육학의 질병이 그토록 명확하게 드러난 곳은 없다. 사랑하는 교사에 대한, 숭배의 형태를 취하는, 이런 신격화는, 정신분석학에서 말하는 전이를 연상시키는, 심각한 심리적 문제다. 이 전이라는 이름으로 정신 분석가가 의미하는 바는 다음과 같다. 고통스러운 신경증적 관심이 의사의 인격에 집중될 때, 신경증을 키우는 관심이 의사와 관련될 때, 그리고 이 인격이 환자의 환경과 내면세계의 중심에서 형성될 때, 신경증 환자와 그를 치료하는 의사 사이에 독특한 잘못된 관계가 형성되었다는 것이다.

31. 이런 양상이므로, 문제는 오히려 학생에게 그 자신의 열정을 불러일으키는 것이다. 프로이센 정부 부처의 회람처럼 교사에게 처방하는 게 아니다. 즉, 학생을 환희에 이르게 하며, 교사가 조국의 역사를 진술하는 것이다.

32. 영감은 사기적인 행위와, 열정은 투기적인 행위와 비슷하다. 영

감의 시대는, 어둠의 힘의 오래된 피난처였던 시에서도 지나갔다. 미국의 제조업자는 감독의 영감에 공장이 나아갈 방향을, 선주는 선장의 영감에 배가 나아갈 방향을 맡기지 않을 것이다. 그들은 늘 숙련된 기술자와 학식 있는 선원을 선호할 것이다. 이제 교육학도 이 길로 나아가서 아이의 마음에서 열정이 어떻게 생겨나는지에 대한 법칙과 기술을 정확히 아는 사람들을 찾아야 한다.

33. 이런 흐름이라, 교육 법칙에 대한 정확한 지식을 무엇보다도 우선 교사에게 요구하는 것이다. 이런 뜻으로 뮌스터베르크는 교사는 여러 종류가 있어야 하지만 진정한 교사는 늘 똑같다는 표현을 사용했다. 진정한 교사는 영감이 아니라 과학적 지식을 바탕으로 자신의 교육 작업을 구축하는 교사다. 과학은 삶을 지배하는 가장 확실한 길이다.

34. 미래에 모든 교사는 심리학을 잣대로 작업하게 될 것이며, 과학적 교육학은 심리학에 기반한 정확한 과학이 될 것이다. 블론스키에 따르면, 과학적 교육학은 과학적, 즉 생물-사회적 교육심리학에 기반을 두어야 한다. 이런 양상을 따라, 치료사의 자리를 과학자가 차지하게 될 것이다.

35. 그래서 우리가 교사에게 요구하는 첫 번째 요구 사항은 그가, 수학자, 언어학자 등등이기 전에 진정한 교사로, 과학적으로 양성된 전문가여야 한다는 것이다. 정확한 지식, 정확한 계산 및 냉정한 사고만이 교사의 진정한 도구가 될 수 있다. 이런 뜻에서 교사에게 따뜻함, 부드러움, 보살핌을 요구했던, 보모 같은 교사라는 원시적 이상은 절대로 우리 취향이 아니다. 그와 반대로, 심리학자는 구식 학교가 교사라는 직업 자체를 평범하게 만들었다는 단순한 사실 때문에 비난했다. 구식 학교는 교육 과정을 단조롭고 하찮은 기능으로 축소하여 체계적으로 가장 최악의 방식으로 교사를 타락시켰다.

36. 그리고 성적과 독방 감금, 시험과 감독이 학생보다 교사를 더 타락시켰다는 것은 심리적 역설이 결코 아니다. 중학교가 학생들보다 교사들에게 더 많은 교육적 폭력을 가했다. 그리고 심리학자는, 그가 과거에 교사의 심리학을 연구한 듯, 흥미로운 지면을 여기저기서 수집했다. 이제 정신 분석의 조명을 비추어, 이전 형태처럼 조직된 교육 체계는 모든 교사를 비정상으로 만드는 장소였으며, 완전한 뜻에서, 교사의 노이로제를 양산했다고 단정할 수 있다. 이런 뜻에서 보면, 표도르 솔로구프가 창작한 『찌질한 악마』의 주인공 페레도노프는 터무니없는 괴물이 아니다.

37. 오늘날 교사가 직면하는 과제가 날로 복잡해짐에 따라 필요한 기법도 무한히 다양하고 복잡해졌기 때문에, 과학적으로 양성된 교사가 되려면 엄청나게 많은 양을 섭취해야 한다.

38. 전에는 담당 교과를 알고, 프로그램을 알고, 어려운 경우 수업에서 소리만 칠 수 있으면 되었다. 요즘 교육학은 과학적 기반에서 출현하는 실제적이고 복잡한 예술이 되고 있다. 이런 양상이라, 교사는 담당 교과에 대한 더 많은 지식, 자기 일과 관련된 더 많은 기술에 대한 지식을 요구받고 있다.

39. 이에 더하여, 가르치는 방법 자체에 애교심을 스며들게 하는 바로 그런 활동, 바로 그런 집단주의를 담도록 교사에게 요구한다. 교사는 학교 공동체의 필수적인 부분으로서, 학교 공동체에서 생활해야 한다. 이런 뜻에서 교사와 학생의 관계는 인간관계에서 그것과 동등한 것을 찾을 수 없을 정도의 강인함, 투명함, 높은 수준에 도달할 수 있다.

40. 그러나 이 모든 것이 그저 해야 할 업무의 절반에 불과하다. 다른 절반은 교사가 정확히 정반대의 요구 사항을 충족해야 한다는 것이다. 교사는 철저하게 교사여야 한다. 교사는 그저 교사여서도 안 되

고, 교사를 넘어선 그 무엇이어서도 안 된다. 이상하게 들리겠지만, 직업으로서, 가르치는 직업은, 심리적 관점에서 볼 때 거짓된 사실이다. 그리고, 의심할 여지 없이, 교직은 가까운 미래에 사라질 것이다. 이는 교사의 전문적 인식의 엄청난 복잡성에 대해 위에서 말한 것을 거부하는 것을 의미하지는 않는다. 하지만 의심할 여지 없이, 미래의 교사는 교사가 아니라 엔지니어, 선원, 선동가, 배우, 노동자, 언론인, 과학자, 판사, 의사 등이 될 것이다. 그렇지만 이것이 미래의 교사가 교육학에 아마추어일 거라는 의미는 아니다. 교육 과정의 바로 그 본질에서, 교육 과정의 심리적 본질에서, 삶에서 가능한 한 가장 긴밀한 접촉과 주변과의 교류에 대한 요구가 있을 수밖에 없음을 이야기하는 것이다.

41. 궁극적으로 삶만이 교육한다. 삶이 학교에 더 많이 침투할수록 교육 과정은 더 역동적이고 생동감 넘친다. 학교의 가장 큰 죄악은 높은 울타리로 학교 자체를 삶과 차단했다는 것이다. 산소 없이 타는 것 또는 공기 없는 공간에서 숨 쉬는 것만큼이나 삶과 괴리된 교육은 생각할 수 없다. 그런 이유로, 교사의 교육 활동은 필연적으로 그의 창조적·사회적·삶의 활동과 연결되어야 한다.

42. 인생에서 창조적인 역할을 한 사람만이 교육에서 창조적일 거라고 주장할 수 있다. 그런 이유로, 미래에 교사는 삶에 적극적으로 참여한 자가 될 것이다. 이론과학, 노동 또는 실천적인 사회적인 활동 분야에서든, 그는 가르치는 주제를 통해 학교와 삶을 연결할 것이다. 이런 양상으로, 교육적 작업은 과학자나 정치가, 경제학자나 예술가의 광범위한 사회적 작업과 확실히 연결될 것이다.

43. 미래의 도시에, '학교'라는 표시가 과시되는 집은 하나도 없을 것이다. 왜냐하면, 학교는 그 낱말의 정확한 뜻처럼 '여가'를 의미하고, '여가'라는 학과 공부를 위해 할당된 특별한 사람들과 특별한 건물이고, 전적으로 노동이며 생활이 될 것이며, 공장에, 광장에, 박물관에,

병원에, 묘지에 있을 것이기 때문이다.

44. 뮌스터베르크는 이렇게 말했다. "모든 교실에는 창문이 있다. 진정한 교사는 창문을 통해 자기 책상 뒤에 있는 넓은 세상, 사람들의 불안, 삶의 기쁨과 의무를 바라볼 것이다." 그리고 미래의 학교에서 이들 창은 확실히 해체될 것이며, 교사는 '삶의 의무'를 지켜볼 뿐 아니라 '삶의 의무'에 적극적으로 참여할 것이다. 우리 학교에 썩은 냄새와 썩은 고기가 널려 있었던 까닭은, 넓은 세상을 향한 창문이 굳게 닫혀 있었고 무엇보다도 교사 자신의 마음이 닫혀 있었기 때문이다.

45. 새로운 교육학 체계에서, 많은 이에게 교사는 중요하지 않은 역할을 하는 것으로 보인다. 이는 새로운 교육학 체계가 교사 없는 교육학이고 교사 없는 학교이기 때문이다. 미래의 학교에서 교사가 할 일이 없다고 생각하는 것은 기계를 이용한 생산에서 인간의 역할이 감소했거나 아예 없어졌다는 표상과 같다. 새로운 학교에서는 교사가 기계처럼 움직이는 마네킹으로 변할 것으로 보일 수도 있다. 실은, 이와는 반대로, 교사의 역할은 헤아릴 수 없을 정도로 늘어날 것이다. 교사가 교육을 삶의 창조적 작품으로 전환할 수 있도록 교사에게 교육 과정을 삶에서 치르는 최고의 시험으로 강제할 것이다.

나. 창조로서의 삶

1. 불행히도, 아직도 교육 과정은 교사와 학생의 관계로 표현되기 때문에, 가장 중요한 것, 즉 모방으로 소진된다는 신념이 여전하다. 새로운 마르크스주의 교육학 체계에서도 때로 모방 반사가 교육의 토대라고 말하곤 한다(아론 잘킨트). "그리고 교육자는, 자신의 본보기라는 유혹적인 내용으로, 교육받은 유기체를 유혹하고 사로잡아야 한다. 그렇지 않으면, 동공의 반사 기관을 작동하려는 모든 시도가 소용이 없다."

2. 이 모든 것은 상당히 잘못되었다. 과학적 지식의 빛을 받는 만큼, 교육 과정이 변형됨에 따라, 교육의 토대와 본성에 대한 표상도 변해야 한다. 무엇보다 먼저 교육이라는 개념 자체가 확장하고 있다. 이것은 교육만 이야기하는 게 아니다. 트로츠키가 표현한 '인간의 재재련'도 이야기하는 것이다. 그리고, 이런 재재련은, 반복해서 지적한 바와 같이, 무엇보다 먼저, 행동의 타고난 재료를 최대로 활용할 것을 요구한다.

3. 이런 이유로, 아이의 반응 중 어느 하나도 낭비되어서는 안 된다. 제임스는 이렇게 말했다. "그러므로, 그 반응을 아이에게 흔한 대상과 다른 식으로 연결하여 대체하기 위해, 심지어 잘 알고 있는 대상과 그 연결을 파괴하고자 할 때도, 언제나 타고난 반응을 신중하게 고려해야 한다. 역설적으로 들릴지 모르지만, 나쁜 행동거지는 선한 행동거지만큼 교사에게 좋은 출발점이며 종종 선한 행동거지보다 훨씬 낫다."

4. 이런 양상으로, 교육 과정의 창조적 성격은 명확하게 드러난다. 이로부터 교육 과정의 창조적 본성이 분명해진다. 그것은 타고난 자료의 단순한 배양이 아니라, '자연 위에' '초자연적' 인간의 삶을 창조하는 것이 목표다.

5. 이런 뜻에서 현재의 교육학은, 이상은 과거에 있다고 인식하는, 자연스러운 교육 이론과 근본적으로 상충한다. 톨스토이와 루소에게 아이는 조화를 이룬 이상형이며, 이후 모든 교육은 그것을 망치는 것이다. 과학적 심리학에 따르면, 아이는 발달하면서 끔찍한 불균형과 부조화를 겪으며 비극적인 문제에 직면한다. 사람들은 생명 유전적 병렬주의를 언급하지 않고도, 신생아는 이전 경험의 혈전이고, 벌거벗은 생물체라고, 그리고 몇 년의 발달 과정을 거치면 인류가 유인원에서 비행기로 여행한 모든 경로를 실제로 거친다고 여전히 말할 수 있다.

6. 모든 차이는 아이가 자신의 발로 횡단하는 이 길이 역사의 길과 전혀 평행하지 않다는 것이다. 그렇지만 이 길이 얼마나 광대한지를 고려하면, 아이가 세상과 치열한 투쟁을 시작해야 하며, 이 투쟁에서 교육자가 결정적인 낱말을 외쳐야 한다는 것은 분명해진다. 바로 이럴 때 우리에게서 가르치는 일은 전쟁이라는 표상이 튀어나온다. 제임스에 따르면, "심리학과 그것에 기반한 모든 일반적인 과학적 교육학은 군사학의 용어를 강하게 연상시킨다. 전략. 여기서도 마찬가지로 기본 원리는 매우 간단하고 명확하다. … 그렇게 전략을 숙달한 사람은 전장과 교실, 두 곳에서 계속 승리를 거둘 수 있다고 상상할 수 있다. 그러나 두 경우 모두에서, 여기서 계산할 수 없는 또 다른 소중한 것, 즉 적의 영혼을 고려해야 한다. 당신이 알고 있는 적인 학생의 영혼은, 적 사령관의 영혼이 학식 있는 장군의 계획을 파괴하려는 것과 똑같은 열정으로 당신의 노력을 마비시키려 한다."

7. 이런 양상으로, 교육학은 투쟁의 측면과 함께 민낯이 드러난다. "현대 사회에서 사회적 반사 설정의 4분의 3이 자본주의적 인류의 혼란스러운 구조와 연결되어 사회적 공포증의 체계를 보이기 때문에, 즉 본격적인 사회적 행동에서 유기체를 기민하게 회피하기 때문에, 바로 이런 이유로, 견고하고 사회적으로 동등한 영향을 미치는 유기체들에서, 특히나 그 압도적인 부분에서 출현하는 교육은 교육하는 자와 교육받는 자의 때로는 감추어진, 때로는 드러난 격렬한 투쟁일 뿐이다. 따라서 사회 행동학(교육학, 심리치료)은 비정치적이어서도 안 되고 그럴 수도 없다. 진정한 사회학자, 즉 축음기가 아닌 교육자는 언제나 정치인이다. 사회적 반사의 교육은 유기체의 사회적 행동 노선의 교육, 즉 정치 교육이다. 교육학(사회 행동학)은 정치에 무관심한 적이 없었다. 왜냐하면, 심리(사회적 반사)에 작용하면서 교육학은 자발적이든 비자발적이든, 그 노선을 선도하는 지배적인 사회계급의 이익과 일치

비고츠키의 교육심리학

하는 사회적 노선, 즉 정치적 노선과 접목하기 때문이다."

8. 이런 이유로, 혁명이 전 인류를 대상으로 재교육에 착수하고 삶 그 자체에 교육의 뚜렷한 방향을 제시하는 지금만큼 교육의 범위가 확대된 적이 없었다. 다음 사실을 명심해야 한다. 유기체의 사회 행동학은 그의 전체 사회적 반사 설정에 그리고 유기체의 모든 반사 작용에 사회적 요소가 스며들어 있기에, 일관되고 큰 변화를 일으키는 것이다. 관점, 감정, 지식, 성향을 다루는 교육은 유기체의 모든 기능에서, 특히 그 사회적 부분에서 유기체 교육에 대한 일반적 사고를 부분적이며 올바르지 못하게 표현했다. 왜냐하면, 확정적인 지식, 감정 등의 교육은 동시에 호흡, 소화 등의 확정적인 사회적 형태를 교육하는 것이기 때문이다. 관점과 감정은 이론적으로나 실천적으로나 '생물 행동적 계기'와 분리될 수 없다.

9. 여기에 성장 및 뼈 형성 형태 등과 같은 유기체의 기능도 사회적 교육에 크게 의존한다는 점을 덧붙이겠다. 이런 양상으로, 교육은 세상에서 가장 광범위한 문제, 즉 창조로서의 삶의 문제로 전개된다.

10. 이런 뜻에서 보면, 잘킨트가 예술적 창조 과정을 다른 심리 행위에 더 가깝게 가져왔을 때, 그는 옳았다.

11. "예술에서 창조 과정의 기본 요소는, 양적인 긴장감을 제외하면, 다른 가장 단순한 심리 행위와 다르지 않다. 마음 장치의 모든 충격은, 소위 사고, 감정 능의 사슬들에서 가장 작은 이동은 개개인의 사회적 적응 행위이며, 자기 보존을 위한 사회적 투쟁의 표현이다. 사회적 불편 상태만이 마음 장치에 변화를 일으킨다. 절대적인 안녕은 그를 깊은 잠에 빠뜨릴 것이다. 사소한 사고에서 눈부신 발견에 이르기까지 마음에서 모든 움직임의 근원은 하나이며 똑같다."

12. 모든 표현된 사고, 그려진 그림, 악보로 된 소나타는 저자의 불편한 상태에서 태어나고, 가장 편리한 방향으로 재교육을 통해 불편

한 상태를 바꾸려고 한다. 이 불편한 감정에서 긴장이 크면 클수록, 마음 기제가 복잡하면 복잡할수록 그의 교육적 격한 고조가 더 자연스럽고 저항할 수 없게 되어 더 많은 에너지를 외부로 밀어낸다.

13. "창조자는 언제나 만족하지 못하는 종이다." 이런 이유로 교육은 이성에만 국한될 수 없다. "유사한 장애와 충격을 회피하기 위해, 교육자와 학생의 내적 친화력이 필요하고 감정과 개념의 친밀함이 요구된다. 교육은 두 진영의 상호적이고 연속적인 적응 과정이다. 여기서 가장 활동적이고 독창적으로 작동하는 당사자는 지도자이거나 주관자다.

14. 교육 과정은 효과적인 사회적 삶이고, 다가오는 전투적인 체험의 교체이며, 교사가 기껏해야 수업의 작은 부분(종종 그는 완전히 혼자다)을 구현하는 격렬한 투쟁이다. 그의 의지에도 불구하고 그의 모든 인격적인 요소를, 감정과 사고의 모든 경험을, 교사는 소위 내적인 교육 작업이라는 강력한 사회적 투쟁의 이런 분위기에서 지속적으로 사용한다. 그의 개인적인 불만, 불편함, 적응을 위한 노력, 그리고 이에 따른 교육적 계시, 교육적 교훈의 사슬은 방금 설명한 예술적 창조의 사슬과 똑같다. 교사, 즉 교육자는 예술가가 될 수밖에 없다. 교사의 순수한 객관주의는 난센스다. 이성적인 교사는 누구도 교육할 수 없다."

15. 누구에게나 명확하다. 마음의 움직임에 최초의 충격을 주는 이 불편함이 강할수록 바로 이 움직임이 강해진다. 이런 이유로, 교육과 창조는 '불편함'과 곤란함, 부조화에서 시작되기에 언제나 비극적이다. 생물은 목적론을 모른다. 세상은 부적절하게 발달한다. 정확히 어린 시절이 교육에 자연스러운 시간, 즉 유기체와 환경 사이의 가장 큰 비극성, 부조화, 불일치의 시간이기 때문이다. 교육에서 음악은, 음악이 해결하려는 불협화음에서 출현한다. 나이가 들면 들수록 삶에 잘 적

응하여 더 편안함을 느끼기 시작하고, 우리 안에 남아 있는 창조적인 마음이 적어져서 우리가 우리를 교육하는 게 더 어려워진다.

16. '잔잔한 어린 시절의 황금기'를 설탕으로 달게 만들고 교육 과정을 장미 물로 달콤하게 만든 모든 교육학은 우리의 방식이 아니다. 이와 반대로, 배고픔과 목마름이 생존을 위한 투쟁을 고취하는 것과 마찬가지로 어린 시절의 비극적 요소가 교육에 최상의 추진력이라는 것을 우리는 알고 있다. 이런 까닭에, 교육은 어린 시절의 진정한 '불편함'이 만든 혹독한 경계선을 모호하게 하고 얼버무리는 게 아니라 오히려 이런 불편함을 아이에게 더 날카롭게 더 자주 대면하게 하여 아이가 승리하도록 해야 한다.

17. 삶은, 여기서 창조 체계로, 즉 끊임없는 긴장과 극복, 새로운 행동 형태를 끊임없이 조합하고 창조하는 체계로 드러난다. 이런 양상으로, 모든 생각과 움직임과 체험은 새로운 현실을 창조하려는 열망이며 새로운 어떤 것을 향한 돌파다.

18. 인생을 왜곡하고 흉하게 만드는 사회적 형태로부터 최종적으로 삶을 해방할 때에만 삶은 창조가 된다. 삶의 문제가 해결되어야 교육 문제도 해결된다.

19. 그러면 인간의 삶은 지속적인 창조, 하나의 미적 의식이 된다. 이는 사적인 사소한 필요를 충족시키려는 욕구가 아니라 의식적이고 밝은 창조적 고양에서 발생할 것이다. 음식과 잠, 사랑과 놀이, 노동과 정치, 모든 감정과 사고가 창조의 대상이 된다. 예술이라는 협소한 분야에서 지금 벌어지는 일들이 훗날 삶 전체에 스며들고, 그때 삶은 창조적 노동이 된다.

20. 교육자에게, 삶의 무한한 다양성 속에서 삶을 창조할 무한한 가능성이 열릴 것이다. 사적인 일과 사적인 삶이라는 좁은 틀을 벗어나 교육자는 진정한 미래의 창조자가 될 것이다. 그러면 삶의 창조로

서 교육학이 첫 번째 자리를 차지할 것이다. 기술과 나란히, 새로운 세대의 심리-생리적 조형이라는 넓은 뜻에서 교육학은 사회적 사고의 왕위를 차지하게 될 것이다. 강력한 정당들이 그 교육 체계 주위에 강력한 진영을 이룰 것이다. 사회적 교육에서 실험과 다양한 방법의 분출이 지금은 생각조차 할 수 없는 범위에서 일어날 것이다.

21. 인간은 마침내 자기 자신과 진정으로 조화를 이루기 시작할 것이다. 인간은 노동에서, 보행에서, 놀이에서 자신의 신체 기관을 가장 분명하게, 편리하게, 경제적으로 그리하여 아름답게 작동시키는 과제를 설정하게 될 것이다. 그는 반의식을 장악하고, 그 후 호흡, 혈액 순환, 소화, 수정 같은 자기 유기체의 무의식적 과정을 파악하고, 나아가 필요한 정도까지 반의식과 무의식적 과정을 이성과 의지의 통제에 놓이게 할 것이다. 현생 인류, 유일한 호모 사피엔스는 다시 급격한 변형을 겪게 될 것이며, 인공 선택과 심리-생리학의 훈련이라는 가장 복잡한 방법을 적용할 대상이 될 것이다. 그것은 전적으로 발달 노선에 놓여 있다. 인간은, 일상화된 야만을 과학 기술로, 종교를 과학으로 대체하면서, 먼저 생산과 이데올로기에서 어두운 요소를 추방했다. 이어서 군주제와 신분제를 민주주의, 합리주의, 의회주의로 뒤엎고, 그 후에는 투명한 소비에트 독재로 타파하여, 정치에서 무의식을 추방했다. 맹목적인 요소들이 경제적 관계에서 확고하게 자리 잡았지만, 거기서도 인간은 경제의 사회주의적 조직을 통해 그것을 쫓아냈다. 최종에는, 무의식의, 본능의, 지하의 가장 깊고 어두운 구석에, 인간 자신의 본성이 숨었다. 조사적 사고와 창조적 솔선의 가장 큰 노력이 인간 본성으로 향하는 게 분명하지 않을까? 인류가 유전과 맹목적인 성 선택의 어두운 법칙에 순종하여 절하기 위하여, 하나님, 왕, 자본 앞으로 네발로 기어가는 짓을 멈추는 것과 같은 이유가 아니다! 해방된 사람은, 자신의 신체 기관이 더 균형을 이루며 작동하기를, 신체 조직이 더

고르게 발달하고 닳아 없어지기를 원할 것이다. 이를 이루기만 해도 그는 죽음에 대한 공포를 유기체의 위협에 대한 합당한 반응으로 가져오게 된다. 이는 의심의 여지가 없다. 인간의 극단적인 해부적·생리적 부조화, 극단적인 기관과 조직의 불균등 발달, 소모, 파열은 생명의 본능에 아프고 고통만 계속되는 히스테리적 형태의 죽음이라는 공포를 준다. 이는 이성을 어둡게 하여 내세를 어리석고 굴욕적인 환상으로 채우게 한다.

22. 인간은 다음과 같은 목표를 설정할 것이다. 본래 감정을 억누르려는 목표, 본능을 의식의 정점으로 끌어 올려 투명하게 만들려는 목표, 의지의 전선을 방치된 곳과 지하로 확대해 새로운 수준으로 자신을 끌어올리려는 목표, 즉 더 높은 사회-생물적 유형을, 가능하다면, 초인을 창조하려는 목표를 설정할 것이다.

삶의 행복을 꿈꾸는 교육은 어디에서 오는가?

● **교육혁명을 앞당기는 배움책 이야기** 혁신교육의 철학과 잉걸진 미래를 만나다!

● **비고츠키 선집** 발달과 협력의 교육학 어떻게 읽을 것인가?

혁신학교	성열관·이순철 지음 ¦ 224쪽 ¦ 값 12,000원
행복한 혁신학교 만들기	초등교육과정연구모임 지음 ¦ 264쪽 ¦ 값 13,000원
서울형 혁신학교 이야기	이부영 지음 ¦ 320쪽 ¦ 값 15,000원
혁신교육, 철학을 만나다	브렌트 데이비스·데니스 수마라 지음 ¦ 현인철·서용선 옮김 ¦ 304쪽 ¦ 값 15,000
대한민국 교사, 어떻게 가르칠 것인가?	윤성관 지음 ¦ 320쪽 ¦ 값 15,000원
아이들을 어떻게 가르칠 것인가	사토 마나부 지음 ¦ 박찬영 옮김 ¦ 232쪽 ¦ 값 13,000원
모두를 위한 국제이해교육	한국국제이해교육학회 지음 ¦ 364쪽 ¦ 값 16,000원
경쟁을 넘어 발달 교육으로	현광일 지음 ¦ 288쪽 ¦ 값 14,000원
혁신교육 존 듀이에게 묻다	서용선 지음 ¦ 292쪽 ¦ 값 16,000원
다시 읽는 조선교육사	이만규 지음 ¦ 750쪽 ¦ 값 37,000원
교실 속으로 간 이해중심 교육과정(개정판)	온정덕 외 지음 ¦ 216쪽 ¦ 값 15,000원
대한민국 교육혁명	교육혁명공동행동 연구위원회 지음 ¦ 224쪽 ¦ 값 12,000원
포스트 코로나 시대의 교육	성열관 외 지음 ¦ 224쪽 ¦ 값 15,000원
내일 수업 어떻게 하지?	아이함께 지음 ¦ 300쪽 ¦ 값 15,000원
핀란드 교육의 기적	한넬레 니에미 외 엮음 ¦ 장수명 외 옮김 ¦ 456쪽 ¦ 값 23,000원
한국 교육의 현실과 전망	심성보 지음 ¦ 724쪽 ¦ 값 35,000원
독일의 학교교육	정기섭 지음 ¦ 536쪽 ¦ 값 29,000원
교실 속으로 간 이해중심 통합교육과정	온정덕 외 지음 ¦ 224쪽 ¦ 값 15,000원
초등 백워드 교육과정 설계와 실천 이야기	김병일 외 지음 ¦ 352쪽 ¦ 값 19,000원
학습격차 해소를 위한 새로운 도전 보편적 학습설계 수업	조윤정 외 지음 ¦ 240쪽 ¦ 값 15,000원

● 경쟁과 차별을 넘어 평등과 협력으로 미래를 열어가는 교육 대전환! 혁신교육 현장 필독서

학교의 미래, 전문적 학습공동체로 열다	새로운학교네트워크·오윤주 외 지음 ¦ 276쪽 ¦ 값 16,000원
마을교육공동체 생태적 의미와 실천	김용련 지음 ¦ 256쪽 ¦ 값 15,000원
학교폭력, 멈춰!	문재현 외 지음 ¦ 348쪽 ¦ 값 15,000원
학교를 살리는 회복적 생활교육	김민자·이순영·정선영 지음 ¦ 256쪽 ¦ 값 15,000원
삶의 시간을 잇는 문화예술교육	고영직 지음 ¦ 292쪽 ¦ 값 18,000원
미래교육을 디자인하는 학교교육과정	박승열 외 지음 ¦ 348쪽 ¦ 값 18,000원
코로나 시대, 마을교육공동체운동과 생태적 교육학	심성보 지음 ¦ 280쪽 ¦ 값 17,000원
혐오, 교실에 들어오다	이혜정 외 지음 ¦ 232쪽 ¦ 값 15,000원
수업, 슬로리딩과 함께	박경숙 외 지음 ¦ 268쪽 ¦ 값 15,000원
물질과의 새로운 만남	베로니카 파차니-케처바우 외 지음 ¦ 이연선 외 옮김 ¦ 218쪽 ¦ 값 15,000원
그림책으로 만나는 인권교육	강진미 외 지음 ¦ 272쪽 ¦ 값 18,000원

다시, 학교의 길을 묻다	김영인 지음	294쪽	값 18,000원
본능에서 개념적 사고까지	비고츠키교육학실천연구모임 지음	312쪽	값 19,000원
인공지능시대 인간중심교육	한만중 지음	324쪽	값 20,000원